金融科技

Financial Data Mining and Analysis
by Python

Python金融数据挖掘与分析实战

刘　鹏　高中强　王一凡
杨语蒙　夏春蒙　龙　江　◎著
郭玉琦　胡海文　张　燕

图书在版编目（CIP）数据

Python 金融数据挖掘与分析实战 / 刘鹏等著 . -- 北京：机械工业出版社，2021.12（2025.4 重印）

（金融科技）

ISBN 978-7-111-69650-6

I. ① P… Ⅱ. ①刘… Ⅲ. ①软件工具 - 程序设计 - 应用 - 金融 - 数据处理 Ⅳ. ① F830.41-39 ② TP311.561

中国版本图书馆 CIP 数据核字（2021）第 247405 号

Python 金融数据挖掘与分析实战

出版发行：机械工业出版社（北京市西城区百万庄大街 22 号　邮政编码：100037）

责任编辑：董惠芝　　　　　　　　　　　　　责任校对：殷　虹

印　　刷：固安县铭成印刷有限公司　　　　　版　　次：2025 年 4 月第 1 版第 2 次印刷

开　　本：186mm×240mm　1/16　　　　　　印　　张：26

书　　号：ISBN 978-7-111-69650-6　　　　　定　　价：109.00 元

客服电话：(010) 88361066　88379833　68326294

版权所有·侵权必究

封底无防伪标均为盗版

前言

为何会写本书

数据挖掘是指从大量的数据中,通过统计、人工智能、机器学习等方法,挖掘人们未知的、有价值的信息和知识的过程。它带来的颠覆性在于将隐藏在大量杂乱数据中的有用信息提炼出来,通过算法自动寻找变量间的关系。

随着时代的发展,数据挖掘逐渐成为大数据技术的核心,如何挖掘并分析数据成为大数据技术发展面临的重要议题。特别是在金融应用领域,数据挖掘技术扮演着举足轻重的角色。即使如此,纵观目前国内技术图书市场,真正结合理论与实践讲解金融领域数据挖掘与分析技术的图书很少,可以系统呈现知识点并将代码落地的专业书更是凤毛麟角。

基于此,本书以应用为导向,从数据挖掘出发,借助 Python 语言,将数据挖掘理论知识与金融领域的实际应用相结合,循序渐进地介绍了 Python 金融数据的挖掘与分析。此外,本书每一章均配有视频讲解,详解代码每一步的运行过程及原理,并提供完整代码和数据资源,以帮助读者更好地理解与应用相关知识。

本书特色

一、内容精炼,普适性强

本书从数据分析的工具入手,详解 Python 的基础规则和语法,由浅入深地讲解深度学习相关算法和理论知识,并与金融数据挖掘实战充分结合,可以帮助读者在理解理论知识的基础上体验数据分析实战,真正做到学以致用。

二、提供大量实战经验和学习实例

"授之以鱼,不如授之以渔。"本书在讲解知识点时,更注重方法与经验的分享,包括"含金量"很高的成功经验分享以及易错事项的总结分析。同时,每章均提供一定的实例,将原理讲解最终落实到代码实现上,帮助读者在学习路上披荆斩棘,快速将理论与实践融会贯通。

三、配备教学视频和完整的源代码

为了方便读者学习，作者针对每章内容的核心知识点录制了讲解视频，且提供PPT、完整代码和数据资源。读者关注公众号"云创大数据"（cStor_cn），在公众号回复本书书名，即可领取相关配套资源，使学习更为高效。每一章的习题答案也可从公众号获取。

四、针对初学者讲解Python基础知识

本书使用Python语言编写代码，通过深入浅出的语言与丰富的样例展示，帮助初学者快速上手Python语言。

内容简介

本书共分为14章，采用双主线的写作方式：一条主线是理论，涵盖基础理论相关概念的介绍以及各种算法原理的讲解；另外一条主线是实战，既包括如何上手Python，又包括相关主题实例分析。

第1~3章为Python数据分析基础，内容涵盖了选取Python语言做数据分析的原因、Jupyter Notebook的使用、Python基础知识和语法入门以及数据预处理流程和技巧，可帮助初学者快速上手Python，为之后的数据分析实战夯实基础。

第4章讲解经典的数据挖掘方法，包括聚类分析、回归分析、分类分析、异常检测、关联分析、时间序列分析等。

本书从第5章开始介绍深度学习相关的理论知识与实践。其中，第5章主要介绍网络舆情的采集和热点分析，并通过爬取微博热门评论对热点话题进行聚类分析，使读者初步了解网络舆情分析，为以后深入研究网络舆情发展和变化打下坚实的基础。第6章详细介绍舆情分析的重中之重：情感分类。从评论文本分析出用户的情感倾向，精确掌握用户对于某一产品的整体使用感受，便于向商户提供产品决策支持信息。

第7章和第8章讲解利用传统的机器学习算法以及深度学习中的循环神经网络对股价趋势进行预测，重点阐述了SVM算法和ARIMA算法，同时证明了市场情感对股票市场的发展趋势有着不容忽视的影响。

第9~11章介绍了个人信用评分和企业信用评分的技术与方法，先后阐述了相关算法及理论基础，并结合具体实例，让读者更加清晰地了解并掌握个人及企业信用评估的整个流程。

人物画像有利于精准定位用户群体并获取用户需求和反馈信息。第12章主要讲解用户画像，包括用户画像的定义、标签体系、用户画像的意义以及用户画像的构建等，还通过两个用户画像的实战案例，帮助读者在实际应用中进一步理解和构建用户画像。

第 13 章主要讲述搭建目标客户运营体系流程、目标客户的挖掘与分类等，通过可视化展示、聚类算法以及 LRFMC 分类模型的建立精确区分目标客户，从而实现对客户的精准分群管理，达到稳固企业运营体系的目的。第 14 章通过对销售数据的进一步分析挖掘，同时借助关联规则——Apriori 算法——实现商品智能推荐、关联商品的组合销售以及客户的精准营销，最终达到让企业获取更多利润的目的。

读者对象

本书适合以下几类读者：
- 金融行业数据相关岗位技术人员；
- 企业运营人员；
- 数据分析师；
- 数据挖掘工程师；
- 高等院校相关专业学生。

致谢

在此，特别感谢我的硕士导师谢希仁教授和博士导师李三立院士。谢希仁教授出版的《计算机网络》已经更新到了第 8 版，堪称与时俱进且日臻完美的典范，这时时提醒着我们要以这样的标准来写书。李三立院士是留苏博士，为我国计算机事业做出了杰出贡献，曾任国家攀登计划计算项目首席科学家。他治学严谨，带出了一大批杰出的学生。

本书是集体智慧的结晶，在此谨向付出辛勤劳动的各位同行者致敬！书中难免会有不当之处，请读者不吝赐教。我的邮箱为 gloud@126.com，微信公众号为"刘鹏看未来"（lpoutlook）。

刘 鹏
2021 年 9 月

目录 Contents

前言

第1章 Python 工作环境准备 1
1.1 Anaconda 环境安装 1
1.2 常用 Python 交互工具 4
1.3 Jupyter Notebook 简介 6
1.4 习题 9

第2章 Python 入门 10
2.1 Python 基础知识 10
2.2 Python 基础语法 11
2.3 Python 变量类型 15
2.4 Python 运算符 20
2.4.1 算术运算符 20
2.4.2 比较运算符 22
2.4.3 赋值运算符 23
2.4.4 按位运算符 24
2.4.5 逻辑运算符 25
2.4.6 成员运算符 26
2.4.7 身份运算符 27
2.4.8 运算符优先级 28
2.5 Python 条件与循环语句 29
2.5.1 条件语句 29
2.5.2 循环语句 31
2.6 Python 函数 38
2.7 Python 模块 43
2.8 Python 文件处理 46
2.9 Python 异常 48
2.10 数据分析相关库 50
2.10.1 NumPy 50
2.10.2 Matplotlib 51
2.10.3 PySpark 53
2.10.4 其他常用库 54
2.11 习题 55

第3章 数据预处理 56
3.1 数据分析工作流程 56
3.2 数据预处理 58
3.2.1 数据集导入 59
3.2.2 数据概览 60
3.2.3 数据清洗 61
3.2.4 类别变量转换 66
3.2.5 数据分割 67
3.2.6 特征缩放 68

3.3 鸟瞰机器学习……71
3.4 习题……72

第4章 数据挖掘方法……74

4.1 分类分析……74
    4.1.1 决策树……75
    4.1.2 支持向量机……75
    4.1.3 分类算法的选择……76
4.2 聚类分析……76
    4.2.1 K均值算法……77
    4.2.2 聚类算法和分类算法的区别……78
4.3 回归分析……78
    4.3.1 变量间的关系……79
    4.3.2 回归分析算法的分类和步骤……79
    4.3.3 回归分析算法的选择……81
4.4 关联分析……81
    4.4.1 关联规则……82
    4.4.2 关联规则的序列模式……82
4.5 时间序列分析……83
    4.5.1 时间序列分析方法和步骤……83
    4.5.2 时间序列的三种预测模式……85
4.6 异常检测……85
4.7 推荐算法……86
4.8 习题……89

第5章 网络舆情采集与热点分析……90

5.1 网络舆情概述……90
    5.1.1 大数据网络舆情背景……90
    5.1.2 舆情处理过程……91
5.2 舆情数据采集……94
    5.2.1 网络舆情采集工具……95

    5.2.2 网络舆情数据爬取实例……100
5.3 实战：微博热点话题聚类……104
5.4 习题……110

第6章 舆情研判之情感分类……112

6.1 情感分析介绍……112
    6.1.1 情感分析分类……112
    6.1.2 情感分析文本预处理……114
    6.1.3 实战：中文文本处理练习……115
6.2 情感分类方法……118
    6.2.1 基于词典的情感分类……118
    6.2.2 基于机器学习的情感分类……121
    6.2.3 基于深度学习模型的情感分类……122
6.3 情感分类实战演练……131
    6.3.1 淘宝家电商品评论情感分类预测……131
    6.3.2 京东客户评论情感倾向预测……134
6.4 习题……140

第7章 用机器学习方法预测股价……142

7.1 股市数据分析价值……142
    7.1.1 案例背景……142
    7.1.2 案例价值……143
7.2 ARIMA模型……144
7.3 实战：基于SVM和ARIMA的股价预测……145
7.4 习题……156

第8章 用人工智能方法预测股价……157

8.1 神经网络预测方法……157

8.1.1　门控循环单元 158
　　8.1.2　VADER 情感分析 158
8.2　实战：基于 LSTM 和 GRU 的股价预测 159
8.3　实战：股票市场新闻情感分析 165
8.4　习题 172

第 9 章　个人信用评分 173

9.1　个人信用评分概述 173
　　9.1.1　需求背景 174
　　9.1.2　国内外发展状况 175
9.2　信用评分的技术与方法 176
　　9.2.1　信用评分的简要历史 176
　　9.2.2　信用评分的主要模型与方法 176
9.3　信用评分卡模型 180
　　9.3.1　模型介绍 180
　　9.3.2　数据分箱 180
　　9.3.3　WOE 值 182
　　9.3.4　IV 值 183
　　9.3.5　逻辑回归算法原理 185
　　9.3.6　模型评价指标 186
　　9.3.7　建立信用评分卡 190
9.4　实战：信用评分卡 190
　　9.4.1　读取数据 191
　　9.4.2　数据预处理 191
　　9.4.3　探索性分析 197
　　9.4.4　模型分析 204
　　9.4.5　建立信用评分卡 208
9.5　习题 211

第 10 章　个人信用等级评估 213

10.1　概述 213
10.2　个人信用等级评估方法 215
　　10.2.1　决策树 215
　　10.2.2　随机森林 221
　　10.2.3　XGBoost 简介 224
　　10.2.4　多重共线性 228
　　10.2.5　数据重采样 229
10.3　实战：个人信用等级评估 232
　　10.3.1　导入相应包并读取数据 232
　　10.3.2　查看数据情况 234
　　10.3.3　数据预处理及相关函数构建 241
　　10.3.4　模型训练 244
　　10.3.5　预测并生成结果 251
10.4　习题 253

第 11 章　企业信用评估 255

11.1　企业信用评估概述 255
11.2　企业信用评估的技术与方法 257
　　11.2.1　支持向量机 257
　　11.2.2　朴素贝叶斯 259
　　11.2.3　感知机 260
11.3　实战：企业信用评估 261
　　11.3.1　导入相应包并读取数据 261
　　11.3.2　数据预处理 262
　　11.3.3　可视化各变量总体分布直方图 264
　　11.3.4　建模分析预测企业违约情况 271
　　11.3.5　模型评估 273
　　11.3.6　模型预测 273
11.4　习题 274

第 12 章 用户画像 276
12.1 用户画像的价值 276
12.1.1 用户画像的定义 277
12.1.2 标签体系 278
12.1.3 用户画像的意义 282
12.2 用户画像的构建 283
12.2.1 用户画像的构建步骤 283
12.2.2 创建用户画像的方法 287
12.2.3 丰富用户画像 290
12.3 实战：电商用户画像构建 292
12.4 实战：电商用户行为分析 303
12.5 习题 321

第 13 章 目标客户运营 322
13.1 目标客户运营概述 322
13.2 目标客户运营模型 323
13.2.1 目标客户模型探索 323
13.2.2 目标客户聚类算法 326
13.3 目标客户的挖掘与分类 330
13.3.1 挖掘目标客户 331
13.3.2 目标客户的可视化工具 332
13.3.3 基于 RFM 模型的客户分类 333
13.3.4 基于 LRFMC 模型的客户分类 334
13.4 实战：商场客户细分管理 335
13.4.1 导入相关库 335
13.4.2 数据可视化及分析 336
13.4.3 K 均值聚类分析 342
13.5 实战：航空公司 VIP 客户体系管理 345
13.5.1 数据集说明 345
13.5.2 导入相关库 346
13.5.3 数据分析及可视化 347
13.5.4 特征属性的相关性分析 354
13.5.5 属性规约 355
13.5.6 构建聚类模型 357
13.5.7 客户分群可视化 361
13.6 习题 363

第 14 章 智能推荐 364
14.1 精准营销概述 364
14.1.1 传统营销 365
14.1.2 新时代营销 366
14.2 智能推荐概述 367
14.2.1 Apriori 算法 369
14.2.2 FP-Growth 算法 374
14.2.3 关联规则的应用实例 378
14.3 实战：火锅店推荐 379
14.3.1 导入相关库 380
14.3.2 数据可视化及分析 381
14.3.3 特色菜推荐 386
14.3.4 K 均值聚类分析 387
14.3.5 智能推荐器 388
14.4 实战：基于关联规则的数据挖掘 390
14.4.1 导入相关库 391
14.4.2 数据可视化及分析 392
14.4.3 关联分析——Apriori 算法 398
14.5 习题 401

参考文献 403

第 1 章 Chapter 1

Python 工作环境准备

如今,数据驱动型创新已向经济、民生和社会等各个领域迅速扩展,成为国家创新和经济发展的新引擎。各行各业都在快速拥抱数据挖掘技术。新时代的数据已成为基础性战略资源和生产要素。企业需要具有创新能力、既了解业务又懂数据挖掘的复合型人才,以应对不断变化的市场和业务的挑战。

本章重点如下:
- 下载并配置 Python 开发环境;
- 上手使用 Jupyter Notebook。

1.1 Anaconda 环境安装

Anaconda 是一个开源的 Python 发行版本,对于 Python 编程的初学者来说是一个非常友好的"一站式解决方案"。它包括 180 多个数据处理包,是如今非常流行的 Python 包以及集成环境管理应用程序。Anaconda 有以下优点。

- 默认自动安装 Python,无须单独下载。
- 常用数据分析包已下载且安装好,使用时只需导入即可。
- 解决了 Linux 系统上常常会发生的包安装相互依赖的问题,并且大大降低了离线环境下安装 Python 和大量的库时的难度。
- 提供工具 conda,可对 Python 包进行管理。自动安装 pip 功能,可以随时调用。
- 支持 Windows、MacOS 和 Linux 等多个系统,同时支持 32 位和 64 位的 Python 版本,无论是 Python 2 还是 Python 3,都可使用。本书基于 Python 3 编写。

❑ 内部提供了 IPython、Jupyter、Spyder 交互环境，可以直接通过图形化交互方式引导用户使用。

Anaconda 的具体安装步骤如下。

1）安装 Anaconda 环境，登录 https://www.anaconda.com/products/individual，页面如图 1-1 所示。

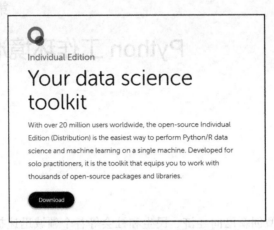

图 1-1　Anaconda 个人版网页

2）找到对应的系统，下载安装包，如图 1-2 所示。

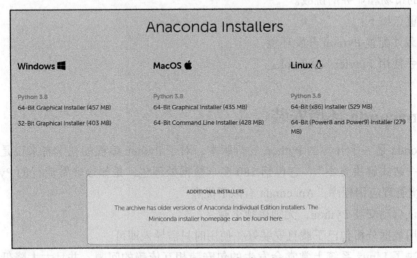

图 1-2　Anaconda 版本选择

3）双击刚刚下载的安装包进行安装，这里展示的是在 Windows 10 环境中安装 Anaconda3，如图 1-3 所示。

4）确认条款内容，如图 1-4 所示。

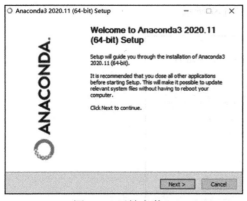

图 1-3　开始安装　　　　　　　图 1-4　使用条款

5）选择是否将软件安装给本电脑所有用户，如图 1-5 所示。

6）选择安装路径，如图 1-6 所示。

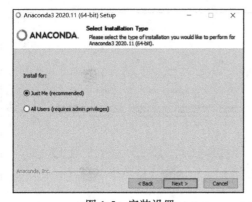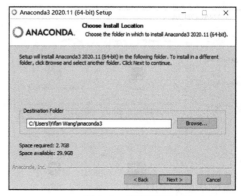

图 1-5　安装设置　　　　　　　图 1-6　安装设置

7）设置 Anaconda3 路径为默认 Python 3.8 路径，如图 1-7 所示。

8）开始安装，界面如图 1-8 所示。

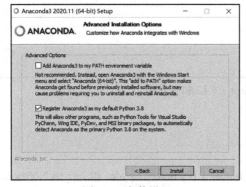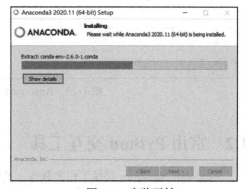

图 1-7　安装设置　　　　　　　图 1-8　安装开始

9）选择是否打开新手引导，完成安装界面如图 1-9 所示。

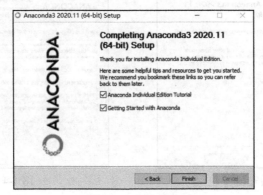

图 1-9　安装完成

10）进入刚刚安装好的 Anaconda Navigator，可以看到如图 1-10 所示界面。

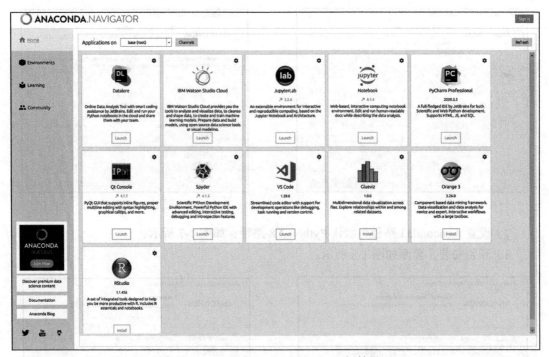

图 1-10　Anaconda Navigator 1.9.12 初始界面

1.2　常用 Python 交互工具

Anaconda Navigator 提供了很多软件，其中 QtConsole（IPython）、Spyder 和 Jupyter Notebook 是三个非常好用的 Python 交互工具，下面依次进行介绍。

1. QtConsole

如果你希望拥有非常纯净、免打扰的使用体验,QtConsole将会是不二之选,其初始界面如图1-11所示。

图1-11 Jupyter QtConsole初始界面

整洁、清爽,是大多数人对QtConsole的深刻印象。QtConsole是一个极为轻量化的交互应用,使用感觉跟普通的计算机终端无异,却可提供一般只有图形用户界面才有的丰富功能,比如嵌入式图标展示、多行编辑、语法高亮显示等。

2. Spyder

如果你使用过R并且常用R Studio,那么Spyder将会给你带来非常熟悉的体验。Spyder的初始界面如图1-12所示。与R Studio相似,Spyder是一个开放源代码、跨平台的科学运算集成开发环境(Integrated Development Environment,IDE)。

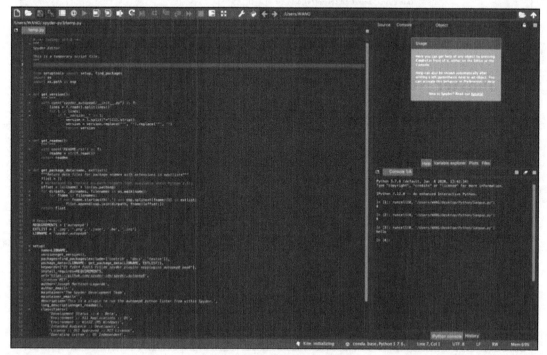

图1-12 Spyder初始界面

3. Jupyter Notebook

Jupyter Notebook 提供了对新手非常友好的交互界面，也是本书着重推荐的开发工具之一，如图 1-13 所示。在做数据分析时，我们不仅需要做数据交互性分析、建模，还需要做数据结果展示和介绍等。Jupyter Notebook 支持在一体化环境中完成这些功能，且便于显示结果与快速迭代，让整个数据分析思路更加清晰，每个步骤直接将结果显示在单元格下方。

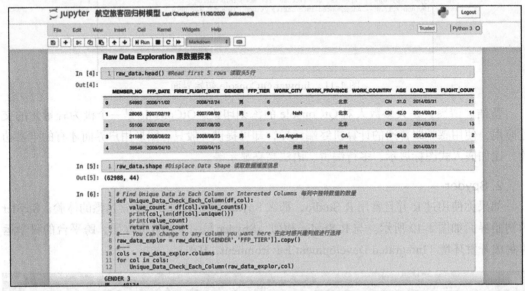

图 1-13　Jupyter Notebook 界面

1.3　Jupyter Notebook 简介

本书主要基于 Jupyter Notebook 编写，所以这里再详细介绍一下它的使用方法。

打开 Jupyter Notebook 就是一个图形化交互的页面，如图 1-14 所示，上面完整列出了计算机上各路径的文件，可以快速查找和管理相关文件。

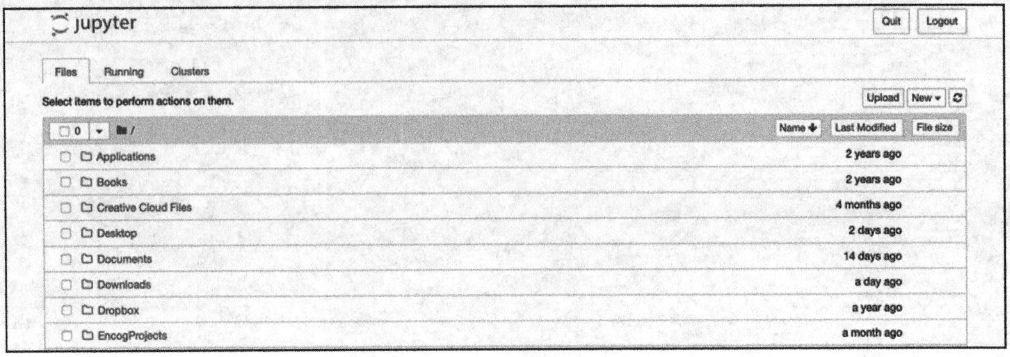

图 1-14　Jupyter Notebook 首页

点击右上角的 New 按钮，选择 Python 3，即可成功创建一个新的 Jupyter Notebook 项目，如图 1-15 所示。Jupyter Notebook 提供了非常友好的交互模式，简单实用的快捷键能够大大提升工作效率。

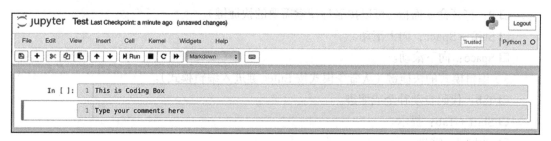

图 1-15　Jupyter Notebook 编程界面

在使用 Jupyter Notebook 编写程序前，有一句话送给各位："当你想要进行任何操作时，先放下鼠标想想有没有快捷键可用。"高效是开发者最为重要的能力之一，从开始就养成使用快捷键的好习惯，你的 Jupyter 之路会快捷很多。

如图 1-15 所示，每一个单元默认都是代码单元，单元前以 "In[ ]:" 开头。选取单元后，注意不是键入模式，按快捷键 M，就可以将这个单元转化为注释单元（Markdown Cell）。

按住 Shift 键可选择多个单元，如图 1-16 所示。

图 1-16　代码单元与注释单元

Jupyter Notebook 有两种模式，编辑模式（edit mode）和命令模式（command mode）。编辑模式是在编辑具体单元时的模式，而命令模式是未编辑任何单元的模式。从编辑模式按 Esc 键即可进入命令模式，按 Enter 键则可以重返编辑模式。

下面详细介绍 Jupyter Notebook 的常用快捷键。以下键位是按照 Windows 和 Linux 平台介绍的，如果是苹果电脑用户，将 Ctrl 替换为 Command ⌘，将 Alt 替换为 Option ⌥。

1）命令模式与编辑模式均可使用的快捷键。

❑ Ctrl + Enter：运行选中的单元。

❑ Shift + Enter：运行当前的单元，并选取下一个单元。

❑ Alt + Enter：运行当前的单元，并在下方插入新的单元。

❑ Ctrl + S：保存当前代码并创建检查点。

2）命令模式的快捷键（从编辑模式按 Esc 键进入命令模式）。
- H：显示所有快捷键。
- Up：选中一个单元。
- Down：选中下一个单元。
- Shift + Up：扩大选中上方单元。
- Shift + Down：扩大选中下方单元。
- A：在上方插入单元。
- B：在下方插入单元。
- X：剪切选中的单元。
- C：复制选中的单元。
- V：粘贴至下方单元。
- Shift + V：粘贴至上方单元。
- D, D（双击 D）：删除选中的单元。
- Z：恢复删除的最后一个单元。
- S：文件存盘。
- Y：将单元转为代码状态。
- M：将单元转为标注状态。
- P：打开命令面板（可以按名称搜索需要的快捷键）。
- Shift + Space：向上滚动。
- Space：向下滚动。

3）编辑模式的快捷键（从命令模式按 Enter 键进入编辑模式）。
- Tab：代码自动补全或缩进。
- Shift + Tab：提示。
- Ctrl +]：缩进。
- Ctrl + [：解除缩进。
- Ctrl + A：全选。
- Ctrl + Z：复原。
- Ctrl + Shift + Z 或 Ctrl + Y：重做。
- Ctrl + Home：跳到单元开头。
- Ctrl + End：跳到单元结尾。
- Ctrl + Left：跳到左边一个字首。
- Ctrl + Right：跳到右边一个字首。
- Ctrl + Shift + P：打开命令面板（可以按名称搜索需要的快捷键）。
- Down：光标下移一个单元格。
- Up：光标上移一个单元格。

1.4 习题

一、判断题

1. Python 语言是世界上最好的语言。(　　)
2. R 语言是 S 语言的一种实现。(　　)
3. 选择学习 R 还是 Python 应该根据需求并做好调研。(　　)

二、选择题

1. Python 之父 Guido 给 Python 语言起名时，Python 的意思是(　　)。
   A. 蟒蛇
   B. 英剧 Monty Python's Flying Circus 中主角名字
   C. Guido 好朋友的名字
2. 在下方插入单元的快捷键是(　　)。
   A. 快捷键 A　　　　B. 快捷键 B　　　　C. 快捷键 C　　　　D. 快捷键 D

Chapter 2 第 2 章

Python 入门

"人生苦短,我用 Python。"Python 功能强大且易于上手,无论你是否有编程基础,都能很快掌握其基本思路与用法。本章将会从 Python 基础知识、基础语法、变量类型、运算符等方面进行详细介绍,重点如下。

- 学习 Python 基础语法。
- 了解 Python 内置数据类型与数据结构。
- 学习条件与循环语句。
- 掌握 Python 内置函数与常用库。

2.1 Python 基础知识

Python 是一个高层次地结合了解释型、交互式和面向对象的脚本语言。解释型,意味着 Python 在开发过程中没有编译环节,类似于 PHP 和 Perl 语言;交互式意味着可以在一个 Python 提示符 ">>>" 后直接执行代码;面向对象说明 Python 支持面向对象的风格或将代码封装在对象中的编程技术。同时,Python 还是一门对初学者友好的语言,支持广泛的应用程序开发。

Python 是由 Guido van Rossum 于 1989 年在荷兰国家数学和计算机科学研究所设计出来,并于 1991 年公开发行的。Python 借鉴了诸多其他语言,包括 ABC、Modula-3、C、C++、Algol-68、SmallTalk、UNIX shell 和其他脚本语言等。与 Perl 语言一样,Python 源代码同样遵循 GPL 协议。现在 Python 由一个核心开发团队维护,但 Guido van Rossum 仍然发挥着至关重要的作用。

Python 有以下主要特点。

- 易于学习:Python 的关键字相对较少,结构简单,有一个明确定义的语法,学习起来更加简单。
- 易于阅读：Python 代码定义更清晰。
- 易于维护：Python 的成功在于它的源代码非常易于维护。
- 标准库广泛：Python 最大的优势之一是有丰富的跨平台的库，可移植到大多数平台下，如 UNIX、Windows 和 Mac 等系统。
- 互动模式：支持互动模式，可以从终端输入执行代码并获得结果。
- 可移植：基于其开放源代码的特性，Python 已经被移植到许多平台上。
- 可扩展：如果需要一段运行速度很快的关键代码，或者需要编写一些不愿开放的算法，可以使用 C 或 C++ 完成那部分程序，然后从 Python 程序中调用。
- 数据库接口丰富：Python 提供所有主要的商业数据库的接口。
- 支持 GUI 编程：Python 提供了多个图形开发界面的库，常用的 Python GUI 库有 Tkinter、wxPython、Jython。
- 可嵌入：可以将 Python 嵌入 C/C ++ 程序，让用户获得脚本化能力。

2.2 Python 基础语法

本节介绍 Python 的基础语法，首先来看一个具体实例。

1. 第一个 Python 程序

下面以两种编程方式举例说明如何写 Python 代码。

（1）交互式编程

交互式编程不需要创建脚本文件，而是通过 Python 解释器的交互模式来编写代码。在 Linux 系统中只需要在命令行输入 Python 命令即可启动交互式编程，如图 2-1 所示。

```
$ python
Python 2.7.6 (default, Sep  9 2014, 15:04:36)
[GCC 4.2.1 Compatible Apple LLVM 6.0 (clang-600.0.39)] on darwin
Type "help", "copyright", "credits" or "license" for more information.
>>>
```

图 2-1　Linux 系统交互式编程窗口

Windows 系统在安装 Python 时已经安装了交互式编程客户端，如图 2-2 所示。

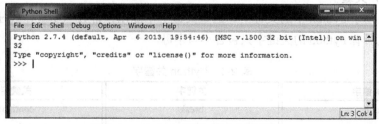

图 2-2　Windows 系统交互式编程窗口

在 Python 提示符中输入以下文本信息，然后按 Enter 键查看运行效果：

```
print("I love python!")
```

输出结果如下：

```
I love python!
```

（2）脚本式编程

通过脚本参数调用解释器执行脚本。当脚本执行完毕后，解释器不再有效。

下面是一个简单的 Python 脚本程序，所有 Python 文件以 .py 为扩展名。将以下源代码复制到 test.py 文件中。

```
python test.py
```

这里，假设你已经设置了 Python 解释器的 PATH 变量，使用以下命令运行程序：

```
print("Hello world!")
```

输出结果如下：

```
Hello world!
```

2. Python 标识符

在 Python 中，标识符由英文字母、数字、下划线组成，但不能以数字开头。Python 中的标识符是区分大小写的。

以下划线开头的标识符是有特殊意义的。以单下划线开头的标识符代表不能直接访问的类属性，需通过类提供的接口进行访问，不能用 from xxx import xxx 方式导入；以双下划线开头的标识符代表类的私有成员；以双下划线开头和结尾的标识符代表 Python 中特殊方法专用的标识，如 __init__() 代表类的构造函数。

在 Python 中，可以在同一行显示多条语句，语句中使用分号";"分开，如：

```
print("hello");print("summer");
```

输出结果如下：

```
hello
summer
```

3. Python 关键字

表 2-1 展示了 Python 中的关键字。这些关键字不能用作常数、变量，或任何其他标识符名称，并且所有 Python 的关键字只包含小写字母。

表 2-1　Python 关键字

关键字	关键字	关键字
and	break	continue
assert	class	def

（续）

关键字	关键字	关键字
del	global	pass
elif	if	print
else	import	raise
except	in	return
exec	is	try
finally	lambda	while
for	not	with
from	or	yield

4. 行和缩进

学习 Python 与学习其他语言最大的区别是 Python 的代码块不使用大括号"{}"来控制类、函数以及其他逻辑判断。Python 最大的特点就是用缩进来写模块，缩进的空白数量是可变的，但是所有代码块语句必须包含相同的缩进空白数量，这个应严格遵循。

以下实例缩进为四个空格：

```
if True:
    print("True")
else:
    print("False")
```

5. 多行语句

Python 语句中一般以新行作为语句的结束符，但是我们可以使用斜杠"\"将一行的语句分为多行显示，如下所示：

```
total = item_one + \
    item_two+ \
    item_three
```

如果语句中包含"[]""{}"或"()"括号，则不需要使用多行连接符，如下所示：

```
days = ['Monday',
        'Tuesday',
        'Wednesday',
        'Thursday',
        'Friday'
        ]
```

6. 引号

Python 可以使用引号（'）、双引号（"）、三引号（''' 或 """）来表示字符串，引号的开始与结束必须是相同类型的，其中三引号可以由多行组成，编写多行文本的快捷语法常用于文档字符串中，在文件的特定地点作为注释。

```
word='word'
sentence = "这是一句话"
paragraph ="""这是一个段落"""
```

7. 注释

Python 注释分为两种形式：单行注释和多行注释。

（1）单行注释

Python 中单行注释以"#"开头，可以放在被注释的语句的上一行，也可以放在语句或表达式行末，例如：

```
# 第一个注释
print("Hello,Python")    # 第二个注释
```

输出结果如下：

```
Hello,Python
```

（2）多行注释

Python 中多行注释使用三个单引号（'''）或三个双引号（"""）表示。

```
'''
这是多行注释，使用单引号
这是多行注释，使用单引号
这是多行注释，使用单引号
'''
""""""
这是多行注释，使用双引号
这是多行注释，使用双引号
这是多行注释，使用双引号
""""""
```

8. Python 空行

函数之间或类的方法之间用空行分隔，表示一段新代码的开始。类和函数入口之间也用一行空行分隔，以突出函数入口。空行与代码缩进不同，空行并不是 Python 语法的一部分。书写时不插入空行，Python 解释器运行并不会出错，但是空行的作用在于分隔两段不同功能或含义的代码，便于日后维护或重构。

9. print 输出

print 默认输出是换行的，如果不换行，需要在变量末尾加上逗号","。

```
x = "a";
y = "b";
# 换行输出
print (x)
print (y)
print ("--------------")
# 不换行输出
```

```
print (x),
print (y),
# 不换行输出
print (x,y)
```

以上实例执行结果为:

```
a
b
------------
a b a b
```

2.3　Python 变量类型

变量存储在内存中,基于变量的数据类型,解释器会分配指定内存,并决定什么数据可以存储在内存中。因此,变量可以指定不同的数据类型,这些变量可以存储整数、小数或字符。

1. 变量赋值

Python 中的变量赋值不需要类型声明,每个变量在内存中创建,包括变量的标识、名称和数据这些信息。每个变量在使用前都必须赋值,赋值以后该变量才会被创建。Python 使用等号 "=" 来给变量赋值,等号左边是一个变量名,右边是存储在变量中的值。例如:

```
a = 20            # 赋值整型变量
b = 100.0         # 赋值浮点型
c ='summer'       # 赋值字符串

print (a)
print (b)
print (c)
```

在以上例子中,20、100.0 和 summer 分别被赋值给变量 a、b、c,执行结果如下:

```
20
100.0
summer
```

Python 允许同时为多个变量赋值,例如:

```
a = b = c = 1
```

这个实例创建了一个整型对象,值为 1,三个变量被分配到相同的内存空间上。也可以为多个对象指定多个变量,例如:

```
a, b, c = 1, 2, 'summer'
```

在以上实例中,两个整型对象 1 和 2 分别被分配给变量 a 和 b,字符串对象 summer 被分配给变量 c。

在内存中存储的数据可以有多种类型。例如，一个人的年龄可以用数字来存储，他的名字可以用字符来存储。Python 定义了一些标准类型，用于存储各种类型的数据，其中五种标准的数据类型分别为 Number（数字）、String（字符串）、List（列表）、Tuple（元组）、Dictionary（字典）。

2. 数字

数字数据类型用于存储数值，是不可改变的数据类型，当指定一个值时，Number 对象就会被创建：

```
var1 = 1
var2 = 10
```

可以使用 del 语句删除一些对象的引用，语法如下：

```
del var1[ ,var2[,var3[…,varN ]]]
```

也可以通过 del 语句删除单个或多个对象的引用。例如：

```
del var
del var_a, var_b
```

Python 支持四种不同的数字类型：int（有符号整型）、long（长整型，也可以代表八进制和十六进制）、float（浮点型）、complex（复数）。数字类型实例如表 2-2 所示。

表 2-2 数字类型实例

	数字类型			
	int	Long	float	complex
实例	2	98776371L	0.8	6.78j
	56	0764L	43.89	78.j
	−78	87867565451L	−9.67	48786-89j
	080	−048610136L	46.4e + 89	−0.986 + 9j
	−0373	−6920185629L	89.5E-12	5.36e-8j

长整型也可以使用小写 "l"，但还是建议你使用大写 "L"，避免与数字 "1" 混淆。Python 使用 "L" 来显示长整型。另外，Python 还支持复数。复数由实数部分和虚数部分构成，可以用 a + bj 或 complex(a, b) 表示，复数的实部 a 和虚部 b 都是浮点型。

还有一点需要注意，long 类型只存在于 Python 2.x 版本中，在 2.2 以后的版本中，int 类型数据溢出后会自动转为 long 类型。在 Python 3.x 版本中，long 类型被移除，使用 int 代替。

3. 字符串

字符串或串是由数字、字母、下划线组成的一串字符。一般记为：

```
s = "x1x2…,xn"    # n>=0
```

它是编程语言中表示文本的数据类型。Python 的字符串列表有两种取值顺序：一种是从左到右索引，默认从 0 开始，最大范围是字符串长度少 1；另一种是从右到左索引，默认从 −1 开始，如图 2-3 所示。

如果要从字符串中获取一段子字符串，可以使用 [头下标 : 尾下标] 的格式来截取相应的字符串，其中下标是从 0 开始算起，可以是正数或负数。下标可以为空，表示取到头或尾。比如：

```
s = "abcdefg"
s = [2:6]
s
```

输出结果为：

```
"cdef"
```

当使用以冒号分隔的字符串时，Python 返回一个新的对象，但是新对象包含头下标对应的字符，而不包含尾下标对应的字符。所以，上面例子的输出结果包含 s[2] 的值 c，而没有包含 s[6] 的值 g，如图 2-4 所示。

图 2-3 字符串列表取值顺序   图 2-4 字符串截取示意图

加号（+）是字符串连接运算符，星号（*）是重复操作。例如：

```
str = 'Hello World!'
print (str)              # 输出完整字符串
print (str[0])           # 输出字符串中的第一个字符
print (str[2:5])         # 输出字符串中第三个至第五个字符
print (str[2:])          # 输出从第三个字符开始的字符串
print (str * 2)          # 输出字符串两次
print (str + "TEST")     # 输出连接的字符串
```

输出结果为：

```
Hello World!
H
llo
llo World!
Hello World! Hello World!
Hello World! TEST
```

在截取 Python 字符串列表时,可以接收第三个参数,作用是截取步长。以下实例表示在索引 1 到索引 4 的位置截取字符串,并设置步长为 2(间隔一个位置),如图 2-5 所示。

```
>>> letters = ['c', 'h', 'e', 'c', 'k', 'i', 'o']
                0    1    2    3    4    5    6
                            2

>>> letters[1:4:2]
['h', 'c']
```

图 2-5　添加截取步长参数

4. 列表

列表是 Python 中使用最频繁的数据类型,可以完成大多数集合类的数据结构任务,同时支持字符、数字、字符串,甚至可以包含列表(即嵌套)。列表用 [ ] 标识,是 Python 最通用的复合数据类型。列表中值的切割也可以使用字符串截取的方法:[头下标 : 尾下标],如图 2-6 所示。

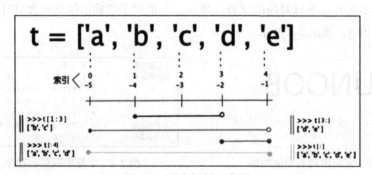

图 2-6　列表切割示意图

加号 "+" 是列表连接运算符,星号 "*" 是重复操作。如下实例:

```
list = [ 'jason', 786 , 2.23, ' star ', 70.2 ]
tinylist = [123, 'star']
print (list)                  # 输出完整列表
print (list[0])               # 输出列表的第一个元素
print (list[1:3])             # 输出第二个至第三个元素
print (list[2:])              # 输出从第三个开始至列表末尾的所有元素
print (tinylist * 2)          # 输出列表两次
print (list + tinylist)       # 打印组合的列表
```

以上实例输出结果如下:

```
[ ' jason ', 786 , 2.23, ' star ', 70.2 ]
jason
[786 , 2.23]
[2.23, ' star ', 70.2 ]
```

```
[123, ' star ',123, ' star ']
[ ' jason ', 786 , 2.23, ' star ', 70.2, 123, ' star ']
```

5. 元组

元组是另一种数据类型，类似于列表，用()标识，内部元素用逗号隔开。注意，元组不能二次赋值，相当于只读列表。

```
tuple = ( ' jason ', 786 , 2.23, ' star ', 70.2 )
tinytuple = (123, ' star ')
print (tuple)                    # 输出完整元组
print (tuple[0])                 # 输出元组的第一个元素
print (tuple[1:3])               # 输出第二个至第四个（不包含）的元素
print (tuple[2:])                # 输出从第三个开始至列表末尾的所有元素
print (tinytuple * 2)            # 输出元组两次
print (tuple + tinytuple)        # 打印组合的元组
```

以上实例输出结果如下：

```
(' jason ', 786 , 2.23, ' star ', 70.2)
jason
(786 , 2.23)
(2.23, ' star ', 70.2)
(123, ' star ',123, ' star ')
(' jason ', 786 , 2.23, ' star ', 70.2, 123, ' star ')
```

以下元组是无效的，因为元组不允许更新，但列表是允许更新的：

```
tuple = ( 'runoob', 786 , 2.23, 'john', 70.2 )
list = [ 'runoob', 786 , 2.23, 'john', 70.2 ]
tuple[2] = 1000                  # 元组中是非法应用
list[2] = 1000                   # 列表中是合法应用
```

6. 字典

字典是 Python 之中除列表以外最灵活的内置数据结构类型。列表是有序的对象集合，而字典是无序的对象集合。两者的区别在于：字典当中的元素是通过键来存取的，而不是通过偏移存取。字典用"{ }"标识，由键（key）和它对应的值（value）组成。

```
dict = {}
dict['one'] = "This is one"
dict[2] = "This is two"
tinydict = {'name': 'jason','code':6734, 'dept': 'star'}
print (dict['one'])              # 输出键为 one 的值
print (dict[2])                  # 输出键为 2 的值
print (tinydict)                 # 输出完整的字典
print (tinydict.keys())          # 输出所有键
print (tinydict.values())        # 输出所有值
```

输出结果如下：

```
This is one
This is two
{'name': 'jason','code':6734, 'dept': 'star'}
dict_keys(['name', 'code', 'dept'])
dict_values(['jason', 6734, 'star'])
```

7. 数据类型转换

有时候，我们需要对数据内置的类型进行转换，此时只需要将数据类型作为函数名即可。表 2-3 列举了一些可以执行数据类型之间转换的函数及具体描述，这些函数返回一个新的对象，表示转换的值。

表 2-3 数据类型转换

函数	描述
int(x [,base])	将 x 转换为一个整数
long(x [,base])	将 x 转换为一个长整数
float(x)	将 x 转换到一个浮点数
complex(real[,imag])	创建一个复数
str(x)	将对象 x 转换为字符串
repr(x)	将对象 x 转换为表达式字符串
eval(str)	用来计算字符串中的有效 Python 表达式，并返回一个对象
tuple(s)	将序列 s 转换为一个元组
list(s)	将序列 s 转换为一个列表
set(s)	转换为可变集合
dict(d)	创建一个字典，d 必须是一个序列 (key, value) 元组
frozenset(s)	转换为不可变集合
chr(x)	将一个整数转换为一个字符
unichr(x)	将一个整数转换为 Unicode 字符
ord(x)	将一个字符转换为它的整数值
hex(x)	将一个整数转换为一个十六进制字符串
oct(x)	将一个整数转换为一个八进制字符串

2.4 Python 运算符

本节主要介绍 Python 运算符。举个简单的例子：4 + 5 = 9，其中，4 和 5 被称为操作数，+ 称为运算符。Python 语言支持以下类型的运算符：算术运算符、比较（关系）运算符、赋值运算符、逻辑运算符、位运算符、成员运算符、身份运算符、运算符优先级。下面分别介绍这些运算符的相关内容。

2.4.1 算术运算符

假设变量 a = 10，b = 20，Python 中算术运算符及其实例如表 2-4 所示。

表 2-4　算术运算符

运算符	描述	实例
+	加：两个对象相加	a+b：30
-	减：得到负数或是一个数减去另一个数	a–b：–10
*	乘：两个数相乘或是返回一个被重复若干次的字符串	a*b：200
/	除：x 除以 y	b/a：2
%	取模：返回除法的余数	b%a：0
**	幂：返回 x 的 y 次幂	a**b：10000000000000000000
//	取整除：返回商的整数部分（向下取整）	9//2：4 –9//2：–5

以下实例演示了 Python 所有算术运算符的操作：

```
a = 21
b = 10
c = 0
c = a + b
print ("1 - c 的值为: ", c)
c = a - b
print ("2 - c 的值为: ", c)
c = a * b
print ("3 - c 的值为: ", c)
c = a / b
print ("4 - c 的值为: ", c)
c = a % b
print ("5 - c 的值为: ", c)
# 修改变量 a 、b 、c
a = 2
b = 3
c = a**b
print ("6 - c 的值为: ", c)
a = 10
b = 5
c = a//b
print ("7 - c 的值为: ", c)
```

输出结果为：

1 - c 的值为：31
2 - c 的值为：11
3 - c 的值为：210
4 - c 的值为：2.1
5 - c 的值为：1
6 - c 的值为：8
7 - c 的值为：2

有一点要注意，在 Python 2.x 中，整数除整数，只能得出整数。如果要得到小数部分，则需要其中一个数改成浮点数。例如：

```
1/2
0
1.0/2
0.5
1/float(2)
0.5
```

2.4.2 比较运算符

假设变量 a = 10，b = 20，Python 中比较运算符及其实例如表 2-5 所示。

表 2-5 比较运算符

运算符	描述	实例
==	等于：比较对象是否相等	(a==b)：返回 false
!=	不等于：比较两个对象是否不相等	(a != b)：返回 true
<>	不等于：比较两个对象是否不相等（Python 3 已废弃）	(a <> b)：返回 true 这个运算符与 != 类似
>	大于：返回 x 是否大于 y	(a>b)：返回 false
<	小于：返回 x 是否小于 y。所有比较运算符返回 1 表示真，返回 0 表示假。这分别与特殊变量 true 和 false 等价	(a<b)：返回 true
>=	大于等于：返回 x 是否大于等于 y	(a>=b)：返回 false
<=	小于等于：返回 x 是否小于等于 y	(a<=b)：返回 true

以下实例演示了 Python 所有比较运算符的操作：

```
a = 21
b = 10
c = 0
if a == b :
    print ("1 - a 等于 b")
else:
    print ("1 - a 不等于 b")
if a != b :
    print ("2 - a 不等于 b")
else:
    print ("2 - a 等于 b")
if a < b :
    print ("3 - a 小于 b")
else:
    print ("3 - a 大于等于 b")
if a > b :
    print ("4 - a 大于 b")
else:
```

```
    print ("4 - a 小于等于 b")
# 修改变量 a 和 b 的值
a = 5
b = 20
if a <= b :
    print ("5 - a 小于等于 b")
else:
    print ("5 - a 大于 b")
if b >= a :
    print ("6 - b 大于等于 a")
else:
    print ("6 - b 小于 a")
```

输出结果为：

```
1 - a 不等于 b
2 - a 不等于 b
3 - a 大于等于 b
4 - a 大于 b
5 - a 小于等于 b
6 - b 大于等于 a
```

2.4.3 赋值运算符

假设变量 a = 10，b = 20，Python 中赋值运算符及其实例如表 2-6 所示。

表 2-6 赋值运算符

运算符	描述	实例
=	简单的赋值运算符	c = a + b：将 a + b 的运算结果赋值为 c
+=	加法赋值运算符	c += a：等效于 c = c + a
-=	减法赋值运算符	c -= a：等效于 c = c - a
*=	乘法赋值运算符	c *= a：等效于 c = c*a
/=	除法赋值运算符	c /= a：等效于 c = c/a
%=	取模赋值运算符	c %= a：等效于 c = c%a
**=	幂赋值运算符	c **= a：等效于 c = c**a
//=	取整除赋值运算符	c //= a：等效于 c = c//a

以下实例演示了 Python 所有赋值运算符的操作：

```
a = 21
b = 10
c = 0
c = a + b
print ("1 - c 的值为: ", c)
c += a
print ("2 - c 的值为: ", c)
```

```
c *= a
print ("3 - c 的值为：", c)
c /= a
print ("4 - c 的值为：", c)
c = 2
c %= a
print ("5 - c 的值为：", c)
c **= a
print ("6 - c 的值为：", c)
c //= a
print ("7 - c 的值为：", c)
```

输出结果为：

```
1 - c 的值为：31
2 - c 的值为：52
3 - c 的值为：1092
4 - c 的值为：52
5 - c 的值为：2
6 - c 的值为：2097152
7 - c 的值为：99864
```

2.4.4 按位运算符

按位运算符是把数字看作二进制来进行计算。假设变量 a = 60，b = 13，Python 中按位运算符及其实例如表 2-7 所示。

表 2-7 按位运算符

运算符	描述	实例
&	按位与运算符：参与运算的两个值，如果两个对应位都为 1，则该位的结果为 1，否则为 0	(a&b) 输出结果：12 二进制解释：0000 1100
|	按位或运算符：只要对应的两个二进位有一个为 1 时，结果位就为 1	(a|b) 输出结果：61 二进制解释：0011 1101
^	按位异或运算符：当两个对应的二进位相异时，结果为 1	(a^b) 输出结果：49 二进制解释：0011 0001
~	按位取反运算符：对数据的每个二进制位取反，即把 1 变为 0，把 0 变为 1。~x 类似于 -x-1	(~a) 输出结果：-61 二进制解释：1100 0011 在一个有符号二进制数的补码形式
<<	左移动运算符：运算数的各二进位全部左移若干位，由 << 右边的数字指定移动的位数，高位丢弃，低位补 0	a<<2 输出结果：240 二进制解释：1111 0000
>>	右移动运算符：把 >> 左边的运算数的各二进位全部右移若干位，由 >> 右边的数字指定移动的位数	a>>2 输出结果：15 二进制解释：0000 1111

以下实例演示了 Python 所有位运算符的操作：

```
a = 60           # 60 = 0011 1100
b = 13           # 13 = 0000 1101
```

```
c = 0
c = a & b;         # 12 = 0000 1100
print ("1 - c 的值为: ", c)
c = a | b;         # 61 = 0011 1101
print ("2 - c 的值为: ", c)
c = a ^ b;         # 49 = 0011 0001
print ("3 - c 的值为: ", c)
c = ~a;            # -61 = 1100 0011
print ("4 - c 的值为: ", c)
c = a << 2;        # 240 = 1111 0000
print ("5 - c 的值为: ", c)
c = a >> 2;        # 15 = 0000 1111
print ("6 - c 的值为: ", c)
```

输出结果为:

```
1 - c 的值为: 12
2 - c 的值为: 61
3 - c 的值为: 49
4 - c 的值为: -61
5 - c 的值为: 240
6 - c 的值为: 15
```

2.4.5 逻辑运算符

假设变量 a = 10, b = 20, Python 中逻辑运算符及其实例如表 2-8 所示。

表 2-8 逻辑运算符

运算符	逻辑表达式	描述	实例
and	x and y	布尔与: 如果 x 为 false, x and y 返回 false, 否则它返回 y 的计算值	(a and b) 返回 20
or	x or y	布尔或: 如果 x 是非 0, 返回 x 的计算值, 否则返回 y 的计算值	(a or b) 返回 10
not	not x	布尔非: 如果 x 为 true, 返回 false。如果 x 为 false, 返回 true	not(a and b) 返回 False

以下实例演示了 Python 所有逻辑运算符的操作:

```
a = 10
b = 20
if a and b :
    print ("1 - 变量 a 和 b 都为 true")
else:
    print ("1 - 变量 a 和 b 有一个不为 true")
if a or b :
    print ("2 - 变量 a 和 b 都为 true, 或其中一个变量为 true")
else:
    print ("2 - 变量 a 和 b 都不为 true")
```

```
# 修改变量 a 的值
a = 0
if a and b :
    print ("3 - 变量 a 和 b 都为 true")
else:
    print ("3 - 变量 a 和 b 有一个不为 true")
if a or b :
    print ("4 - 变量 a 和 b 都为 true,或其中一个变量为 true")
else:
    print ("4 - 变量 a 和 b 都不为 true")
if not( a and b ):
    print ("5 - 变量 a 和 b 都为 false,或其中一个变量为 false")
else:
    print ("5 - 变量 a 和 b 都为 true")
```

输出结果为:

```
1 - 变量 a 和 b 都为 true
2 - 变量 a 和 b 都为 true,或其中一个变量为 true
3 - 变量 a 和 b 有一个不为 true
4 - 变量 a 和 b 都为 true,或其中一个变量为 true
5 - 变量 a 和 b 都为 false,或其中一个变量为 false
```

2.4.6 成员运算符

除了以上运算符外,Python 还支持成员运算符。以下测试实例中包含一系列成员,例如字符串、列表或元组,如表 2-9 所示。

表 2-9 成员运算符

运算符	描述	实例
in	如果在指定的序列中找到值,返回 true,否则返回 false	x 在 y 序列中:如果 x 在 y 序列中,则返回 True
not in	如果在指定的序列中没有找到值,返回 true,否则返回 false	x 不在 y 序列中:如果 x 不在 y 序列中,则返回 True

以下实例演示了 Python 所有成员运算符的操作:

```
a = 10
b = 20
list = [1, 2, 3, 4, 5 ];
if ( a in list):
    print ("1 - 变量 a 在给定的列表 list 中 ")
else:
    print ("1 - 变量 a 不在给定的列表 list 中 ")
if ( b not in list ):
    print ("2 - 变量 b 不在给定的列表 list 中 ")
else:
    print ("2 - 变量 b 在给定的列表 list 中 ")
# 修改变量 a 的值
```

```
a = 2
if ( a in list ):
    print ("3 - 变量 a 在给定的列表 list 中")
else:
    print ("3 - 变量 a 不在给定的列表 list 中")
```

输出结果为:

```
1 - 变量 a 不在给定的列表 list 中
2 - 变量 b 不在给定的列表 list 中
3 - 变量 a 在给定的列表 list 中
```

2.4.7　身份运算符

身份运算符用于比较两个对象的存储单元,如表 2-10 所示。

表 2-10　身份运算符

运算符	描述	实例
is	is 用于判断两个标识符是否引自一个对象	X is y, 类似 id(x)==id(y), 如果引用的是同一个对象, 则返回 true, 否则返回 false
is not	is not 用于判断两个标识符是否引自不同对象	x is not y, 类似 id(a)!=id(b)。如果引用的不是同一个对象, 则返回结果 true, 否则返回 false

以下实例演示了 Python 所有身份运算符的操作:

```
a = 20
b = 20
if ( a is b ):
    print ("1 - a 和 b 有相同的标识")
else:
    print ("1 - a 和 b 没有相同的标识")
if ( a is not b ):
    print ("2 - a 和 b 没有相同的标识")
else:
    print ("2 - a 和 b 有相同的标识")

# 修改变量 b 的值
b = 30
if ( a is b ):
    print ("3 - a 和 b 有相同的标识")
else:
    print ("3 - a 和 b 没有相同的标识")
if ( a is not b ):
    print ("4 - a 和 b 没有相同的标识")
else:
    print ("4 - a 和 b 有相同的标识")
```

输出结果为:

```
1 - a 和 b 有相同的标识
2 - a 和 b 有相同的标识
3 - a 和 b 没有相同的标识
4 - a 和 b 没有相同的标识
```

> **注意**：is 与 == 的区别在于：is 用于判断两个变量引用的对象是否为同一个（同一块内存空间），== 用于判断引用变量的值是否相等。例如：

```
a = [1, 2, 3]
b = a

b is a
True

b == a
True

b = a[:]
b is a
False

b == a
True
```

2.4.8 运算符优先级

按优先级从高到低的顺序对所有运算符排序，结果如表 2-11 所示。

表 2-11 运算符优先级

运算符	描述
**	指数（最高优先级）
~ + -	按位翻转，一元加号和减号（最后两个的方法名为 +@ 和 -@）
* / % //	乘、除、取模和取整除
+ -	加法减法
>> <<	右移、左移运算符
&	位 AND
^ |	位运算符
<= < > >=	比较运算符
<> == !=	等于运算符
= %= /= //= -= += *= **=	赋值运算符
is is not	身份运算符
in not in	成员运算符
not and or	逻辑运算符

以下实例演示了 Python 中不同运算符按照不同优先级的操作：

```
a = 20
b = 10
c = 15
d = 5
e = 0
e = (a + b) * c / d       # ( 30 * 15 ) / 5
print ("(a + b) * c / d 运算结果为: ", e )
e = ((a + b) * c) / d     # (30 * 15 ) / 5
print ("((a + b) * c) / d 运算结果为: ", e)
e = (a + b) * (c / d);    # (30) * (15/5)
print ("(a + b) * (c / d) 运算结果为: ", e)
e = a + (b * c) / d;      # 20 + (150/5)
print ("a + (b * c) / d 运算结果为: ", e)
```

输出结果为:

```
(a + b) * c / d 运算结果为: 90
((a + b) * c) / d 运算结果为: 90
(a + b) * (c / d) 运算结果为: 90
a + (b * c) / d 运算结果为: 50
```

2.5 Python 条件与循环语句

本节介绍 Python 的条件与循环语句,着重介绍 while 循环、for 循环以及循环嵌套,还将介绍与循环相关的 pass 语句、continue 语句以及 break 语句。

2.5.1 条件语句

Python 条件语句是通过一条或多条语句的执行结果(true 或 false)来决定执行的代码块。可以通过图 2-7 来简单了解条件语句的执行过程。

Python 程序语言指定任何非 0 和非空(null)值为 true,0 或者 null 为 false。Python 中 if 语句用于控制程序的执行,基本形式为:

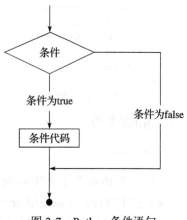

图 2-7　Python 条件语句

```
if 判断语句:
    执行语句……
else:
    执行语句……
```

其中"判断语句"成立时(非零),则执行后面的语句,且执行内容可以多行,以缩进来区分表示同一范围。else 为可选语句,在条件不成立时执行。具体实例如下:

```
flag = False
name = 'luren'
```

```
if name == 'python':            # 判断变量是否为 python
    flag = True                 # 条件成立时设置标志为真
    print ('welcome boss')      # 并输出欢迎信息
else:
    print (name)                # 条件不成立时输出变量名称
```

输出结果为：

```
luren                           # 输出结果
```

if 语句的判断条件可以用 >（大于）、<（小于）、==（等于）、>=（大于等于）、<=（小于等于）来表示其关系。当判断条件为多个值时，可以使用以下形式：

```
if 判断条件1:
    执行语句1……
elif 判断条件2:
    执行语句2……
elif 判断条件3:
    执行语句3……
else:
    执行语句4……
```

实例如下：

```
num = 5
if num == 3:                    # 判断 num 的值
    print ('boss')
elif num == 2:
    print ('user')
elif num == 1:
    print ('worker')
elif num < 0:                   # 值小于零时输出
    print ('error')
else:
    print ('roadman')           # 条件均不成立时输出
```

输出结果为：

```
roadman                         # 输出结果
```

由于 Python 并不支持 switch 语句，所以多个条件判断只能用 elif 来实现。如果需要同时判断多个条件，可以使用 or（或）表示两个条件有一个成立时判断条件成功；也可以使用 and（与）表示只有两个条件同时成立的情况下，判断条件才成功。举例如下：

```
num = 9
if num >= 0 and num <= 10:      # 判断值是否在 0~10 之间
    print ('hello')
# 输出结果：hello
num = 10
if num < 0 or num > 10:         # 判断值是否在小于 0 或大于 10
```

```
    print ('hello')
else:
    print ('undefine')              # 输出结果：undefine
num = 8
# 判断值是否在 0~5 或者 10~15 之间
if (num >= 0 and num <= 5) or (num >= 10 and num <= 15):
    print ('hello')
else:
    print ('undefine')
# 输出结果：undefine
```

当 if 有多个条件时，可使用括号来区分判断的先后顺序，括号中的判断优先执行，此外 and 和 or 的优先级低于 >、< 等判断符号，即 >、< 在没有括号的情况下会比 and、or 符号优先。

也可以在同一行使用 if 条件判断语句，实例如下：

```
var = 100
if ( var == 100 ) : print "变量 var 的值为 100"
print ("Good bye!")
```

输出结果为：

```
变量 var 的值为 100
Good bye!
```

2.5.2 循环语句

循环语句允许我们多次执行一个语句或语句组，图 2-8 是在大多数编程语言中循环语句的一般形式。

Python 支持 for 循环和 while 循环，如表 2-12 所示（Python 中没有 do...while... 循环）。

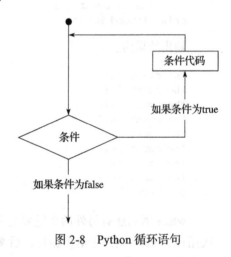

图 2-8 Python 循环语句

表 2-12 Python 循环类型

循环类型	描述
while 循环	在给定的判断条件为 true 时执行循环体，否则退出循环体
for 循环	重复执行语句
嵌套循环	可以在 while 循环体中嵌套 for 循环

循环控制语句可以更改语句执行的顺序。Python 支持以下循环控制语句，如表 2-13 所示。

表 2-13 Python 循环控制语句

控制语句	描述
break 语句	在语句块执行过程中终止循环，并且跳出整个循环
continue 语句	在语句块执行过程中终止当前循环，跳出该次循环，执行下一次循环
pass 语句	pass 是空语句，用于保持程序结构的完整性

1. while 循环语句

Python 中的 while 语句用于循环执行程序，即在某条件下，循环执行某段程序，以处理需要重复处理的相同任务。其基本形式为：

```
while 判断条件(condition):
    执行语句(statements)……
```

执行语句可以是单个语句或语句块，判断条件可以是任何表达式，任何非零或非空（null）的值均为 true。当判断条件为假（false）时，循环结束。执行流程图 2-9 所示。

实例代码如下：

```
count = 0
while (count < 9):
    print ('The count is:', count )
    count = count + 1
print ("Good bye!")
```

输出结果为：

```
The count is:1
The count is:2
The count is:3
The count is:4
The count is:5
The count is:6
The count is:7
The count is:8
Good bye!
```

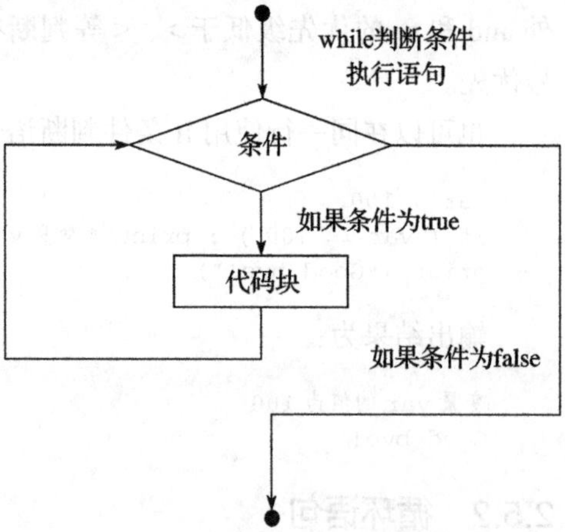

图 2-9　Python while 循环

while 语句还有另外两个重要的命令 continue、break 来跳过循环，continue 用于跳过该次循环，break 则用于退出循环，后文会详细介绍。此外判断条件还可以是常值，表示循环必定成立，具体用法如下：

```
# continue 和 break 用法
i = 1
while i < 10:
    i += 1
    if i%2 > 0:        # 非双数时跳过输出
        continue
    print (i)          # 输出双数 2、4、6、8、10
i = 1
while 1:               # 循环条件为 1 必定成立
    print (i)          # 输出 1~10
    i += 1
    if i > 10:         # 当 i 大于 10 时跳出循环
        break
```

如果条件判断语句永远为真，循环将会无限执行下去，实例如下：

```
var = 1
while var == 1 :          # 该条件永远为 true，循环将无限执行下去
    num = raw_input("Enter a number :")
    print ("You entered: ", num)
print ("Good bye!")
```

输出结果为：

```
Enter a number : 20
You entered: 20
Enter a number : 29
You entered: 29
Enter a number : 3
You entered: 3
Enter a number between :Traceback(most recent call last):
    File "test.py", line 5, in <module>
        num = raw_input("Enter a number :")
KeyboardInterrupt
```

在 Python 中，while...else 语句在循环条件为假时执行 else 语句块：

```
count = 0
while count < 5:
    print (count, " is less than 5")
    count = count + 1
else:
    print (count, " is not less than 5")
```

输出结果为：

```
0 is less than 5
1 is less than 5
2 is less than 5
3 is less than 5
4 is less than 5
5 is not less than 5
```

与 if 语句的语法类似，如果 while 循环体中只有一条语句，则可以将该语句与 while 写在同一行中，如下所示：

```
flag = 1
while (flag): print 'Given flag is really true!'
print ("Good bye!")
```

2. for 循环语句

Python 中的 for 循环可以遍历任何序列的项目，如一个列表或一个字符串。for 循环的语法格式如下：

```
for iterating_var in sequence:
    statements(s)
```

for 循环的执行流程图如图 2-10 所示。

实例代码如下：

```
for letter in 'Python':          # 第一个实例
    print ('当前字母 :', letter)
fruits = ['banana', 'apple', 'mango']
for fruit in fruits:             # 第二个实例
    print ('当前水果 :', fruit)
print ("Good bye!")
```

输出结果为：

```
当前字母 : p
当前字母 : y
当前字母 : t
当前字母 : h
当前字母 : o
当前字母 : n
当前字母 : banana
当前字母 : apple
当前字母 : mango
Good bye!
```

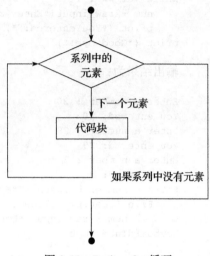

图 2-10　Python for 循环

另外一种遍历方式是通过索引实现，实例如下：

```
fruits = ['banana', 'apple', 'mango']
for index in range(len(fruits)):
    print ('当前水果 :', fruits[index])
print ("Good bye!")
```

输出结果为：

```
当前水果 : banana
当前水果 : apple
当前水果 : mango
Good bye!
```

以上实例使用了内置函数 len() 和 range()，函数 len() 返回列表的长度，即元素的个数，range() 返回一个序列的数。

在 Python 中，for…else 语句的 for 语句和普通的 for 语句没有区别，else 语句会在循环正常执行完（即 for 不是通过 break 跳出而中断）的情况下执行，while…else 语句也一样。

实例代码如下：

```
for num in range(10,20):         # 迭代 10 到 20 之间的数字
    for i in range(2,num):       # 根据因子迭代
        if num%i == 0:           # 确定第一个因子
            j=num/i              # 计算第二个因子
```

```
            print ('%d 等于 %d * %d' % (num,i,j))
            break                    # 跳出当前循环
    else:                            # 循环的 else 部分
        print (num, '是一个质数')
```

输出结果为:

```
10 等于 2 * 5
11 是一个质数
12 等于 2 * 6
13 是一个质数
14 等于 2 * 7
15 等于 3 * 5
16 等于 2 * 8
17 是一个质数
18 等于 2 * 9
19 是一个质数
```

3. 循环嵌套

Python 语言允许在一个循环体中嵌入另一个循环。for 循环嵌套的语法格式如下:

```
for iterating_var in sequence:
    for iterating_var in sequence:
        statements(s)
    statements(s)
```

while 循环嵌套的语法格式如下:

```
while expression:
    while expression:
        statement(s)
    statement(s)
```

可以在循环体内嵌入其他循环体,如可以在 while 循环中嵌入 for 循环,也可以在 for 循环中嵌入 while 循环。

实例代码如下:

```
i = 2
while(i < 30):
    j = 2
    while(j <= (i/j)):
        if not(i%j): break
        j = j + 1
    if (j > i/j) : print (i, " 是素数 ")
    i = i + 1
print ("Good bye!")
```

输出结果为:

```
2 是素数
3 是素数
```

```
5 是素数
7 是素数
11 是素数
13 是素数
17 是素数
19 是素数
23 是素数
29 是素数
Good bye!
```

4. break 语句

break 语句用在 while 和 for 循环中，用于终止循环语句。如果使用嵌套循环，break 语句将停止执行最深层的循环，并开始执行下一行代码。break 语句的语法格式如下：

```
break
```

break 语句流程图如图 2-11 所示。

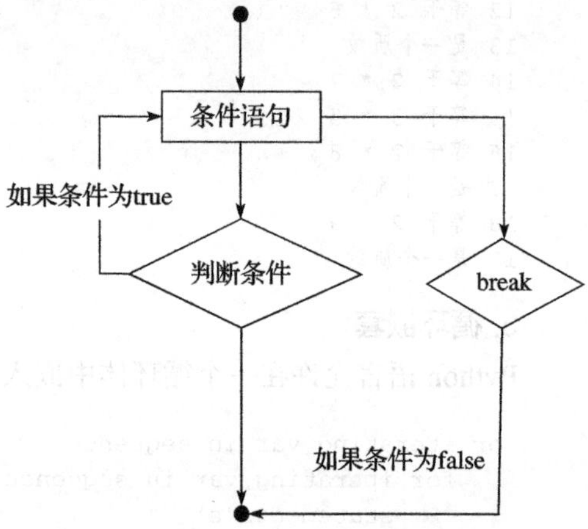

```
for letter in 'Python':     # 第一个实例
    if letter == 'h':
        break
    print ('当前字母 :', letter)
var = 10                    # 第二个实例
while var > 0:
    print ('当前变量值 :', var )
    var = var -1
    if var == 5:            # 当变量 var 等于 5 时退出循环
        break
print ("Good bye!")
```

图 2-11 Python break 语句流程图

输出结果为：

```
当前字母: P
当前字母: y
当前字母: t
当前变量值: 10
当前变量值: 9
当前变量值: 8
当前变量值: 7
当前变量值: 6
Good bye!
```

5. continue 语句

Python 中的 continue 语句是跳出本次循环，而 break 语句是跳出整个循环。continue 语句用在 while 和 for 循环中，用于跳过当前循环的剩余语句，然后继续进行下一轮循环。

continue 语句语法格式如下：

```
continue
```

continue 语句的流程图如图 2-12 所示。
实例代码如下：

```
for letter in 'Python':     # 第一个实例
    if letter == 'h':
        continue
    print ('当前字母 :', letter )

var = 10                    # 第二个实例
while var > 0:
    var = var -1
    if var == 5:
        continue
    print ('当前变量值 :', var )
print ("Good bye!")
```

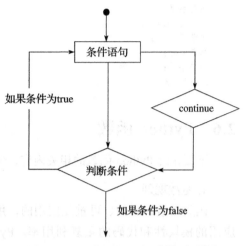

图 2-12 Python continue 语句流程图

输出结果为：

```
当前字母: n
当前变量值：9
当前变量值：8
当前变量值：7
当前变量值：6
当前变量值：4
当前变量值：3
当前变量值：2
当前变量值：1
当前变量值：0
Good bye!
```

6. pass 语句

Python 中的 pass 是空语句，目的是保持程序结构的完整性。pass 语句不做任何事情，一般用作占位语句。pass 语句的语法格式如下：

```
pass
```

实例代码如下：

```
for letter in 'Python':
    if letter == 'h':
        pass
        print ('这是 pass 块')
    print ('当前字母 :', letter)
print ("Good bye!")
```

输出结果为：

```
当前字母：P
当前字母：y
当前字母：t
这是 pass 块
当前字母：h
当前字母：o
当前字母：n
Good bye!
```

2.6 Python 函数

下面介绍 Python 函数的相关内容，包括函数规则、函数调用、参数传递、参数类型等。

1. 函数规则

函数是组织好的、可重复使用的，用来实现单一或相关联功能的代码段。函数能提高应用的模块性和代码的重复利用率。Python 提供了许多内置函数，可以直接使用，比如 print()，也可以自己自定义函数。

我们可以定义任意一种函数，但是要遵循以下的规则：

- 函数代码块以 def 关键字开头，后接函数标识符名称和圆括号 ()；
- 任何传入的参数和自变量都必须放在圆括号中，也可以在括号内自定义参数；
- 函数的第一行语句可以选择性地使用文档字符串，用于存放函数说明；
- 函数内容以冒号起始，注意缩进；
- 以 return 语句结束函数，选择性地返回一个值给调用方，不带表达式的 return 语句相当于返回 none。

语法格式如下：

```
def functionname( parameters ):
    "函数_文档字符串"
    function_suite
    return [expression]
```

默认情况下，参数值和参数名称是按函数声明中定义的顺序匹配的。

以下为一个简单的 Python 函数，它将一个字符串作为传入参数，打印到标准显示设备上。

```
def printme( str ):
    "打印传入的字符串到标准显示设备上"
    print (str)
    return
```

2. 函数调用

定义一个函数，指定函数包含的参数和代码块结构。执行时，可以通过另一个函数调用该函数，也可以直接从 Python 提示符调用。如下实例调用了 printme() 函数：

```python
# 定义函数
def printme( str ):
    "打印任何传入的字符串"
    print (str)
    return

# 调用函数
printme("我要调用用户自定义函数!")
printme("再次调用同一函数")
```

输出结果为:

我要调用用户自定义函数!
再次调用同一函数

3. 参数传递

在 Python 中，类型属于对象，而变量是没有类型的。

```
a=[1,2,3]
a="Runoob"
```

以上代码中，[1, 2, 3] 是 List 类型，Runoob 是 String 类型，而变量 a 没有类型，它仅仅是一个对象的引用（一个指针）。该对象可以是 List 类型，也可以是 String 类型。在 Python 中，Number、String、Tuple 类型对象是不可更改的，而 List、Dictionary 类型对象等则是可以修改的。

在 Python 中传入不可变对象的实例如下：

```python
def ChangeInt( a ):
    a = 10
b = 2
ChangeInt(b)
print (b)          # 结果是 2
```

实例中有 int 对象 2，并把它赋值给变量 b，在给 ChangeInt 函数传值的时候，只是复制了 b，所以 a 和 b 都指向了同一个 int 对象，当 a = 10 时，则又新生成一个 int 值对象 10，并让 a 指向它。

在 Python 中传入可变对象的实例如下：

```python
# 可写函数说明
def changeme( mylist ):
    "修改传入的列表"
    mylist.append([1,2,3,4])
    print ("函数内取值：", mylist)
    return

# 调用 changeme 函数
mylist = [10,20,30]
changeme( mylist )
print ("函数外取值：", mylist)
```

实例中传入函数的对象和在末尾添加新内容的对象用的是同一个引用，故输出结果为：

```
函数内取值： [10,20,30, [1,2,3,4]]
函数外取值： [10,20,30, [1,2,3,4]]
```

4. 参数类型

调用函数时可使用的正式参数类型包括必备参数、关键字参数、默认参数、不定长参数。

（1）必备参数

必备参数须以正确的顺序传入函数，调用时的数量必须和声明时一样。调用 printme() 函数时，必须传入一个参数，不然会出现语法错误。

（2）关键字参数

关键字参数和函数调用关系紧密，函数调用使用关键字参数来确定传入的参数值。关键字参数允许函数调用时参数的顺序与声明时不一致，因为 Python 解释器能够用参数名匹配参数值。以下实例是在函数 printme() 调用时使用参数名：

```
# 可写函数说明
def printme( str ):
    "打印任何传入的字符串"
    print (str)
    return

# 调用printme函数
printme( str = "My string")
```

输出结果为：

```
My string
```

下例更清楚地展示了使用关键字参数时，参数顺序无须与声明时一致：

```
# 可写函数说明
def printinfo( name, age ):
    "打印任何传入的字符串"
    print ("Name: ", name)
    print ("Age: ", age)
    return

# 调用printinfo函数
printinfo( age=50, name="miki" )
```

输出结果为：

```
Name: miki
Age: 50
```

（3）默认参数

调用函数时，如果没有传入相应的参数值，则使用其默认值。如在下面例子中，如果没有传入 age，则会打印默认的 age。

```
# 可写函数说明
def printinfo( name, age = 35 ):
    "打印任何传入的字符串"
    print ("Name: ", name)
    print ("Age:", age)
    return
# 调用 printinfo 函数
printinfo( age=50, name="miki" )
printinfo( name="miki" )
```

输出结果为：

```
Name: miki
Age: 50
Name: miki
Age: 35
```

（4）不定长参数

有时，我们还需要一个能处理与声明参数个数或类型不同的参数的函数，这些参数叫作不定长参数。与上述参数不同，不定长参数不会在声明时命名。基本语法如下：

```
# 可写函数说明
def printinfo( arg1, *vartuple ):
    "打印任何传入的参数"
    print ("输出：")
    print (arg1)
    for var in vartuple:
        print (var)
    return

# 调用 printinfo 函数
printinfo( 10 )
printinfo( 70, 60, 50 )
```

输出结果为：

```
输出：
10
输出：
70
60
50
```

5. 匿名函数

Python 使用 lambda 来创建匿名函数。lambda 只是一个表达式，函数体比 def 简单很多。lambda 的主体是一个表达式，而不是一个代码块，所以只能封装有限的逻辑。lambda 函数拥有自己的命名空间，且不能访问自有参数列表之外或全局命名空间里的参数。虽然

lambda 函数看起来只能写一行，却不同于 C 或 C++ 的内联函数，后者的目的是调用小函数时不占用栈内存从而增加运行效率。lambda 函数的语法只包含一条语句，具体如下：

```
lambda[arg1 [,arg2,…,argn]]:表达式
```

实例代码如下：

```
# 可写函数说明
sum = lambda arg1, arg2: arg1 + arg2
# 调用 sum 函数
print ("相加后的值为 : ", sum( 10, 20 ) )
print ("相加后的值为 : ", sum( 20, 20 ))
```

输出结果为：

```
相加后的值为 :30
相加后的值为 :40
```

6. return 语句

return 语句表示退出函数，选择性地向调用方返回一个表达式。不带参数值的 return 语句返回 none。实例如下：

```
# 可写函数说明
def sum( arg1, arg2 ):
    # 返回 2 个参数的和."
    total = arg1 + arg2
    print ("函数内 : ", total )
    return total

# 调用 sum 函数
total = sum( 10, 20 )
```

输出结果为：

```
函数内 :30
```

7. 变量作用域

一个程序的所有变量并不可以随意访问，变量的位置决定了它的作用范围，即变量的作用域。换句话说，变量作用域决定了你可以在哪一部分程序访问哪个特定的变量。根据变量作用域，一般将变量分为全局变量和局部变量。

定义在函数内部的变量拥有一个局部作用域，定义在函数外的变量拥有全局作用域。局部变量只能在其被声明的函数内部访问，而全局变量可以在整个程序范围内访问。调用函数时，所有在函数内声明的变量名称都将被加入作用域中。实例如下：

```
total = 0                    # 这是一个全局变量
# 可写函数说明
def sum( arg1, arg2 ):
    # 返回 2 个参数的和."
```

```
        total = arg1 + arg2  # total 在这里是局部变量
        print ("函数内是局部变量：", total )
        return total
# 调用 sum 函数
sum( 10, 20 )
print ("函数外是全局变量：", total)
```

输出结果为：

```
函数内是局部变量 : 30
函数外是全局变量 : 0
```

2.7　Python 模块

Python 模块（module）是一个 Python 文件，以 .py 结尾，包含 Python 对象定义和 Python 语句。模块能够让 Python 代码段更具逻辑性，把相关的代码分配到一个模块里能让代码更好用、更易懂。模块能定义函数、类和变量，也能包含可执行的代码。下例是一个简单的模块：support.py。

```
def print_func( par ):
    print ("Hello : ", par )
    return
```

1. import 函数

模块定义好后，我们可以使用 import 语句引入模块，语法如下：

```
import module1[,module2[,…,moduleN]]
```

比如要引用模块 math，就可以在文件最开始的地方用 import math 来引入。在调用 math 模块中的函数时，必须使用如下格式：

模块名，函数名

在导入时，解释器会先按照搜索路径搜索所有目录的列表，如想要导入模块 support.py，需要把命令放在脚本的顶端：

```
# 导入模块
import support
# 现在可以调用模块里包含的函数了
support.print_func("Runoob")
```

输出结果为：

```
Hello: Runoob
```

不管你执行了多少次 import 语句，一个模块只会被导入一次，这样可以防止导入模块被一遍又一遍地执行。

2. from...import 语句

Python 的 from 语句可以将模块中某个指定的部分导入当前命名空间中。语法格式如下：

```
from modname import name1[, name2[, ... ,nameN]]
```

例如，要导入模块 fib 的 fibonacci 函数，使用如下语句：

```
from fib import fibonacci
```

这个声明不会把整个 fib 模块导入当前的命名空间中，而是只会将 fib 的 fibonacci 函数单独导入执行这个声明的模块的全局符号表。

3. from...import* 语句

把一个模块的所有内容全都导入当前的命名空间也是可行的，只需使用如下声明：

```
from modname import *
```

例如我们想一次性引入 math 模块中所有的东西，语句如下：

```
from math import *
```

虽然该声明能够导入一个模块中的所有项目，但是它不该被过多地使用。

4. dir() 函数

dir() 函数是一个排好序的字符串列表，内容是一个模块里定义的所有模块、变量和函数。一个简单的实例如下：

```
# 导入内置 math 模块
import math
content = dir(math)
print (content;)
```

输出结果为：

```
[ '__doc__', '__file__', '__name__' , 'acos' , 'asin' , 'atan','atan2' , 'ceil',
 'cos', 'cosh', 'degrees', 'e', 'exp','fabs', 'floor', 'fmod', 'frexp', 'hypot',
 'ldexp', 'log','log10', 'modf', 'pi', 'pow', 'radians', 'sin', 'sinh', 'sqrt',
 'tan', 'tanh' ]
```

在这里，特殊字符串变量 __name__ 指向模块的名字，__file__ 指向该模块导入的文件名。

5. globals() 和 locals() 函数

根据调用位置的不同，globals() 和 locals() 函数可用于返回全局和局部命名空间中的名字。如果在函数内部调用 locals()，返回的是所有能在该函数内访问的局部命名；如果在函数内部调用 globals()，返回的是所有能在该函数内访问的全局名字。两个函数的返回类型都是字典，所以名字能用 keys() 函数获取。

6. reload() 函数

当一个模块被导入一个脚本，模块顶层部分的代码只会被执行一次。因此，如果想重新执行模块中顶层部分的代码，可以用 reload() 函数。该函数会重新导入之前已导入的模块。语法如下：

```
reload(module_name)
```

在这里，module_name 表示模块的名字，而不是一个字符串形式。比如想重新导入 hello 模块，语句如下：

```
reload(hello)
```

7. Python 中的包

包是一个分层次的文件目录结构，它定义了一个由模块、子包和子包下的子包等组成的 Python 的应用环境。简单来说，包就是文件夹，但该文件夹下必须存在 __init__.py 文件，该文件的内容可以为空。__init__.py 用于标识当前文件夹是一个包。考虑一个在 package_runoob 目录下的 runoob1.py、runoob2.py、__init__.py 文件，test.py 为测试调用包的代码，目录结构如下：

```
test.py
package_runoob
|--__init__.py
|--runoob1.py
|--runoob2.py
```

源代码如下：

```
def runoob1():
    print ("I'm in runoob1")
def runoob2():
    print ("I'm in runoob2")
```

现在，在 package_runoob 目录下创建 __init__.py：

```
if __name__ == '__main__':
    print ('作为主程序运行')
else:
    print ('package_runoob 初始化')
```

然后在 package_runoob 同级目录下创建 test.py 来调用 package_runoob 包。

```
# 导入 Phone 包
from package_runoob.runoob1 import runoob1
from package_runoob.runoob2 import runoob2
runoob1()
runoob2()
```

输出结果为：

```
package_runoob 初始化
I'm in runoob1
I'm in runoob2
```

为了举例，这里只在每个文件里放置了一个函数，在实际应用中，可以放置多个函数，也可以在这些文件中定义 Python 的类，然后为这些类建一个包。

2.8 Python 文件处理

在文件处理方面，Python 使用 open() 方法打开一个文件，并返回文件对象。如果该文件无法被打开，会抛出 OSError。使用 open() 方法时，一定要关闭文件对象，即调用 close() 方法。open() 通常接收两个参数：file 和 mode。

```
open(file,mode='r')
```

完整的语法格式为：

```
open(file,mode='r', buffering=-1, encoding=None, errors=None, newline=None,
     closefd=True, opener=None)
```

相关参数说明如下：
- file：必需，文件路径（相对或者绝对路径）。
- mode：可选，文件打开模式。
- buffering：设置缓冲。
- encoding：一般使用 utf8。
- errors：报错级别。
- newline：区分换行符。
- closefd：传入的 file 参数类型。
- opener：设置自定义开启器，开启器的返回值必须是一个打开的文件描述符。

file 对象使用 open 函数来创建，表 2-14 列出了 file 对象常用的函数。

表 2-14　file 对象常用的函数

序号	方法及描述
1	file.close()：关闭文件。关闭后文件不能再进行读写操作
2	file.flush()：刷新文件内部缓冲，直接把内部缓冲区的数据立刻写入文件，而不是被动地等待输出缓冲区写入
3	file.fileno()：返回一个整型的文件描述符（file descriptor FD 整型），可以用在如 os 模块的 read 方法等一些底层操作
4	file.isatty()：如果文件连接到一个终端设备返回 True，否则返回 False
5	file.next()：返回文件下一行
6	file.read([size])：从文件读取指定的字节数，如果未给定或为负则读取所有

（续）

序号	方法及描述
7	file.readline([size])：读取整行，包括 "\n" 字符
8	file.readlines([sizeint])：读取所有行并返回列表，若给定 sizeint>0，则是设置一次读多少字节，这是为了减轻读取压力
9	file.seek(offset[, whence])：设置文件当前位
10	file.tell()：返回文件当前位置
11	file.truncate([size])：截取文件，截取的字节通过 size 指定，默认为当前文件位置
12	file.write(str)：将字符串写入文件，返回的是写入的字符长度
13	file.writelines(sequence)：向文件写入一个序列字符串列表，如果需要换行则要自己加入每行的换行符

mode（文件打开模式）有多种取值，相关描述如表 2-15 所示。

表 2-15 mode 的多种取值及其描述

模式	描述
t	文本模式（默认）
x	写模式，新建一个文件，如果该文件已存在则报错
b	二进制模式
+	打开一个文件进行更新（可读可写）
U	通用换行模式（不推荐）
r	以只读方式打开文件，文件的指针将会放在文件的开头，这是默认模式
rb	以二进制格式打开一个文件用于只读，文件指针将会放在文件的开头，这是默认模式，一般用于非文本文件（如图片等）
r+	打开一个文件用于读写，文件指针将会放在文件的开头
rb+	以二进制格式打开一个文件用于读写，文件指针将会放在文件的开头，一般用于非文本文件（如图片等）
w	打开一个文件只用于写入。如果该文件已存在则打开文件，并从头开始编辑，即原有内容会被删除。如果该文件不存在，则创建新文件
wb	以二进制格式打开一个文件只用于写入。如果该文件已存在则打开文件，并从头开始编辑，即原有内容会被删除。如果该文件不存在，则创建新文件。一般用于非文本文件（如图片等）
w+	打开一个文件用于读写。如果该文件已存在则打开文件，并从头开始编辑，即原有内容会被删除。如果该文件不存在，则创建新文件
wb+	以二进制格式打开一个文件用于读写。如果该文件已存在则打开文件，并从头开始编辑，即原有内容会被删除。如果该文件不存在，则创建新文件。一般用于非文本文件（如图片等）
a	打开一个文件用于追加。如果该文件已存在，文件指针将放在文件的结尾。也就是说，新的内容将被写到已有内容之后。如果该文件不存在，则创建新文件进行写入
ab	以二进制格式打开一个文件用于追加。如果该文件已存在，文件指针将放在文件的结尾。也就是说，新的内容将被写到已有内容之后。如果该文件不存在，则创建新文件进行写入
a+	打开一个文件用于读写。如果该文件已存在，文件指针将放在文件的结尾，文件打开时会是追加模式。如果该文件不存在，则创建新文件用于读写
ab+	以二进制格式打开一个文件用于读写。如果该文件已存在，文件指针将放在文件的结尾。如果该文件不存在，则创建新文件用于读写

2.9 Python 异常

Python 能够处理程序在运行中出现的异常和错误，本节主要介绍 Python 的异常类型以及异常处理的方法。

1. 异常类型

Python 的主要异常类型及描述如表 2-16 所示。

表 2-16 异常类型及描述

异常名称	描述
BaseException	所有异常的基类
SystemExit	解释器请求退出
KeyboardInterrupt	用户中断执行（通常是输入 ^C）
Exception	常规错误的基类
StopIteration	迭代器没有更多的值
GeneratorExit	生成器发生异常来通知退出
StandardError	所有的内置标准异常的基类
ArithmeticError	所有数值计算错误的基类
FloatingPointError	浮点计算错误
OverflowError	数值运算超出最大限制
ZeroDivisionError	除（或取模）零（所有数据类型）
AssertionError	断言语句失败
AttributeError	对象没有这个属性
EOFError	没有内置输入，到达 EOF 标记
EnvironmentError	操作系统错误的基类
IOError	输入/输出操作失败
OSError	操作系统错误
WindowsError	系统调用失败
ImportError	导入模块/对象失败
LookupError	无效数据查询的基类
IndexError	序列中没有此索引
KeyError	映射中没有这个键
MemoryError	内存溢出错误（对于 Python，解释器不是致命的）
NameError	未声明/初始化对象（没有属性）
UnboundLocalError	访问未初始化的本地变量
ReferenceError	弱引用（weak reference）试图访问已经垃圾回收了的对象
RuntimeError	一般的运行时错误
NotImplementedError	尚未实现的方法
SyntaxError	Python 语法错误
IndentationError	缩进错误
TabError	Tab 和空格混用

（续）

异常名称	描述
SystemError	一般的解释器系统错误
TypeError	对类型无效的操作
ValueError	传入无效的参数
UnicodeError	Unicode 相关的错误
UnicodeDecodeError	Unicode 解码时的错误
UnicodeEncodeError	Unicode 编码时错误
UnicodeTranslateError	Unicode 转换时错误
Warning	警告的基类
DeprecationWarning	关于被弃用的特征的警告
FutureWarning	关于构造将来语义会有改变的警告
OverflowWarning	旧的关于自动提升为长整型的警告
PendingDeprecationWarning	关于特性将会被废弃的警告
RuntimeWarning	可疑的运行时行为的警告
SyntaxWarning	可疑的语法的警告
UserWarning	用户代码生成的警告

2. 异常处理

异常可以看作一个事件，该事件会在程序执行过程中发生，影响程序的正常执行。一般情况下，在 Python 无法正常处理程序时就会发生一个异常。此时，异常是 Python 对象，表示一个错误。当 Python 脚本发生异常时，我们需要捕获并处理它，否则程序会终止执行。

可以使用 try/except 语句捕捉异常，该语句可以检测 try 语句块中的错误，从而让 except 语句捕获异常信息并处理，以避免程序的终止执行以下为简单的 try....except...else 的语法：

```
try:
<语句>      # 运行别的代码
except <名字>:
<语句>      # 如果在try部分引发了name异常
except <名字>,<数据>:
<语句>      # 如果引发了name异常，获得附加的数据
else:
<语句>      # 如果没有异常发生
```

try 的工作原理是，当开始一个 try 语句时，Python 就在当前程序的上下文中做标记，这样当异常出现时就可以回到这里，try 子句先执行，接下来会发生什么依赖于执行时是否出现异常。

1）如果在 try 后的语句执行时发生异常，Python 会跳回到 try 并执行第一个匹配该异常的 except 子句，异常处理完毕后，控制流会通过整个 try 语句（除非在处理异常时又引发新的异常）。

2）如果在 try 后的语句里发生了异常，却没有匹配的 except 子句，异常将被递交到上层的 try，或者到程序的最上层（这样将结束程序，并打印默认的出错信息）。

3）如果在 try 子句执行时没有发生异常，Python 将执行 else 语句后的语句（如果有 else 的话），然后控制流会通过整个 try 语句。

下面是一个简单的例子，它打开一个文件，在该文件中写入内容，且并未发生异常：

```
try:
    fh = open("testfile", "w")
    fh.write("这是一个测试文件,用于测试异常！！")
except IOError:
    print ("Error:没有找到文件或读取文件失败")
else:
print ("内容写入文件成功")
fh.close()
```

输出结果为：

```
$ python test.py
内容写入文件成功
$ cat testfile    # 查看写入的内容
这是一个测试文件,用于测试异常！！
```

2.10 数据分析相关库

Python 中常会用到一些专门的库，如 NumPy、SciPy、Pandas 和 Matplotlib。数据处理常用到 NumPy、SciPy 和 Pandas，数据分析常用到 Pandas 和 Scikit-Learn，数据可视化常用到 Matplotlib，而对大规模数据进行分布式挖掘时则可以使用 Pyspark 来调用 Spark 集群的资源。从一定程度上来说，学习 Python 数据分析主要就是学习使用这些分析库。

2.10.1 NumPy

关于 NumPy，本节主要介绍 ndarray 多维数组对象和数组属性。

1. ndarray 多维数组对象

NumPy 库中的 ndarray 是一个多维数组对象，由两部分组成：实际的数据值和描述这些值的元数据。大部分的数组操作仅仅涉及修改元数据的部分，并不改变底层的实际数据。数组中的所有元素类型必须是一致的，所以如果知道其中一个元素的类型，就很容易确定该数组需要的存储空间。可以用 array() 函数创建数组，并通过 dtype 获取其数据类型。

```
import numpy as np
    a = np.array(6)
    a.dtype
output: dtype('int64')
```

上例中，数组 a 的数据类型为 int64，如果使用的是 32 位 Python，则得到的数据类型可能是 int32。

2. 数组属性

NumPy 数组有一个重要的属性——维度（dimension），它的维度被称作秩（rank）。以二维数组为例，一个二维数组相当于两个一维数组。只看最外面一层，它相当于一个一维数组，该一维数组中的每个元素也是一维数组。那么，这个一维数组即二维数组的轴。

了解了以上概念，接着来看 NumPy 数组中比较重要的 ndarray 对象的属性，如表 2-17 所示。

表 2-17 ndarray 对象的属性

属性	说明
ndarray.ndim	秩，即轴的数量或维度的数量
ndarray.shape	数组的维度，如果存的是矩阵，如 $n \times m$ 矩阵则输出为 n 行 m 列
ndarray.size	数组元素的总个数，相当于 .shape 中 $n \times m$ 的值
ndarray.dtype	ndarray 对象的元素类型
ndarray.itemsize	ndarray 对象中每个元素的大小，以字节为单位
ndarray.flags	ndarray 对象的内存信息
ndarray.real	ndarray 元素的实部
ndarray.imag	ndarray 元素的虚部
ndarray.data	包含实际数组元素的缓冲区，由于一般通过数组的索引获取元素，所以通常不需要使用这个属性

2.10.2 Matplotlib

Matplotlib 是 Python 数据分析中常用的一个绘图库，常用来绘制各种数据的可视化效果图。其中，matplotlib.pyplot 包含了简单的绘图功能。

1. 实战：绘制多项式函数

为了说明绘图的原理，下面来绘制多项式函数的图像。使用 NumPy 的多项式函数 poly1d() 来创建多项式。

```
# 引入所需要的库
import numpy as np
import matplotlib.pyplot as plt
# 使用 poly1d() 函数创建多项式 func=1x3+2x2+3x+4
func = np.poly1d(np.array([1,2,3,4]).astype(float))
# 使用 NumPy 的 linspace() 函数在 -10 和 10 之间产生 30 个均匀分布的值，作为函数 x 轴的取值
x = np.linspace(-10, 10 , 30)
# 将 x 的值代入 func() 函数，计算得到 y 值
y=func(x)
# 调用 pyplot 的 plot 函数 ()，绘制函数图像
plt.plot(x, y)
# 使用 xlable() 函数添加 x 轴标签
```

```
plt.xlabel('x')
# 使用 ylabel() 函数添加 y 轴标签
plt.ylabel('y(x)')
# 调用 show() 函数显示函数图像
plt.show()
```

多项式函数的绘制结果如图 2-13 所示。

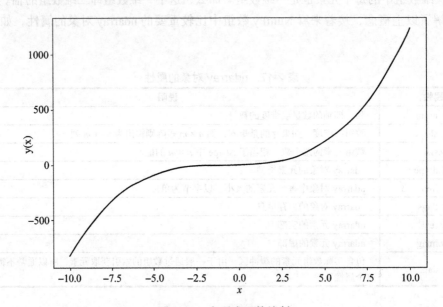

图 2-13　多项式函数绘制

2. 实战：绘制正弦和余弦值

为了明显看到两个效果图的区别，可以将两个效果图放到一张图中显示。Matplotlib 中的 subplot() 函数允许在一张图中显示多张子图。subplot() 常用的 3 个整型参数分别为子图的行数、子图的列数以及子图的索引。

下面的实例将绘制正弦和余弦两个函数的图像。

```
# 导入相关包
import numpy as np
import matplotlib.pyplot as plt
from matplotlib.pyplot import figure
figure(num=None, figsize=(12, 8), dpi=80, facecolor='w', edgecolor='k')
# 计算正弦和余弦曲线上点的 x 和 y 坐标
x = np.arange(0, 3 * np.pi, 0.1)
y_sin = np.sin(x)
y_cos = np.cos(x)
# subplot 的 3 个参数，2、1、1，表示绘制 2 行 1 列图像中的第一个子图
plt.subplot(2, 1, 1)       # 绘制第一个子图
# 绘制第一个图像
plt.plot(x, y_sin)
```

```
plt.title('Sin')
plt.subplot(2, 1, 2)        # 绘制 2 行 1 列图像中的第二个子图
plt.plot(x, y_cos)
plt.title('Cos')
plt.show()                  # 显示图像
```

正弦和余弦函数的绘制结果如图 2-14 所示。

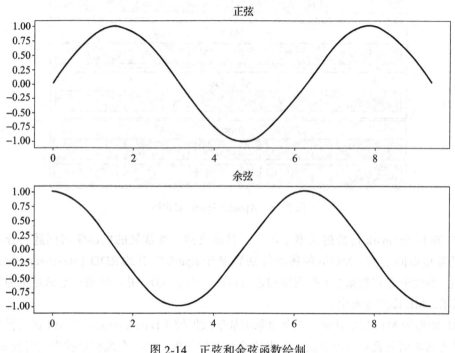

图 2-14　正弦和余弦函数绘制

2.10.3　PySpark

在大数据应用场景中，当我们面对海量的数据和复杂模型巨大的计算需求时，单机的环境已经难以承载，需要用到分布式计算环境来完成机器学习任务。Apache Spark 是一个快速而强大的框架，可以对弹性数据集执行大规模分布式处理。通过图 2-15 所示的 Apache Spark 架构图可以非常清晰地看到它的组成。

Spark 支持丰富的数据源，可以契合绝大部分大数据应用场景，同时，通过 Spark 核心对计算资源统一调度，由于计算的数据都在内存中存储，使得计算效率大大提高。Spark 原生支持的语言是 Scala，但为了丰富应用场景和满足各研发人员的语言偏好，Spark 同时支持 Java、Python 与 R。PySpark 是 Spark 社区发布的在 Spark 框架中支持 Python 的工具包，它的计算速度和能力与 Scala 相似。通过 PySpark 调用 Spark 的 API，配合 MLlib 与 ML 库，可以轻松进行分布式数据挖掘。

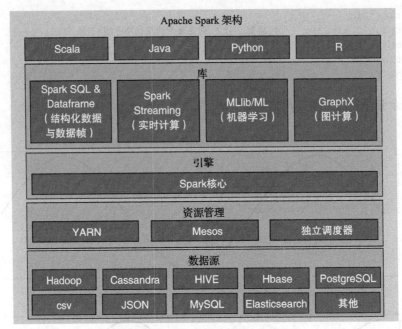

图 2-15 Apache Spark 架构图

MLlib 库是 Spark 传统的机器学习库，目前支持 4 种常见的机器学习问题：分类、回归、聚类和协同过滤。MLlib 的所有算法皆基于 Spark 特有的 RDD（Resilient Distributed Dataset，弹性分布式数据集）数据结构进行运算。由于 RDD 并不能很好地满足更为复杂的建模需求，ML 库应运而生。

ML 库相较 MLlib 库更新，它全面采用基于数据帧（Data Frame）的 API 进行操作，能够提供更为全面的机器学习算法，且支持静态类型分析，可以在编程过程中及时发现错误，而不需要等代码运行。

2.10.4 其他常用库

Python 中除了包含上面介绍的库，还有其他一些常用库。下面分别进行介绍。

1. SciPy

SciPy 是一个开源算法库和数学工具包，它基于 NumPy 构建，并扩展了 NumPy 的功能。SciPy 包含线性代数、积分、插值、特殊函数、快速傅里叶变换等常用函数，功能与软件 MATLAB、Scilab 和 GNU Octave 类似。Scipy 常常结合 Numpy 使用，可以说 Python 的大多数机器学习库都依赖于这两个模块。

2. Pandas

Pandas 提供了强大的数据读写功能、高级的数据结构和各种分析工具。该库的一大特点是能用一两个命令完成复杂的数据操作。Pandas 中最基础的数据结构是 Series，用于表示一行数据，可以理解为一维的数组。另一个关键的数据结构为 DataFrame，用于表示二维数组，作用和 R 语言里的 data.frame 很像。Pandas 内置了很多函数，用于分组、过滤和组合数据，这些函数的执行速度都很快。Pandas 对于时间序列数据有一套独特的分析机制，可对时间数据做灵活的分析与管理。

3. Scikit-Learn

Scikit-Learn 是一个基于 NumPy、SciPy、Matplotlib 的开源机器学习工具包，功能强大，使用简单，是 Kaggle 选手经常使用的学习库。它主要涵盖分类、回归和聚类算法，例如 SVM、逻辑回归、朴素贝叶斯、随机森林、K 均值以及数据降维处理算法等，官方文档齐全，更新及时。Scikit-Learn 基于 Numpy 和 SciPy 等 Python 数值计算库，提供了高效的算法实现，并针对所有算法提供了一致的接口调用规则，包括 KNN、K 均值、PCA 等，接口易用。

4. TensorFlow

TensorFlow 是谷歌开源的数值计算框架，也是目前最为流行的神经网络分析系统。它采用数据流图的方式，可灵活搭建多种机器学习和深度学习模型。

5. Keras

Keras 是一个用于处理神经网络的高级库，可以运行在 TensorFlow 和 Theano 上，现在发布的新版本可以使用 CNTK 或 MxNet 作为后端。Keras 简化了很多特定任务，并大大减少了样板代码数，目前主要用于深度学习领域。

2.11 习题

一、判断题

1. 关键字可以以数字开头。（　　）
2. 空行是 Python 语法的一部分。（　　）
3. 列表允许不同数据类型的元素同时存在。（　　）

二、选择题

1. 进行多行注释时可以使用（　　）。

   A. '''（三单引号）　　　　　　　　B. """（三双引号）

   C. /（斜杠）　　　　　　　　　　　D. 每行开头使用 "#" 号

2. 假设 a=" 良药苦口利于病，忠言逆耳利于行 "，想要得到"良口病言利"，应该使用（　　）代码。

   A. a[1:15:2]　　　　B. a*3　　　　C. a[0:15:3]　　　　D. a + a

Chapter 3 第 3 章

数据预处理

随着数字化革命的不断深入,数据驱动和精细化运营成为企业重要的增长引擎。产品应如何迭代?如何提高各流程的转化率?如何利用用户画像精准投放广告?如何通过市场历史数据对股票价格进行预测?面对这些问题,使用传统解决方法往往并不可靠。在企业拥有海量数据的今日,基于客观数据进行分析并做出有依据的决策,成为解决这些问题的不二法门。

数据挖掘建模和应用落地并不是简单两行代码就可以解决的,而是需要一整套严谨的工作流程以确保分析的准确有效。

本章重点如下:
- 了解数据分析工作流程;
- 学习并掌握如何对数据进行预处理。

3.1 数据分析工作流程

图 3-1 清晰地展示了一个完整的数据分析工作流程。整个工作流程分为三大模块,前期需求沟通,明确分析任务的目标以及相关的数据源情况;中期分析建模,对数据价值进行挖掘;后期应用落地,在取得可靠的分析结论后得出下一步行动方案,并对决策结果进行跟踪反馈。

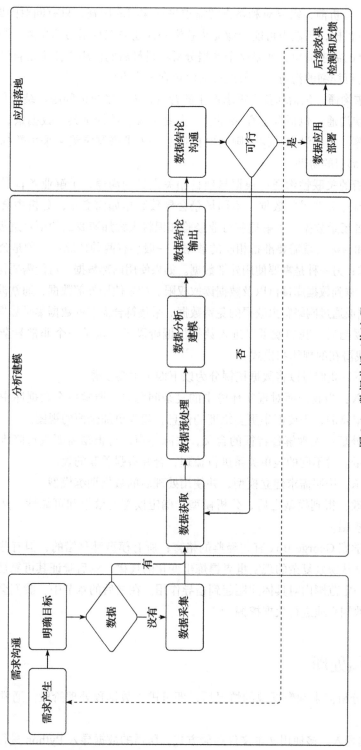

图 3-1 数据分析工作流程

在进行数据分析前，需要对利益方的需求进行详细的调查，只有问对问题、找对方向，之后的行动才有目标，不然很可能会像无头苍蝇一样迷失在数据的海洋里。调查研究能够帮助建立相对完整的需求清单，如果这个数据分析项目最后的使用主体不是自己，那么就需要与相应需求方进行详细的沟通。一般这种交流包含三个方面。

- **业务需求沟通**：包括利益方需求产生的背景、需要解决的问题、结果预期等。
- **数据现状沟通**：包括数据存储环境、主要字段、数据字典、数据量、更新频率、数据周期等。如果没有数据，则需要根据业务需求来制定策略采集数据，该过程可能需要 IT 部门的协助。
- **数据分析的关联性沟通**：根据与项目相关人员的沟通，了解业务背景下哪些是常见的、带有业务背景的数据，不同场景会导致数据如何变化，分析中会涉及哪些关键字段或者场景数据。了解这些行业经验知识将大大加速我们的项目进程。

明确需求和目标后就需要准备相应的数据，一般会有两种情况：一种是公司内部的数据已经能支撑需求；另一种是需要使用外部数据。如果使用内部数据，可能需要得到公司数据库管理员的支持，拿到数据库接口以及数据读取权限。如果使用外部数据，通常涉及从数据所有方购买付费数据或通过网络爬虫获得的免费数据。采集符合需求的数据集是数据分析的根基。

数据收集妥当后，我们就可以进入数据挖掘阶段了。这是一个非常复杂的流程，需要在数据集中寻找潜在的规律和模式。

一般情况下，我们可以将数据挖掘分为以下四个主要步骤。

- **数据导入**：当我们面对现实环境中的复杂问题时，通常单个数据库中单张表的数据是不够丰富的，需要汇集更多维度的信息，建立更加全面的视图。
- **数据预处理**：先理解各特征的含义，去除噪声，再根据需要进行降维，选取合适的预测变量。对不同的表单关系进行梳理，合并有强关联的表。
- **模型训练**：按照需求建立模型，并使用处理后的数据训练模型。
- **模型修改**：得到模型之后，分析模型，确定模型的效果和可靠性，然后根据需要继续优化模型。

英国统计学家 George Box 有句经典的格言：所有模型都是错的，但有些是有用的！我们进行建模就是从纷繁复杂的现实世界提炼出变化的规律，然后验证其可靠性和价值。建立的模型可以在一定范围内对具体问题起到指导作用。在之后的章节中，我们会具体讨论在不同领域如何因地制宜地进行数据挖掘。

3.2 数据预处理

明确数据分析需求和数据源的情况后，即可进入数据预处理阶段。通常预处理阶段可分为六个步骤。

1）**数据集导入**。多使用文本文件存储方式，所需的数据导入 Python 进行分析即可。如果数据量很大，建议使用数据库，单机环境下可搭建 MySQL 数据库对数据进行统一管理。

2）**数据概览**。这里包含两个部分：一是检查元数据，包括字段解释、数据来源、代码表等描述数据的信息；二是抽取一部分数据，使用人工查看方式，以对数据本身有一个直观认识，并初步发现一些问题，为之后的处理做准备。

3）**数据清洗**。重复信息删除、错误信息纠正、缺失值填充等都是确保模型正确性和有效性的关键。

4）**类别变量转换**。大多数模型无法直接处理文字类特征，需要在预处理时将文字类信息转换为数字类型。

5）**数据分割**。按需分成训练集和测试集，根据不同的模型需求进行不同的划分。

6）**特征缩放**。不同维度的数值范围可能差别很大，比如身高和体重，这对需求最优解的模型是不利的，会造成大量额外的计算压力。

完成上述六个步骤后，才可以进入建模环节。

3.2.1 数据集导入

csv、xlsx 和 JSON 是我们常用的数据集，下面来看一下数据集是如何被读取的。

读取 xlsx 和 csv 数据集，代码如下：

```
import pandas as pd                              # 引入pandas库
path ='~/data/xyz.xlsx'                          # 设置文件路径
raw_data = pd.read_excel(path,sheetname=0)       # 读取 *.xlsx 数据集
raw_data = pd.read_csv(path)                     # 读取 *.csv 数据集
```

JSON（JavaScript Object Notation，JavaScript 对象表示法）是网络传输中非常常见的一种数据存储格式，是存储和交换文本信息的语法，与 XML 类似。与 XML 相比，JSON 更小、更快、更易解析。它的轻量化、易用性和 REST API 的普及性造就了它在数据传输中的稳固地位。Python 的 JSON 包可以有效地解决 JSON 文件读取需求。

下面是读取了 JSON 文件的两种方法，代码如下：

```
# 方法一
import json
# 读取JSON文件
with open('/Python_code/data/xyz.json') as f:
Raw_data = json.load(f)
print(Raw_data)
# Output: {'name': 'Wang', 'languages': ['Chinese', 'English']}
print(Raw_data ['languages'])
# Output: ['Chinese', 'English']

# 方法二
# 打开JSON文件
file_json = open('data.json',)
# 加载JSON文件成为数据
```

```
json.loads(jsonstring)                    # 读取JSON字符串
json.loads(fileobject.read())             # 读取JSON文件对象
# 将清单中的每一个元素打印出来
for i in data['emp_details']:
    print(i)
f.close()
```

3.2.2 数据概览

本节将以线上购物数据 Income_n_onlineshopping 为例介绍如何进行数据概览。

1）使用 pandas 中的 read_csv 读取数据。

```
import pandas as pd                                              # 引入pandas库
rawdata = pd.read_csv('./Income_n_onlineshopping.csv')           # 读取数据
```

2）查看部分数据，头五行和尾五行的数据结果如图 3-2 和图 3-3 所示。

```
rawdata.head()                                                   # 打印头五行
rawdata.tail()                                                   # 打印尾五行
```

3）检查数据类型，结果如图 3-4 所示。

```
rawdata.dtypes
```

	Region	Age	Income	Online Shopper
0	Japan	39.0	95040.0	No
1	Brazil	42.0	63360.0	Yes
2	USA	25.0	71280.0	No
3	Brazil	53.0	73200.0	No
4	USA	36.0	NaN	Yes

图 3-2 输出数据头五行

	Region	Age	Income	Online Shopper
5	Japan	41.0	69600.0	Yes
6	Brazil	NaN	56160.0	No
7	Japan	59.0	113760.0	Yes
8	USA	35.0	99600.0	No
9	Japan	33.0	88440.0	Yes

图 3-3 输出数据尾五行

```
Region            object
Age               float64
Income            float64
Online Shopper    object
dtype: object
```

图 3-4 输出数据类型

4）对数据进行简单的统计分析，从而对数据有一个整体认知。清洗数据前看一下数据是很有用的。

```
print(rawdata.describe())
```

输出数据集每列的 count（数量）、mean（平均值）、std（标准差）、min（最小值）、25%/50%/75%（分位数）、max（最大值），如图 3-5 所示。由于 Region 与 Online Shopper 两列不是数字，统计中并未囊括。

	Age	Income
count	9.000000	9.000000
mean	40.333333	81160.000000
std	10.307764	18989.786729
min	25.000000	56160.000000
25%	35.000000	69600.000000
50%	39.000000	73200.000000
75%	42.000000	95040.000000
max	59.000000	113760.000000

图 3-5 输出数据的范围

5）检查表格的行数和列数或列名。

检查表格行数和列数的代码如下：

```
nrow,ncol = rawdata.shape        # 可以将行数和列数保存到两个变量带之后调用
```

检查列名的代码如下：

```
colNames = rawdata.columns.tolist()
print(colNames)
['Region', 'Age', 'Income', 'Online Shopper']
```

3.2.3 数据清洗

本节介绍数据清洗的相关内容，主要涉及缺失值清洗、格式内容清洗、逻辑错误清洗和维度相关性检查四个方面。

1. 缺失值清洗

相信大家都听说过这样一句话：废料进、废品出（Garbage in, Garbage out）。如果模型基于错误的、无意义的数据建立，那么这个模型也会出错。因此，如果源数据带有缺失值（NaN），就需要在数据预处理中进行清洗。缺失值是最常见的数据问题，有很多处理缺失值的方法，一般均按照以下四个步骤进行。

（1）确定缺失值范围

具体代码如下：

```
# 检查数据缺失情况
def check_missing_data(df):
    return df.isnull().sum().sort_values(ascending = False)
check_missing_data(rawdata)
Income            1
Age               1
Online Shopper    0
Region            0
dtype: int64
```

对每个字段都计算其缺失值比例后，按照缺失比例和字段重要性，分别制定相应的解决策略，可用图 3-6 表示。

图 3-6 看似明确了不同情况的应对策略，但在实际应用中对特征的重要性判断非常复杂，通常需要到模型中去判断。对数据库进行研究并对所需解决的问题进行分析，可确定哪些特征属于重要特征，哪些特征可以省去或者删掉。

比如我们很难对每个数据的 ID（独特编码）进行补全，在有的情境下这些信息是必要信息，不能够缺失，而在有的情境下却根本不需要这类信息。比如我们有一组网购记录信息，其中包括每个用户在不同时间段的操作。当我们希望对每个用户进行分析的时候，用户名（UserID）就是不可或缺的，那么缺失用户名的数据很可能需要被清除。但如果我们不需要精确到对个人行为进行分析，那么用户名就没那么必要了。

所以在缺失值补全的操作前，探索数据和深入了解数据库是必要的。我们必须清楚每个变量所代表的含义，以及分析的问题可能关联的数据。在一个非常复杂的数据库中，在解决某个实际问题时，通常不需要所有的变量参与运算。

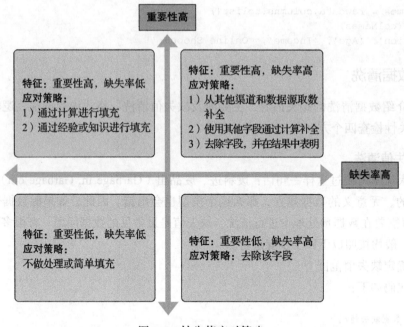

图 3-6 缺失值应对策略

（2）去除不需要的字段

本步骤将减少数据维度，剔除一些明显与数据分析任务不匹配的数据，让与任务相关的数据更为突出。注意，最好不要更改原始数据，只是在下一步处理前提取出用于分析的数据。同时这一步需要考虑之前缺失值的情况，保留对于有些缺失值占比不大或者通过其他信息可以进行推断的特征，去除缺失量太多的数据行或列。对于新手，强烈建议在清洗的过程中每做一步都备份一下，或者在小规模数据上试验成功后再处理全量数据，节约时间，也充分留足撤销操作的余地。

（3）填充缺失内容

具体代码如下：

```
test1 = rawdata.copy()                      # 将更改前的数据进行备份
test1 = test1.head(3)                       # 提取前三行进行测试
test1 = test1.dropna()                      # 去除数据中有缺失值的行
print(test1)
test1
      name    toy    born
0     Andy   NaN     NaN
1    Cindy   Gun     1998-12-25
2    Wendy   Gum     NaN
test1 = test1.dropna(axis=0)                # 去除数据中有缺失值的行
      name    toy    born
1    Cindy   Gun     1998-12-25
test1 = test1.dropna(axis='columns')        # 去除数据中有缺失值的列
```

```
     name
0    Andy
1    Cindy
2    Wendy
test1 = test1.dropna(how='all')                        # 去除数据完全缺失的行
test1 = test1.dropna(thresh=2)                         # 保留行中至少有两个值的行
test1 = test1.dropna(how='any')                        # 去除数据中含有缺失值的行
test1 = test1.dropna(how='any',subset=['toy'])         # 去除 toy 列中含有缺失值的行
test1.dropna(inplace=True)                             # 在这个变量名中直接保存结果
```

在实际应用中，第 2 步和第 3 步的操作通常协同进行，在判断完维度相关性与重要性后，对想要保留的维度进行填充，最后对数据行进行必要的清洗，以避免可进行填充的有效字段在清洗时被剔除。

1）以同一指标的计算结果（均值、中位数、众数等）填充缺失值。代码如下：

```
test1 = test1.fillna(test1.mean())                     # 用均值填充缺失值
test1 = test1.fillna(test1.median())                   # 用中位数填充缺失值
test1 = test1.fillna(test1.mode())                     # 用众数填充缺失值
```

2）通过找寻带有缺失值的变量与其他数据完整的变量之间的关系进行建模，使用计算结果进行填充（这一方法较为复杂，而且结果质量可能参差不齐，可在后期习得数据建模技巧后进行尝试）。

3）以其他变量的计算结果填充缺失值。举个最简单的例子：年龄字段缺失，但是有屏蔽后六位的身份证号信息，那么就可以轻松找出出生年月，算出目前年龄。

4）以业务知识或经验推测填充缺失值。

（4）重新取数

如果某些变量非常重要同时缺失率高，那就需要和取数人员或业务人员进行沟通，了解是否有其他渠道可以取到相关数据。

继续以 Income_n_onlineshopping 为例介绍，如图 3-7 所示。

统计各列的缺失值情况，结果如图 3-8 所示。

```
dataset.isna().sum()              # 统计各列缺失值情况
```

从图 3-7 可以看出，这 10 行数据中第 4 行和第 6 行的部分值显示为 NaN，也就是数据发生缺失。有时数据本身可能并不是在缺失值位置上留空，而是用 0 对空缺位置进行填充，根据对数据的理解我们也可以分辨出是否需要对 0 值数据进行统计和转换。

由于数值缺失占比较少，我们可以通过计算填补空缺，这里我们采用平均值填充。

	Region	Age	Income	Online Shopper
0	Japan	39.0	95040.0	No
1	Brazil	42.0	63360.0	Yes
2	USA	25.0	71280.0	No
3	Brazil	53.0	73200.0	No
4	USA	36.0	NaN	Yes
5	Japan	41.0	69600.0	Yes
6	Brazil	NaN	56160.0	No
7	Japan	59.0	113760.0	Yes
8	USA	35.0	99600.0	No
9	Japan	33.0	88440.0	Yes

图 3-7　查看数据是否存在缺失值

```
Region            0
Age               1
Income            1
Online Shopper    0
dtype: int64
```

图 3-8　统计数据缺失值个数

```python
# 设定填充方式为平均值填充
imputer = SimpleImputer(missing_values=np.nan, strategy='mean')
# 选取目标列
imputer = imputer.fit(rawdata.iloc[:,1:3])
# 对计算结果进行填充
rawdata.iloc[:,1:3] = imputer.transform(rawdata.iloc[:,1:3])
# 调整数据
rawdata.iloc[:,1:3] = rawdata.iloc[:,1:3].round(0).astype(int)
```

2. 格式内容清洗

如果数据是由系统日志而来的，那么通常会在格式和内容方面与元数据的描述保持一致。而如果数据是由人工收集或用户填写而来的，则有很大可能会在格式和内容上存在问题。简单来说，格式和内容的问题有以下几类。

（1）时间、日期、数值、全半角等格式不一致

这种问题通常与输入端有关，在整合多来源数据时也有可能遇到，将其处理成一致的格式即可。

（2）数据值含有"非法"字符

字段中的值通常是有范围的，有些字符不适合出现在某些字段中，比如：

- 身份证号必须是数字+字母。
- 中国人姓名只能为汉字（李 A、张 C 这种情况是少数）。
- 出现在头、尾、中间的空格。

解决这类问题时，需要以半自动校验半人工方式来找出可能存在的问题，并去除不合适的字符。

（3）数据值与该字段应有内容不符

例如，姓名栏填了性别、身份证号中写了手机号等。这类问题的特殊性在于不能简单地以删除方式来处理，因为有可能是人工填写错误，前端没有校验，或者导入数据时部分或全部存在列没有对齐导致，需要具体识别问题类型后再有针对性地解决。

格式内容出错是非常细节的问题，但很多分析失误都是源于此问题。比如跨表关联失败，是因为多个空格导致关键字段进行交集运算时认为"刘翔"和"刘　翔"不是一个人；统计值不全，是因为数字里掺个字母在之后求和时发生问题；模型输出失败或效果不好，是因为数据对错列了，把日期和年龄混了等。因此，在进行这一步时，需要仔细检查数据格式和内容，特别是当数据源自用户手工填写且校验机制不完善时。

3. 逻辑错误清洗

这一步工作的目的是去掉一些使用简单逻辑推理就可以直接发现问题的数据，防止由此导致分析结果偏差。逻辑错误清洗主要包含以下几个步骤。

（1）去重

由于格式不同，原本重复的数据被认为并非重复而没能成功剔除，比如由于空格导致算法认为"刘翔"和"刘　翔"不是一个人，去重失败。由于重名的情况很常见，即使中间

空格被去掉后两条数据的值一致，也很难直接决定将第二条数据删除，这时就需要比较其他字段的值。还有由于关键字值输入时发生错误导致原本一致的信息被重复录入，也需要借助其他字段对内容进行查重。比如"ABC银行"与" ABC 银行"，单看名字可以看出这两条信息大概率是重复的，但只有对比其他信息才能确保去重的正确性，比如对比两家公司的电话与地址是否完全相同。如果数据不是人工录入的，那么简单去重即可。

（2）去除不合理值

如果字段内取值超过合理范围，比如"年龄：180岁；籍贯：火星"，则这种数据要么删掉，要么按缺失值处理。当然最好的做法是在前期收集这种字段的数据时让用户在有限范围内进行选取，以避免此情况出现。可以通过异常值查找去除不合理值。

（3）修正矛盾内容

有时我们拥有多个包含相同信息的维度特征，这时就可以进行交叉验证，修复矛盾内容。比如一个隐去后六位的身份证号，100000199701XXXXXX，而年龄字段数据为18，这显然是不合理的，由于身份证号可信度更高，所以我们应该对年龄字段进行修复。更好的做法是通过脱敏的身份证号提取出生年月，直接建立新的出生日期字段并用此年龄字段替换用户手动填写的年龄字段。

在真实世界中获取的数据常常会包含错误信息，有的是人为导致，有的是非人为导致，我们可以通过交叉验证及时发现并修复矛盾内容，为后期建模提供更高质量的数据信息。

4. 维度相关性检查

当数据库中有多个变量时，我们需要考虑变量之间的相互联系，而相关性就是用来表示定性变量或定量变量之间关系的。相关性研究可以帮助我们了解变量之间的关联性。比如：

❑ 每日食品中卡路里摄入量跟体重很有可能有较大的相关性；
❑ 子女和父母血型之间具有高关联性；
❑ 学习的时间长度和考试成绩通常也有高关联性。

1）检查数据相关性：

```
rawdata.corr()      # 相关性矩阵
```

结果如图3-9所示。

2）检查数据协方差：

```
rawdata.cov()       # 协方差矩阵
```

结果如图3-10所示。

	A	B	C
A	1.000000	-0.072211	-0.118357
B	-0.072211	1.000000	0.086534
C	-0.118357	0.086534	1.000000

图 3-9 相关性矩阵

	A	B	C
A	3233.339798	-122.034747	-117.860202
B	-122.034747	883.305455	45.038990
C	-117.860202	45.038990	306.684747

图 3-10 协方差矩阵

3.2.4 类别变量转换

大多数后面用到的模型都需要数字类型的输入变量,但是很难避免源数据中不包含类别数据。这就意味着我们需要先将类别数据转换为数字,再进行模型训练和评估。这里我们继续结合前文提到的 Income_n_onlineshopping 案例进行介绍。

```
# 填补缺失值后的数据
dataset
```

结果如图 3-11 所示。

这里的 Region(地区)和 Online Shopper(是否为线上购物者)两个特征数据就是类别数据,需要进行转换,最为常用的转换方法就是通过独热编码(One Hot Encoder)实现,具体有三种实现方式,分析如下。

1. Pandas 库中的 get_dummies

将类别数据转换为虚拟变量(dummy variable,也称为哑变量)。

```
import pandas as pd        # 导入pandas
dataset = pd.get_dummies(data=dataset)
```

	Region	Age	Income	Online Shopper
0	Japan	39	95040	No
1	Brazil	42	63360	Yes
2	USA	25	71280	No
3	Brazil	53	73200	No
4	USA	36	81160	Yes
5	Japan	41	69600	No
6	Brazil	40	56160	No
7	Japan	59	113760	Yes
8	USA	35	99600	No
9	Japan	33	88440	Yes

图 3-11 缺失值处理后的数据

结果如图 3-12 所示。

	Age	Income	Region_Brazil	Region_Japan	Region_USA	Online Shopper_No	Online Shopper_Yes
0	39	95040	0	1	0	1	0
1	42	63360	1	0	0	0	1
2	25	71280	0	0	1	1	0
3	53	73200	1	0	0	1	0

图 3-12 Region 转换为虚拟变量

这里有一个问题,枚举一个类别特征中的所有取值情况时会产生出大量新的维度。比如源数据中的一个特征是表示中国的省级行政区,那么在进行虚拟变量转换后会产生 34 个新维度。新维度信息密度低,导致结果异常稀疏,难以进行优化,特别是对于神经网络算法不友好。当然,如果类别数量较少,这种方法还是可行的。

2. Sklearn 库中的 DictVectorizer

Python 字典特征提取器 DictVectorizer 能够对字典数据结构进行向量化转换。类别特征借助原型特征名称,采用 0、1 二值方式进行向量化,而数值类型特征保持不变。

```
from sklearn.feature_extraction import DictVectorizer
x = dataset[['Region']].copy()
# 采用DictVectorizer需要先将数据集转换为dict
# orient=records 表示转换为{'key':value}的形式
x_dict = x.to_dict(orient = 'records')
```

```
x_dict[:5]
# 设置 spares=Flase,输出的就不再是一个稀疏矩阵
dv_encoder = DictVectorizer(sparse = False)
x_encoded = dv_encoder.fit_transform(x_dict)
x_encoded
array([[0., 1., 0.],
       [1., 0., 0.],
       [0., 0., 1.],
       [1., 0., 0.],
       [0., 0., 1.],
       [0., 1., 0.],
       [1., 0., 0.],
       [0., 1., 0.],
       [0., 0., 1.],
       [0., 1., 0.]])
x_encoded.shape
(10, 3)
```

3. Sklearn 库中的 LabelEncoder

LabelEncoder 主要用于对目标标签进行编码,值分布在 0 到 class − 1 之间。对各种标签分配一个可数的连续编号,转换后的效果如图 3-13 所示。

	Region	Age	Income	Online Shopper
0	1	39	95040	0
1	0	42	63360	1
2	2	25	71280	0
3	0	53	73200	0
4	2	36	81160	1

图 3-13 转换后的效果

```
from sklearn.preprocessing import LabelEncoder  # 处理类别数据
le = LabelEncoder()
col = ['Region', 'Online Shopper']
# 对每个数值进行编码
dataset[col] = dataset[col].apply(lambda c:le.fit_transform(c))
dataset.head()
```

3.2.5 数据分割

模型是基于已有的数据集建立的,但通常要将训练好的模型应用在其他数据中进行分析,所以需要在应用模型前对模型进行验证。这时我们就需要对数据进行分割,通常将数据分为训练数据集和测试数据集,使用训练数据集训练模型,之后通过模型分析它未曾见过的数据以验证模型的效力和可靠性,因为之后模型应用中都将面对未曾见过的数据。当然,有的时候我们也会进行交叉验证,所以这一步通常要根据之后建立的模型适配。

结合 Income_n_onlineshopping 案例,使用 LabelEncoder 方法进行转换后继续。

注意,这里 train_test_split() 函数默认 shuffle = True,也就是说,在分割数据前会将数据随机打乱。当我们处理本身带有顺序的数据时需要将 shuffle 设为 False,比如时间序列数据。

```
from sklearn.model_selection import train_test_split # 将数据集分割成训练集和测试集
# 将数据集分为 X 训练、Y 训练、X 测试、Y 测试
# 在 test_size 中设置训练集占整体数据的比例,比如设置为 0.2 时,80% 的数据将被分为训练数据,
# 20% 的数据将被分为测试数据
X_train, X_test, Y_train, Y_test = train_test_split(X, Y, test_size=0.2, random_
```

```
        state=0)
X_train    # 检查被随机抽出的 8 个训练自变量 X 样本
array([[    2,    36,   81160],
       [    1,    33,   88440],
       [    0,    42,   63360],
       [    0,    40,   56160],
       [    1,    59,  113760],
       [    0,    53,   73200],
       [    1,    39,   95040],
       [    1,    41,   69600]])
```

3.2.6 特征缩放

特征缩放（feature scaling）是数据预处理中非常重要的一环。比如我们想对某学校的优秀毕业生进行建模，试图了解学校评判标准，什么样的平时成绩和毕业考试成绩能够使学生大概率获得优秀毕业生荣誉（假设学校仅通过这两项特征进行考核）。目前收集到的数据包括近三届毕业生的平时成绩、毕业考试成绩以及是否获得优秀毕业生荣誉。我们发现，平时成绩满分是 100 分，毕业考试满分是 740 分，而建立线性关系时通常会将两者相加，两项成绩悬殊的尺度差距将导致两者变化时对合计数值的影响力相差颇多。所以在建模时，需要使用更多的计算资源调整模型。这时，就需要用到特征缩放。

特征缩放是一种将原始数据转变成相似尺度的数值。一般在面对多维特征的时候，我们要确定这些特征具有相似的尺度，如果尺度差异较大，就需要将原始数据进行中心化（zero-centered 或 mean-subtraction）处理和标准化（standardization 或 normalization）处理。原始数据经处理后，各特征的值处于同一数量级，适合进行综合对比评价。

使用支持向量机（Support Vector Machine，SVM）和 K 均值聚类算法时，特征缩放将非常有效。在使用梯度下降（gradient descent）算法时，特征缩放可以帮助梯度更快地收敛，从而减少运算时间。

图 3-14 是特征缩放的效果展示，其中，左侧是原始数据，中间是中心化后的数据，右侧为经过标准化的数据。

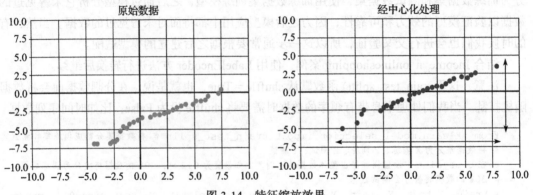

图 3-14　特征缩放效果

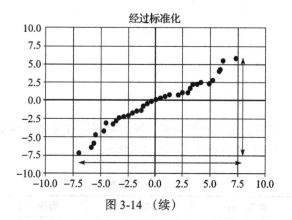

图 3-14（续）

通常来说，特征缩放有四种常见形式。

（1）均值标准化（Z-Score Standardization）

均值标准化使每个特征的值具有零均值（zero-mean）和单位方差（unit-variance）。这个方法被广泛应用在支持向量机、逻辑回归和神经网络等机器学习算法中。公式如下：

$$x' = \frac{x - \bar{x}}{\sigma} \tag{3-1}$$

代码如下：

```
from sklearn.preprocessing import StandardScaler
StandardScaler(copy=True,with_mean=True,with_std=True)
from sklearn.preprocessing import scale
```

（2）比例调节（rescaling）

比例调节又称 Min-Max 比例调节。这种方法是将数据的特征缩放到 [0, 1] 或者 [−1, 1] 的区间中。至于缩放到什么方位，则取决于数据的性质。公式如下：

$$x' = \frac{x - \min(x)}{\max(x) - \min(x)} \tag{3-2}$$

代码如下：

```
from sklearn.preprocessing import MinMaxScaler
```

（3）均值归一化（Mean Normalization）

通过将每个 x 减去 x 的平均值，再除以测试集中 x 的取值范围，将特征 x 的平均值转换为 0。公式如下：

$$x' = \frac{x - \bar{x}}{\max(x) - \min(x)} \tag{3-3}$$

（4）缩放到单位向量（Scaling to Unit Length）

公式如下：

$$x' = \frac{x}{\|x\|} \tag{3-4}$$

代码如下：

```
from sklearn.preprocessing import Normalizer
```

比如有一组男性购买上衣外套的数据，我们希望通过身高、体重和腰围三个维度的数据来预测衣服尺码给新客户进行推荐，如表 3-1 所示。

表 3-1 案例数据

序号	身高（m）	体重（kg）	腰围（尺[一]）	外套尺码
1	1.85	88	2.8	L
2	1.72	68	2.4	S
3	1.81	76	2.7	?

不难发现三个维度的取值范围相差悬殊，男性身高通常为 1.5～2 米，体重通常为 50～120 公斤，腰围通常为 2～3 尺。

假设模型是将各维度数据相加且各项系数均为一，那么得到的第一个人尺码度量值（$y1$）为：

$$y1 = 1.85 + 88 + 2.8 = 92.65$$

第二个人尺码度量值（$y2$）为：

$$y2 = 1.72 + 68 + 2.4 = 72.12$$

第三个人尺码度量值（$y3$）为：

$$y3 = 1.81 + 76 + 2.7 = 80.51$$

假设外套尺码只有 L 和 S 两种情况，那么：

$$|92.65 - 80.51| = 12.14 > |72.12 - 80.51| = 8.39$$

第三个人的度量值更为接近第二个人的度量值，得出推荐尺码为 S 码。

这个结果是因为体重这个特征的值通常比身高和腰围大很多，那么在系数均为 1 时，整体度量值是由体重主导的。不同的范围值导致机器学习过程中需要花费大量的计算资源，通过调整系数等手段平衡各特征维度在最终预测值中的权重。如果我们预先对数据范围进行处理，比如转换为 0 至 1 的取值范围，就可以避免这些浪费。虽然数值单位不再是原本的单位，但包含的信息并未遗漏，只是取值范围被缩小了。使用前文提到的第三种方法进行均值归一化处理，根据公式，得到表 3-2 所示的新数值。

$$|3 - 1.84| = 1.16 < |0 - 1.84| = 1.84$$

[一] 1 尺 = 33.33 厘米。

表 3-2 案例数据

序号	身高	体重	腰围	尺码度量值	外套尺码
1	1	1	1	3	L
2	0	0	0	0	S
3	0.69	0.4	0.75	1.84	?

通过归一化后的数据，我们发现应该推荐的外套尺码应为 L。

不难看出，这种转换方法有一个明显缺陷，如果有新数据加入会使最大值和最小值发生变化，导致需要重新定义、重新计算。

继续以 Income_n_onlineshopping 为例，样本被分成训练集与测试集后：

```
# 特征缩放
sc_X = StandardScaler()
X_train = sc_X.fit_transform(X_train)
X_test = sc_X.transform(X_test)
X_train
array([[ 1.88982237, -0.84079776,  0.06129203],
       [ 0.37796447, -1.20769133,  0.47830697],
       [-1.13389342, -0.10701062, -0.95833241],
       [-1.13389342, -0.35160634, -1.37076476],
       [ 0.37796447,  1.97205293,  1.92869409],
       [-1.13389342,  1.23826579, -0.39467485],
       [ 0.37796447, -0.47390419,  0.85636996],
       [ 0.37796447, -0.22930848, -0.60089103]])
```

3.3 鸟瞰机器学习

在进入数据建模之前，我们有必要了解一下机器学习的历史。机器学习是数据分析过程中最重要的工具，通过机器学习模型的建立，我们得以将复杂的问题转化为数学模型，并从数据中挖掘有价值的信息。

1. 机器学习简史

目前我们熟知的机器学习分为两种不同的视角，一种来自统计学家，另一种来自计算机科学家。统计学家的研究是基于对数据的理解，本质上是数学研究，通常问的问题是数据产生的机理，如何通过概率解释事件的发生和规律。二项分布（Binomial）、泊松分布（Poisson）、齐普夫分布（Zipf）等统计学家提出的数据模型通常过于简化，大多数时候难以描述真实世界的复杂问题。而科学家从反复编写的 if...else... 程序中发觉，单靠人力无法穷尽现实中需要解决的问题，如何让机器自己找出事物之间的规律并自主进行最优决策才是正解。研究计算机进行数据理解和模式寻找的方法就是常说的机器学习。通过更为灵活的模型和更少的人类决策，机器学习如今可以更为完美地融合理论与实践。

2. 机器学习算法类别

机器学习算法主要分为四种类别，包括监督学习（Supervised Learning）、无监督学习（Unsupervised Learning）、半监督学习（Semi-supervised learning，SSL）和强化学习（Reinforcement Learning，RL），下面分别进行介绍。

（1）监督学习

在监督学习中，提供给算法的训练数据中包含感兴趣的目标，也就是标签。

常见算法有 K 近邻算法（K Nearest Neighbor，KNN）、线性回归（Linear Regression）、逻辑回归（Logistic Regression）、支持向量机（Support Vector Machine，SVM）、决策树和随机森林（Decision tree & Random forest）、神经网络（Neural Network）。

（2）无监督学习

无监督学习的训练数据都是未经标记的，算法会在没有指导的情况下自动学习。简单地说，训练数据只有自变量没有因变量 Y。

常见算法有 K 均值算法（K-Means）、基于密度的聚类方法（Density-Based Spatial Clustering of Applications with Noise，DBSCAN）、最大期望算法（Expectation Maximization，EM）、可视化和降维（Visualization & Dimension Reduction）、主成分分析（Principal Components Analysis，PCA）、核主成分分析（Kernel Principal Component Analysis，Kernel PCA）、关联规则学习（Association Rule Learning）、先验算法（Apriori Algorithm）、频繁模式树增长算法（Frequent Pattern Growth，FP-Growth）、频繁项集算法（Equivalence Class Transformation，Eclat）。

（3）半监督学习

半监督学习分为：

❑ 纯半监督学习（Pure Semi-Supervised Learning）

❑ 直推学习（Transductive Learning）

（4）强化学习

强化学习分为：

❑ 免模型学习（Model-Free）

❑ 基于模型学习（Model-Based）

不难发现，在数据分析中，机器学习是一盘很大的"棋"，我们需要将注意力放在数据挖掘和运营上，通过实战案例学习如何灵活使用各种机器学习模型，从而做到在面对具体问题时有思路、有方法、有技术。

3.4 习题

一、判断题

1. 进行数据分析的第一步就是建立模型。（ ）

2. 进行数据分析前的调研可以敷衍了事。（　　）
3. 所有的缺失值都可以使用平均数进行补全。（　　）

二、填空题

如果现在有一个含有 A、B、C 三列的数据集 test1，其中 A 列希望用均值进行填充，B 列希望使用众数进行填充，C 列也希望使用众数进行填充：

test1[['C']]=test1[['A']].fillna(test1._____())

test1[['B']]=test1[['B']].fillna(test1._____())

test1[['C']]=test1[['C']].fillna(test1._____())

第 4 章

数据挖掘方法

数据收集和数据存储技术的快速发展让我们可以积累海量的数据,但是,从海量的数据中提取有用的信息却成为一个巨大的挑战。由于数据量太大、维度过多,传统的数据分析工具和技术已经无法处理它们。

数据挖掘是指将传统的数据分析技术与处理海量数据的复杂算法相结合,挖掘数据中隐藏的信息的过程。它为分析新的数据类型以及用新方法分析传统数据类型提供了一个很好的思路。本章学习经典的数据挖掘方法,为后续章节打下基础。

本章重点如下:
- 了解数据挖掘方法有哪些;
- 掌握数据挖掘中主要算法的原理。

4.1 分类分析

分类是数据挖掘技术中最具代表性的数据分析方法。分类是指通过构造模型(函数)来描述和区分各种类别或概念,用于对未来的预测,即基于已知的样本预测新样本的所属类型。

分类问题普遍存在于不同的应用场景中。例如,根据电子邮件的标题和内容检查出垃圾邮件,根据核磁共振扫描的结果区分肿瘤是恶性的还是良性的,根据星系的形状对它们进行分类。最为经典的例子是根据鸢尾花的四个特征(萼片长度、萼片宽度、花瓣长度、花瓣宽度)将鸢尾花分为三类不同的品种。

分类问题的解决依赖于分类模型,分类模型可用于以下目的。
- 描述性建模:分类模型可以作为解释性的工具,用于区分不同类中的对象。

- 预测性建模：分类模型还可以用于预测未知记录的类标号。

常用的分类算法包括朴素贝叶斯分类算法、逻辑回归算法、ID3 决策树算法、C4.5 决策树算法、C5.0 决策树算法、支持向量机算法、K 最近邻算法、人工神经网络算法等。

4.1.1 决策树

假如我买了一个西瓜，它的特点是纹理清晰、根蒂硬挺，需要你来判断一下这个瓜是好瓜还是坏瓜，这就构建了一个决策树。

决策树是通过一系列规则对数据进行分类的过程。它提供一种在什么条件下会得到什么值的类似规则的方法。决策树分为分类树和回归树两种，分类树适用于离散变量，回归树适用于连续变量。具体原理在第 10 章中详细阐述，这里不再赘述。

决策树优点：
- 速度快；
- 挖掘出来的分类规则准确性高，便于理解，且可以清晰地显示哪些字段比较重要，即可以生成理解的规则；
- 不需要任何领域知识和参数假设；
- 适合高维数据。

决策树缺点：
- 容易过拟合；
- 容易忽略属性之间的相关性。

4.1.2 支持向量机

支持向量机算法（SVM）是建立在统计学理论基础上的机器学习方法，为十大数据挖掘算法之一。SVM 的核心思想是尽最大努力使得两个类别有最大间隔，这样才能使分隔具有更高的可信度，并且对于未知的新样本也具有很好的分类预测能力，即泛化能力。具体原理在第 11 章中详细阐述。

支持向量机算法实现的一般步骤如下：导入数据，数据归一化，执行 SVM 寻找最优的超平面，绘制分类超平面核支持向量，利用多项式特征在高维空间中执行线性 SVM，选择合适的核函数，执行非线性 SVM。

支持向量机算法的优点：
- 使用核函数可以向高维空间进行映射；
- 使用核函数可以解决非线性的分类；
- 分类思想很简单，就是将样本与决策面的间隔最大化；
- 分类效果较好。

支持向量机算法的缺点：
- SVM 算法不适用于大规模训练样本；

- 用 SVM 解决多分类问题存在困难；
- 对缺失数据敏感，对参数和核函数的选择敏感。

4.1.3 分类算法的选择

分类算法作为非常实用且有效的数据化运营支持方法，在实际应用中比较广泛。根据不同场景选择合适的分类算法，往往可以达到事半功倍的效果。

- 文本的分类，选择朴素贝叶斯算法，例如电子邮件中垃圾邮件的识别。
- 训练集较小，选择高偏差、低方差的分类算法，比如朴素贝叶斯、支持向量机（不容易过拟合）。
- 如果要求算法模型具有高可解释性，选择决策树。
- 如果重视算法的准确率，选择支持向量机或 GBDT、XGBoost 等基于 Boosting 的集成算法。
- 如果注重结果的稳定性或模型的稳定性，选择随机森林、组合投票模型等基于 Bagging 的集成算法。

4.2 聚类分析

聚类是进行数据挖掘和计算的基本操作，是指将海量数据中具有"相似"特征的数据点或样本划分为一个类别。聚类分析的基本思想是"物以类聚、人以群分"。因为海量的数据集中必然存在相似的数据样本，所以基于这个假设可以将数据区分出来，并发现不同类的特征。

聚类模型建立在无类别标记的数据上，是一种无监督的学习算法，它常作为数据探索或挖掘的基础工作，适用于没有先验经验的背景下的探索性分析和样本量较大情况下的数据预处理。

打个比方，如果我们要对坐在一个报告厅里的所有听众进行聚类，只需要确定两点：第一点是希望聚成几类；第二点是用什么标准来判断任意两位听众之间的距离。比如，如果你希望把听众们聚成两类，以年龄差为距离，那么，年龄大一些的听众会形成一类，而年龄小一些的听众就会形成另一类；如果你希望把听众聚成三类，以他们座位的距离差作为距离，那么，有可能会聚成前、中、后三类，也有可能会聚成左、中、右三类，还有可能会聚成左前、中、右后三类等。

聚类分析的方法可以分为基于层次、密度、网格、统计学、模型等类型的方法，典型算法包括 K 均值（经典的聚类算法）、DBSCAN、两步聚类、BIRCH、谱聚类等。

聚类算法众多，在选择时主要参考以下因素：

- 如果数据量为中小规模（样本量小于 1 万），选择 K 均值算法；如果数据量为大规模（样本量大于 1 万），可以考虑使用小批量 K 均值算法；
- 如果数据集是高维的，选择谱聚类算法；

- 如果对分类的准确度要求很高，选择谱聚类算法，它比 K 均值算法准确度高；
- 如果数据集中有离群点，使用基于密度的 DBSCAN 算法。

本节主要介绍经典的聚类算法——K 均值算法。

4.2.1　K 均值算法

K 均值算法就是在没有任何监督信号的情况下将数据分为 K 份的一种方法。

1. 算法步骤

K 均值算法主要分为以下几个步骤：

1）为待聚类的点随机选择 K 个聚类中心；

2）计算每个点到聚类中心的距离，将每个点聚类到离该点最近的类中；

3）重新计算每个类中各自的聚类中心；

4）将每个点按照新的聚类中心重新聚类；

5）反复执行步骤 3 和步骤 4，直到聚类中心不再进行大范围移动或者聚类次数达到要求为止。具体原理在第 13 章中会详细阐述。

为了将点分到最近的类中，我们需要量化考虑数据的"邻近性度量"的概念。常见的数据量化距离公式如表 4-1 所示。

表 4-1　K 均值算法：常见的邻近度、中心点和目标函数组合

邻近度函数	中心	目标函数
曼哈顿距离（L_1）	中位数	最小化对象到其聚类中心的 L_1 距离和
平方欧氏距离（L_2^2）	均值	最小化对象到其聚类中心的 L_2 距离的平方和
余弦	均值	最大化对象与其聚类中心的余弦相似度和
Bregman 散度	均值	最小化对象到其聚类中心的 Bregman 散度和

2. K 均值算法中遇到的问题

（1）处理空类

如果所有的点在分类步骤都未分配到某个类，就会得到空的类。在这种情况下，需要通过某种方法来选择一个替补的聚类中心，否则平方误差会偏大。一种方法是选择一个距离当前任何聚类中心都最远的点，将其删除，即消除对总平方误差影响最大的点。另一种方法是从具有最大 SSE（误差平方和，即计算每个数据点到最近聚类中心的欧氏距离，计算拟合数据和原始数据对应点的误差平方和）的类中选择一个候补聚类中心，这不仅分裂了类，而且降低了聚类的总 SSE。若出现多个空的类，则重复该过程。

（2）离群点

使用 SSE 时，离群点可能会过度影响所发现的类。当存在离群点时，该聚类中心可能不如无离群点时那样有代表性，并且 SSE 也比较高。因此，提前发现离群点并删除它们是有用的。但是，并非每次都要删除离群点。当使用聚类分析方法来压缩数据时，必须对每

个点聚类；但在财经类应用场景中，明显的离群点（有利可图的投资者）可能是令人感兴趣的点。

那我们如何识别离群点呢？可以通过记录每个点对 SSE 的影响，删除那些具有巨大影响的点。

（3）聚类中心的更新

在将点每次分到相应的类之后，增量地更新聚类中心，而不是在所有的点分到类中之后才更新聚类中心。

K 均值算法的优点：
- 原理易懂，实现容易；
- 可解释性较强。

K 均值算法的缺点：
- 参数 K 的值较难确定；
- 实验过程中会出现局部最优的现象；
- 对于噪声点和异常点较为敏感；
- 需要知道样本的均值（为了限定数据种类）；
- 对于类别规模差异太大的数据，分类效果不太好。

4.2.2 聚类算法和分类算法的区别

大多数刚接触数据挖掘的人似乎对聚类和分类这两类算法分得不是特别清楚，这里简单总结了两者的区别。

1）对输入数据集的要求不同。聚类算法不要求输入数据集有预先定义的标签，但分类算法需要标签作为监督学习的参考。

2）学习方式不同。聚类算法是一种非监督式学习算法；分类算法是监督式学习算法。

3）应用场景不同。聚类算法一般应用于数据探索性分析、数据降维、数据压缩等过程性分析和处理；分类算法更多应用于预测性分析。

4）对于结果的解读不同。聚类算法的结果是将不同的数据集按照各自的典型特征分成不同类别，解读因人而异；分类算法的结果却是一个固定值（例如好、坏、是、否等），不存在不同解读的情况。

5）模型评价指标不同。聚类分析没有确切的"准确"标准，更多是基于距离的度量，如果是对带有标签的数据集做聚类则可以做相似度、完整度等方面的评估；分类模型（例如准确率、混淆矩阵等）则有明显的好与坏等评估指标。

4.3 回归分析

回归分析是指利用数据统计原理，对大量统计数据进行数学处理，并确定因变量与某些自变量的关系，建立一个相关性较好的回归方程（函数表达式），加以外推，用于预测今后因变量的变化的分析方法。最简单的回归模型是一元线性回归（只包括一个自变量和一个因变量，且二者的关系可用一条直线近似表示），可以表示为 $y = \beta_0 + \beta_1 x + \varepsilon$，其中 y 为因变量，x 为自变量，β_1 为影响系数，β_0 为截距，ε 为随机误差。

回归分析是广泛应用的统计分析方法，可用于分析自变量和因变量的影响关系（通过自变量求因变量），也可以分析自变量对因变量的影响方向（正向影响还是负向影响）。

回归分析的主要应用场景是预测和控制，例如计划制定、KPI制定、目标制定等方面；也可以基于预测的数据与实际数据进行比对和分析，确定事件发展程度并给未来行动提供方向性指导。

常用的回归算法包括线性回归、二项式回归、指数回归、对数回归、岭回归、核SVM 等。

4.3.1 变量间的关系

在讲解回归分析算法前，我们需要了解变量间的关系。

1. 函数关系

变量间的函数关系是一一对应的确定关系。设有两个变量 x 和 y，当变量 x 取某个数值时，x 依据确定的关系（f）取相应的 y 值，则 y 是 x 的函数，记为 $y = f(x)$，x 称为自变量，y 称为因变量。例子：圆面积 S 与半径之间的关系可表示为 $S = \pi R^2$。

2. 相关关系

变量间的相关关系不能用函数关系精确表达。一个变量的取值不能由另一个（某一些）变量唯一确定。当变量 x 取某个值时，变量 y 的取值可能有几个。各观测点分布在直线的周围。例子：父亲身高 x 与子女身高 y 之间的关系。

3. 回归分析与相关分析的区别

- 在相关分析中，变量 x 和变量 y 是平等的地位；在回归分析中，变量 y 处在被 x 解释的地位。
- 相关分析中所涉及的变量都是随机变量；在回归分析中，因变量是随机变量，自变量可以是随机变量，也可以是非随机的确定变量。
- 相关分析主要是描述两个变量之间线性关系的密切程度；回归分析不仅可以揭示变量 x 对变量 y 的影响程度，还可以由回归方程进行预测和控制。

4.3.2 回归分析算法的分类和步骤

1. 回归分析算法的分类

根据因变量与自变量的相关关系，将回归分析分为以下几种类型。

(1) 线性回归

如果两个变量呈线性关系,就可用**一元线性回归**方程来描述。其一般形式为 $Y = a + bX$,其中,X 是自变量,Y 是因变量,a、b 是一元线性回归方程的系数。a、b 的估计值应该是使误差平方和 $D(a, b)$ 取最小值时的 a、b,即 $D(a,b) = \sum_{i=1}^{n}(Y_i - a - bX_i)^2$。

可以采用最小二乘法估计系数,为了使 $D(a, b)$ 取最小值,分别取 D 关于 a、b 的偏导数,并令它们等于零,即

$$\frac{\partial D}{\partial a} = -2\sum_{i=1}^{n}(Y_i - a - bX_i) = 0$$

$$\frac{\partial D}{\partial b} = -2\sum_{i=1}^{n}(Y_i - a - bX_i)X_i = 0$$

求解上述方程组,得到唯一的一组解 $\hat{a}$、$\hat{b}$。

多元线性回归是指因变量 Y 与多个自变量 $X_1, X_2, \cdots, X_p$ 有关。其一般形式为:

$$Y = a + bX_1 + \cdots + bX_p$$

对于 Y 关于 $X_1, X_2, \cdots, X_p$ 的 p 元线性回归方程,同样采用最小二乘法估计系数 $a, b_1, \cdots, b_p$。

(2) 非线性回归分析

首先确定非线性模型的函数类型,对于可线性化问题,可通过变量变换将其线性化,从而归结为前面介绍的多元线性回归问题来解决。若实际问题的曲线类型不易确定,由于任意曲线皆可由多项式来逼近,所以常用多项式回归来拟合曲线。若变量间非线性关系式已知(多数未知),但难以用变量变换法将其线性化,则进行数值迭代的非线性回归分析。

对于可转换成线性回归的非线性回归,其基本处理方法是通过变量变换,将非线性回归化为线性回归,然后用线性回归方法处理问题。以下是几个可以转化为线性函数的非线性函数。

指数函数

基本形式:$y = ae^{bx}$

线性化方法:两端取对数得 $\ln y = \ln a + bx$,令 $y = \ln y$,则有 $y = \ln a + bx$。

对数函数

基本形式:$y = a + b\log x$

线性化方法:令 $x = \log x$,则有 $y = a + bx$

幂函数

基本形式:$\log y = \log a + b\log x$

线性化方法:令 $y = \log y$,$x = \log x$,则 $y = \log a + bx$

(3) 逻辑回归

在第 9 章中会详细阐述,此处省略。

2. 回归分析算法的步骤
- 根据自变量与因变量的现有数据以及关系，初步设定回归方程；
- 求出合理的回归系数；
- 进行相关性检验，确定相关系数；
- 在符合相关性要求后，即可根据已得的回归方程与具体条件相结合，来确定事物的未来状况，并计算预测值的置信区间。

4.3.3 回归分析算法的选择

回归算法根据自变量的个数分为一元回归和多元回归；按照影响是否线性分为线性回归和非线性回归。在选择回归分析算法时，注意参考以下因素：

- 如果刚接触回归分析算法，可以从简单线性回归开始，应用基于最小二乘法的普通线性回归。此外，它也适合数据集本身结构简单、分布规律有明显线性关系的场景。
- 如果自变量数量少或者经过降维后得到了可以使用的二维变量，可以通过散点图发现自变量和因变量的相互关系，然后选择合适的回归方法。
- 如果通过判别方法发现自变量之间有共线性关系，可以选择消除共线性算法，例如岭回归。
- 如果数据集中的噪声较多，使用主成分回归，通过主成分回归可以选择出合适的变量。
- 如果数据集是高维度变量，则使用正则化回归方法，或者通过使用逐步回归从高维度变量中挑选出影响比较大的自变量来建立回归模型。
- 如果要同时验证多个算法，从中选择一个合适的来做拟合，使用交叉检验做多个模型的效果对比，并通过 R-square、Adjusted R2、AIC、BIC 以及各种残差、误差项指标做综合评估。
- 如果注重模型的可解释性，选择线性回归、指数回归、对数回归、二项或多项式回归等容易理解的方法。
- 集成或组合回归方法。当无法取舍时，可以将多个回归模型做集成，即同时对多个模型的结果通过加权、均值等方式确定最终的输出结果。

4.4 关联分析

关联分析又称关联挖掘，它是海量数据挖掘非常经典的任务，其主要目标是从一系列事务集中挖掘出对象之间的关系（相关性、因果结构）以及对应的关联规则。此外，关联分析也可以在时间序列的基础上对多种数据间的关系进行挖掘。关联分析中最为典型的案例是"啤酒和尿布"的捆绑销售，即买了尿布的用户还会买啤酒。

4.4.1 关联规则

常见的关联规则主要有两种模式：一种是基于同一个时间内发生的事件；另一种是基于不同时间发生的事件。

1）基于同一个时间内发生的事件。这种模式下的各个事件发生在同一时间点。

2）基于不同时间下发生的事件。这种模式也被称为序列模式，该模式下的各个事件发生在不同的时间点，但是我们可以通过查找各个事件之间的主键将事件关联起来。例如，在淘宝上消费者会在不同时间购买多件商品，此时可以将消费者的ID作为购买的多件商品之间的主键。

通过上述关联规则分析得到关联结果后，我们可以像"啤酒和尿布"的捆绑销售一样，将这些商品放到一起做打包组合向用户出售。但除了这种打包组合的思维方式之外，还可以这样考虑应用：既然用户具有较强的发生关联事件关系的可能性，那么可以基于用户的这种习惯，将前后项内容故意分离开，利用用户主动查找的时机来产生更多价值或完成特定转化目标。例如：用户经常一起购买啤酒和尿布，我们可以分别将啤酒和尿布陈列在展柜的两端（或者隔开一段距离），然后在用户购买啤酒又去购买尿布的途中，也许会发现别的商品进而购买，从而实现更多的销售。在用户完成两件事情的期间，不仅能促进商品销售，还能展示更多的广告和促销活动、提供更多的个性化内容等。这种方式可以将用户的更多兴趣激发出来。

典型的关联算法包括Aprior算法、FP-Growth算法、FreeSpan算法及prefixspan算法等，在第14章中会详细讲解这几种算法的原理。

4.4.2 关联规则的序列模式

序列模式（Sequential Pattern）挖掘最早由Agrawal等提出，是指针对带有交易时间属性的交易数据库，获取频繁项目序列以发现某段时间内客户的购买活动规律。

消费者的淘宝订单栏中包含了他购买各个商品的时间信息，通过这些信息可以将消费者在一段时间内的所购物件拼接成一个事件序列。同样的，在通信网络、计算机网络和无线遥感网络等系统中收集的各个事件的数据都具有一定的序列特征，通常这些事件在基于时间或空间上具有先后次序，然而，到目前为止，我们讨论的关联规则都只是强调同时出现的关系，忽略了数据中相关的序列信息。序列信息对识别事件中的重要特征或预测特定事件在未来的发生时间，是非常有价值的。例如：购买了冰箱、电视机、油烟机的客户会在3个月内购买洗衣机的结论。

1. 序列模式和关联规则的区别

序列模式和关联规则的区别如表4-2所示。

表4-2 序列模式和关联规则的区别

问题	序列模式挖掘	关联规则挖掘
数据集	序列数据库	事务数据库
关注点	单项间在同一事务内以及事务间的关系	单项间在同一事务内的关系

2. 序列模式的应用场景
- 客户购买行为预测：基于用户上次购买商品的信息和时间，推断用户下次购物的商品和时间。
- Web 访问模式预测：基于用户上次浏览页面的时间和信息，推断用户下次最可能浏览的页面。
- 流量来源预测：基于用户上次到达网站的时间和到访信息，推断用户下次最可能从哪些媒体渠道进入该网站。

3. 实现序列模式的关联算法
- AprioriAll：与 Apriori 算法的执行过程一样，但在候选集的产生时不相同。
- AprioriSome：在 AprioriAll 算法的基础上做了改进。
- CARMA：一种相对新的关联规则算法，处理在线连续交易数据。
- GSP：基于水平存储结构和 AprioriAll 遍历操作的序列关联算法，它与 Apriori 算法的主要区别在于产生候选序列模式。
- SPADE：一种改进的 GSP 算法。

4.5 时间序列分析

按照时间顺序将随机事件的变化发展过程记录下来，构成一个序列，这个序列就是一个时间序列。对时间序列进行观察、研究和分析，找寻其发展的变化规律，使其预测它将来的走势就是时间序列分析。

最早的时间序列分析起源于 7000 年前的古埃及。古埃及人把尼罗河涨落的情况按日记录下来构成时间序列。通过对该时间序列的长期观察，他们发现尼罗河的涨落具有一定规律性。并将这个规律应用到农业中，使古埃及的农业得到史无前例的发展，创造了古埃及灿烂的文化。

从本质上看，时间序列算法是利用统计技术与方法，从预测指标的连续型规律中找出演变模式并建立数学模型，对预测指标的未来发展趋势做出定量估计。

时间序列解决的是只有序列项（时间）而没有其他变量的预测问题，常用于经济预测、股市预测、天气预测等偏宏观或没有可控自变量的场景下。

4.5.1 时间序列分析方法和步骤

时间序列分析一般分为描述性时序分析和统计时序分析。

1. 描述性时序分析
- 思想：通过直接观测数据或者观察数据的图像，找出时间序列中隐藏的趋势规律，这种分析方法就称为描述性时序分析。
- 特点：直观有效、操作简单，通常作为时序分析的第一步。

例如：德国天文学家施瓦尔通过记录太阳黑子的活动的时序图发现太阳黑子具有 11 年左右的周期，如图 4-1 所示。

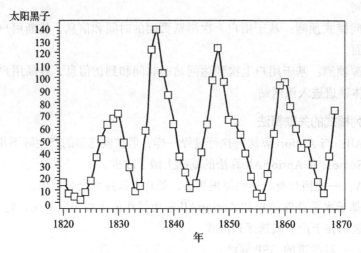

图 4-1　太阳黑子的活动时序图

2. 统计时序分析

（1）频域分析方法
- 思想：假设任何一种无趋势的时间序列都可以分解成若干个不同频率的周期波动的时间序列，它就是动态数据分析方法。
- 特点：分析方法相对复杂，结果较为抽象，使用具有一定的局限性。

（2）时域分析方法
- 思想：通常来说，事物的发展时间都具有一定的惯性，即序列值之间存在一定的相关关系，而这种相关关系通常具有某种统计规律。
- 目的：通过找出序列值之间相关关系的统计规律，就可以构建出遵循这种规律的数学模型，进而可以利用这个拟合模型预测出时间序列未来的趋势了。
- 特点：拥有丰富的理论基础，步骤操作规范，结果便以理解，是时间序列分析的主流方法。

时间序列分析方法的常用算法（模型）包括移动平均法（模型）(Moving Average，MA)、指数平滑法（模型）(Exponen-tial Smoothing，ES)、差分自回归移动平均模型(Auto-regressive Integrated Moving Average Model，ARIMA) 三大主要类别，每个类别又可以细分和延伸出多种算法，这也是时间序列的常用算法（模型）（在第 7 章中会详细阐述）。

3. 时间序列分析方法的分析步骤
- 查找时间序列的特征；
- 根据时间序列的特征选择合适的拟合模型；

- 检验模型，优化模型；
- 用拟合好的模型来预测时间序列未来走势。

4.5.2　时间序列的三种预测模式

根据数据步长的不同，可以将时间序列分为三种不同的预测模式，下面分别介绍。

1）整合模式。将历史数据按每日进行整合，以便预测按日的时间序列。

2）横向模式。将历史数据按每时进行整合。将每一天划分为 24 小时（即 24 个预测点），这样会形成 24 个时间序列预测模型，每个模型只预测对应的小时点上的数据，最后将预测得到的 24 个小时点的数据求和得到当日的总数据。

3）纵向模式。将历史数据按每分进行整合。将每一天划分为 1440 个分钟点（60 分钟 × 24 小时），这样会形成 1440 个时序预测模型，每个模型只预测对应的分钟点上的数据，最后将预测得到的 1440 个分钟点的数据求和得到当日的总数据。

相比较而言，横向模式和纵向模式在时间步长上的取值更为精细，然而这也意味着需要更多的训练模型。

4.6　异常检测

异常检测的目的是查找异于绝大多数对象的对象，也就是发现离群点。一般规定数据具有"正常"模型，而异常则被认为是与这个正常模型存在偏差。异常检测可以用于已知问题的数据监控，发现预警异常的业务事件，也可以用于发现数据中未知的风险和机会，具有重要的意义。

1. 异常检测的方法

常用的异常检测的方法主要分为三类，具体分析如下。

1）基于图形的方法：箱型图。方框的底部和顶部分别为 Q1（下四分位数）和 Q3（上四分位数），方框内的线段为第二四分位数（中位数）。大于下四分位数或小于上四分位数的值为异常值，如图 4-2 所示。

2）基于距离的方法。即根据与相邻点的距离来判断一个点是否异常。基本假设：正常数据点具有密集的邻域，异常值则远离其相邻点，即具有较为稀疏的邻域。实施方法：计算每对数据点间的距离。定义异常值的方法：① 与第 k 个相邻点的距离最大的前 n 个点为异常值；② 与 k 个最邻近点的平均距离最大的数据点为异常值。

3）基于集成的方法。集成是提高数据挖掘算法精度的常用方法。基于集成的方法是指将多个算法或多个基检测器的输出结合起来。其基本思想是一些算法在某些子集上表现很好，一些算法在其他子集上表现很好，集成这些算法可以使输出更加稳定（鲁棒）。常用的集成方法有 Feature Bagging、孤立森林等。这里简单介绍一下孤立森林的原理。

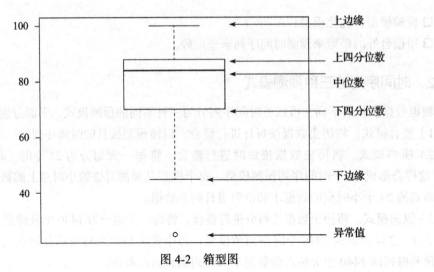

图 4-2 箱型图

假设我们用一个随机超平面来切割数据空间,切一次可以生成两个子空间。然后我们继续用随机超平面来切割每个子空间并循环,直到每个子空间只有一个数据点为止。直观上来讲,那些具有高密度的簇需要被切很多次才会分离,而那些低密度的点很快就会被单独分配到一个子空间。孤立森林认为这些很快被孤立的点就是异常点。

用四个样本做简单直观的理解,如图 4-3 所示。d 是最早被孤立出来的,所以 d 最有可能是异常的。

2. 异常检测应用场景及可能面临的问题

在实际应用中,异常检测场景主要包括故障检测,物联网异常检测,欺诈检测,时间序列异常检测,图像处理、视频监控检测,日志异常检测,医疗诊断检测,网络入侵检测。

在异常检测中,可能面临以下问题:

- 很难定义具有代表性的正常区域;
- 正常行为与异常行为之间的界限往往并不明确;
- 不同的应用领域对异常值的定义不同;
- 难以获取用于训练、验证的标记数据;
- 数据可能含有噪声;
- 正常行为并不是一成不变的,是不断发展变化的。

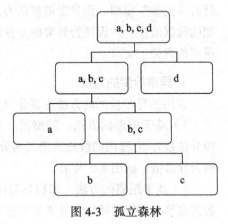

图 4-3 孤立森林

4.7 推荐算法

在淘宝网站中会出现这样的场景,当你在浏览网页时,淘宝会通过分析你以往的购物数据给你推荐一些商品，以提高购物的转化率。这种推荐现象在生活中很常见，我们去逛超市的时候，售货员看见小孩子会向他们推荐糖果、饼干等小零食，看见年轻的女孩会向她们推荐化妆品，看见老人会推荐降价的蔬菜等。这本身就是人自身在利用推荐系统的思路。

简单来说，推荐算法是通过数学算法，利用用户的行为推测出他可能喜欢的东西，从而提高转化率。目前，推荐算法主要应用在电子商务网站中。

1. 推荐算法的条件

虽然有各种各样的推荐算法，但是不管如何，这些算法都绕不开以下几个条件：

- 根据有共同喜好的消费者购买的商品进行推荐；
- 根据消费者喜欢的物品，找出和它相似的物品进行推荐；
- 根据消费者搜索的关键字来进行推荐，这实际上就是搜索算法的推荐；
- 根据上面的几种条件组合起来给消费者推荐。

2. 推荐算法的分类

推荐算法主要包含四类，下面详细介绍。

（1）基于流行度的推荐算法

基于流行度的推荐算法比较简单，主要是对热点商品或者信息的推荐。如图4-4所示，根据页面浏览量（PV）、独立访问的用户数（UV）、日均页面浏览量或分享率等指标来按某种热度排序并推荐给用户。

图4-4　哔哩哔哩网站热门视频推送

这种算法既有优点又有缺点。优点是简单，适用于刚注册的新用户，能够解决对新用户进行推荐的冷启动问题。缺点也很明显，它无法针对用户提供个性化的推荐。

（2）基于内容的推荐算法

基于内容的推荐算法是在推荐引擎未应用之前最广泛的推荐算法。核心思想是发现内容之间的相关性，然后基于用户以往的数据喜好记录，向用户推荐相似的内容。比如你看了《童年》，基于内容的推荐算法会向你推荐《在人间》和《我的大学》。

基于内容的推荐算法是最早应用于工程实践的推荐算法，有大量的应用案例，如今日头条的推荐有很大比例是基于内容的推荐算法。

这种推荐算法的优点在于：易于实现；因为是基于物品本身特征的推荐，因此不存在过度推荐的问题。缺点在于：对于特征的选择既要保证准确性又要具有实际意义，否则很难保证推荐结果的相关性；推荐的主题可能会重复，如新闻推荐，如果你看了一则关于美国新冠疫情的新闻，有很大可能性会被推荐类似新闻。

（3）基于关联规则的推荐算法

基于关联规则的推荐算法常应用于电子商务系统中，并且已经被证明是有效的。该算法认为购买了一些物品的用户更倾向于购买另一些物品。基于关联规则的推荐算法的首要目标是挖掘关联规则，即那些同时被很多用户购买的物品集合，这些集合内的物品可以相互进行推荐。目前基于关联规则的推荐算法主要是从 Apriori 和 FP-Growth 两个算法发展演变而来。但该算法也存在一些缺点：计算量较大；由于采用用户数据，不可避免地存在冷启动和稀疏性的问题；存在热门项目容易被过度推荐的问题。

（4）基于模型的推荐算法

基于模型的推荐算法比较多，主要思路是使用传统的机器学习算法对目标用户建立推荐算法模型，然后对用户的喜好进行预测推荐。常用的模型包括切面模型（Aspect Model）、pLSA（概率潜语义分析）、LDA（线性判别分析）、聚类、SVD（奇异值分解）、矩阵分解（Matrix Factorization）、逻辑回归、GBDT（梯度提升决策树）等。这类算法训练过程比较长，但是推荐过程比较快且准确度高，因此适用于实时性强的业务，比如新闻、广告等。

（5）混合推荐算法

现实应用中很少会使用单一的推荐算法去实现推荐目标。因此，像淘宝、抖音等大型网站的推荐系统都是结合各种推荐算法的优缺点以及各种应用场景的混合算法。混合推荐算法是丰富的，例如在不同场景使用的算法、不同策略推荐算法等。

3. 协同过滤

（1）基于用户的协同过滤推荐。

基于用户的协同过滤推荐的基本原理是，根据所有用户对物品或者信息偏好（评分），发现与当前用户口味和偏好相似的"邻居"用户群，在一般应用中是采用计算 K 近邻的算法；基于这 K 个邻居的历史偏好信息，为当前用户进行推荐。这种推荐系统的优点在于推荐物品之间在内容上可能完全不相关，因此可以发现用户的潜在兴趣，并且针对每个用户生成个性化的推荐结果。缺点在于一般的 Web 系统中，用户的增长速度均远远大于物品的增长速度，因此计算量的增长巨大，系统性能容易成为瓶颈。因此在业界中单纯使用基于用户的协同过滤推荐的系统较少。

（2）基于物品的协同过滤推荐。

与基于用户的协同过滤类似，基于物品的协同过滤推荐使用所有用户对物品或信息的偏好（评分），发现物品和物品之间的相似度，然后根据用户的历史偏好信息，将类似的物品推荐给用户。基于物品的协同过滤推荐可以看作关联规则推荐的一种退化，但由于协同过滤更多考虑了用户的实际评分，并且只是计算相似度而非寻找频繁项集，因此可以认为基于物品的协同过滤推荐的准确率较高并且覆盖率更高。同基于用户的协同过滤推荐相比，基于物品的协同过滤推荐应用更为广泛，扩展性和算法性能更好。由于项目的增长速度一般较为平缓，因此性能变化不大。缺点是无法提供个性化的推荐结果。

4. 推荐算法的应用

推荐算法已经应用到了各个领域的网站中，包括图书、音乐、视频、新闻、电影、地图等。而电子商务的应用近年来逐渐普及，当当网、抖音、头条新闻、淘宝网等都使用了电子商务推荐系统，推荐系统不仅给这些互联网商家带来了巨大的附加利益，还提高了用户满意度，增加了用户黏性。

4.8 习题

一、填空题

1. 典型的聚类算法有_____、_____、_____、_____、_____。
2. 分类算法和聚类算法的区别是_____、_____、_____、_____、_____。
3. 时间序列预测的三种模式：_____、_____、_____。
4. 漏斗分析构成的要素有_____、_____、_____、_____。

二、论述题

1. DBSCAN 算法有什么优缺点？
2. 选择聚类算法的参考因素有什么？
3. 异常检测有什么方法？
4. 关联分析中，支持度和置信度分别指什么？
5. 为什么要进行网站分析？
6. 精准度和准确度的区别是什么？

Chapter 5 第 5 章

网络舆情采集与热点分析

截至 2021 年 6 月，我国网民数量已超 10 亿，网络道德规范已逐渐形成，网民法律意识正不断增强，但仍有一些网络发声缺乏理性，造谣、传谣，以及捏造、歪曲、夸大事实的现象依然存在。这些都是网络舆情中不容忽视的问题，值得我们进一步探讨和正确应对。本章介绍获取和分析网络舆情的方法，重点内容如下：

❑ 了解网络舆情的处理过程；
❑ 掌握如何利用爬虫获取舆情数据；
❑ 掌握如何对舆情数据进行分析。

5.1 网络舆情概述

网络舆情是指在一定的社会空间内，围绕社会事件的发生、发展和变化，民众在网络上对公共问题和社会管理者产生和持有的态度和意见以及表现出的价值观。

5.1.1 大数据网络舆情背景

大数据带来的信息革新为网络舆情的产生、发展、演化创造了便利条件，对网络舆情的研判、监测、应对处置以及决策带来了巨大的挑战。同时，大数据也为网络舆情监测分析、预警决策和导控带来了技术优势，为网络舆情治理领域的应用提供了广阔的需求。

因此，对于网络舆情治理而言，大数据如同一把双刃剑：一方面加速了网络舆情的生成、发展和演化，另一方面为采用数据分析方法进行网络舆情监测分析、预警和导控等提供了有力的技术支撑。

大数据舆情挖掘的核心是预测，通过大数据分析挖掘技术，判断未来舆情发展的态势和影响，预测群体性突发事件的风险。采取什么风险管控策略，取决于大数据环境下的数据，而不再大量依赖于随机采样。原有的数据挖掘技术很难适应这样的需求，需要采用基于大数据分析技术的数据挖掘方法。在大数据技术支撑下，根据过去已经发生的网络舆情进行数据分析，使得把握现在和预测未来成为可能。因此，拥有了对网络舆情海量数据占有、控制、分析、处理的主导权，就拥有了网络舆情数据主权；拥有了网络舆情数据主权，并将大数据优势转化为预警决策优势，继而转化为应急处置和导控优势，就实现了网络舆情监测、预警决策科学化，就拥有了应急处置和导控的主动权。

5.1.2 舆情处理过程

如图 5-1 所示，大数据网络舆情处理分数据流和控制流两方面。从数据流方面看，舆情的处理被分为三个流程：舆情监测、舆情分析和舆情决策。从控制流方面看，舆情分析分为四个流程：舆情分析的处理、舆情分析的对象、舆情分析的方法和舆情分析的结果。

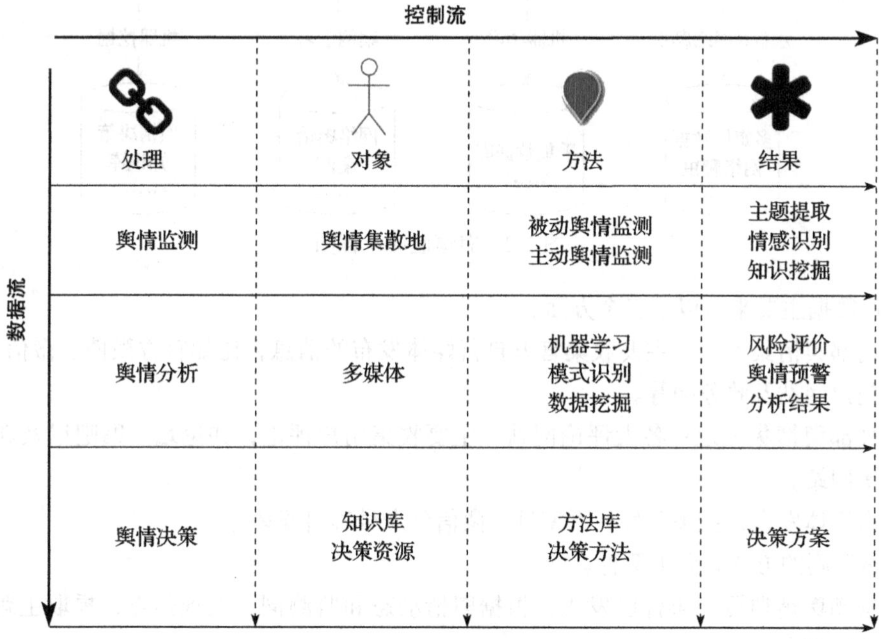

	处理	对象	方法	结果
舆情监测	舆情监测	舆情集散地	被动舆情监测 主动舆情监测	主题提取 情感识别 知识挖掘
舆情分析	舆情分析	多媒体	机器学习 模式识别 数据挖掘	风险评价 舆情预警 分析结果
舆情决策	舆情决策	知识库 决策资源	方法库 决策方法	决策方案

图 5-1 舆情处理流程图

1. 面向大数据的舆情监测

网络舆情监测的数据是决策者进行数据分析和决策处置的基础。依靠新兴信息技术可以多角度广泛采集舆情数据，建立和完善舆情数据库、知识库和案例库。舆情监测的总体思路逐渐由事件驱动向数据驱动转变，如图 5-2 所示。

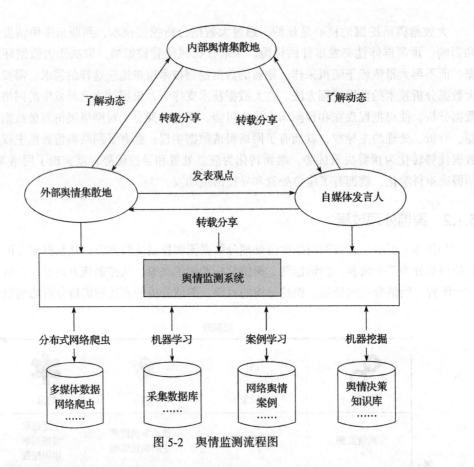

图 5-2 舆情监测流程图

舆情数据主要来自以下三个方面。
- 内部舆情集散地：主要收集官方自营媒体发布的消息，比如官方微博、微信公众号、门户网站及政务网等。
- 外部舆情集散地：各大评论网站，主要收集用户评论，如论坛、贴吧以及新闻媒体等网站。
- 自媒体发言人：头条号、百家号、微信公众号等自媒体号。

舆情监测的方法有以下两种。
- 被动舆情监测：事件已发生，根据舆情动态和监测词，发现热点，提取主题，分析情感倾向。
- 主动舆情监测：事件未发生，设计并抛出舆情主题，引发讨论，将被动化为主动。

2. 面向大数据的舆情分析

舆情大数据分析需结合统计方法、机器学习方法以及人工智能算法进行数据挖掘和知识发现，并给出各阶段的舆情风险评价，提供互动查询、图表可视化和分析报表服务，为决策提供参考，具体流程可参考图 5-3。

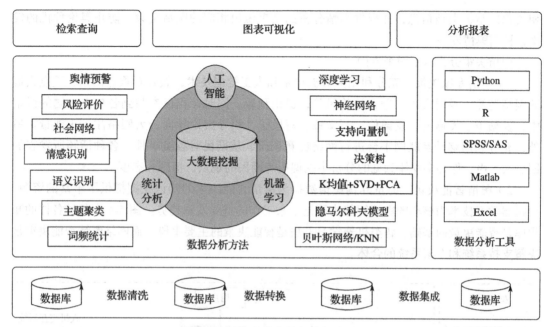

图 5-3 网络舆情大数据分析流程图

舆情分析的主要内容如下。
- 中文分词和词频统计：舆情分析的核心是自然语言处理，主体是文本数据挖掘，中文分词和词频统计是文本数据挖掘的基础工作。分词和词频统计有助于热点的发现和建立倒排索引。比如可以对同一时段舆情主题进行分词统计，当前热点便一目了然；也可以对同一主题在一个时段内的关注量进行统计，发现舆情主题的热度变化。
- 情感倾向性分析：首先对抓取的舆情数据进行分词处理，然后结合情感语料数据库和情感分析算法对切分后的语料进行情感计算、分析，并进行情感标注。通过聚类和分类得出个体情感倾向和群体情感倾向，进一步发现个体情感异常和群体情感异动，以便及时采取措施，疏导负面舆情。
- 舆情风险评价：对网络信息发布者建立用户画像，包括年龄、性别、地域、使用终端等信息，以便对高舆情风险人群进行动态跟踪监视；建立风险评价指标体系、风险评价模型，根据动态舆情数据，对事前舆情隐患风险、事中舆情恶化风险以及事后舆情衍生风险进行评价，并适时给出舆情风险预警。
- 趋势分析预测：对采集到的时序网络舆情数据运用机器学习和深度学习等方法进行回归预测分析，可给出网络舆情的演变趋势，为风险预警和处置决策提供参考。

3. 面向大数据的舆情决策

收集网络舆情数据，运用大数据技术对相关数据进行处理，生成舆情分析报告，帮助相关部门掌握舆情信息，并根据舆情分析的结果做出相应的舆情决策，防止舆论危机的发生，控制舆情发展。

舆情决策分为以下两个方面。

1）舆情专家决策。充分利用大数据技术和人工智能技术，做好对重点网站、重点人群的舆情监测，及时发现问题，评价风险，提出预警。同时，积极参与到各焦点话题的讨论中，发帖子、发微博、发微信、写文章、写段子，引导舆论导向，为网络注入正能量。另外，充分利用移动互联网平台进行网络民意调研，从网民对各类事件、各种话题所发表的图、文、声、像等多媒体意见的分析中挖掘提炼网民的观点、情感和态度。

2）舆情智能决策。海量异构舆情数据为舆情智能决策的知识挖掘提供了丰富的资源，以机器学习技术为核心的舆情智能决策是未来工作的重要发展趋势。图 5-4 中各种各样的知识库是智能决策的基础，各类机器学习方法是智能决策的主要手段，而网络舆情智能决策是决策支持系统和专家系统的合体。

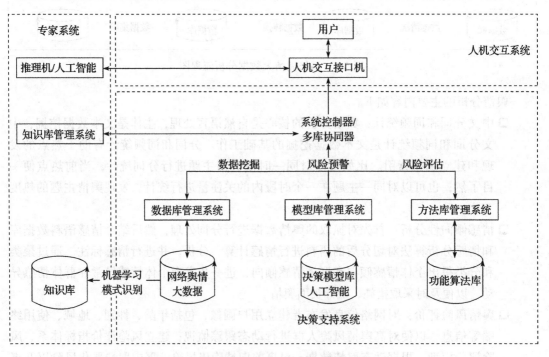

图 5-4 网络舆情智能决策支持系统结构框图

5.2 舆情数据采集

本节首先介绍如何通过网络舆情采集工具采集舆情数据，然后用一个具体实例帮助大家加深理解。

5.2.1 网络舆情采集工具

网络舆情分析其实就是大数据分析。互联网中的数据是海量的，不可能通过人力来完成数据的采集工作。如何自动高效地获取互联网中我们感兴趣的信息并将其为我们所用是一个重要的问题，而爬虫技术就是为了解决这些问题而产生的。网络爬虫在数据采集方面有很大的优势，比如采集速度快，方便对获取的数据进行相关的清洗加工以及存储，代码可重复使用等，是舆情信息采集必备的工具。

1. 爬虫简介

网络爬虫一般简称为爬虫或者蜘蛛，它是一段自动抓取网络信息的程序或代码脚本。如果把互联网看成一张巨大的蜘蛛网，它的上面链接着各式各样的网页数据，那么爬虫就像蜘蛛一样顺着网线去抓取我们想要的信息。

先来看一个简单的上网行为：打开浏览器→输入网址→服务器收到请求→返回数据给浏览器→浏览器对数据进行解析并展示给浏览者。见图 5-5。

爬虫获取数据的行为也与上网行为非常类似，如图 5-6 所示，它还具有处理数据和保存数据的功能。

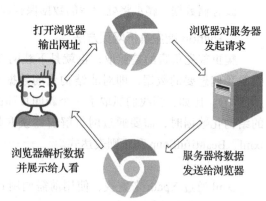

图 5-5　上网行为

2. Python 爬虫架构

Python 爬虫架构主要由五部分组成，分别是调度器、URL 管理器、网页下载器、网页解析器和应用程序（爬取的有价值数据）。

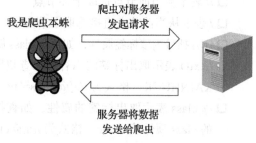

图 5-6　爬虫原理示意图

1）调度器：相当于一台计算机的 CPU，主要负责 URL 管理器、网页下载器、网页解析器之间的协调工作。

2）URL 管理器：包括待爬取的 URL 地址和已爬取的 URL 地址，防止重复抓取 URL 和循环抓取 URL。URL 管理器主要有三种实现方式，即通过内存、数据库、缓存数据库来实现。

3）网页下载器：通过传入一个 URL 地址来下载网页，将网页转换成一个字符串。常见的网页下载器模块有 urllib2（Python 官方基础模块）和 requests。

4）网页解析器：对一个网页字符串进行解析，可以按照要求来提取出对我们有用的信息，也可以根据 DOM 树的解析方式来解析。常用的网页解析器有 html.parser（Python 自带）、lxml（第三方插件）、BeautifulSoup（第三方插件）、正则表达式。html.parser、lxml 和 BeautifulSoup 都是以 DOM 树的方式进行解析的。

5）应用程序：从网页中提取的有用数据组成的一个应用。

爬虫获取数据的工作原理可以分为以下三个步骤。

- 获取数据：将需要爬取的网页提供给爬虫，爬虫就会向服务器发起获取数据的请求。
- 处理数据：爬虫对获取的数据进行处理，使其成为我们需要的信息。
- 存储数据：爬虫将处理后的数据保存起来，以便后续分析、使用。

3. Python 爬虫解析网页方法

爬虫首先负责的是抓取，也就是下载网页。而实际上，爬虫还要负责从下载的网页中提取我们想要的数据，即对非结构化的数据（网页）进行解析，提取出结构化的数据（有用数据）。比如，当我们抓取了一个新闻页面的网页，但我们想要的是这个网页中关于新闻的结构化数据时，需要通过网页解析器获取数据。下面介绍三种常用的解析网页的方法：lxml、BeautifulSoup 和正则表达式。

（1）lxml

lxml 通过 Xpath 来查找，使用前需调用 ertee.HTML() 方法（括号内填 HTML 代码）生成一个可查找的对象。

常用 Xpath 语法如下。

- // 表示从当前节点选取子孙节点。
- / 表示从当前节点直接选取子节点。
- [] 方括号内填标签属性，如查找 class 属性为 name 的 a 标签，格式为 a[@class="name"]。
- /text() 表示取出标签的内容，如查找网页中的 <aclass="name">KAINHUCK</a> 中的 KAINHUCK，格式为 //a[@class="name"]/text()。
- /@class 表示取出标签的属性，如查找网页中的 <aclass="name">KAINHUCK</a> 中的 class 属性值 name，格式为 //a[@class="name"]/@class。

（2）BeautifulSoup

使用前需先将 HTML 转换为要查找的对象，格式为 BeautifulSoup(html,'lxml')，其中 html 为 HTML 代码，后面的参数为转换方法（其他方法有 'html.parser'、'html5lib'，推荐使用 'lxml'）。

查找方法如下。

- info=find('a',id='kain')：查找第一个 id 属性为 kain 的 a 标签，并存进 info 变量中（其他标签同理）。
- find_all('a',class_='name')：查找所有 class 属性为 name 的 a 标签（class 属性应写成 'class_'）。
- info.p.text：获取第一个 id 属性为 kain 的 a 标签下的 p 标签的内容（info 为上面例子里的 info，其他同理）。

❑ info.p['name']：获取第一个 id 属性为 kain 的 a 标签下的 p 标签的 name 属性值（info 为上面例子里的 info，其他同理）。

当代码中有很多同级标签时：

```
<p class='info-list'>
    <a class='name'>text1</a>
    <a class='name'>text2</a>
    <a class='name'>text3</a>
    <a class='name'>text4</a>
</p>
```

示例代码如下：

```
from bs4 import BeautifulSoup
html = '''
    <p class='info-list'>
        <a class='name'>text1</a>
        <a class='name'>text2</a>
        <a class='name'>text3</a>
        <a class='name'>text4</a>
    </p>
'''
soup = BeautifulSoup(html, 'lxml')
texts = soup.find('p', class_='info-list')
print(texts.contents[1].text)    # 输出 text1
print(texts.contents[2].text)    # 输出 text2
print(texts.contents[3].text)    # 输出 text3
print(texts.contents[4].text)    # 输出 text4
```

（3）正则表达式

正则表达式用于对字符串进行操作，事先定义好特定的规则，并利用这个规则对字符串进行过滤。在解析网页内容时，可以将源代码变为字符串，利用正则表达式进行匹配。

常用的正则字符及描述如表 5-1 所示。

表 5-1 常用的正则字符

模式	描述	模式	描述
.	匹配任意字符，除了换行符	\s	匹配空白字符串
*	匹配前一个字符 0 次或多次	\S	匹配任何非空白字符串
+	匹配前一个字符 1 次或多次	\d	匹配数字，等价于 [0-9]
?	匹配前一个字符 0 次或 1 次	\D	匹配任何非数字，等价于 [^0-9]
^	匹配字符串开头	\w	匹配字母数字，等价于 [A-Za-z0-9]
$	匹配字符串末尾	\W	匹配非字母数字，等价于 [^A-Za-z0-9]
()	匹配括号内的表达式，也表示一个组	[]	用来表示一组字符

正则表达式的三种常用方法有 re.match 方法、re.search 方法、re.findall 方法。

1）re.match 方法：从字符串起始位置匹配一个模式，若不能匹配则返回 none。语法为 re.match(pattern,string,flags=0)，其中 pattern 为正则表达式，string 为要匹配的字符串，flags 用来控制正则表达式的匹配方式，如是否区分大小写、是否多行匹配等。举例如下：

```
import re
m = re.match('www','www.baidu.com')
print("匹配结果: ",m)
print("匹配起点与终点: ",m.span())
print("匹配起点: ",m.start())
print("匹配终点: ",m.end())
```

得到的结果为：

```
匹配结果: <re.Match object; span=(0, 3), match='www'>
匹配的起点与终点: (0, 3)
匹配起点: 0
匹配终点: 3
```

2）re.search 方法：扫描整个字符串并返回第一个成功的匹配语法，与 re.match 类似。举例如下：

```
import re
m1 = re.search('cat','A cat is a cat')
print("匹配结果: ",m1)
print("匹配的起点与终点: ",m1.span())
print("匹配起点: ",m1.start())
print("匹配终点: ",m1.end())
```

得到的结果为：

```
匹配结果: <re.Match object; span=(2, 5), match='cat'>
匹配的起点与终点: (2, 5)
匹配起点: 2
匹配终点: 5
```

与 re.match 方法不同的是，re.search 方法可以从字符串任意位置开始匹配，使用起来更加灵活。

3）re.findall 方法：找到所有满足条件的匹配。举例如下：

```
import re
m_match = re.match('[0-9]+','12345 is the first number, 23456 is the second')
m_search = re.search('[0-9]+','12345 is the first number, 23456 is the second')
m_findall = re.findall('[0-9]+','12345 is the first number, 23456 is the second')
print(m_match.group())
print(m_search.group())
print(m_findall)
```

得到的结果为：

```
12345
12345
```

```
['12345', '23456']
```

用正则表达式解析网页内容不是很难,关键在于找到合适的匹配规则。

(4)网页解析方法的实例对比

下面以获取豆瓣电影正在热映的电影名为例,对比三种网页常用的类库 lxml、BeautifulSoup、re(正则表达式)的性能。网址为 https://movie.douban.com/cinema/nowplaying/beijing/。

```
# 部分网页源码
<ul class="lists">
    <li
        id="3878007"
        class="list-item"
        data-title="海王"
        data-score="8.2"
        data-star="40"
        data-release="2018"
        data-duration="143 分钟"
        data-region=" 美国  澳大利亚 "
        data-director=" 温子仁"
        data-actors=" 杰森•莫玛  /  艾梅柏•希尔德  /  威廉•达福"
        data-category="nowplaying"
        data-enough="True"
        data-showed="True"
        data-votecount="105013"
        data-subject="3878007"
    >
```

爬虫源码展示如下:

```python
import requests
from lxml import etree                            # 导入解析网页格式模块
from bs4 import BeautifulSoup                     # 导入 BeautifulSoup 库
import re                                         # 导入正则表达式库
import time
class Spider():                                   # 定义爬虫类
    def __init__(self):
        self.url = 'https://movie.douban.com/cinema/nowplaying/beijing/'
        self.headers = {
            'User-Agent': 'Mozilla/5.0 (X11; Linux x86_64) AppleWebKit/537.36
                (KHTML, like Gecko) Chrome/70.0.3538.77 Safari/537.36'}
        r = requests.get(self.url,headers=self.headers)
        r.encoding = r.apparent_encoding
        self.html = r.text
    def lxml_find(self):
        '''用 lxml 解析'''
        start = time.time()                       # 三种方式速度对比
        selector = etree.HTML(self.html)          # 转换为 lxml 解析的对象
        titles = selector.xpath('//li[@class="list-item"]/@data-title')
```

```python
        for each in titles:                # 这里返回的是一个列表
            title = each.strip()           # 去掉字符左右的空格
            print(title)
        end = time.time()
        print('lxml 耗时: ', end-start)
    def BeautifulSoup_find(self):
        '''用 BeautifulSoup 解析'''
        start = time.time()
        # 转换为 BeautifulSoup 第二个参数表示的解析方式
        soup = BeautifulSoup(self.html, 'lxml')
        titles = soup.find_all('li', class_='list-item')
        for each in titles:
            title = each['data-title']
            print(title)
        end = time.time()
        print('beautifulSoup 耗时: ', end-start)
    def re_find(self):
        '''用 re 解析'''
        start = time.time()
        titles = re.findall('data-title="(.+)"',self.html)
        for each in titles:
            print(each)
        end = time.time()
        print('re 耗时: ', end-start)
if __name__ == '__main__':
    spider = Spider()
    spider.lxml_find()
    spider.BeautifulSoup_find()
    spider.re_find()
```

从以上例子的输出中可以看出三种方法的速度：lxml 耗时 0.007623910903930664s，BeautifulSoup 耗时 0.061043500900268555s，re 耗时 0.0004856586456298828s。

表 5-2 是对三种最常用的解析网页方法的对比。可以看出，使用正则表达式查找的速度最快，但正则语法较为复杂；BeatifulSoup 语法较为简单，但查找速度较慢；lxml 方法语法简单，查找速度也较快，所以在进行网页解析时首选 lxml。

表 5-2 网页解析方法对比表

方法 特点	lxml	BeatifulSoup	re
语法难易度	简单	简单	复杂
查找速度	较快	慢	快

5.2.2 网络舆情数据爬取实例

近年来，随着移动互联网的发展，在突发重大事件的传播过程中，微博逐渐成为重要的平台和推手。微博为每一位用户提供了功能强大的独立平台，使得用户既可以使用计算机也可以借助手机等客户端登录微博并发布信息、表达观点。同时，由于微博的传播速度快，影响广泛，瞬时就可集合众多信息，再加上拥有让用户可以自由讨论的功能，因而能够快速形成强有力的舆情中心，释放出无以复加的巨大能量，最终影响乃至左右事件的进展。

所以我们模拟登录新浪微博，然后爬取新浪微博的热门话题板块，获取前100个热门话题的名称、阅读数、讨论数、粉丝数、话题主持人，以及对应话题主持人的关注数、粉丝数和微博数。

1）发送请求，得到网页源代码数据。

2）用正则表达式解析数据。

```
# 导入相关库
import requests
import re
import sys
import time
from pyquery import PyQuery as pq
from lxml import etree
import json
import pandas as pd
# 字段说明
global false, null, true
false = null = true = ''
top_name = []          # 话题名
top_reading = []       # 阅读数
top_rank=[]            # 排名
top_subtitle=[]        # 标题命
top_fans = []          # 话题参与人数
host_name = []         # 发起者名字
host_follow = []       # 发起者关注数
host_fans = []         # 话题者粉丝数
host_weibo = []        # 话题者微博数
# 请求网页源码数据
def get_one_page(url):
    headers = {
        'User-Agent': 'Mozilla/5.0 (Windows NT 10.0; Win64; x64) AppleWebKit/
            537.36 (KHTML, like Gecko) Chrome/80.0.3987.132 Safari/537.36',
        'Cookie':'UOR=www.xueshanlinghu.com,widget.weibo.com,www.xueshanlinghu.com;
            SUB=_2AkMpIlvAf8PxqwJRmPoRz2_lbY9yywvEieKffqobJRMxHRl-yT92qnU6tRB6AqJ1
            Ja0OS_Z4Sle1i9PePn9Y2j3r002F; SUBP=0033WrSXqPxfM72-Ws9jqgMF55529P9D9Wh
            MbmKIeS44Ywv2JBYP3dlp; login_sid_t=20e3745b135ada171ade3f91a392cf1f;
            cross_origin_proto=SSL; _s_tentry=passport.weibo.com; Apache=2694303126421.
            087.1585370372866; SINAGLOBAL=2694303126421.087.1585370372866; ULV=158
            5370372875:1:1:1:2694303126421.087.1585370372866:; YF-Page-G0=b1c63e15
            d8892cdaefd40245204f0e21|1585372515|1585372320'
    }
```

```python
        response = requests.get(url,headers=headers,verify=False)
        if response.status_code == 200:
            response.encoding='UTF-8'
            return response.text
        return None
# 用正则表达式解析数据
def analysis(topic):
    topicrank = re.search('<span class="(?:DSC_topicon_red|DSC_topicon|DSC_topicon_
        orange)">(.*?)</span>', topic, re.S)
    if topicrank is None:
        top_rank.append('')
    else:
        top_rank.append(topicrank.group(1))
    topicname= re.search('alt="(.*?)" class="pic">', topic, re.S)
    if topicname is None:
        top_name.append('')
    else:
        top_name.append(topicname.group(1))
    subtitle = re.search('class="subtitle">(.*?)</div>', topic, re.S)
    if subtitle is None:
        top_subtitle.append('')
    else:
        top_subtitle.append(subtitle.group(1))
    readingcount = re.search('<span class="number">(.*?) </span>',topic, re.S)
    if readingcount is None:
        top_reading.append('')
    else:
        top_reading.append(readingcount.group(1))
    ppname=re.search('class="tlink S_txt1"[\s]+>(.*?)</a></div>',topic,re.S)
    if ppname is None:
        host_name.append('')
        host_follow.append('')
        host_fans.append('')
        host_weibo.append('')
    else:
        host_name.append(ppname.group(1))
        aboutzcr = re.search(' 主持人 :<span><a target="_blank" href="[^0-9]+(.*?)\
            ?', topic,re.S)
        if aboutzcr is not None:
            pp1 = "http://m.weibo.cn/api/container/getIndex?type=uid&value=" +
                str(aboutzcr.group(1))
            r = requests.get(pp1)
            if r.status_code==200:
                html3 =r.text
                html4 = json.dumps(html3)
                content = json.loads(html4)
                jsoncontent = eval(content)
```

```python
                userInfo = jsoncontent['data']['userInfo']
                statuses_count = userInfo['statuses_count']
                followers_count =userInfo['followers_count']
                follow_count =userInfo['follow_count']
                host_follow.append(follow_count)
                host_fans.append(followers_count)
                host_weibo.append(statuses_count)
        else:
            host_follow.append('')
            host_fans.append('')
            host_weibo.append('')
    return
# 保存爬取的数据
def savetoexcel():
    print(len(top_name), len(top_rank), len(top_subtitle), len(top_reading), len
        (host_name),len(host_follow),len(host_fans),len(host_weibo))
    count=top_name.__len__()
    print(count)
    df1 = pd.DataFrame(data={'top_name': top_name[0:count], 'top_rank': top_rank
        [0:count], 'top_subtitle': top_subtitle[0:count],'top_reading': top_
        reading[0:count], 'host_name': host_name[0:count],'host_follow':host_
        follow[0:count],'host_fan':host_fans[0:count],'host_weibpo':host_weibo
        [0:count]})
    writer = pd.ExcelWriter(r'D:\\sina_weibo_topic50024.xlsx', engine='xlsxwriter',
                            options={'strings_to_urls': False})
    df1.to_excel(writer, columns=['top_name','top_rank','top_subtitle','top_reading',
        'host_name','host_follow','host_fan','host_weibpo'],index=False)
    writer.close()
    return


def main():
    for i in range(1,8):
        print(" 正在抓取第 "+str(i)+" 页 ")
        url = "https://d.weibo.com/231650?cfs=920&Pl_Discover_Pt6Rank__3_filter=
            &Pl_Discover_Pt6Rank__3_page="+str(i)+"# Pl_Discover_Pt6Rank__3"
        html = get_one_page(url)
        handlepage=str(html).replace('\\t',"").replace('\\n','').replace('\\',
            '').replace('# ','')
        topic=handlepage.split("pt_li S_line2")
        topic.pop(0)
        for each in topic:
            analysis(each)
        time.sleep(0.5)
        savetoexcel()
main()
```

爬取结果（部分）如图 5-7 所示。

	A	B	C	D	E	F	G	H
1	top_name	top_rank	top_subtitle	top_reading	host_name	host_follow	host_fan	host_weibpo
2	半藏森林发长文	TOP1	半藏森林广告风波后发长文，称她任何举动都会掀起一场道德审判的盛宴...	12.5亿	微博娱乐	1241	7066009	26682
3	结婚是为了什么呢	TOP2	你是因为什么结婚的呢~大家快来带话题发布微博吧	2亿	旧巷情话	14	7659591	1055
4	80后90后的压力有多大	TOP3	80后90后的压力有多大有人问我，如果看待有些80后90后不生小孩子呀...	5.8亿	王尼玛	337	17179903	5015
5	你是否看到了一只鸡	4	每个人的人生经历的不同，造就了看到事物视角的不同，永远不要与和你...	3.5亿	认真追剧刘美丽	357	6972478	2560
6	男子未参加同事生日宴被开除	5	1月12日，贵州贵阳。网曝员工小崔由于疫情防控，拒绝参加同事生日会接...	1009.9万	沸点视频	1322	5869687	13751
7	栖霞金矿事故	6		1.4亿				
8	无症状感染者为什么增多了	7	近日，一例无症状感染者在吉林省引发“1传100 超级传播”。无症状感染者...	3.6亿	央视新闻	2712	115759883	138514
9	林珊珊大白离婚	8		5.1亿				
10	成年人的崩溃要不要藏起来	9	成年人的崩溃要不要隐藏起来？周四晚八点，不见不散！	9.4亿	奇葩说官方微博	799	2958951	11494
11	中年失业的处境有多艰难	10	房贷、车贷、老婆孩子压身，《紧急公关》里面的中年危机的现状太真实...	1.9亿	微博电视剧	2037	12942388	37221
12	半藏森林接到了腾讯广告	11		14.4亿				
13	第三方机构谎报全员阴性结果	12	邢台市委常委、宣传部部长戎阳说，据隆尧县报告，因检测能力有限，收...	4.1亿	头条新闻	1601	100280506	198894
14	见义勇为的尺度	13	无论如何，法都不能向不法让步，这正是正当防卫制度的司法精神之所在...	1.6亿	岳屾山	771	2314580	8498
15	六成以上外卖骑手没有社保	14	中国社科院新闻与传播研究所助理研究员孙萍及其团队，2020年11月在北...	4634.3万	蓝鲸财经记者工作平	2563	3734683	155911
16	朋友之间最舒服的关系	15	带话题说说看，朋友之间最舒服的关系是怎样的....	1.2亿	神店通缉令	455	14901482	23900
17	我国GDP总量首次突破100万亿元	16	初步核算，2020年全年国内生产总值1015986亿元，按可比价格计算，比上...	1.2亿	人民日报	3054	124340589	127981
18	年轻人更愿意单独生活的原因	17	你是一个人生活吗？为什么越来越多的人更愿意一个人生活？	5.5亿	思想聚焦	1845	35049686	110445
19	上海公交车急刹致一女子死亡	18	1月16日，上海一辆公交车进站时，与左侧一出租车变道进站载客碰撞，公...	5398.7万	沸点视频	1322	5869689	13751
20	男子在法庭刺死法官被判死刑	19	黑龙江省林区中级人民法院判决吴德仁犯故意杀人罪，判处死刑，剥夺政...	4125.8万	央视新闻	2712	115759886	138514
21	考公的年轻人为什么越来越多了	20	周末加班，不去；待遇和公务员差不多，不去……越来越多的年轻人开始考...	1.2亿	谷雨-腾讯新闻	392	108090	1364
22	农民工月均收入水平4072元	21	1月18日，国家统计局发布2020年中国经济年报，全年农民工总量28560万...	8314.2万	中国新闻网	1281	69294432	157256
23	漳州婴儿霜致大头娃娃事件已被立案侦查	22	福建漳州市卫健委18日通报，根据目前产品检测结果和调查情况，欧艾婴...	4222.9万	人民日报	3054	124340590	127981

图 5-7　爬取结果（部分）

5.3 实战：微博热点话题聚类

前面提到，微博是研究大量舆情信息的最佳场所。微博中有如此大的信息量，必然要对信息进行甄选，这是很自然的需求。所以本节的主要内容为爬取新浪微博的热门评论，然后清洗整理评论数据，做聚类分析，找出热点话题，最后通过词云图展示分析舆情主题。

1）导入爬取所需要的 request 包，然后对微博页面进行分析。

```
from urllib.parse import urlencode          # 导入 URL 网页解析库
import requests                             # 导入 request 模块请求网页数据
from pyquery import PyQuery as pq           # 导入 PyQuery 库基于 lxml 解析
import time
import os
import csv
import json
base_url = 'https://m.weibo.cn/api/container/getIndex?'
headers = {
    'Host': 'm.weibo.cn',
    'Referer': 'https://m.weibo.cn/u/2830678474',
    'User-Agent': 'Mozilla/5.0 (Macintosh; Intel Mac OS X 10_12_3) AppleWebKit/
       537.36 (KHTML, like Gecko) Chrome/58.0.3029.110 Safari/537.36',
    'X-Requested-With': 'XMLHttpRequest',}
class SaveCSV(object):
    def save(self, keyword_list,path, item):
        """
        保存 csv 方法
        :param keyword_list: 保存文件的字段或者说是表头
        :param path: 保存文件路径和名字 :param item: 要保存的字典对象
        :return:
        """
        try:
            # 第一次打开文件时，在第一行写入表头
            if not os.path.exists(path):
                with open(path, "w", newline='', encoding='utf-8') as csvfile:
                # newline='' 去除空白行
```

```python
                        writer = csv.DictWriter(csvfile, fieldnames=keyword_list)
                                                        # 写字典的方法
                        writer.writeheader()            # 写表头的方法
                # 追加写入内容
                with open(path, "a", newline='', encoding='utf-8') as csvfile:
                # newline='' 一定要写,否则写入数据有空白行
                    writer = csv.DictWriter(csvfile, fieldnames=keyword_list)
                    writer.writerow(item)               # 按行写入数据
                    print("^_^ write success")
        except Exception as e:
            print("write error==>", e)
            # 记录错误数据
            with open("error.txt", "w") as f:
                f.write(json.dumps(item) + ",\n")
            pass
def get_page(page,title):
    # 得到页面的请求,params 是我们要根据网页填的,即 Query String 里的参数
    params = {
        'containerid': '100103type=1&q='+title,
        'page': page,
        # page 即当前处于第几页,是我们要实现翻页必须修改的内容
        'type':'all',
        'queryVal':title,
        'featurecode':'20000320',
        'luicode':'10000011',
        'lfid':'106003type=1',
        'title':title
    }
    url = base_url + urlencode(params)
    print(url)
    try:
        response = requests.get(url, headers=headers)
        if response.status_code == 200:
            print(page)
            return response.json()
    except requests.ConnectionError as e:
        print('Error', e.args)
# 解析接口返回的 JSON 字符串
def parse_page(json , label):
    res = []
    if json:
        items = json.get('data').get('cards')
        for i in items:
            if i == None:
                continue
            item = i.get('mblog')
            if item == None:
                continue
            weibo = {}
            weibo['id'] = item.get('id')
            weibo['label'] = label
```

```
            weibo['text'] = pq(item.get('text')).text().replace(" ", "").replace
                ("\n" , "")
            res.append(weibo)
    return res
```

2）调用上面封装好的爬虫函数并存储数据。

```
if __name__ == '__main__':
    title = input("请输入搜索关键词：")
    path = "data/article.csv"
    item_list = ['id','text', 'label']
    s = SaveCSV()
    for page in range(10,20):     # 循环页面
        try:
            time.sleep(1)         # 设置睡眠时间，防止被封号
            json = get_page(page , title )
            results = parse_page(json , title)
            if requests == None:
                continue
            for result in results:
                if result == None:
                    continue
                print(result)
                s.save(item_list, path , result)
        except TypeError:
            print("完成")
            continue
```

输入"热门"关键词爬取热门话题，然后存储在 csv 文件中。

3）文本预处理。对于爬取到的微博数据，首先使用正则表达式去掉其中的数字、字母、特殊符号等，然后使用 jieba 分词模块对微博正文进行分词。

```
import jieba
import pandas as pd
import codecs
import string
import re
# 清洗文本
def clearTxt(line:str):
    if(line != ''):
        line = line.strip()
        # 去除文本中的英文和数字
        line = re.sub("[a-zA-Z0-9]", "", line)
        # 去除文本中的中文符号和英文符号
        line = re.sub("[\s+\.\!\/_,$8^*(+\"\';:""".]+|[+——！，。？?、~@# ￥%……&*
            ()]+", "", line)
        return line
    return None
# 文本切割
def sent2word(line):
```

```python
        segList = jieba.cut(line,cut_all=False)
        segSentence = ''
        for word in segList:
            if word != '\t':
                segSentence += word + " "
        return segSentence.strip()
```

调用函数对文本进行分词处理并保存文件：

```python
if __name__ == '__main__':
    df = pd.read_csv('data/article.csv')
    target = codecs.open('data/cut.txt', 'w', encoding='utf-8')
    for i in df['text']:
        line = clearTxt(i)
        seg_line = sent2word(line)
        target.writelines(seg_line + '\n')
```

4）文本向量化和 K 均值聚类。在对文本分词后我们想要用 K 均值聚类找出评论的主要话题。因为 K 均值模型的输入必须是数值向量类型，需要把每条由词语组成的句子转换成一个数值型向量，所以我们使用 TF-IDF 算法对文档进行向量化，把所有文本数据转换为词频矩阵，作为 K 均值模型的输入，TF-IDF 的最大特征值设为 20 000。

```python
from sklearn.feature_extraction.text import CountVectorizer   # 导入特征向量化库
from sklearn.feature_extraction.text import TfidfTransformer
from sklearn.cluster import KMeans                             # 导入 KMeans 库
from sklearn.decomposition import PCA                          # 导入 PCA 降维库
import matplotlib.pyplot as plt                                # 导入绘图库
import pandas as pd                                            # 导入 pandas 库
def labels_to_original(labels, forclusterlist):
    assert len(labels) == len(forclusterlist)
    maxlabel = max(labels)
    numberlabel = [i for i in range(0, maxlabel + 1, 1)]
    numberlabel.append(-1)
    result = [[] for i in range(len(numberlabel))]
    for i in range(len(labels)):
        index = numberlabel.index(labels[i])
        result[index].append(forclusterlist[i])
    return result
if __name__ == '__main__':
    num = 3                                                    # 分类数
    corpus = []                                                # 读取语料库
    txt = open("data/cut.txt", "r", encoding='utf-8').read().split("\n")
    for str in txt:
        corpus.append(str)
    # 该类会将文本中的词语转换为词频矩阵，矩阵元素 a[i][j] 表示 j 词在 i 类文本下的词频
    vectorizer = CountVectorizer(max_features=20000)
    # 该类会统计每个词语的 TF-IDF 权值
    tf_idf_transformer = TfidfTransformer()
    # 将文本转为词频矩阵并计算 TF-IDF
```

```python
tfidf = tf_idf_transformer.fit_transform(vectorizer.fit_transform(corpus))
# 获取词袋模型中的所有词语
tfidf_matrix = tfidf.toarray()
# 获取词袋模型中的所有词语
word = vectorizer.get_feature_names()
# print(word)
# 统计词频
# print(tfidf)
clf = KMeans(n_clusters=num)                                    # 聚成 num 类
s = clf.fit(tfidf_matrix)
label = []                                                      # 每个样本所属的簇
i = 1
while i <= len(clf.labels_):
    label.append(clf.labels_[i - 1])
    i = i + 1
y_pred = clf.labels_                                            # 获取标签聚类
# PCA 降维,将数据转换成二维
pca = PCA(n_components=2)                                       # 输出两维
newData = pca.fit_transform(tfidf_matrix)                       # 载入 N 维
xs, ys = newData[:, 0], newData[:, 1]
# 设置颜色
cluster_colors = {0: 'r', 1: 'yellow', 2: 'b', 3: 'chartreuse', 4: 'purple',
    5: '# FFC0CB', 6: '# 6A5ACD', 7: '# 98FB98'}
# 设置类名
cluster_names = {0: u'类0', 1: u'类1', 2: u'类2', 3: u'类3', 4: u'类4',
    5: u'类5', 6: u'类6', 7: u'类7'}
df = pd.DataFrame(dict(x=xs, y=ys, label=y_pred, title=corpus))
groups = df.groupby('label')
fig, ax = plt.subplots(figsize=(8, 5))                          # 设置大小
ax.margins(0.02)
for name, group in groups:
    ax.plot(group.x, group.y, marker='o', linestyle='', ms=10, label=cluster_
        names[name], color=cluster_colors[name], mec='none')
# 数据可视化
plt.show()
res = labels_to_original(y_pred, corpus)
for i in range(len(res)):
    for j in range(5):
        print(res[i][j])
    print("======================")
```

结果如图 5-8 所示。可以看出,爬取的评论大致被分成三类话题。

5)制作词语图。

```python
from wordcloud import WordCloud              # 导入词云库
import matplotlib.pyplot as plt              # 导入画图库
import jieba
# 生成词云
def create_word_cloud(filename):
    text = open("data/cut.txt", encoding='utf-8', errors='ignore').readlines()
```

```python
        w1 = " ".join(text)
        # 设置词云
        wc = WordCloud(
            # 设置背景颜色
            background_color="white",
            # 设置最大显示的词云数
            max_words=100,
            # 设置词云图的图片大小,这种字体都在计算机字体中
            font_path='C:\Windows\Fonts\simfang.ttf',
            height=1200,
            width=1600,
            # 设置字体最大值
            max_font_size=200,
            # 设置有多少种随机生成状态,即有多少种配色方案
            random_state=50,
        )
        myword = wc.generate(w1)          # 生成词云
        # 展示词云图
        plt.imshow(myword)
        plt.axis("off")
        plt.show()
        wc.to_file('a.png')               # 保存词云
if __name__ == '__main__':
    create_word_cloud('word_py')
```

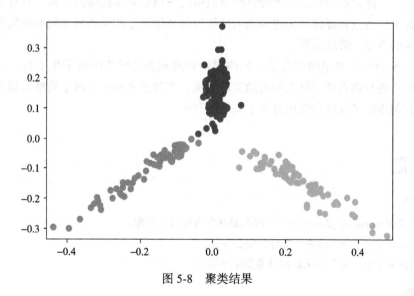

图 5-8　聚类结果

效果如图 5-9 所示。

通过爬虫获取微博热门评论数据,然后对评论文本进行清洗整理,最后利用 K 均值聚类分析和可视化展示反映出微博用户聚焦的热点话题,帮助我们时刻了解微博用户所关注的舆情主题。

图 5-9 词云图

网络舆情的和谐关系群众情绪的稳定和社会秩序的良性。我国正处于社会转型期，公民的价值观呈现出多元化状态，社会舆情自然会出现多元化、分散化和冲突化的态势。只有正确引导社会舆情，化解社会矛盾，才能维护社会稳定。如今，网络舆情环境给和谐社会的构建带来了前所未有的机遇和挑战。只有对网络舆情进行积极引导、规范，进一步增强网络舆情正面效应，降低负面效应，才能将网络舆情的发展引导至健康的方向。只有正确认识网络舆情的含义、特点和规律，构建和谐的网络舆情环境，才能推动社会的和谐发展，才能提高网络舆情的引导、管理水平。

本章主要介绍了网络舆情背景、网络舆情处理流程和网络舆情采集工具，并通过爬取微博热门评论进行热点话题聚类分析的实战演练，带领读者初步了解了网络舆情分析，为以后深入研究网络舆情发展和变化打下了坚实的基础。

5.4 习题

一、判断题

1. 正则表达式中 re.match 和 re.search 一样都是从字符串开头匹配。（　　）
2. 正则表达式元字符 "\s" 用来匹配任意空白字符。（　　）
3. 正则表达式元字符 "\d" 用来匹配任意数字字符。（　　）

二、选择题

1. 下面（　　）功能网络爬虫做不到。
   A. 爬取网络公开的用户信息，并汇总出售
   B. 爬取某个人计算机中的数据和文件
   C. 分析教务系统网络接口，用程序在网上抢最热门的课

D. 持续关注某个人的微博或朋友圈，自动为新发布的内容点赞

2. 下面（　　）不是网络爬虫带来的负面问题。

　　A. 法律风险　　　　B. 隐私泄露　　　　C. 性骚扰　　　　D. 商业利益

三、填空题

1. Python 爬虫架构主要有＿＿＿＿、＿＿＿＿、＿＿＿＿、＿＿＿＿、＿＿＿＿。

2. xpath 中 // 从当前节点选取＿＿＿＿节点。

3. 正则 * 元字符表示＿＿＿＿。

4. >>>import requests

　　>>>r=requests.get(＿＿＿)

四、简答题

1. 网络舆情的概念。

2. 舆情分析的主要内容。

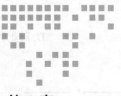

第 6 章

舆情研判之情感分类

随着互联网技术的迅速发展和普及，对网络内容管理、监控和有害信息过滤的需求越来越大，网络信息的主观倾向性分类受到越来越多的关注。这种分类与传统的文本分类不同，传统的文本分类关注的是文本的客观内容，而倾向性分类研究的是文本的"主观因素"，即作者所表达出来的主观倾向性。这种独特的文本分类任务又被称为情感分类。

本章重点如下：
- 了解中文文本信息处理流程；
- 掌握情感分类方法。

6.1 情感分析介绍

情感分析或意见挖掘是人们的观点、情绪、评估对诸如产品、服务、组织等实体的态度。该领域的发展和快速起步得益于网络上的社交媒体，例如产品评论、论坛讨论、微博、微信的快速发展。

6.1.1 情感分析分类

情感分析又称倾向性分析、意见抽取、评论挖掘、情感挖掘或主观分析，是对用户关于商品、服务等的评论内容的分析、处理、归纳和推理，对评论中表达的观点和情感进行分类。情感分析已被广泛运用在网络舆情的研究中，成为当前网络舆情研究中的主流方法之一。简单而言，情感分析就是对带有情感色彩的主观性文本进行分析、处理、归纳和推理的过程。如今每天互联网（如微博、论坛、知乎、豆瓣等）上都会产生大量的用户参与的、对于诸如人物、事件、产品等的有价值的评论信息。这些评论信息表达了人们的各种情感色彩和情感倾向性，如喜、怒、哀、乐、批评、赞扬等。基于此，潜在用户就可以通过浏览这些带有主观色彩的评论来了解大众舆论对于某一事件或产品的看法。情感分析根据处理文本颗粒度的不同，大致可以分为三个级别的任务，分别是篇章级、句子级和属性级情感分析。

1. 篇章级情感分析

篇章级情感分析的目标是判断整篇文档表达的情感是褒义还是贬义，例如一篇书评，或者对某一个热点时事新闻发表的评论，只要待分析的文本超过了一句话，即可视为篇章级情感分析。

篇章级情感分析有一个前提假设，那就是全篇章所表达的观点仅针对一个单独的实体 e，且只包含一个观点持有者 h 的观点。这种做法将整个文档视为一个整体，不对篇章中包含的具体实体和实体属性进行研究，使得篇章级情感分析在实际应用中比较局限，无法对一段文本中的多个实体进行单独分析，也无法对文本中多个观点持有者的观点进行辨别。例如评价的文本是"我觉得这款手机很棒。"，评价者表达的是对手机整体的褒义评价。如果是"我觉得这款手机拍照功能很不错，但信号不是很好"这样的句子，在同一个评论中既出现了褒义词又出现了贬义词，则篇章级情感分析是无法分辨出来的，只能将其作为一个整体进行分析。好在很多场景并不需要区分观点评价的实体和观点持有者，例如在商品评论的情感分析中，可以默认评论的对象是被评论的商品，评论的观点持有者也是评论者本人。当然，具体情况需要具体分析，如果是亲子旅游这样的旅游服务，那么评论中就很可能包含一个以上的观点持有者。在实际工作中，篇章级情感分析无法满足我们对于评价更精确、更细致的分析要求。比如，我们需要拆分篇章中的每一句话，此时可以使用句子级情感分析。

2. 句子级情感分析

句子级情感分析分成两步，第一步是判断待分析的句子是否含有观点信息，第二步则是针对这些含有观点信息的句子进行情感分析，发现其中情感的倾向性，判断是褒义还是贬义。在分析情感倾向性时，句子级情感分析的方法与篇章级情感分析类似，可以采用监督学习或根据情感词词典的方法来处理。虽然相较篇章级情感分析，句子级情感分析的颗粒度更加细分，但同样只能判断整体的情感，忽略了被评价实体的属性，也无法判断比较型的情感观点。例如，对于"A 产品的用户体验比 B 产品好多了。"这样一个表达了多个情感的句子，我们不能将其简单归类为褒义或贬义的情感，而是需要更进一步细化颗粒度，对评价实体的属性进行抽取，并将属性与相关实体之间进行关联，即属性级情感分析。

3. 属性级情感分析

为了在句子级情感分析的基础上更加细化，我们需要从文本中发现或抽取评价的对象主体信息，并根据文本的上下文判断评价者针对每一个属性所表达的是褒义还是贬义的情感，这种情感分析被称为属性级情感分析。属性级情感分析关注的是被评价实体及其属性，包括评价者以及评价时间，目标是挖掘与发现评论在实体及其属性上的观点信息，使之能够生成与目标实体及其属性相关的完整的观点五元组摘要。具体到技术层面，属性级情感分析可以分为以下6个步骤。

1）实体抽取和消解：抽取文档中所有涉及实体的表达语句，并使用聚类方法将同一个实体的表达聚为一类，每一类对应唯一的一个实体。

2）属性抽取和消解：抽取文档中所有实体的属性，并对这些属性进行聚类，每个属性类别对应对象实体唯一的一个属性。

3）观点持有者抽取和消解：抽取文档中观点的持有者，并对持有者进行聚类，每个观点持有者类别对应唯一的一个观点持有者。

4）时间抽取和标准化：抽取每个观点的发布时间，并对不同时间的格式进行标准化。

5）属性的情感分类和回归：对具体的属性进行情感分析，判断它是褒义、贬义还是中性情感，或者通过回归算法给属性赋予一个数值化的情感得分，例如1至5分。

6）生成观点五元组：使用以上5个步骤的结果构造文档中所有观点的五元组。

针对篇章级、句子级、属性级这三种类型的情感分析任务，人们做了大量的研究并提出了很多分类方法，大致可以分为基于词典和基于机器学习两种，后面章节会详细介绍。

6.1.2 情感分析文本预处理

语料预处理是情感分析的基础，我们在对文本进行情感分析之前，需要对爬取的文本进行清洗处理。具体流程如下。

1. 文本清洗

由于计算机程序处理文本时需要统一的文本编码格式。如果文本数据集采用的编码格式不统一，则需要转化成统一的编码格式。统一标准编码格式后，再对文本进行字段的解析提取。由于网上爬取的文本数据有许多无意义的HTML标签、无意义的特殊词语、符号、表情、URL等，需要对文本数据集进行数据清洗，去掉一些无意义的符号、错误数据、URL等噪声特征。

2. 文本分词

完成文本清洗后，需要对文本数据进行分词，因为后续的分类操作需要使用文本中的单词来表征文本。目前文本分词已经有很多比较成熟的算法和工具，比如jieba、SnowNLP、BsonNLP等。文本分词包括两个主要步骤：词典的构造和分词算法的操作。目前比较流行的词典有字典树，其构造有很多方法，如双数组trie树等。分词算法也有很多种，常见的有正向最大匹配、反向最大匹配、双向最大匹配、语言模型方法、最短路径算法等。

3. 去停用词

去停用词是预处理过程中不可缺少的一部分，因为并不是文本中每一个单词或字符都能够表征该文本，比如"这个""的""一二三四""我 你 他""0 1 2 ……9"等，这些词就应当从文本中清除掉。可以下载一份中文的停用词表来作为去停用词的参考。

4. 文本特征提取

文本中的某一个单词不能 100% 表征一篇文档，而只能在某种程度来表征该文档，这个程度的具体衡量标准就是概率。概率越大，说明这个单词越能表征这篇文档；反之则越不能表征这篇文档。当概率小到一个阈值（人为设定）的时候，这个单词就可以舍弃了。目前有两种使用比较广泛的表征概率的方法：一种是差方统计（这个概率越小越好）；另一种是信息增益（这个概率越大越好）。

5. 词频统计

完成去停用词和文本特征提取后，剩下的词就是文本的精华所在了，这时要涉及另一个表征标准——词频。如果一个单词在文本中出现的频率很高，那么这个单词就越有可能表征这个文本。同时，词频也是构造文本空间向量模型的必要元素。

6. 文本向量化

最后一步就是对文本进行空间向量化，也就是用数学上的多维特征向量来表示一个文本。比如有两个文档，d1（A，B，C，D，E，F，G）、d2（C，E，F，G，A，B），已经表示成向量模型了，但括号内每一维的值暂时用文档的特征词来表示，那么将特征词转换成数值表示时，这个数值就可以用概率来表示。概率的计算涉及两个方面，即特征单词在文档中出现的频率 p（通常由该词在所属文档中出现的词频除以全部文档的特征词数）和该词的反文档频率 q（表示该词出现在多少个文本中的频率，如果一个单词在很多文档中出现的频率都很高，那么这个单词就太普遍了，不足以用来表征一篇文档）。那么某一维的表征概率值就是 p 和 q 的因式乘积，根据需要还有可能乘上另外一些影响因子。

6.1.3 实战：中文文本处理练习

下面来看一个中文文本处理练习的实例。

1. 去除指定无用的符号

爬取到的文本有时会有很多空格或者其他一些无用的符号，如果保留这些符号，在分词时这些符号也会被分出来，导致分词的结果不好。可以使用 replace() 方法去掉不想要的符号。

1）去除空格。

```
contents = '   大家好，欢迎一起来学习文本的空格    去除    ！'
print('处理前文本: '+contents)
def process(our_data):                    # 定义函数
    content = our_data.replace(' ','')    # 去掉文本中的空格
    print('处理后文本: '+content)
process(contents)
```

运行结果如下：

```
处理前文本:    大家好，欢迎一起来学习文本的空格    去除    ！
处理后文本: 大家好，欢迎一起来学习文本的空格去除！
```

2）去除空格的同时把省略号转换为句号。

```
contents = '  大家好，这里还有  很多的知识...一起来学习吧 ！'
print('处理前文本：'+contents)
def process(data):                          # 定义函数
    content1 = data.replace(' ','')         # 去掉文本中的空格
    content2 = content1.replace('...',',')  # 去掉文本中的空格
    print('处理后文本：'+content2)
process(contents)
```

运行结果如下：

处理前文本：　　大家好，这里还有　很多的知识...一起来学习吧　！
处理后文本：大家好，这里还有很多的知识,一起来学习吧！

3）让文本只保留汉字，去除符号、数字等。

```
def is_chinese(uchar):
    if uchar >= u'\u4e00' and uchar <= u'\u9fa5': # 判断一个uchar是否汉字
        return True
    else:
        return False
def allcontents(contents):
    content = ''
    for i in contents:
        if is_chinese(i):
            content = content+i
    print('\n处理后的句子为：\n'+content)
centents = '1,2,3...我们开始吧，加油！'
print('原句子为：\n'+centents)
allcontents(centents)
```

运行结果如下：

原句子为：
1,2,3...我们开始吧，加油！
处理后的句子为：
我们开始吧加油

4）去除文本中的表情符号。

```
import re
sentence='现在听着音乐,duo rui mi,很开心 *_*'
print('原句子为：\n'+sentence)
def clear_character(sentence):
    pattern = re.compile("[^\u4e00-\u9fa5^,^.^!^a-z^A-Z^0-9]")
    # 只保留中英文、数字和符号，去掉其他内容
    # 若只保留中英文和数字，则替换为 [^\u4e00-\u9fa5^a-z^A-Z^0-9]
    line=re.sub(pattern,'',sentence)          # 把文本中匹配到的字符替换成空字符
    new_sentence=''.join(line.split())        # 去除空白
    print('\n处理后的句子为：\n'+new_sentence)
clear_character(sentence)
```

运行结果如下：

原句子为：
现在听着音乐,duo rui mi,很开心 *_*
处理后的句子为：
现在听着音乐,duo rui mi,很开心

2. 繁体中文与简体中文转换

如果文本中既有繁体又有简体，可以根据实际情况，进行繁体中文与简体中文的转换。在使用下列方法之前，需要通过语句"pip install opencc-python-reimplemented"安装OpenccPy。OpenccPy 是一款 Python 中文繁简体转换工具。

```
from opencc import OpenCC
cc1 = OpenCC('t2s')                              # 繁体转为简体
cc2 = OpenCC('s2t')                              # 简体转为繁体
sentence =' 你现在读的这里是简体, 這裡是繁體, 能看懂吗？ '
print(' 原句子为 :\n'+sentence)
def Simplied(sentence):
    new_sentence = cc1.convert(sentence)         # 繁体转为简体
    print('\n 处理后的句子为 :\n'+new_sentence)
def Traditional(sentence):
    new_sentence = cc2.convert(sentence)         # 简体转为繁体
    print('\n 处理后的句子为 :\n'+new_sentence)
Simplied(sentence)
```

运行结果如下：

原句子为：
你现在读的这里是简体, 這裡是繁體, 能看懂吗？
处理后的句子为：
你现在读的这里是简体, 这里是繁体, 能看懂吗？

3. 中文分词

jieba 是一个 Python 的分词库，对中文有很强大的分词能力。我们在使用时可以通过 import jieba 导入 jieba 库。

jieba 分词依靠中文词库：利用一个中文词库，确定汉字之间的关联概率；汉字间概率大的组成词组，形成分词结果；除了分词，用户还可以添加自定义的词组。jieba 分词的三种模式：精确模式、全模式、搜索引擎模式。

1）精确模式：把文本精确地切分开，不存在冗余单词。举例如下：

```
import jieba
messages = jieba.cut(" 万里长城是中国古代劳动人民血汗的结晶和中国古代文化的象征和中华民族
    的骄傲 ",cut_all=False)                       # 精确模式
print ( '【精确模式下的分词：】'+"/ ".join(messages))
```

运行结果如下：

【精确模式下的分词：】万里长城 / 是 / 中国 / 古代 / 劳动 / 人民 / 血汗 / 的 / 结晶 / 和 / 中国 / 古代 / 文化 / 的 / 象征 / 和 / 中华民族 / 的 / 骄傲

2)全模式:把文本中所有可能的词语都扫描出来,有冗余。举例如下:

```
import jieba
messages = jieba.cut("万里长城是中国古代劳动人民血汗的结晶和中国古代文化的象征和中华民族
    的骄傲",cut_all=True)        # 全模式
print ('【全模式下的分词:】'+"/ ".join(messages))
```

运行结果如下:

【全模式下的分词:】万里 / 万里长城 / 里长 / 长城 / 是 / 中国 / 古代 / 代劳 / 劳动 / 动人 / 人民 / 血汗 / 的 / 结晶 / 和 / 中国 / 古代 / 文化 / 的 / 象征 / 和 / 中华 / 中华民族 / 民族 / 的 / 骄傲

可以明显看到文本中存在冗余单词。

3)搜索引擎模式:在精确模式的基础上,对长词再次切分。举例如下:

```
import jieba
messages = jieba.cut_for_search("万里长城是中国古代劳动人民血汗的结晶和中国古代文化的象
    征和中华民族的骄傲")          # 搜索引擎模式
print ('【搜索引擎模式下的分词:】'+"/ ".join(messages))
```

运行结果如下:

【搜索引擎模式下的分词:】万里 / 里长 / 长城 / 万里长城 / 是 / 中国 / 古代 / 劳动 / 人民 / 血汗 / 的 / 结晶 / 和 / 中国 / 古代 / 文化 / 的 / 象征 / 和 / 中华 / 民族 / 中华民族 / 的 / 骄傲

6.2 情感分类方法

情感分类是自然语言处理的重要分支,是情感分析的基础。传统的文本情感分类方法大致可以集合成四类:关键词识别、词汇关联、统计方法和概念级技术。关键词识别是利用文本中出现的清楚定义的影响词(affect word),例如"开心""难过""伤心""害怕""无聊"等来影响分类。词汇关联除了侦查影响词以外,还赋予词汇一个和某项情绪的"关联"值。统计方法通过调控机器学习中的元素,比如潜在语意分析(latent semantic analysis)、支持向量机(Support Vector Machine,SVM)、词袋(Bag of Word)等。与单纯的语义技术不同的是,概念级技术的算法思路权衡了知识表达(Knowledge Representation)的元素,比如知识本体(ontology)、语意网络(Semantic Network),因此该方法可以探查到文字间比较微妙的情绪表达。例如,分析一些没有明确表达相关信息的概念,可以通过它们对于明确概念的不明显联系来获取所求信息。本节主要介绍情感分类方法,包括基于词典的情感分类、基于机器学习的情感分类及基于深度学习模型的情感分类。

6.2.1 基于词典的情感分类

情感分析离不开情感词,情感词是承载情感信息的最基本单元。除了基本的词之外,一些包含情感含义的短语和成语也被称为情感词。基于词典的情感分类方法主要是基于一个包含已标注的情感词和短语的词典,在这个词典中包含情感词的情感倾向以及情感强度,一

般将褒义的情感标注为正数，贬义的情感标注为负数。

情感分类的具体步骤如图 6-1 和图 6-2 所示。首先将需要分析的文本进行分词，并对分词后的结果做去除停用词和无用词等文本数据的预处理，然后将分词的结果与情感词典中的词进行匹配，并根据词典标注的情感分值对文本进行加法计算，最终的计算结果如果为正，是褒义情感，如果为负，则是贬义情感，如果为 0 或情感倾向不明显的得分，则为中性情感或无情感。

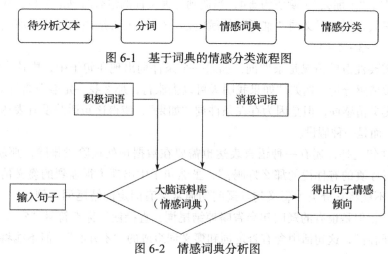

图 6-1　基于词典的情感分类流程图

图 6-2　情感词典分析图

情感词典是整个分析流程的核心，情感词的标注数据直接决定了情感分类的结果。可以直接采用已有的开源情感词典，例如 BosonNLP 基于微博、新闻、论坛等数据来源构建的情感词典，知网（Hownet）情感词典，SnownNLP 框架的词典等，也可以使用哈尔滨工业大学整理的词典作为辅助，通过这个词典找到情感词的同义词，拓展情感词典的范围。

当然，还可以根据业务需要来自己训练情感词典。目前主流的情感词典有三种构建方法：人工方法、基于字典的方法和基于语料库的方法。

对于情感词的情感赋值，最简单的方法是将所有的褒义情感词赋值为 +1，贬义的情感词赋值为 -1，最后相加得出情感分析的结果。但是这种赋值方式显然不能完全满足实际的需求，在现实的语言表达中，存在非常多可以改变情感的强度的表达方式，最典型的就是程度副词。程度副词分为两种：一种是可以加强情感词原本的情感，这种称之为情感加强词，例如"很好"相较于"好"的情感程度会更强烈，"非常好"又比"很好"更强；另一种是情感减弱词，例如"没那么好"虽然也是褒义倾向，但情感强度相较于"好"会弱很多。如果出现了增强词，则需要在原来的赋值基础上增加情感得分，如果出现了减弱词，则需要减少相应的情感得分。

另一种需要注意的情况是否定词，否定词的出现一般会改变情感词原本的情感倾向，变为相反的情感，例如"不好"就是在"好"前面加上了否定词"不"，使之变成贬义词。

早期的研究会将否定词搭配的情感词直接取相反数，即如果"好"的情感倾向是 +1，那么"不好"的情感倾向就是 −1。但是这种简单的规则无法对应真实的表达情感，例如"太好"是一个比"好"褒义倾向更强的词。如果"好"的值为 +1，那么"太好"可以赋值为 +3，此时若直接取反，将否定词的"不太好"赋值为 −3，显然有点过于贬义了，将其赋值为 −1 或者 −0.5 可能更合适。

基于这种情况，可以对否定词也添加程度的赋值而不是简单的取相反数，将表达强烈否定的词（例如"不那么"）赋值为 ±4，当遇到与褒义词的组合时则取负数，遇到与贬义词的组合则取正数。例如贬义词"难听"的赋值是 −3，加上否定词变成"不那么难听"的情感得分就会是（−3 + 4 = 1）。

第三种需要注意的情况是条件词，如果一个条件词出现在句子中，则这个句子很可能不适合用来做情感分析。例如"如果我明天可以去旅行，那么我一定会非常开心。"这句话中有明显的褒义情感词，但是因为存在条件词"如果"，使得这句话并没有表达观点持有者的真实情感，而是一种假设。

除了条件句之外，还有一种语言表达也需要在数据预处理阶段排除，那就是疑问句。例如"这个餐厅真的有你说的那么好吗？"，虽然句子中出现了很强烈的褒义情感词"那么好"，但依然不能将它分类为褒义句。疑问句通常会有固定的结尾词，例如"……吗？"或者"……么？"，但是也有的疑问句会省略掉结尾词，直接使用标点符号"？"。例如"你今天是不是不开心？"，这句话中含有否定词和褒义词组成的"不开心"，但不能将其分类为贬义情感。

最后一种需要注意的情况是转折词，典型词是"但是"。出现在转折词之前的情感倾向通常与转折词之后的情感倾向相反。例如"我上次在这家酒店的住宿体验非常好，但是这次却让我很失望。"，在这个转折句中，转折词之前的"非常好"是一个很强的褒义词，但真实的情感表达却是转折词之后的"很失望"，最终应该将其分类为贬义情感。当然，也存在出现转折词，但语句本身的情感并没有发生改变的情况。例如"你这次考试比上次有了很大的进步，但是我觉得你可以做得更好"，这里的转折词没有转折含义，而是一种递进含义。所以在实际操作中，我们需要先判断转折句真实的情感表达到底是什么，才能进行正确的分析计算。

构建情感词典是一件比较耗费人工的事情，除了上述需要注意的问题外，还存在精准度不高、新词和网络用语难以快速收录进词典等问题。同时基于词典的分析方法也存在很多的局限性，例如一个句子可能出现了情感词，但并没有表达情感，或者一个句子不含任何情感词，但却蕴含了说话人的情感，以及部分情感词的含义会随着上下文语境的变化而变化的问题。例如，"精明"这个词可以作为褒义词夸奖他人，也可以作为贬义词批评他人。

综上，基于词典的情感倾向性分类受限于情感词典的质量和覆盖度。情感词典的构建和判断规则质量都需要耗费很多人力，包括人工设计和先验知识。尽管目前存在诸多问题，但基于词典的情感分析方法也有着不可取代的优势，那就是通用性较强，大多数情况下无须特别领域数据标注就可以分析文本所表达的情感，可以作为通用领域的情感分析的首选方案。

6.2.2 基于机器学习的情感分类

在机器学习算法中介绍过很多分类算法,例如逻辑回归、朴素贝叶斯、KNN 等,这些算法都可以用于情感识别。流程图如图 6-3 所示。

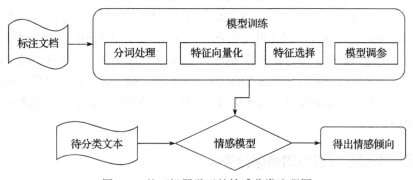

图 6-3 基于机器学习的情感分类流程图

1)准备一些具有情感标签的文本数据。情感标签如果是褒义和贬义两分类,则褒义标注为 1,贬义标注为 0。情感标签如果是褒义、贬义和中性三分类,则褒义标注为 1,中性标注为 0,贬义标注为 –1。如果用纯人工方法来进行标注,可能会因为个人主观因素对标注的结果造成一定影响,为了避免人为因素带来的影响,也为了提高标注的效率,有一些其他取巧的方法来对数据进行自动标注。比如在电商领域中,商品的评论除了文本数据之外,通常还会带有一个 5 星的等级评分,我们可以根据用户的 5 星评分作为标注依据。如果是 1~2 星则标注为贬义,3 星标注为中性,4~5 星标注为褒义。又比如在社区领域中,很多社区会对帖子设置赞和踩的功能,这一数据也可以作为情感标注的参考依据。

2)将标注好情感倾向的文本进行分词,并进行数据的预处理。

3)从分词的结果中标注出具备情感特征的词,如果是对情感进行分类,可以参考情感词典进行标注,也可以采用 TF-IDF 算法自动抽取出文档的特征词进行标注。如果分类的是某个特定领域,还需要标注出特定领域的词,例如做商品评价的情感分类时,需要标注出商品名称、品类名称、属性名称等。

4)根据分词统计词频构建词袋模型,形成特征词矩阵,如表 6-1 所示。在这一步可以根据业务需要给每个特征词赋予权重,并通过词频乘以权重得到特征词分数。

表 6-1 特征词矩阵

	特征词 1	特征词 2	特征词 3	特征词 4	特征词 5	特征词 6	分类结果
文档 A	2	0	2	4	1	6	1
文档 B	0	2	3	3	2	2	1
文档 C	5	1	6	2	5	6	1
文档 D	5	0	1	5	3	4	0
文档 E	3	2	0	3	3	3	0

5）根据分类算法，将特征词矩阵作为输入数据，得到最终的分类模型。当训练好分类模型之后，就可以对测试集进行分类了。先对测试的文本数据进行分词并做数据预处理，然后根据特征词矩阵抽取测试文本的特征词构建词袋矩阵，并将词袋矩阵的词频数据作为输入数据代入之前训练好的模型进行分类，得到分类的结果。

综上，采用基于机器学习的方法进行情感分类有以下几个不足之处：一是每个应用领域之间的语言描述差异导致了训练得到的分类模型不能应用于其他的领域，需要单独构建；二是最终的分类效果取决于训练文本的选择以及正确的情感标注，而人对于情感的理解带有主观性，如果标注出现偏差就会对最终的结果产生影响。除了基于词典和基于机器学习的情感分类方法，也有一些学者将两者结合使用，弥补了两种方法的缺点，分类效果比单独采用一种方法时要好。

6.2.3 基于深度学习模型的情感分类

在介绍基于深度学习模型的情感分类之前，先来了解什么是深度学习情感分析。

1. 深度学习情感分析概述

NLP（自然语言处理）领域的特点是：文本间的关系难以度量，相关研究高度依赖人工构建特征。而深度学习方法的优势恰恰在于它的判别能力和特征自学习能力，非常适合高维数、无标签和大数据的情况，所以很适合应用在 NLP 中。传统神经网络无法处理前后关联问题，而深度学习模型 RNN（循环神经网络）解决了该问题。随着距离和先验知识的增加，RNN 会出现梯度消失或梯度爆炸的情况，因此无法解决长久依赖问题。不过 LSTM（长短期记忆网络）通过三个门结构控制细胞解决了上述问题。目前深度学习用于 NLP 领域的主要步骤可以归结为如下 3 步。

1）将原始文本作为输入，自学习得到文本特征的分布表示。
2）将分布式向量特征作为深度神经网络的输入。
3）针对不同的应用需求，使用不同的深度学习模型，有监督地训练网络权重。

基于深度学习具有抽象特征的功能，可避免人工提取特征的工作，且通过 Word2Vec 技术模拟词语之间联系，有局部特征抽象化以及记忆功能，在情感分类中具有极大优势。但目前深度学习的理论依据还处于起步阶段，大部分的研究成果都是经验性的，没有足够的理论来指导实验，研究者无法确定网络架构，也无法判断超参数设置是否已是最优组合。除此之外，目前仍没有一种通用的神经网络或学习策略可以适用于大多数的应用任务，因此深度学习领域的研究者仍在不断尝试新的网络架构和学习策略，以提升网络的泛化能力。

2. CNN 基本原理

CNN（卷积神经网络）是一种前馈神经网络，也是一种最简单的神经网络。每个神经元只与前一层的神经元相连，接收前一层的输出，并输出给下一层，各层间没有反馈。简单来说，CNN 是一种单向多层结构。同一层神经元之间没有互相连接，层间信息传达只沿一个方向进行。除输入层、输出层，中间全部为隐藏层，隐藏层可为一层或多层。在模式分类领域由于 CNN 网络避免了对图像的复杂前期预处理，可以直接输入原始图像，因而得到了更为广泛的应用。

图 6-4 是一个简单的 CNN 结构图，第一层输入图片，进行卷积操作，得到第二层深度为 3 的特征图并对第二层的特征图进行池化操作，得到第三层深度为 3 的特征图。重复上述操作得到第五层深度为 5 的特征图，最后将这 5 个特征图，也就是将这 5 个矩阵按行展开连接成向量，传入全连接层。全连接层就是一个 BP 神经网络。图中的每个特征图都可以看作排列成矩阵形式的神经元，与 BP 神经网络中的神经元大同小异。卷积神经网络模型通常建立在前馈神经网络模型基础上，只是隐藏层换成了卷积层、池化层、全连接层。

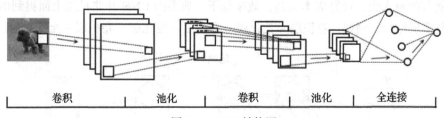

图 6-4　CNN 结构图

（1）卷积层

卷积层的作用是运用卷积操作提取特征，卷积层越多，特征的表达能力越强。特征图也可称为卷积特征图或卷积面。特征图是通过对输入图像进行卷积计算和激活函数计算得到的。卷积过程是指用一个大小固定的卷积核按照一定步长扫描输入矩阵进行点积运算。卷积层计算示意图如图 6-5 所示。卷积核是一个权重矩阵，通过特征图将卷积计算结果输入激活函数内得到。特征图的深度等于当前层神经元的个数，当前神经元内卷积核的个数等于上一层神经元的个数。

（2）池化层

池化也称下采样，通常放在卷积层之后。池化操作将语义上相似的特征合并起来，常取对应区域的最大值、平均值（最大池化、平均池化）。在卷积神经网络中，参数的数量是巨大的，网络的计算量更是巨大，为了减少计算量，同时获得"全局"信息，卷积神经网络引入了池化操作。

池化操作的作用就是缩小特征图的尺寸，减少计算量，同时使得同样大小的区域可以覆盖更加全局的信

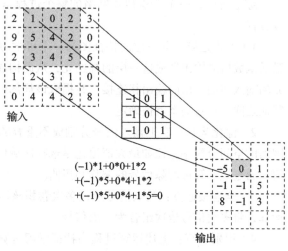

图 6-5　卷积层

息。图 6-6 为 2×2 的最大池化示意图，以图中白色背景的 4 个数为例，数值 8 相对于其他 3 个数无疑更具有代表性，可以全局地代表这个区域。池化操作不会改变特征图的深度，并且大多不经过反向传播的修改。

（3）全连接层

这个部分就是最后一步了，如图 6-7 所示，经过卷积层和池化层处理过的数据输入到全连接层，得到最终结果。只有经卷积层和池化层降维过的数据，全连接层才能跑得

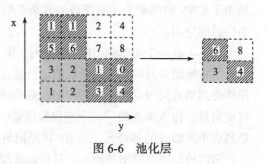

图 6-6　池化层

动，不然数据量太大，计算成本太高，效率低下。典型的 CNN 并非只是上面提到的 3 层结构，而是多层结构，例如：卷积层 – 池化层 – 卷积层 – 池化层 – 卷积层 – 全连接层。

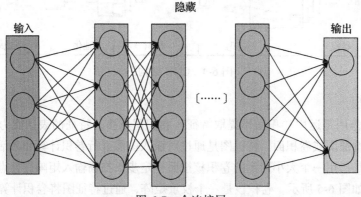

图 6-7　全连接层

综上所述，一个卷积神经网络的整个过程基本完成，下面总结一下卷积神经网络的运算过程。

1）卷积运算：前一层的特征图与一个可学习的卷积核进行卷积运算，卷积的结果经过激活函数后的输出形成这一层的神经元，从而构成该层特征图，也称特征提取层。每个神经元的输入与前一层的输出相连接，并提取该局部的特征，一旦该局部特征被提取，它与其他特征之间的位置关系就被确定。

2）池化运算：它把输入信号分割成不重叠的区域，对于每个区域通过池化运算来降低网络的空间分辨率，比如最大值池化是选择区域内的最大值，均值池化是计算区域内的平均值。通过该运算可消除信号的偏移和扭曲。

3）全连接运算：输入信号经过多次卷积核池化运算后，输出为多组信号，经过全连接运算，将多组信号依次组合为一组信号。

4）识别运算：上述运算过程为特征学习运算，需在上述运算基础上根据业务需求（分类或回归问题）增加一层网络用于分类或回归计算。

（4）CNN 在自然语言领域的应用

CNN 模型在自然语言处理中的输入层和卷积层与图像处理不同，因为在自然语言处理中输入的内容不再是图片像素，而是以矩阵表示的句子或文档。矩阵的每一行对应一个单词或字符，也即每行代表一个词向量。在图像问题中，卷积核滑过的是图像的一"块"区域，但在自然语言领域里我们一般用卷积核滑过矩阵的一"行"（单词）。

如图 6-8 所示，如果一个句子包含 6 个词，每个词的词向量长度为 7，那么输入矩阵就是 6×7，这就是我们的"图像"，可以理解为通道为 1 的图片。卷积核的宽度就是输入矩阵的宽度（词向量维度），这里词向量长度为 7，所以卷积核宽度为 7，高度可能会变（句子长度），但一般每次扫过 2～5 个单词，是整行进行的。卷积核的大小：由于在卷积的时候是整行进行的，因此只需要确定每次卷积的行数即可，这个行数也就是 N-Gram 模型中的 n。一般来讲，n 一般按照 2、3、4 这样来取值，这里卷积核为 3 表示 3 行词向量，也就是每次卷积扫描 3 个单词提取特征。

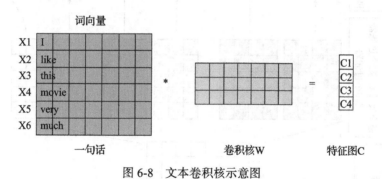

图 6-8　文本卷积核示意图

如图 6-9 所示，从左往右看，首先输入数据（一句话），经过预处理，此处每个样本填充为 7 个词，进入嵌入层，将句子中每个词按照词表转为索引，再转变成词向量，此处词向量维度为 5，输入模型中。

下一层是卷积层，一共有三种尺寸的卷积核：2、3、4 分别对应 2-gram、3-gram、4-gram，这个简化图中每种尺寸的卷积核数量都是 2，实际会设置为几十上百个。我们不会只用一个卷积核对输入图像进行过滤，因为一个核提取的特征是单一的。这就有点像是我们平时看待客观事物，必须要从多个角度进行分析，这样才能尽可能地避免对该事物产生偏见。接下来用三个尺寸（2，3，4）的卷积核对输入矩阵做卷积运算，每个卷积操作都会得到一个特征图。

然后是池化层，我们对每一个特征图进行最大池化，即简单地从特征图中提取最大的值，这里最大的值也就代表着最重要的特征信息。将每个特征图的维度全部下降为 1，这样，句子填充对结果就没有影响了，因为不管特征图中有多少个值，我们都只取最大的值，即最重要的特征。

接着将所有池化得到的特征值拼接到一起，形成单个特征图。

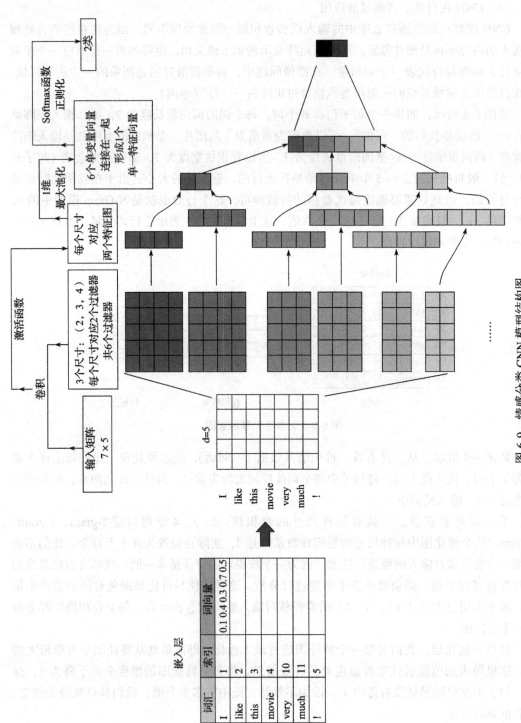

图 6-9 情感分类 CNN 模型结构图

最后将这个特征图通过全连接的方式连接到一个 softmax 层，进行分类。

3. LSTM 基本原理

循环神经网络的关键点就是使用历史信息来帮助当前的决策，但是有用的信息间隔大小、长短不一，且循环神经的性能也会受到限制，此时可以使用 LSTM（Long Short Term Memory，长短期记忆网络）。循环神经网络被成功应用的关键就在于 LSTM，在很多任务中 LSTM 的效果比传统循环神经网络更好，其结构非常复杂，下面一起来学习一下。

LSTM 是 RNN 中一种特殊的类型，它可以学习句子之间相互依赖的信息。LSTM 通过刻意的设计来避免长期依赖问题，其结构示意如图 6-10 所示。

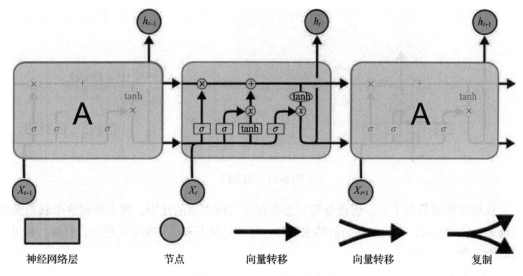

图 6-10　LSTM 结构示意图

在图 6-10 中，每一条黑线代表整个向量的传输方向，从一个节点的输出到其他节点的输入；圆形节点代表运算操作（如向量），中间的方框就是学习到的神经网络层；合在一起的线表示向量的连接；分开的线表示内容被复制，然后分发到不同的位置。不同于单一的神经网络，LSTM 有四个不同的结构，以一种非常特殊的方式进行交互。

这种结构的核心思想是引入一个叫作细胞状态的连接，这个细胞状态用来存放想要记忆的东西（对应于 RNN 中的 h，只不过这里不再只存放上一次的状态，而是通过网络学习存放那些有用的状态）。LSTM 靠一些门结构让信息有选择地影响神经网络中每个时刻的状态。所谓门结构就是一个使用 Sigmoid 函数和一个按位做乘法的操作。之所以将该结构称为"门"是因为使用 Sigmoid 作为激活函数的全连接神经网络会输出一个 0 到 1 之间的数值，描述当前输入有多少信息量可以通过这个结构。该结构就相当于一扇门，当门打开时（Sigmoid 神经网络层输出为 1 时），全部信息都可以通过；当门关上时（Sigmoid 神经网络层输出为 0 时），任何信息都无法通过。下面我们将介绍每一个门是如何工作的。

❏ 遗忘门：决定什么时候把以前的状态忘记。
❏ 输入门：决定什么时候加入新的状态。
❏ 输出门：决定什么时候把新的状态和输入放在一起输出。

（1）遗忘门

在 LSTM 中的第一步是决定我们会从细胞状态中丢弃什么信息。这个决定通过一个遗忘门来完成（图 6-11）。该门会读取上一时刻的隐藏状态 h_{t-1} 和 x_t，输出一个 0～1 之间的数值给每个细胞状态 C_{t-1}。1 代表"完全保留"，0 代表"完全舍弃"。

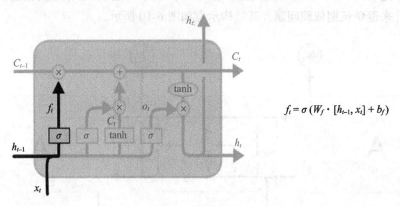

图 6-11 遗忘门

在语言模型的例子中，假设细胞状态会包含当前主语的性别，那么根据这个状态便可以选择正确的代词，当我们遇到新的主语时，应该记录下来，并在记忆中进行更新，希望忘记旧的主语。

（2）输入门

输入门可以分为两个部分，如图 6-12 所示：第一，通过 Sigmoid 层找到那些需要更新的细胞状态；第二，通过 tanh 层创建一个新的细胞状态向量 $\tilde{C}_t$，并加入状态中。

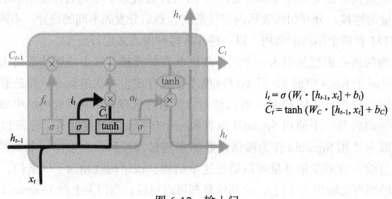

图 6-12 输入门

遗忘门找到需要忘记的信息 f_t 之后，将它与旧的状态进行相乘，丢弃掉需要丢弃的信息。再将结果加上 $i_t * \tilde{C}_t$，使细胞状态获得新的信息，这样就完成了细胞状态的更新，如图 6-13 所示。

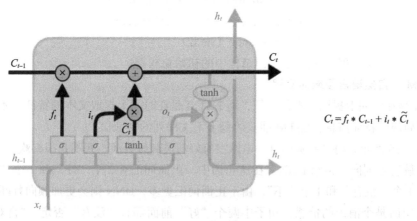

$$C_t = f_t * C_{t-1} + i_t * \tilde{C}_t$$

图 6-13　更新细胞状态

（3）输出门

最终，我们需要确定输出什么值。这个输出将会基于我们的细胞状态，首先，运行一个 Sigmoid 层来确定细胞状态中的哪个部分将输出。接着，通过 tanh 层对细胞状态进行处理（得到一个 –1 ～ 1 之间的值），并将它和 Sigmoid 层的输出相乘，将我们确定输出的那个部分进行输出（见图 6-14）。

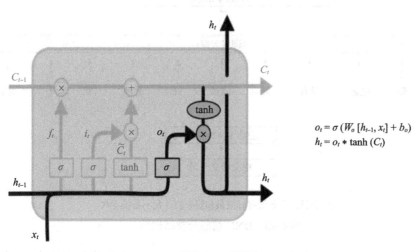

$$o_t = \sigma(W_o [h_{t-1}, x_t] + b_o)$$
$$h_t = o_t * \tanh(C_t)$$

图 6-14　输出门

具体 LSTM 每个门结构的公式定义如下：

$$z = \tanh(W_z[h_{t-1}, x_t])\text{（输入值）}$$
$$i = \text{Sigmoid}(W_i[h_{t-1}, x_t])\text{（输入门）}$$
$$f = \text{Sigmoid}(W_f[h_{t-1}, x_t])\text{（遗忘门）}$$
$$o = \text{Sigmoid}(W_o[h_{t-1}, x_t])\text{（输出门）}$$
$$c_t = f * c_{t-1} + i * z\text{（细胞更新状态）}$$
$$h_t = o * \tanh c_t\text{（输出）}$$

其中，W_z、W_i、W_f、W_o分别为各个门结构中的初始化权重。

LSTM 在自然语言领域的应用

CNN 是在空间上提取文本的特征，而 LSTM 是在时间上提取文本的特征。不同于 CNN 擅长捕获局部的特征信息，LSTM 捕获的是上下文序列的特征信息。

如图 6-15 所示，将"我觉得这部电影没有好演员和好导演，我不是很喜欢"这句话去除停用词，最后做词嵌入传给 DNN。在这句话中，正面词汇有 2 个"好"和 1 个"喜欢"，负面词汇有 1 个"没有"和 1 个"不"，由于正面词汇更多，DNN 则会更加倾向判断积极情感；实际上这句话是个消极的情感，句子中两个"好"前面都有"没有"否定，"喜欢"前面也有"不"否定，但是 DNN 不存在隐藏层及节点之间的序列学习，所以捕捉不到这种信息。

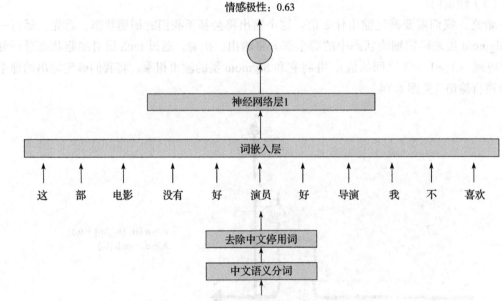

图 6-15 DNN 情感分类结构图

如果我们用一个 LSTM，如图 6-16 所示，由于 LSTM 存在细胞状态的传递（如图 6-16 的 LSTM 中链接箭头所示），它能够提取上下文语义序列信息，捕捉到这种否定关系，从而能输出正确的情感系数。

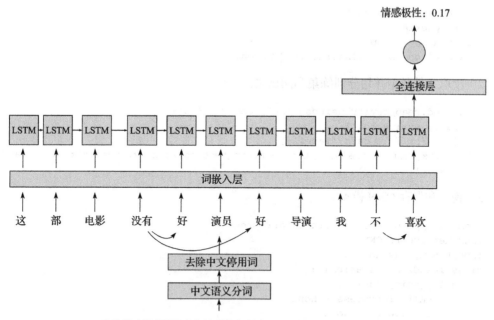

图 6-16 LSTM 情感分类结构图

6.3 情感分类实战演练

本节分别对淘宝和京东家电板块的评论信息进行情感倾向性分析。

6.3.1 淘宝家电商品评论情感分类预测

随着网上购物越来越流行，人们对于网上购物的需求变得越来越丰富，促使淘宝、京东等电商平台得到了很大的发展。当然，这种需求也推动了电商平台的发展，引发了激烈的竞争。在这种电商平台激烈竞争的大背景下，除了提高商品质量，压低商品价格外，了解更多的消费者心理对于电商平台来说也越来越重要。其中非常重要的一种方式就是针对消费者的文本评论数据进行内在信息的数据挖掘分析，而得到这些信息，也有利于对应商品自身竞争力的提高。

本次实战是对淘宝家电商品的评论信息进行情感倾向性分析，判断用户对购买的商品是积极态度还是消极态度，准确了解用户对商品的态度有利于商户更好地分析自己商品的优缺点，从而调整销售策略，提高商品竞争力。

1）导入相关的库。

```
import json                                              # 导入json库
import pandas as pd                                      # 导入pandas数据处理库
from sklearn.model_selection import train_test_split     # 导入数据集划分库
```

```python
import tensorflow as tf
import pickle
import numpy as np
sess = tf.compat.v1.InteractiveSession()
```

2)读取文件数据并划分训练集和测试集。

```python
data = pd.read_csv("Ebusiness.csv", encoding='utf-8')
x = data['evaluation']
y = [[i] for i in data['label']]
x_train, x_test, y_train, y_test = train_test_split(x, y, test_size=0.2, random_
    state=1)
```

3)构建和保存 CNN 模型。

```python
from data_preprocess import DataPreprocess
from net import CNN
import numpy as np
class TextClassification():
    def __init__(self):
        self.preprocess = None
        self.model = None
    def get_preprocess(self, texts, labels, word_len=1, num_words=2000, sentence_
        len=30):
        preprocess = DataPreprocess()
        texts_cut = preprocess.cut_texts(texts, word_len)
        preprocess.train_tokenizer(texts_cut, num_words)
        texts_seq = preprocess.text2seq(texts_cut, sentence_len)
        preprocess.creat_label_set(labels)
        labels = preprocess.creat_labels(labels)
        self.preprocess = preprocess
        return texts_seq, labels
    def fit(self, texts_seq, texts_labels,epochs, batch_size, model=None):
        if model is None:
            preprocess = self.preprocess
            model = CNN(preprocess.num_words,preprocess.sentence_len,
                    128,len(preprocess.label_set))
        model.fit(texts_seq,texts_labels,epochs=epochs,batch_size=batch_size)
        self.model = model
    def predict(self, texts):
        preprocess = self.preprocess
        word_len = preprocess.word_len
        sentence_len = preprocess.sentence_len
        texts_cut = preprocess.cut_texts(texts, word_len)
        texts_seq = preprocess.text2seq(texts_cut, sentence_len)
        return self.model.predict(texts_seq)
    def label2toptag(self, predictions, labelset):
        labels = []
        for prediction in predictions:
            label = labelset[prediction == prediction.max()]
            labels.append(label.tolist())
```

```
            return labels
    def label2half(self, predictions, labelset):
        labels = []
        for prediction in predictions:
            label = labelset[prediction > 0.5]
            labels.append(label.tolist())
        return labels
    def label2tag(self, predictions, labelset):
        labels1 = self.label2toptag(predictions, labelset)
        labels2 = self.label2half(predictions, labelset)
        labels = []
        for i in range(len(predictions)):
            if len(labels2[i]) == 0:
                labels.append(labels1[i])
            else:
                labels.append(labels2[i])
        return labels
```

4）训练模型。

```
from text_classification import TextClassification
clf = TextClassification()
texts_seq, texts_labels = clf.get_preprocess(x_train, y_train,word_len=1,
                                             num_words=2000,sentence_len=50)
clf.fit(texts_seq=texts_seq,texts_labels=texts_labels,
    epochs=10,batch_size=64,model=None)
```

我们调用上一步封装好的 CNN 模块 TextClassification 进行训练。模型训练迭代 10 次，从图 6-17 可以看出最终训练结果较好，准确率能达到 99%。

```
Epoch 1/10
54/54 [==============================] - 1s 9ms/step - loss: 0.4591 - acc: 0.7823
Epoch 2/10
54/54 [==============================] - 1s 9ms/step - loss: 0.1454 - acc: 0.9483
Epoch 3/10
54/54 [==============================] - 1s 11ms/step - loss: 0.0524 - acc: 0.9863
Epoch 4/10
54/54 [==============================] - 0s 9ms/step - loss: 0.0162 - acc: 0.9971
Epoch 5/10
54/54 [==============================] - 1s 9ms/step - loss: 0.0064 - acc: 0.9985
Epoch 6/10
54/54 [==============================] - 1s 10ms/step - loss: 0.0039 - acc: 0.9994
Epoch 7/10
54/54 [==============================] - 0s 9ms/step - loss: 0.0023 - acc: 0.9997
Epoch 8/10
54/54 [==============================] - 0s 9ms/step - loss: 0.0016 - acc: 0.9997
Epoch 9/10
54/54 [==============================] - 0s 9ms/step - loss: 0.0016 - acc: 0.9997
Epoch 10/10
54/54 [==============================] - 0s 9ms/step - loss: 0.0018 - acc: 0.9994
```

图 6-17 最终训练结果

5）模型预测。

```
y_predict = clf.predict(x_test)
y_predict = [[clf.preprocess.label_set[i.argmax()]] for i in y_predict]
```

```python
score = sum(y_predict == np.array(y_test)) / len(y_test)
print(score)
```

最后我们把训练好的模型用测试集数据进行检验,预测结果为 0.92 532 089。从测试结果看,对评论情感分类准确率达到了近 92%,说明我们训练的 CNN 情感分类模型的分类效果很好。

近年来,电商发展得如火如荼,以淘宝为首的中国电商市场正持续较快增长。阿里电商平台平均每天产生两千万条商品评价。评价内容不仅体现卖家的口碑信誉,影响消费者的下单判断,也是获取消费者反馈互动的最直接方式。品牌商对于这些商品评论进行关键属性的提炼及情感打分,让商家第一时间全面了解店铺已售商品的消费者印象和需要改进的地方,为后续销售方向提供决策依据。

6.3.2 京东客户评论情感倾向预测

本次试验的目的是基于京东电商平台提供的评论数据集,通过算法自动判断其评论是正面的还是负面的情感。比如给定两条评论,"我特别喜欢这个电器,我已经用了 3 个月,一点问题都没有!","我从这家店买的东西不到一周就开始坏掉了,强烈建议不要买,真是浪费钱。"对于这两条评论,第一个明显是正面的,第二个是负面的。我们希望搭建一个能够自动识别京东客户评论是正面的还是负面的 AI 算法模型。

1)导入相关库。

```python
import numpy as np                              # 导入 numpy 库
import pandas as pd                             # 导入 pandas 库
import matplotlib.pyplot as plt                 # 导入绘图库
from matplotlib import font_manager
# 设置 matplotlib 绘图时的字体
my_font = font_manager.FontProperties(fname="/Library/Fonts/Songti.ttc")
```

2)读取数据。

```python
neg=pd.read_excel('neg.xls',header=None,index=None)
pos=pd.read_excel('pos.xls',header=None,index=None)
df=np.concatenate((pos[0], neg[0]))
# 句子长度分布直方图
Num_len=[len(text) for text in df]
bins_interval=10                                # 区间长度
bins=range(min(Num_len),max(Num_len)+bins_interval-1,bins_interval)  # 分组
plt.xlim(min(Num_len), max(Num_len))
plt.title("Probability-distribution")
plt.xlabel('Interval')
# plt.ylabel('Probability')
# 频率分布 normed=True,频次分布 normed=False
prob,left,rectangle = plt.hist(x=Num_len, bins=bins, normed=True, histtype=
    'bar', color=['r'])                         # 分布直方图
```

```
plt.ylabel('Cumulative distribution')
# prob,left,rectangle = plt.hist(x=Num_len, bins=bins,normed=True,cumulative=True,
    histtype='step', color=['r'])         # 累计分布图
plt.show()
```

结果如图 6-18 所示,可以看出,得到语料库中的句子长度基本都在 200 以内,也有极个别句子长度大于 500,但这并不影响我们的实验。

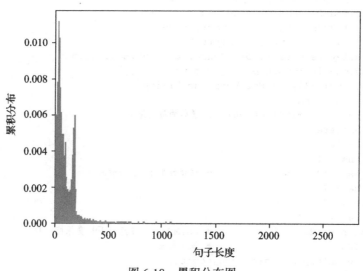

图 6-18　累积分布图

3) 求分位点。

```
import math
def quantile_p(data, p):
    data.sort()
    pos = (len(data) + 1)*p
    # pos = 1 + (len(data)-1)*p
    pos_integer = int(math.modf(pos)[1])
    pos_decimal = pos - pos_integer
    Q = data[pos_integer - 1] + (data[pos_integer] - data[pos_integer - 1])*pos_
        decimal
    return Q
quantile=0.90                             # 选取分位数
Q=quantile_p(Num_len,quantile)
print("\n 分位点为 %s 的句子长度 :%d." % (quantile, Q))
```

由于句子长短参差不齐,我们通过求分位点来统一句子长度,最后求出分位点为 0.9 的句子长度为 188。

4) 数据预处理。

首先对文本数据进行结巴分词,再利用 Word2Vec 把文本数据转换为数值型数据,然后划分训练数据集和测试数据集,为后面训练模型的数据输入做准备。

```python
import yaml, sys, jieba
from sklearn.model_selection import train_test_split
import multiprocessing
import numpy as np
from gensim.models import Doc2Vec
from gensim.corpora.dictionary import Dictionary
from gensim.models import Word2Vec
from keras.preprocessing import sequence
from keras.models import Sequential
from keras.layers.embeddings import Embedding
from keras.layers.recurrent import LSTM
from keras.layers.core import Dense, Dropout,Activation
from keras.models import model_from_yaml
np.random.seed(1337)  # For Reproducibility
import pandas as pd
sys.setrecursionlimit(1000000)   # 递归的最大深度
# set parameters:
vocab_dim = 100
n_iterations = 1
n_exposures = 10              # 词频数少于10的截断
window_size = 7
batch_size = 32
n_epoch = 4
input_length = 188            # LSTM 输入，注意与下长度保持一致
maxlen = 188                  # 统一句长
cpu_count = multiprocessing.cpu_count()
# 加载训练文件
def loadfile():
    neg=pd.read_excel('neg.xls',header=None,index=None)
    pos=pd.read_excel('pos.xls',header=None,index=None)
    combined=np.concatenate((pos[0], neg[0]))
    y = np.concatenate((np.ones(len(pos),dtype=int), np.zeros(len(neg),dtype=int)))
    # 添加标注
    return combined,y
# 对句子进行分词，并去掉换行符
def tokenizer(text):
    text = [jieba.lcut(document.replace('\n', '')) for document in text]
    return text
# 创建词语字典，并返回每个词语的索引、词向量，以及每个句子所对应的词语索引
def create_dictionaries(model=None,combined=None):
    if (combined is not None) and (model is not None):
        gensim_dict = Dictionary()
        gensim_dict.doc2bow(model.wv.vocab.keys(),allow_update=True)
        w2indx = {v: k+1 for k, v in gensim_dict.items()}
        # 所有频数超过10的词语索引
        w2vec = {word: model[word] for word in w2indx.keys()}
        # 所有频数超过10的词语词向量
        def parse_dataset(combined):
            data=[]
            for sentence in combined:
                new_txt = []
```

```python
            for word in sentence:
                try:
                    new_txt.append(w2indx[word])
                except:
                    new_txt.append(0)
            data.append(new_txt)
        return data
    combined=parse_dataset(combined)
    combined= sequence.pad_sequences(combined, maxlen=maxlen)
    # 前方补 0,为了保证进入 LSTM 的长度统一
    # 每个句子所含词语对应的索引,所以句子中含有频数小于10 的词语,索引为 0
    return w2indx, w2vec,combined
    else:
        print('No data provided...')
# 创建词语字典,并返回每个词语的索引、词向量,以及每个句子所对应的词语索引
def word2vec_train(combined):
    model = Word2Vec(size=vocab_dim,            # 特征向量维度
                     min_count=n_exposures,     # 可以对字典做截断. 词频少于 min_count
                                                # 次数的单词会被丢弃掉,默认值为 5
                     window=window_size,
                     # 窗口大小,表示当前词与预测词在一个句子中的最大距离
                     workers=cpu_count,         # 用于控制训练的并行数
                     iter=n_iterations)
    model.build_vocab(combined)                 # 创建词汇表,用来将字符串标签转成索引
    model.train(combined,total_examples=model.corpus_count,epochs=10)
    model.save('Word2vec_model.pkl')            # 保存训练好的模型
    index_dict, word_vectors,combined = create_dictionaries(model=model,combin
        ed=combined)
    return  index_dict, word_vectors,combined# word_vectors字典类型 {word:vec}
# 最终的数据准备
def get_data(index_dict,word_vectors,combined,y):
    n_symbols = len(index_dict) + 1
    # 所有单词的索引数,频数小于10 的词语索引为 0,所以加 1
    embedding_weights = np.zeros((n_symbols, vocab_dim))
    # 索引为 0 的词语,词向量全为 0
    for word, index in index_dict.items():
    # 从索引为 1 的词语开始,对每个词语对应其词向量
        embedding_weights[index, :] = word_vectors[word]
    x_train, x_test, y_train, y_test = train_test_split(combined, y, test_size=0.2)
    print(x_train.shape,y_train.shape)
    return n_symbols,embedding_weights,x_train,y_train,x_test,y_test
```

5)模型构建。

```python
# 定义网络结构:主要网络为嵌入层、LSTM 层、LR 层
def train_lstm(n_symbols,embedding_weights,x_train,y_train,x_test,y_test):
    print('Defining a Simple Keras Model...')
    model = Sequential()  # or Graph or whatever  # 堆叠
    # 嵌入层将正整数(下标)转换为具有固定大小的向量
```

```python
            model.add(Embedding(output_dim=vocab_dim,      # 词向量的维度
                                input_dim=n_symbols,       # 字典（词汇表）长度
                                mask_zero=True,            # 确定是否将输入中的'0'看作应该被忽
                                                           # 略的'填充'(padding)值
                                weights=[embedding_weights],
                                input_length=input_length))  # 当输入序列的长度固定时，该值为其长
                                                           # 度。如果要在该层后接Flatten层，然
                                                           # 后接Dense层，则必须指定该参数，否
                                                           # 则Dense层的输出维度无法自动推断。
                                                           # 输入数据的形状为188个时间长度（句
                                                           # 子长度），每一个时间点下的样本数据特
                                                           # 征值维度（词向量长度）是100
    model.add(LSTM(units = 32,activation='tanh',recurrent_activation = 'sigmoid'))
    # 输出的数据，时间维度仍然是188，每一个时间点下的样本数据特征值维度是50
    model.add(Dropout(0.5))
    model.add(Dense(1))# 全连接层
    model.add(Activation('sigmoid'))
    print('Compiling the Model...')
    model.compile(loss='binary_crossentropy',
                  optimizer='adam',metrics=['accuracy'])
    print("Train...")
    model.fit(x_train, y_train, batch_size=batch_size,epochs=50,verbose=1, validation_
        data=(x_test, y_test))
    print("Evaluate...")
    score = model.evaluate(x_test, y_test,
                           batch_size=batch_size)
    yaml_string = model.to_yaml()
    with open('lstm.yml', 'w') as outfile:
        outfile.write( yaml.dump(yaml_string, default_flow_style=True) )
    model.save_weights('lstm.h5')
    print('Test score:', score)
```

6）训练模型并保存。

```python
def train():
    print('Loading Data...')
    combined,y=loadfile()
    print(len(combined),len(y))
    print('Tokenising...')
    combined = tokenizer(combined)
    print('Training a Word2vec model...')
    index_dict,word_vectors,combined=word2vec_train(combined)
    print('Setting up Arrays for Keras Embedding Layer...')
    n_symbols,embedding_weights,x_train,y_train,x_test,y_test=get_data(index_
        dict, word_vectors,combined,y)
    print(x_train.shape,y_train.shape)
    train_lstm(n_symbols,embedding_weights,x_train,y_train,x_test,y_test)
train()
```

如图 6-19 所示，从最终的训练效果来看准确率达到了 0.92，说明基于 LSTM 的情感分类模型的效果很好。

```
Epoch 44/50
528/528 [==============================] - 37s 70ms/step - loss: 0.0057 - accuracy: 0.9983 - val_loss: 0.6310 - val_accuracy: 0.9192
Epoch 45/50
528/528 [==============================] - 36s 69ms/step - loss: 0.0141 - accuracy: 0.9967 - val_loss: 0.5635 - val_accuracy: 0.9213
Epoch 46/50
528/528 [==============================] - 36s 69ms/step - loss: 0.0062 - accuracy: 0.9979 - val_loss: 0.6429 - val_accuracy: 0.9190
Epoch 47/50
528/528 [==============================] - 36s 69ms/step - loss: 0.0041 - accuracy: 0.9984 - val_loss: 0.6694 - val_accuracy: 0.9195
Epoch 48/50
528/528 [==============================] - 37s 69ms/step - loss: 0.0030 - accuracy: 0.9986 - val_loss: 0.7166 - val_accuracy: 0.9195
Epoch 49/50
528/528 [==============================] - 36s 69ms/step - loss: 0.0032 - accuracy: 0.9988 - val_loss: 0.7290 - val_accuracy: 0.9213
Epoch 50/50
528/528 [==============================] - 37s 69ms/step - loss: 0.0167 - accuracy: 0.9959 - val_loss: 0.6379 - val_accuracy: 0.9183
Evaluate...
132/132 [==============================] - 2s 14ms/step - loss: 0.6379 - accuracy: 0.9183
Test score: [0.6379290223121643, 0.9182658195495605]
```

图 6-19　最终训练效果

7）模型测试。

```
import yaml
def input_transform(string):
    words=jieba.lcut(string)
    words=np.array(words).reshape(1,-1)
    model=Word2Vec.load('Word2vec_model.pkl')
    combined=create_dictionaries(model,words)
    return combined
def lstm_predict(string):
    print('loading model......')
    with open('lstm.yml', 'r') as f:
        yaml_string = yaml.load(f)
    model = model_from_yaml(yaml_string)
    print('loading weights......')
    model.load_weights('lstm.h5')
    model.compile(loss='binary_crossentropy',
                optimizer='adam',metrics=['accuracy'])
    data=input_transform(string)
    data.reshape(1,-1)
    result=model.predict_classes(data)
    if result[0][0]==1:
        print(string,' positive')
    else:
        print(string,' negative')
if __name__=='__main__':
    # train()
    # string='电池充完了电连手机都打不开，连5号电池都不如'
    # string='厉害的手机，从3米高的地方摔下去都没坏'
    # string='酒店的环境非常好，价格也便宜，值得推荐'
    # string='手机质量太差了，以后再也不会买了'
    # string='我傻了'
    string='你傻了'
    lstm_predict(string)
```

最后在测试数据集上检验我们的模型，从图6-20可以看出输入新的评论也基本都能正确分类，说明我们训练的LSTM情感分类模型比较可靠，可以应用于商品评论情感分类。

```
loading model......
loading weights......
D:\Anaconda\lib\site-packages\ipykernel_launcher.py:57: DeprecationWarning: Call to deprecated `__getitem__` (Method will be removed in 4.0.
0, use self.wv.__getitem__() instead).
你傻了 negative
```

图6-20 测试结果图

卖家每天产生数以百计条商品评价时，假如用人工方式逐条甄别好评、差评，摘录收集消费者反馈的关键点，平均需要占用两名客服人员的工时；一旦遇上营销活动或者大促，则所需的工时更多。因此，本次实验基于自然语言处理技术和京东商品评价语料，很好地展现了商品评论的情感倾向解析功能，能够对历史评价和每天新增评价内容自动分析，将文本转化为结构化的属性字段，从而高效甄别出正负面评论并跟进处理，统计分析最能影响购买转化的相关因素。这极大地提高了评论数据的挖掘效率，使商户也能实时了解顾客对商品态度的情感动态变化，更有利于商户及时改进商品和提供相应的服务。

6.4 习题

一、判断题

1. 在文本预处理过程中，去除停用词这一环节可以看情况而定。（ ）
2. 训练CNN时，可以对输入进行旋转、平移、缩放等预处理提高模型泛化能力。（ ）
3. 在文本清洗中，去除指定无用符号可以使用replace()方法。（ ）
4. 情感词典进行情感倾向性分类只受限于情感词典的覆盖度。（ ）

二、选择题

1. LSTM中存在哪几个门结构？（ ）
   A. 输入门   B. 输出门   C. 遗忘门   D. 忘记门
2. 在LSTM的遗忘门中，如何进行细胞状态的更新？（ ）
   A. 将需要忘记的信息与旧的状态进行乘积
   B. 直接将旧的信息替换成新的信息
   C. 找到需要忘记的信息与旧的状态进行相乘，加上当前层输入信息与新的细胞状态的乘积
   D. 当前层的输入信息与新的细胞状态的乘积
3. jieba分词模式包含（ ）。
   A. 精确模式   B. 全模式   C. 搜索引擎模式   D. 随机模式

三、填空题

1. 情感分析根据处理文本颗粒度的不同可以分为_____级、_____级、_____级。
2. LSTM 所谓门结构就是一个使用_____函数和一个按位做乘法的操作,这两个操作合在一起就是一个门结构。
3. 卷积神经网络计算的主要过程有_____、_____、_____、_____。

四、简答题

1. 什么是卷积?
2. 采用基于机器学习的方法进行情感分析有什么不足之处?

Chapter 7 第 7 章

用机器学习方法预测股价

股票市场有大量的股票数据,但这些历史数据的价值往往被人们所忽略,或者在对历史数据进行分析的过程中难以深层次地挖掘出真正有用的价值,信息的利用率较低。同时,股票市场向来"阴晴不定",股价的高低起伏很大,而股票的价格变化又与每一位股票投资者的切身利益密切相关。因此,在充分利用大数据技术带来的优势的基础上,结合算法,对股票的历史数据进行分析,尽可能挖掘出隐藏在股票大量数据中的规律,找出股票的价格走势,是有巨大意义的。预测股价的主要方法有机器学习方法和人工智能方法,本章学习机器学习方法,下一章学习人工智能方法。

本章重点内容如下:
❏ 了解股价预测的意义。
❏ 掌握机器学习算法的原理。

7.1 股市数据分析价值

在大数据时代,随着信息技术的迅猛发展,一些先进的数据分析以及挖掘技术在诸多领域都得到了广泛应用,其中数据挖掘在股票分析中的作用尤为突出。基于此,本节主要对数据挖掘的方法以及工作过程加以阐述,然后对数据挖掘在股市数据分析中的价值和应用方法进行详细探究。

7.1.1 案例背景

随着我国社会主义市场经济的迅速发展,我国的经济水平明显提升,人们的生活得到了极大改善，国内生产总值每年增长率均领先于世界同期水平。在这种经济高速发展的情况下，我国的股票市场也在一步步壮大和成熟。从 20 世纪 90 年代开始至今的三十多年里，在我国经济高速发展、国家对股票市场的重视以及广大投资者的积极参与下，我国股市保持着迅速发展的态势。截止到 21 世纪初，我国沪深两市中可以让投资者进行投资交易的股票有几千只，并且还有更多的投资者参与到股市之中。

股票市场对实体经济的影响和作用是相互的，作为金融行业的一个重要组成部分，股票市场从一出现就引起了人们的关注，并与很多人的生活紧密相关。近年来，我国经济发展态势较好，人们的生活水平也有显著提高，手里的闲置资金多了起来，简单的银行储蓄已不能满足人们的需求。随着投资意识和金融知识的增长，大家的投资需求也更多了。市场上可供选择的投资方式有很多，股票市场就是其中之一。股票市场具有高风险、高回报的特性，长期以来，不断有人们被吸引其中，逐渐成为大众投资的重要手段之一。因此，对于股票市场来说，寻找一个有效的方法，在提高收益的同时降低人们的投资风险，就显得尤为重要。

一些研究者在对股票趋势进行分析和预测时，选择建立统计计量模型。由于计量模型对数据有整体性、平稳性、低噪声性等非常严格的要求，加上假定限制过多，现实中的股票市场数据往往很难达到，所以在实际预测中很难达到预期效果。

股票市场中的数据包含以下几个特点。第一，数据量非常大。在每天的股市交易中会产生大量的数据，股票的涨跌是基于股票的开盘价、收盘价等数据，用好这些数据并找出规律非常重要。第二，数据间的关系错综复杂。股市中包含相关和不相关的关系，也包含线性和非线性的关系。第三，数据是动态的。股市中的数据时刻都在变化，很难选择一个固定的模型或者方法来进行研究。

考虑到股市数据的这几个特点，可以使用数据挖掘技术和神经网络算法分析股票市场，对收集到的相关数据进行研究分析，从而让投资者对股票价值投资得出准确的选择。

7.1.2 案例价值

在股票的投资分析中，人们通过使用准确科学的分析方法来探索股票价格变动趋势。股票投资分析在证券投资过程中扮演着重要角色，适当的投资分析可以帮助投资者做出更准确的选择，有利于降低投资风险，获得更好的收益。

股票的投资分析研究是为了获取股票投资效用的最大化，即在获利一定的状况下让风险降到最小，在风险一定的状况下让获利达到最大。要做到这点就需要我们投资者使用专业的分析方法综合考虑影响股票价值和价格的因素，以做出客观、准确的判断和正确的决策。在实际中有众多因素影响着股票的价格，其中包括宏观经济运行状况、股票内在价值、政策因素和市场因素等。宏观经济运行状况包含经济景气指数、物价水平和利率水平等，股票内在价值涉及公司的主要财务指标和股票的基本指标，政策因素包括对股价有影响的政府政策、国内外的政策形势、相关法律法规等，而市场因素主要包括供给和需求等的影响。在以上四个因素中，本文主要考虑的是股票内在价值因素，即通过选取上市公司股票的基本指标来判断股票投资价值。这就是股票投资分析的根本意义所在。股市中每一天都会有新的大量的数据产生，上市公司股票的交易数据、财务数据等也包含其中。要对这样大量的数据进行处理分析，是一项非常难的工作，通过一定的方法寻找其内部的规律，对投资者会有很大的帮助。

Java、Python 等语言可以轻松处理大量数据，数据挖掘技术和神经网络算法有利于提高大数据处理能力。伴随着我国金融市场的发展和完善，将数据挖掘方法和神经网络算法应用于金融领域会大有可为。本章将结合机器学习方法对股票的历史数据进行分析，挖掘出隐藏在大量股票数据中的规律，找出股票的价格走势。

7.2 ARIMA 模型

ARIMA（Auto Regressive Integrated Moving Average，差分整合移动平均自回归）模型由 Box 与 Jenkins 于 20 世纪 70 年代提出，是一种著名的时间序列预测方法。ARIMA 模型是一种基于时间序列历史值和历史值上的预测误差来对当前做预测的模型，它整合了自回归项和滑动平均项，可以建模任何存在一定规律的非季节性时间序列。

下面简单介绍几个概念。

1. 平稳性

平稳性是指时间序列样本及拟合曲线在未来时间点上按照现有的某种趋势延续下去，均值与方差无明显的变化。平稳性分为严平稳性和弱平稳性（期望与相关系数不变）。只有平稳的时间序列模型才能用来预测。

2. 差分

一阶差分就是 X_t 与 X_{t-1} 时刻的差值。二阶差分就是在一阶差分完成后，再进行一次一阶差分的操作。差分法可以降低时间序列数据的波动。

3. 自回归模型

自回归模型（Auto Regressive Model，AR 模型）是统计领域一种处理时间序列的方法。回归模型研究的是 X 与 Y 的相关关系，AR 模型研究的是自身的关系、基于时间的 X 的历史值与当前值的关系，即用历史值预测未来值。

自回归模型要求数据满足平稳性要求。p 阶（当期与前 p 个时期）自回归模型公式如下：

$$y_t = \mu + \sum_{i=1}^{p} \gamma_i y_{t-i} + \varepsilon_t \tag{7-1}$$

式中：μ 为常数项，ε_t 为误差项，γ_i 为自相关系数（一般以 0.5 为判断标准），$\sum$ 表示前 p 期的影响都被考虑进来，而不只考虑第 p 期的影响。

4. 移动平均模型

移动平均模型（Moving Average Model，MA 模型）是模型参量法谱分析方法之一，也是现代谱估计中常用的模型。

MA 模型关注的是 AR 模型中 ε_i 的累加，目的是消除预测中的随机波动。q 阶移动平均模型公式如下：

$$y_t = \mu + \sum_{i=1}^{q} \theta_i \varepsilon_{t-i} + \varepsilon_t \tag{7-2}$$

5. ARIMA 模型

ARIMA 模型指的是将 AR 模型和 MA 模型都考虑进来，公式如下：

$$y_t = \mu + \sum_{i=1}^{p} \gamma_i y_{t-i} + \sum_{i=1}^{q} \theta_i \varepsilon_{t-i} + \varepsilon_t \tag{7-3}$$

i 指的是差分（一般做一阶差分即可）。

6. p、d、q 三个参数的选择（见表 7-1）

d 是指定阶差分的参数。通过 ACF（自相关函数）与 PACF（偏自相关函数）确定 p 和 q。

- ACF：一个变量在不同时间点的相关性的度量。
- PACF：ACF 度量 X_t 与 X_{t-k} 之间的相关性时还考虑了两者之间时间差的数据影响；PACF 只考虑 X_t 与 X_{t-k} 之间的相关性，剔除了其余影响。

我们还可以参考贝叶斯信息准则（BIC）与赤池信息准则（AIC）来选定 p、q，BIC 与 AIC 越小，p、q 越佳。

表 7-1 ARIMA 模型的阶数判断

模型	ACF	PACF
AR(p)	衰减趋于零（几何型或振荡型）	p 阶后截尾
MA(q)	q 阶后截尾	衰减趋于零（几何型或振荡型）
ARMA(p,q)	q 阶后衰减趋于零（几何型或振荡型）	p 阶后衰减趋于零（几何型或振荡型）

7. ARIMA(p, d, q) 阶数确定

1）截尾：落在置信区间内（95% 的点都符合该规则）。
2）AR(p) 看 PACF，MA(q) 看 ACF。

7.3 实战：基于 SVM 和 ARIMA 的股价预测

本节将展示两个基于机器学习算法预测股票价格的实战案例。

- 通过 SVM 算法对给定数据集第 $N+1$ 日的收盘价相对于第 N 日的收盘价涨跌情况进行分析。若第 $N+1$ 日的收盘价相对于第 N 日收盘价为涨，则记为 1；反之，记为 0。由于 SVM 算法为监督学习算法，因此在训练的过程中算法会根据实际的涨跌情

况对学习算法进行修正。对于测试集中的部分,预测每一个交易日的股价涨跌情况,并与真实涨跌情况进行测算,计算在测试集中算法预测的正确率。
- 给定 p、d、q 值,通过 ARIMA 模型实现在给定的范围内自动寻找最优解,主要是按天预测,即每日回归(每一个预测期的单位数据都用之前的数据作为训练集进行预测)。

实验环境选择 Python 3。数据集会用到 Tushare。Tushare 是强大的 Python 量化库,它为金融数据分析提供便捷、快速的接口,可与 Pandas 无缝对接。通过 Tushare 获取平安银行(000001)2019 年 5 月 12 日至 2019 年 12 月 19 日的股票数据。实现代码如下:

```
# 导入需要的库
import tushare as ts
import pandas as pd
import numpy as np
from pyecharts import Kline,Line, Bar,Overlap

# 数据集的获取
def date_setting(stock_code, start_date, end_date):
    global tsData, stockCode
    stockCode = stock_code
    tsData = ts.get_hist_data(code=stock_code, start=start_date, end=end_date)
    tsData = tsData.sort_index(ascending=True).reset_index()
    if len(tsData) != 0:
        print('股票数据已成功获取')
        tsData
    else:
        print('股票数据获取失败!')
```

1. 绘制 K 线图

我们以近 3 年的日线数据为例绘制 K 线图,具体参数如表 7-2 和表 7-3 所示。搭配适合均线数据进行选股和分析,如果需要全部历史数据,需调用接口 get_hist_data()。注意,get_hist_data() 是指获取个股历史交易数据(包括均线数据),可以通过参数设置获取日 K 线、周 K 线、月 K 线,以及 5 分钟、15 分钟、30 分钟和 60 分钟 K 线数据。

表 7-2 函数 get_hist_data() 中的参数

参数	说明
code	股票代码,即 6 位数字代码,或者指数代码(sh = 上证指数,sz = 深圳成指,hs300 = 沪深 300 指数,sz50 = 上证 50,zxb = 中小板,cyb = 创业板)
start	开始日期,格式为 YYYY-MM-DD
end	结束日期,格式为 YYYY-MM-DD
ktype	数据类型,D = 日 k 线,W = 周,M = 月,5 = 5 分钟,15 = 15 分钟,30 = 30 分钟,60 = 60 分钟,默认为 D,即获取某天的股票信息
retry_count	网络异常时的重试次数,默认为 3
pause	重试时停顿秒数,默认为 0

表 7-3 函数 get_hist_data() 的返回值

返回值	说明	返回值	说明
date	日期	ma5	5 日均价
open	开盘价	ma10	10 日均价
high	最高价	ma20	20 日均价
close	收盘价	v_ma5	5 日均量
low	最低价	v_ma10	10 日均量
volume	成交量	v_ma20	20 日均量
price_change	价格变动	turnover	换手率
p_change	涨跌幅		

实现代码如下：

```
# 获取数据-参数设置
date_setting(stock_code='000001',start_date='2019-05-12', end_date='2019-12-19')
def kline_plot(df):        # 画 K 线图
    df.index=pd.to_datetime(df.date)
    date = df.index.strftime('%Y%m%d').tolist()
    k_value = df[['open','close', 'low','high']].values
    kline = Kline()
    kline.add(' 日 K 线图 ', date, k_value, is_datazoom_show=True,is_splitline_show=
        False)
    # 加入 5、20 日均线
    df['ma20']=df.close.rolling(20).mean()
    df['ma5']=df.close.rolling(5).mean()
    line = Line()
    v0=df['ma5'].round(2).tolist()
    v=df['ma20'].round(2).tolist()
    line.add('5 日均线 ', date,v0,is_symbol_show=False,line_width=2)
    line.add('20 日均线 ', date,v, is_symbol_show=False,line_width=2)
    # 成交量
    bar = Bar()
    bar.add(' 成交量 ', date, df['volume'],tooltip_tragger='axis', is_legend_show=False,
        is_yaxis_show=False, yaxis_max=5*max(df['volume']))
    overlap = Overlap()
    overlap.add(kline)
    overlap.add(line,)
    overlap.add(bar,yaxis_index=1, is_add_yaxis=True)
    return overlap
```

1）pd.to_datetime() 是时间处理函数，其用到的参数如表 7-4 所示。

表 7-4 函数 pd.to_datetime() 的参数及其说明

参数	说明
arg	要转换为日期时间的对象（int，float，str，datetime，list，tuple，Series，DataFrame）

(续)

参数	说明
errors	参数值为 raise 时,表示传入数据格式不符合时会报错;参数值为 ignore 时,表示忽略报错并返回原数据
dayfirst	表示传入数据的前两位数为天。布尔类型,默认为 False。如果 arg 是 str 或类似列表,则指定日期解析顺序。如果为 True,则首先解析日期,例如 12/10/11 解析为 2011-10-12
yearfirst	布尔类型,默认为 False。如果 arg 是 str 或类似列表,则指定日期解析顺序。如果为 True,解析日期以年份为第一,例如 10/11/12 解析为 2010-11-12
format	str,自定义输出格式,如 %Y-%m-%d
exact	精度,布尔类型,如果为 True,则需要精确的格式匹配。如果为 False,则允许格式匹配目标字符串中的任何位置
infer_datetime_format	布尔类型,默认为 False,如果为 True 且未给出格式,请尝试根据第一个非 NaN 元素推断日期时间字符串的格式
origin	标量,自定义开始时间,默认为 1990-01-01
cache	布尔类型,默认为 True,表示使用唯一的转换日期缓存来应用 datetime 转换

2）time.strftime(format[,t]) 函数:接收时间元组,并返回以可读字符串表示的当地时间,格式由参数 format 决定。format 为格式字符串,t 为可选的参数,是一个 struct_time 对象。

3）tolist():将矩阵（matrix）和数组（array）转化为列表。

4）DataFrame.rolling():移动窗口函数,参数如表 7-5 所示。

表 7-5　函数 rolling() 的参数及其说明

参数	说明
window	表示时间窗的大小,注意有两种形式（int 或者 offset）。使用 int,每个窗口是固定的大小,即包含相同数量的观测值。使用 offset,时间窗的大小不固定
min_periods	每个窗口包含的最少观测值数量,小于这个值的窗口结果为 NA。值是 int 时,默认为 None。值是 offset 时,默认为 1
freq	从 0.18 版本中已经被舍弃
center	把窗口的标签设置为居中,布尔类型,默认 False,居右
win_type	窗口类型,默认为 None
on	可选参数。对于 dataframe 而言,指定要计算滚动窗口的列。值为列名
closed	定义区间的开闭,支持 int 类型的时间窗。对于 offset 类型,默认是左开右闭
axis	默认为 0,即对列进行计算

5）mean(a,axis,dtype,out,keepdims):求取均值。axis 不设置值,对 m×n 个数求均值,返回一个实数。axis = 0 表示压缩行,对各列求均值,返回 1×n 矩阵；axis = 1 表示压缩列,对各行求均值,返回 m×1 矩阵。

6）pycharts 参数说明如下。

- is_datazoom_show（bool）：是否使用区域缩放组件，默认为 False。
- is_splitline_show（bool）：是否显示 y 轴网格线，默认为 True。
- line_width（int）：线的宽度，默认为 1。
- tooltip_trigger（str）：触发类型，有三种取值，分别为 item、axis、none。item 表示数据项图形触发，主要在散点图、饼图等无类目轴的图表中使用。axis 表示坐标轴触发，主要在柱状图、折线图等会使用类目轴的图表中使用。none 表示什么都不触发。默认为 item。
- is_legend_show（bool）：是否显示顶端图例，默认为 True。
- is_yaxis_show（bool）：是否显示 y 轴。
- yaxis_max（int/float）：y 坐标轴刻度最大值，默认为自适应。

通过 K 线图，我们能够把每日或某一周期的股市表现完全记录下来，股价经过一段时间的盘档后，在图上会形成一种特殊区域或形态，不同的形态显示出不同的意义。我们可以从这些形态的变化中摸索出一些有规律的东西。

K 线图的形态可分为反转形态、整理形态及缺口和趋向线等。它是由每个分析周期的开盘价、最高价、最低价和收盘价绘制而成的。从图 7-1 可以看出，不仅有平安银行（000001）的 5 日均线，还有 20 日均线和成交量（横轴上的柱状体部分为成交量的柱状图）。

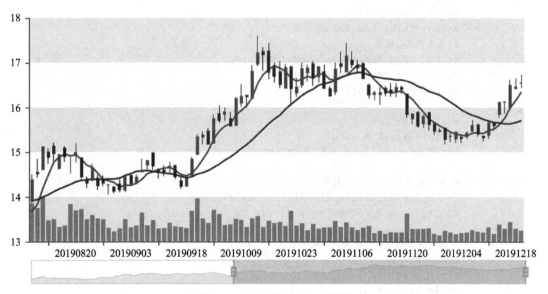

图 7-1 平安银行的日 K 线图

2. SVM 预测股价涨跌

使用 SVM 预测股价涨跌的代码实例如下：

```python
import pandas as pd
from sklearn import svm,preprocessing
import tushare as ts

class SVM_Predict:
    stock_code = ''
    tsData = pd.DataFrame()
    def __init__(self, stock_code):
        self.stock_code = stock_code
    def date_setting(self, start_date, end_date):
        self.tsData = ts.get_hist_data(code=self.stock_code, start=start_date,
            end=end_date)
        self.tsData = self.tsData.reset_index()
    def makeSVMPrediction(self, rate):              # rate 表示训练集和测试集的比例
        df_CB = self.tsData.sort_index(ascending=True, axis=0)
        df_CB = df_CB.set_index('date')
        df_CB = df_CB.sort_index()
        # value 表示涨跌，=1 为涨，=0 为跌
        value = pd.Series(df_CB['close'] - df_CB['close'].shift(1), \
                        index=df_CB.index)       # 相比昨天涨跌幅度，shift(1) 是把数据
                                                 # 向下移动 1 位
        value = value.bfill()                    # 用于填充给定对象中的缺失值。缺失数据
                                                 # 比较多时，可以直接滤除，缺失数据比较
                                                 # 少时，对数据进行填充就很有必要了

        value[value >= 0] = 1
        value[value < 0] = 0
        df_CB['Value'] = value
        # 后向填充空缺值
        df_CB = df_CB.fillna(method='bfill')
        df_CB = df_CB.astype('float64')
        print(df_CB.head())

        L = len(df_CB)
        train = int(L * rate)
        total_predict_data = L - train

        # 对样本特征进行归一化处理
        df_CB_X = df_CB.drop(['Value'], axis=1)
        df_CB_X = preprocessing.scale(df_CB_X)

        # 开始循环预测，每次向前预测一个值
        correct = 0
        train_original = train
        while train < L:
            Data_train = df_CB_X[train - train_original:train]
```

```
            value_train = value[train - train_original:train]
            Data_predict = df_CB_X[train:train + 1]
            value_real = value[train:train + 1]

            # 核函数分别选取 'ploy','linear','rbf'
            # classifier = svm.SVC(C=1.0, kernel='poly')
            # classifier = svm.SVC(kernel='linear')
            classifier = svm.SVC(C=1.0, kernel='rbf')
            classifier.fit(Data_train, value_train)
            value_predict = classifier.predict(Data_predict)
            print("value_real=%d value_predict=%d" % (value_real[0], value_
                predict))
            # 计算测试集中的正确率
            if (value_real[0] == int(value_predict)):
                correct = correct + 1
            train = train + 1
        print(correct)
        print(total_predict_data)
        correct = correct * 100 / total_predict_data
        print("Correct=%.2f%%" % correct)

a = SVM_Predict('000001')
a.date_setting(start_date='2019-05-12', end_date='2019-12-19')
a.makeSVMPrediction(0.8)
```

1) df.sort_index()：根据行标签对所有行排序，或根据列标签对所有列排序，或根据指定某列或某几列对行排序，如表 7-6 所示。

表 7-6　函数 sort_index() 的参数及其说明

参数	说明
axis	0 表示按照行名排序；1 表示按照列名排序
level	默认为 None，否则按照给定的 level 顺序排列
ascending	默认为 True，升序排列；若为 False，则降序排列
inplace	默认为 False，否则用排序之后的数据直接替换原来的数据
kind	默认 quicksort，排序的方法
na_position	缺失值默认排在最后 {"first","last"}
by	按照某一列或几列数据进行排序

2) set_index()：将 DataFrame 中的列转化为行索引。

3) pd.Series([list],index = [list])：index 为可选参数，默认从 0 开始；若填写则 index 长度应该与 value 长度相等。

4) Pandas Series.bfill() 函数：是向后填充方法的同义词。此函数用于填充给定对象中的缺失值。

5) fillna()：缺失值的填充，如表 7-7 所示。

表 7-7 函数 fillna() 的参数及其说明

参数	说明
inplace	True：直接修改原对象 False：创建一个副本，修改副本，原对象不变（默认）
method	pad/ffill：用前一个非缺失值去填充该缺失值 backfill/bfill：用下一个非缺失值填充该缺失值 None：指定一个值去替换缺失值（默认这种方式）
limit	限制填充个数
axis	修改填充方向

6) astype()：实现变量类型转换。

7) drop([],axis = 0,inplace = True)：删除行和列。axis，默认情况下删除某一行；如果要删除某列，需要设置 axis = 1；参数 inplace 默认为 False，表示保持原来的数据不变，True 则表示在原来的数据上改变。

8) sklearn.preprocessing 包提供了几种常用的效用函数及转换器类，用于更改原始特征向量表示形式，以适应后续评估量，其参数如表 7-8 所示。

表 7-8 preprocessing() 的参数及其说明

参数	数据类型	说明
X	{array-like, sparse matrix}	以此数据为中心缩放
axis	int (0 by default)	沿着计算均值和标准差的轴。如果是 0，独立标准化每个特征；如果是 1，标准化每个样本（即行）
with_mean	布尔型，默认为 True	如果是 True，缩放之前先中心化数据
with_std	布尔型，默认为 True	如果是 True，以单位方差法或者单位标准差缩放数据
copy	布尔型，可选，默认为 True	False：原地执行行标准化并避免复制

9) sklearn.svm.SVC()：支持向量机的 API，其参数如表 7-9 所示。

表 7-9 svm() 的参数及其说明

参数	说明
C	SVC 的惩罚参数，默认值是 1.0。C 越大，相当于惩罚松弛变量，希望松弛变量接近 0，即对误分类的惩罚增大，趋向于对训练集全分对的情况，这样训练集测试的准确率很高，但泛化能力弱。C 值越小，对误分类的惩罚越小，允许容错，将它们当成噪声点，泛化能力较强。C 一般取值范围为 0.0001 到 10 000，值越大，表示对误分类惩罚程度越大，可能会导致模型过拟合
kernel	核函数，默认是 rbf，可以是 linear、poly、rbf、sigmoid、precomputed
degree	多项式 poly 函数的维度，默认是 3，选择其他核函数时会被忽略。建议设置为 2
gamma	rbf、poly 和 sigmoid 的核系数，当前默认值为 auto
coef0	核函数的常数项。对于 poly 和 sigmoid 有用
tol	默认为 1e-3，停止训练的误差值大小

（续）

参数	说明
cache_size	默认为 200，核函数 cache 缓存大小
max_iter	最大迭代次数
random_state	默认为无。伪随机数生成器的种子在对数据进行混洗以用于概率估计时使用。如果是 int，则 random_state 是随机数生成器使用的种子

模型测试结果如图 7-2 所示，可以看出，SVM 预测股票价格的涨跌正确率达到 87.1%。

3. ARIMA 预测股票价格

使用 ARIMA 预测股票价格的代码实例如下：

```
27
31
Correct=87.10%
```

图 7-2 SVM 预测平安银行股价涨跌的正确率

```python
# 导入需要的库
import pandas as pd
import tushare as ts
import matplotlib.pyplot as plt
from pmdarima import auto_arima

class AutoARIMA_pridict:
    stock_code = ''
    tsData = pd.DataFrame()
    def __init__(self, stock_code):
        self.stock_code = stock_code
    def date_setting(self, start_date, end_date):
        self.tsData = ts.get_hist_data(code=self.stock_code, start=start_date,
            end=end_date)
        self.tsData = self.tsData.reset_index()
    def makePredictionByDay(self, node):          # 按日回测
        new_data = pd.DataFrame(index=range(0, len(self.tsData)), columns=['Date',
            'Close'])
        for i in range(0, len(self.tsData)):
            new_data['Date'][i] = self.tsData['date'][i]
            new_data['Close'][i] = self.tsData['close'][i]
        new_data['Date'] = pd.to_datetime(new_data.Date, format='%Y-%m-%d')
        new_data.index = new_data['Date']
        # 准备数据
        new_data = new_data.sort_index(ascending=True)
        forecast = []
        # 训练集和预测集
        prediction = new_data[node:]
        for i in range(0, len(new_data) - node):
            train = new_data[:node + i]
            valid = new_data[node + i:]
            # 对收盘价进行测试
            training = train['Close']
            validation = valid['Close']
            # 拟合模型
            model = auto_arima(training, start_p=1, start_q=1, max_p=2, max_
```

```
                        q=2, m=12, start_P=0, seasonal=True, d=1,
                                  D=1,
                                  trace=True, error_action='ignore', suppress_
                                  warnings=True)   #
            model.fit(training)
            # 预测
            forecast.append(model.predict(n_periods=1)[0])
        prediction['Prediction'] = forecast
        plt.plot(train['Close'])
        plt.plot(prediction[['Close', 'Prediction']])
        plt.show()

a = AutoARIMA_pridict('000001')
a.date_setting(start_date='2019-05-12', end_date='2019-12-19')
a.makePredictionByDay(140)
```

1）DataFrame()：单元格可以存放数值、字符串等。其中第一个参数是存放在 DataFrame 里的数据，第二个参数 index 就是之前说的行名，第三个参数 columns 是之前说的列名。后两个参数可以使用 list 输入，但是注意，这个 list 的长度要和 DataFrame 的大小匹配，不然会报错。

2）range()：可创建一个整数列表，一般用在 for 循环中。第一个参数（start）表示计数从 start 开始，默认是从 0 开始。第二个参数（stop）表示计数到 stop 结束，但不包括 stop。第三个参数（step）表示步长，默认为 1。

3）append()：用于在列表末尾添加新的对象。

4）auto_arima() 的 API，其参数如表 7-10 所示。

表 7-10　arima() 的参数及其说明

参数	说明
y	要拟合的时间序列，需要是一维的浮点型数组
exogenous	可以在给定时间序列数据之外给定额外的特征来帮助预测，需要注意的是，在预测未来的时序数据的时候，也要提供未来的特征数据
start_p	int，默认为 2，算法自动选择 p 时的下界
d	int，非周期的差分阶数，默认为 None，表示自动选择，此时运行时间会显著增加
start_q	int，默认为 2，算法自动选择 q 时的下界
max_p	int，默认为 5，算法自动选择 p 时的上界，必须大于等于 start_p
max_d	int，默认为 2，算法自动选择 d（非周期差分阶数）时的上界，必须大于等于 d
max_q	int，默认为 5，算法自动选择 q 时的上界，必须大于等于 start_q
start_P	int，默认为 1，周期模型自动选择 P 时的下界
D	int，周期差分的阶数，默认为 None，表示自动选择
start_Q	int，默认为 1，周期模型自动选择 Q 时的下界
max_P	int，默认为 2，周期模型自动选择 P 时的上界
max_D	int，默认为 1，周期差分阶数的最大值，必须大于等于 D
max_Q	int，默认为 2，周期模型自动选择 Q 时的上界

（续）

参数	说明
max_order	int，默认为 10，如果 p + q ≥ max_order，该组合对应的模型将不会被拟合
m	int，默认为 1，周期数
seasonal	bool，表示是否进行周期 ARIMA 拟合，默认为 True
stationary	bool，默认为 False，标志该序列是否是平稳序列
information_criterion	str，模型评价指标，默认为 aic
alpha	float，默认为 0.05，显著性水平

从图 7-3 可以看出，按日预测效果最好的 ARIMA 的模型是（0，1，0）和（2，1，0）。从图 7-4 可知，ARIMA 的拟合的趋势是有的，只是有滞后现象。

```
Best model:  ARIMA(0,1,0)(2,1,0)[12]
Total fit time: 7.148 seconds
```

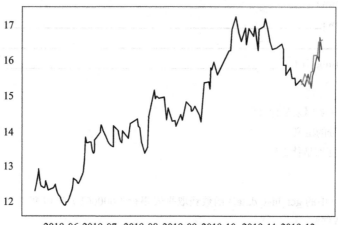

图 7-3　ARIMA 的最优参数

图 7-4　ARIMA 按日预测平安银行股票价格的趋势图

通过本章的理论研究和实证检验，我们发现股票市场波动并非完全随机，股票价格波动存在内在的规律，并且我们可以通过技术分析与模型建设等手段根据已有的信息推断出股票价格的未来走势。

本章使用 ARIMA 预测了平安银行的收盘价，使用 SVM（支持向量机）方法预测了平安银行股价的涨跌，从中可以得到以下结论：

1）通过建立 SVM 模型，用股票的基本指标来预测平安银行股价的涨跌，可以得到较好的结果。

2）通过使用 ARIMA 模型预测平安银行的股价，得到存在预测滞后真实值的情况。

7.4 习题

一、填空题

1.

模型	ACF	PACF
AR(*P*)	衰减趋于____	*p* 阶____
MA(*q*)	*q* 阶____	衰减趋于零
ARMA(*p*,*q*)	*q* 阶后衰减趋于零	*p* 阶后____

2. pyecharts 参数说明

（1）is_datazoom_show：_____

（2）is_splitline_show：_____

（3）line_width：_____

（4）tooltip_trigger：_____

（5）is_legend_show：_____

（6）is_yaxis_show：_____

（7）yaxis_max：_____

3. sklearn.preprocessing 用于_____

二、简答题

1. 影响股价的四个主要因素是什么？
2. 简述平稳性与差分的定义。
3. ACF 与 PACF 的区别是什么？

三、论述题

1. 如何利用 Tushare 中的 get_hist_data() 函数获取平安银行（000001）2019 年 5 月 12 日至 2019 年 12 月 19 日的股票数据？
2. 请解释 sklearn.svm.SVC() 中的常用参数。

第 8 章 Chapter 8

用人工智能方法预测股价

股票价格受到众多因素的共同影响,是一个极为复杂的动力学系统,具有非线性、非平稳性、低信噪比以及长记忆性等特点。因此,传统的机器学习方法针对复杂的高维度数据的学习效果较差,而且存在维度灾难与特征表示无效的缺陷。

自从 2016 年人工智能程序 AlphaGo 战胜世界围棋冠军李世石以来,其应用的深度学习方法在图像识别、语音识别、无人驾驶等多个领域取得很显著的成果。鉴于此,很多学者提出了利用 CNN 和 LSTM 以及混合模型进行股价预测的各种方法,而基于此的创新更是层出不穷。本章学习用人工智能方法预测股价的技术,并学习如何通过新闻分析股市的情感。

本章重点如下:
- 了解神经网络预测股价的方法。
- 掌握这几种神经网络的算法原理。
- 掌握这几种方法的深度学习框架。

8.1 神经网络预测方法

随着计算机水平与数据库技术的不断发展,以神经网络为基础的深度学习成为机器学习领域中最热门的研究方向。人工神经网络、BP 神经网络、循环神经网络等模型先后被广泛运用,在实践中取得了很好的效果。许多金融学者也将目光转向了神经网络,他们运用神经网络技术建立股票收盘价趋势预测模型,取得了显著的效果,为投资者提供了一个简单实用的进行投资决策的方法。本章主要讲解利用 GRU 和 LSTM 模型对股票价格进行预测和比较,并证明市场情感对股票市场价格有相当大的影响。

8.1.1 门控循环单元

门控循环单元(Gated Recurrent Unit,GRU)是与 LSTM 功能几乎一样的另外一种常用的网络结构,它将遗忘门与输入门结合成一个单一的更新门,同时混合了细胞状态、隐藏状态以及一些其他的改动。

GRU 的结构如图 8-1 所示,虽然有时候 GRU 被视为 LSTM 的一个变体,不过两者差别还是比较大的,这里单独讨论一下。

$z_t = \sigma(W_z \cdot [h_{t-1}, x_t])$

$r_t = \sigma(W_r \cdot [h_{t-1}, x_t])$

$\tilde{h}_t = \tanh(W \cdot [r_t * h_{t-1}, x_t])$

$h_t = (1 - z_t) * h_{t-1} + z_t * \tilde{h}_t$

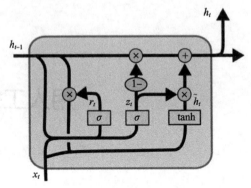

图 8-1 GRU 的结构

与 LSTM 有三个控制门不同,GRU 只有两个门结构,分别称为重置门(reset gate)和更新门(update gate)。重置门控制是否重置,也就是说多大程度上忘记以前的状态;更新门则表示多大程度上要用候选信息来更新当前的隐藏层。

GRU 的基本原理是:首先,用 x_t 和 h_{t-1} 生成两个门,用重置门乘以上一时刻的状态,看看是否要重置或者重置多大程度;然后,与新输入的 x 拼接,经过网络应用 tanh 函数进行激活,形成候选信息的隐含变量 $\tilde{h}_t$;最后,将上一时刻的 h_{t-1} 和候选信息的 $\tilde{h}_t$ 做一个线性组合,二者的权重和为 1,候选信息的权重就是更新门的输出,表示需要更新信息的大小。

需要注意的是,h 只是一个变量,因此在每个时刻,包括最后的线性组合,h 都是在使用以前的自身信息和当前的备选答案来更新自己。举例来说,在自然语言处理中,每次要把一部分的词向量挑选出来,与新加入的词向量混合,再放回原来的句子中,这里的重置门控制的是要挑选出来的词向量的比例,而更新门控制的是用什么比例混合新的词向量与挑选出来的词向量。可以这样理解,LSTM 遗忘门的功能与 GRU 的重置门相似,而输入门与 GRU 的更新门相似,不同之处在于 LSTM 还控制了当前状态的输出,也就是输出门的功能,这是 GRU 所没有的。

相对于 LSTM 来说,GRU 参数少,比较容易训练,结构相对简单一些。对于图 8-1 中展示的 GRU 来说,如果重置门与更新门的大小都为 1,该结构就成为一个简单的 RNN。实际上有测试表明,GRU 与 LSTM 在性能和准确度上几乎没什么差别,只是会在具体的某些业务有略微的差别。

8.1.2 VADER 情感分析

VADER(Valence Aware 词典和情感推理器)是一种基于词典和规则的情感分析工具,专门针对社交媒体中表达的情感进行调整,可以很好地处理其他领域的文本。

1. VADER 安装

1）最简单的方法是在控制台使用 pip 进行安装：

```
pip install vaderSentiment
```

2）如果你已经拥有 VADER，只需要升级到最新版本即可，例如：

```
pip install --upgrade vaderSentiment
```

2. VADER 词库的构建

1）采用人工标注（10 人）的方法为 7000+ 的常用情感词（包括形容词、名词、副词等）进行情感极性及强度判定。从 −4 到 +4 表示从极度负面到极度正面的情感。

2）区别于其他已提出的情感词典，VADER 的词典还考虑了常用颜文字（如 ()），以应对 Twitter 等网络环境下非标准句子的情感判别。此外，VADER 还考虑了常用缩写词的情感，如 WTF、LOL、YYDS 等，常用的俚语，如 nah、giggly 等。

3. VADER 的语法规则对情感判别的影响

- 标点：如！会加强句子的情感强度。
- 大小写：若句子同时含有大小写，那么全大写的单词情感强度会加强。
- 程度副词：比如 extremely good 就比 good 正面情感要强很多。
- 连词：例如句子存在转折连词 but，使 but 前后情感极性反转，但一般意图在于强调 but 后的语意。
- 否定词：比如 isn't 会导致随后的情感反转。

VADER 情感词典对在社交媒体上下文中表达的情感强弱很敏感，也可用于其他领域的情感分析，但涉及专业性比较强的文本时，可能需要使用者自己向词库添加内容，修改词库进行分析。此外，该词库主要针对英文，若需要分析中文文本情感，可调用谷歌翻译器。

8.2 实战：基于 LSTM 和 GRU 的股价预测

本节将展示基于 Tensorflow 使用 LSTM 和 GRU 神经网络实现股票价格的预测，并对这两种算法进行比较。

1. 实验环境

1）Python 3。

2）TensorFlow 深度学习框架的 CPU 版本。

2. 数据集准备

使用 VTI 股票从 2011-01-04 至 2019-12-31 九年的历史价格（可以从雅虎财经上下载，https://finance.yahoo.com/quote/VTI/）。

```
from tensorflow.keras.layers import *
from tensorflow.keras.models import *
```

```
from tensorflow.keras.optimizers import Adam
import tensorflow.keras.backend as K
np.random.seed(100)
# 设置神经网络参数
batch_size=64        # 批训练大小
epoch=50             # 迭代次数
```

3. 程序代码

预测代码（部分）如下：

```
import numpy as np
import matplotlib.pyplot as plt
from tensorflow.keras import Input, Model
from tensorflow.keras.layers import Dense
plt.style.use('seaborn')
import pandas as pd
from sklearn import preprocessing
from sklearn.metrics import mean_squared_error
from sklearn.metrics import mean_absolute_error
from math import sqrt
test_ratio=.33       # 测试集比例
windows=2            # 移动窗口的大小
scale=1.0            # 归一化参数
rnn_units=16
dropout = 0.01
# 读取数据
data = pd.read_csv('data.csv').iloc[:,1:]
data = data.drop(['Volume'], axis = 1)
print(data.tail())
```

下面对代码中用到的主要函数进行说明。

pd.read_csv()：读取文件。参数说明如下：

❑ filepath_or_buffer：字符串，或者任何对象的 read() 方法。这个字符串可以是 URL（有效的 URL 方案包括 http、ftp、s3），也可以直接写入 "文件名.csv"。

❑ 1header：将行号用作列名，且是数据的开头。注意当 skip_blank_lines = True 时，这个参数忽略注释行和空行。所以 header = 0 表示第一行是数据而不是文件的第一行。

> 注 如果 csv 文件中含有中文，该如何处理呢？
> ❑ 可修改 csv 文件的编码格式为 unix（不能是 windows）（用 notepad++ 打开修改）；
> ❑ df=pd.read_csv(csv_file,encoding="utf-8")，设置读取时的编码或 encoding="gbk"；
> ❑ 在使用列名访问 DataFrame 里面的数据时，对于中文列名，应该在列名前面加 u，表示后面跟的字符串以 unicode 格式存储，如：print(df[u"经度 (度)"])。

drop()：删除和过滤数据框的方法。参数说明如下：

- labels：引用行或列名称的字符串或字符串列表。
- axis：int 或 string 型，axis = 0 或 index 时表示行索引，axis = 1 或 columns 时表示列索引。
- level：用于在数据帧具有多级索引的情况下指定级别。
- inplace：如果为 True，则对原始数据框进行更改。
- 返回类型：具有删除值的数据帧。

tail()：与 head() 函数类似，默认是取 dataframe 中的最后五行，如图 8-2 所示。

```
            Open         High          Low     Adj Close         Close
1254  3579.310059  3581.229980  3556.850098  3557.540039  3557.540039
1255  3566.820068  3589.810059  3552.770020  3577.590088  3577.590088
1256  3594.520020  3642.310059  3594.520020  3635.409912  3635.409912
1257  3635.500000  3635.500000  3617.760010  3629.649902  3629.649902
1258  3638.550049  3644.310059  3629.330078  3638.350098  3638.350098
```

图 8-2　数据集结构

把数据处理成 LSTM 接受的输入形式：

```
y=data['Close']
data = np.array(data)/scale
cut = round(test_ratio* data.shape[0])
amount_of_features=data.shape[1]
lstm_input=[]
data_temp=data
for i in range(len(data_temp)-windows):
    lstm_input.append(data_temp[i:i+windows,:])
lstm_input=np.array(lstm_input)
lstm_output=y[:-windows]
lstm_output=np.array(lstm_output)
x_train,y_train,x_test,y_test=
lstm_input[:-cut,:,:],lstm_output[:-cut:],lstm_input[-cut:,:,:],lstm_output[-cut:]
```

shape()：numpy.core.fromnumeric 中的函数，它的功能是读取矩阵的长度，比如 shape[0]。shape 的输入参数可以是一个整数（表示维度），也可以是一个矩阵。

dense()：使用 dense() 对前面提取的特征进行非线性处理，提取这些特征之间的关联，并映射到输出空间上，参数及其说明如表 8-1 所示。

表 8-1　dense() 参数及其说明

参数	说明	参数	说明
inputs	输入数据，2 维 tensorflow	kernel_regularizer	卷积核化的正则化，可选
units	该层的神经单元结点数	bias_regularizer	偏置项的正则化，可选
activation	激活函数	activity_regularizer	输出的正则化函数
use_bias	布尔型，是否使用偏置项	trainable	布尔型，表明该层的参数是否参与训练
kernel_initializer	卷积核的初始化器	name	层的名字
bias_initializer	偏置项的初始化器，默认初始化为 0	reuse	布尔型，是否重复使用参数

Activation()：激活函数用于实现神经元的输入和输出之间的非线性化。参数说明如下：
- units：设置该层节点数，也可以看成对下一层的输出。
- activation：激活函数，在这一层输出的时候是否需要激活函数。
- use_bias：偏置，默认带有偏置。

建立 LSTM 模型，代码如下：

```
def lstm_model():
    # 建立 LSTM 模型
    inputs=Input(shape=(windows,amount_of_features))
    rnn=LSTM(rnn_units, activation='relu',return_sequences=False)(inputs)
    dense=Dropout(dropout)(rnn)   # droupout 层
    outputs = Dense(1, activation='relu')(dense)
    model = Model(inputs=inputs, outputs=outputs)
    model.compile('adam','mae')
    model.summary()                 # 展示模型结构
    return model
```

LSTM()：LSTM 可以算是 RNN 的代表，其结构非常复杂，其中通过刻意的设计来避免长期依赖的问题。参数说明如下：

- input_size：x 的特征维度。
- hidden_size：隐藏层的特征维度。
- num_layers：LSTM 隐藏层的层数，默认为 1。
- bias：值为 False 时 bih = 0 和 bhh = 0.，默认为 True。
- batch_first：值为 True 时，输入输出的数据格式为（batch, seq, feature）。
- dropout：除最后一层之外，每一层的输出都进行 dropout，默认为 0。
- bidirectional：值为 True 表示双向 LSTM，默认为 False。

输入为 input, (h_0, C_0)，输出为 output, (h_n, C_n)。h_0 和 C_0 是第一个 LSTM 细胞的隐藏层状态，h_n 和 C_n 是最后一个 LSTM 细胞的隐藏层状态。

dropout()：丢弃或者保持 x 的每个元素独立。dropout 是一种正则化手段，通过在训练过程中阻止神经元节点间的相关性来减少过拟合。根据给定的丢弃概率，dropout 操作符按丢弃概率随机将一些神经元输出设置为 0，其他仍保持不变。参数说明如下。

- x(Variable)：输入，多维 Tensor。数据类型为 float32 和 float64。
- dropout_prob：输入单元的丢弃概率，即输入单元设置为 0 的概率。
- is_test：标记是否是测试阶段。默认为 False。
- seed：整型数据，用于创建随机种子。如果该参数设为 None，则使用随机种子。

> **注意**　如果给定一个整型种子，则始终丢弃相同的输出单元。训练过程中勿用固定不变的种子。

- name(str/None)：一般无须设置，默认值为 None。
- 返回值：经过丢弃部分数据之后的结果，是与输入 x 形状相同的张量。

设置评价指标，代码如下：

```
def mape(y_true, y_pred):
    # 评价指标 MAPE
    record=[]
    for index in range(len(y_true)):
        if abs(y_true[index])>10:
            temp_mape=np.abs((y_pred[index] - y_true[index]) / y_true[index])
            record.append(temp_mape)
    return np.mean(record) * 100
```

MAPE：平均绝对百分比误差（Mean Absolute Percentage Error）。

$$\text{MAPE} = \frac{100\%}{n}\sum_{i=1}^{n}\left|\frac{\hat{y}_i - y_i}{y_i}\right| \qquad (14\text{-}1)$$

式中，y_i 表示真实值，$\hat{y}_i$ 表示预测值，n 表示值的个数。MAPE 越小，说明预测模型拥有更好的精确度。

建立模型，添加结果可视化，代码如下：

```
myModel = gru_model()                                   # 建立模型
history = myModel.fit(x=x_train,y=y_train, batch_size=batch_size,
                      epochs=epoch,verbose=2,validation_split=0.1)
def easy_result(y_train,y_train_predict,train_index):
    # 结果可视化
    y_train_predict=y_train_predict[:,0]
    plt.figure(figsize=(10,5))
    plt.plot(y_train[:])
    plt.plot(y_train_predict[:])
    plt.legend(('real', 'predict'),fontsize='15')
    plt.title("%s Data"%train_index,fontsize='20')      # 添加标题
    plt.show()
    print('\n')
    plot_begin,plot_end=min(min(y_train),min(y_train_predict)),\
                        max(max( y_train),max(y_train_predict))
    plot_x=np.linspace(plot_begin,plot_end,10)
    plt.figure(figsize=(5,5))
    plt.plot(plot_x,plot_x)
    plt.plot(y_train,y_train_predict,'o')
    plt.title("%s Data"%train_index,fontsize='20')      # 添加标题
    plt.show()

# 输出结果
print('%s 上的 MAE/RMSE/MAPE'%test_index)
print(mean_absolute_error(y_train, y_train_predict))
print(np.sqrt(mean_squared_error(y_train, y_train_predict) ))
print(mape(y_train, y_train_predict) )
```

4. 结果分析

对于相同的测试数据集，GRU 和 LSTM 的预测拟合效果图如图 8-3 和图 8-5 所示，评价指标结果如图 8-4 和图 8-6 所示。

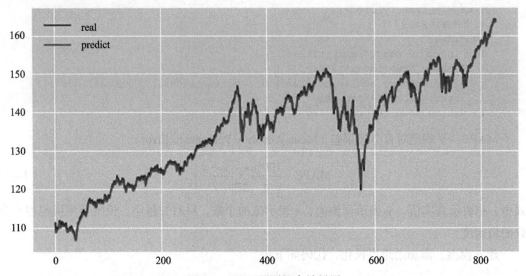

图 8-3　GRU 预测拟合效果图

```
Test上的MAE/RMSE/MAPE
0.578289897317983
0.7317899699847132
0.42804356419515216
```

图 8-4　GRU 评价指标结果

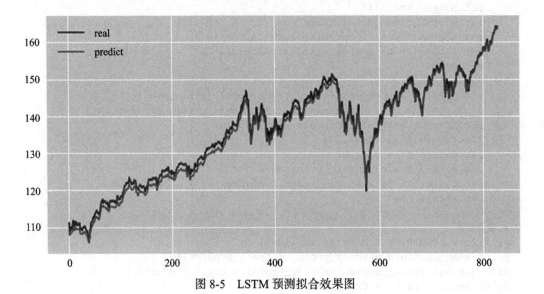

图 8-5　LSTM 预测拟合效果图

从以上结果可知，GRU 的平均绝对误差、均方根误差和平均绝对百分比误差的值是最小的，测试集的拟合也是最好的。

```
Test上的MAE/RMSE/MAPE
1. 1934993713008284
1. 3100985246596573
0. 9022317300710421
```

图 8-6　LSTM 评价指标结果

8.3　实战：股票市场新闻情感分析

本节展示基于 Tensorflow 使用 LSTM 来说明市场情感对股票市场价格有相当大的影响。

1. 实验环境

1）Python 3。

2）TensorFlow 深度学习框架的 CPU 版本。

2. 数据集准备

1）从 YahooFinancepython 库下载 2008-08-08 到 2016-07-01 的股票数据，特征变量有最低价（Low）、最高价（High）、收盘价（Close）、开盘价（Open）、交易量（Volume）、调整的收盘价（Adj Close）。这里删除了 Close 列，它与调整后的收盘价相同。

2）市场情感数据是使用从 Kaggle 数据集获得的专家情感评分。该文本数据包括 2008-08-08 至 2016-07-01 的新闻标题。Combined_News_DJIA.csv 共有 25 条头条新闻数据，如图 8-7 所示。

Date	Label	Top1	Top2	Top3	Top4	Top5	Top6
2008-08-08	0	b"Georgia 'downs two Russian warplanes' as cou...	b'BREAKING: Musharraf to be impeached.'	b'Russia Today: Columns of troops roll into So...	b'Russian tanks are moving towards the capital...	b"Afghan children raped with 'impunity,' U.N. ...	b'150 Russian tanks have entered South Ossetia...

图 8-7　市场情感数据结构

3. 程序代码

1）通过 VADER 分析得到自己的情感评分，数据结构如图 8-7 所示。

```
# 导入需要的库
import pandas as pd
import numpy as np
from vaderSentiment.vaderSentiment import SentimentIntensityAnalyzer

data = pd.read_csv('Combined_News_DJIA.csv')
data.head(5)
```

查看数据是否缺失：

```
# 数据是否缺失
data.isna().sum()
```

结果如图 8-8 所示。

对主题词进行评分并汇总：

```
# 缺失值的处理
data_clean = data.replace(np.nan, '', regex=True)
data_clean = data_clean.drop(columns=['Date','Label'],axis=1)
# 情感评分
analyser = SentimentIntensityAnalyzer()
def sentiment_analyzer_scores(sentence):
    score = analyser.polarity_scores(sentence)
    return score
data_score=data_clean.applymap(sentiment_analyzer_scores)
# 将每个主题的情感评分类型进行汇总
data_pos=data_score.applymap(lambda x:x['pos'])
data_neg = data_score.applymap(lambda x:x['neg'])
data_neu = data_score.applymap(lambda x:x['neu'])
data_comp = data_score.applymap(lambda x:x['compound'])
```

图 8-8 数据缺失的展示

结果如图 8-9 所示。

图 8-9 27 个主题词的 VADER 情感评分

对主题词的情感评分类型求均值并合并数据集：

```
# 将每个主题的情感评分类型按行求其均值
data_pos['pos_mean'] = data_pos.mean(axis=1)
data_neg['neg_mean'] = data_neg.mean(axis=1)
data_neu['neu_mean'] = data_neu.mean(axis=1)
data_comp['comp_mean'] = data_comp.mean(axis=1)
# 合并数据集
frames = [data['Date'],data_pos['pos_mean'], data_neg['neg_mean'],
data_neu['neu_mean'],data_comp['comp_mean']]
result = pd.concat(frames, axis=1)
result.head(5)
result.to_csv('result.csv')  # 保存处理后的数据集
```

结果如图 8-10 所示。

	Date	pos_mean	neg_mean	neu_mean	comp_mean
0	2008-08-08	0.03728	0.19956	0.76320	-0.354260
1	2008-08-11	0.06180	0.16404	0.77408	-0.158716
2	2008-08-12	0.06444	0.14580	0.78980	-0.191800
3	2008-08-13	0.05620	0.14432	0.79944	-0.141844
4	2008-08-14	0.08372	0.16136	0.75488	-0.136908

图 8-10 VADER 情感评分数据结构

2) VADER 情感评分与专家情感评分的比较。首先导入需要的库及专家情感评分：

```
# 导入需要的库
import pandas as pd
import numpy as np
import tensorflow as tf
import keras
from keras.models import Sequential
from keras.layers import Dense
from keras.callbacks import History
from collections import Iterable
from sklearn.model_selection import train_test_split
from sklearn.preprocessing import StandardScaler
import time
import datetime
import pandas_datareader.data as web
from pandas import Series, DataFrame
from get_all_tickers import get_tickers as gt
# 获取专家的情感评分
news_data = pd.read_csv('Combined_News_DJIA.csv', index_col=0)
labels = news_data[['Label']]
labels.head(5)
```

结果如图 8-11 所示。

图 8-11　专家情感评分数据结构

导入 DJLA（道琼斯）股票基本数据指标并合并：

```
# 读取 Vader 情感评分数据
result = pd.read_csv('result.csv')
result = result.drop(columns=['Unnamed: 0'])
result.set_index('Date', inplace=True)

# 导入 DJIA（道琼斯）股票的基本数据指标
list_of_tickers=['DJIA']
for i in list_of_tickers:
    start = datetime.datetime(2008, 8, 8)
    end = datetime.datetime(2016, 7, 1)
    zion = web.DataReader(i, 'yahoo', start, end)
data=zion.drop(['Close'],axis=1)
# Vader 情感评分数据和专家情感评分数据
# 与 DJIA（道琼斯）股票的基本数据指标的数据合并
expertise_data = pd.merge(labels, data, right_index=True, left_index=True)
vader_data=pd.merge(result, data, right_index=True, left_index=True)
```

```
vader_data = vader_data.drop(columns=['comp_mean'])
vader_data
```

结果如图 8-12 所示。

Date	pos_mean	neg_mean	neu_mean	High	Low	Open	Volume	Adj Close
2008-08-08	0.03728	0.19956	0.76320	11808.490234	11344.230469	11432.089844	4966810000	11734.320312
2008-08-11	0.06180	0.16404	0.77408	11933.549805	11580.190430	11729.669922	5067310000	11782.349609
2008-08-12	0.06444	0.14580	0.78980	11830.389648	11541.429688	11781.700195	4711290000	11642.469727
2008-08-13	0.05620	0.14432	0.79944	11689.049805	11377.370117	11632.809570	4787600000	11532.959961
2008-08-14	0.08372	0.16136	0.75488	11744.330078	11399.839844	11532.070312	4064000000	11615.929688

图 8-12 VADER 情感评分数据与 DJIA（道琼斯）股票的基本数据指标合并后的数据

构建模型，比较两种情感评分下的 MSE：

```
# 数据预处理
data.sort_values(by=['Date'], inplace=True, ascending=True)
# Scaling the variables(x) and variable(y)
sca_vader = vader_data.iloc[:,:]
sca_expertise = expertise_data.iloc[:,:]
# 标准化
sc = StandardScaler()
scaled_vader=sc.fit_transform(sca_vader)
scaled_vader=pd.DataFrame(data=scaled_vader,columns=['pos_mean','neu_mea',
                          'neg_mean','Open','High','Low','Volume','Adj Close'])
sc = StandardScaler()
scaled_exp=sc.fit_transform(sca_expertise)
    scaled_exp=pd.DataFrame(data=scaled_exp,columns=['Label','Open','High','Low',
                            'Volume','Adj Close'])
# 划分特征变量和目标变量
# 划分训练集和测试集
x_vader = scaled_vader.iloc[:,0:7]
y_vader = scaled_vader.iloc[:,7]
x_exp = scaled_exp.iloc[:,0:5]
y_exp = scaled_exp.iloc[:,5]
x_train_vader, x_test_vader, y_train_vader, y_test_vader =
train_test_split(x_vader, y_vader, test_size=0.30,random_state=1)
x_train_exp, x_test_exp, y_train_exp, y_test_exp =
train_test_split(x_exp, y_exp, test_size=0.30,random_state=1)
# 按照时间窗口获取数据 - 函数构造
def dataset(xtra,x,y,time_steps):
    import numpy as np
    xtra=xtra
    xnum=xtra.to_numpy()
    for i in range(len(x) - time_steps):
        v = x.iloc[i : (i+time_steps)].to_numpy()
        comb=np.concatenate((v, xnum[i+time_steps]), axis=None)
```

```python
        xs.append(comb)
        ys.append(y.iloc[i+time_steps])
    return np.array(xs), np.array(ys)
class fun_t(keras.callbacks.Callback):
    def on_train_begin(self, logs={}):
        self.times = []
    def on_epoch_begin(self, batch, logs={}):
        self.epoch_time_start = time.time()
    def on_epoch_end(self, batch, logs={}):
        self.times.append(time.time() - self.epoch_time_start)
# 按照时间窗口特征变量和目标变量划分
TIME_STEPS = 1
x_train_vader, y_train_vader = dataset(x_train_vader,y_train_vader, y_train_vader,
    TIME_STEPS)
x_test_vader, y_test_vader = dataset(x_test_vader,y_test_vader, y_test_vader, TIME_
    STEPS)
x_train_exp, y_train_exp = dataset(x_train_exp,y_train_exp, y_train_exp,TIME_STEPS)
x_test_exp, y_test_exp = dataset(x_test_exp,y_test_exp, y_test_exp, TIME_STEPS)

# 重塑特征变量和目标变量的形状，以便后面的数据使用
x_train_vader=x_train_vader.reshape((x_train_vader.shape[0],1,x_train_vader.shape[1]))
x_test_vader=x_test_vader.reshape((x_test_vader.shape[0],1,x_test_vader.shape[1]))

x_train_exp=x_train_exp.reshape((x_train_exp.shape[0], 1,x_train_exp.shape[1]))
x_test_exp=x_test_exp.reshape((x_test_exp.shape[0], 1,x_test_exp.shape[1]))

# VADER 情感数据的股票预测
%time
np.random.seed = 1
tf.random.set_seed = 2
time3=fun_t()
history=History()
lstm_model = Sequential()
lstm_model.add(keras.layers.LSTM(units = 1, input_shape = (x_train_vader.shape[1],
    x_train_vader.shape[2])))
lstm_model.add(keras.layers.Dense(units = 1))
lstm_model.compile(loss='mean_squared_error', optimizer='adam')
history = lstm_model.fit(x_train_vader,y_train_vader, epochs= 150, shuffle = False,
    batch_size = 7, callbacks=[history,time3],validation_split = 0.3,verbose = 0)
# 运行时长和 MSE 的输出
time_lstm = list(time3.times)
print('Long Short Term Memory Model Time Taken: ',sum(time_lstm))
train_lstm = history.history.get('loss')
val_lstm = history.history.get('val_loss')
base_mse=val_lstm[-1]
print('Base MSE for the above model:',base_mse)
# 两种情感评分下的 MSE
d = {'Vader Sentiment Analysis MSE': [0.0033188345985493786],
'Expertise Sentiment analysis MSE': [0.0019990945296061535]}
df = pd.DataFrame(data=d)
df
```

结果如图 8-13 所示。

可以看出，专家情感评分提供较低的均方误差。因此，我们将考虑对专家情感做进一步的分析。

Vader Sentiment Analysis MSE	Expertise Sentiment analysis MSE
0.003319	0.001999

图 8-13　Vader 情感评分与专家情感评分的 MSE

3）分析有市场情感和没有市场情感数据对股票市场价格的影响。这里共选了 10 只股票（NKTR、AMD、KGC、Zion、AMGN、SOHU、T、AAPL、BLIN、WMT）来分析市场情感对股票市场价格有无影响。

```
list_of_tickers=['NKTR']
for i in list_of_tickers:
    start = datetime.datetime(2008, 8, 8)
    end = datetime.datetime(2016, 7, 1)
    zion = web.DataReader(i, 'yahoo', start, end)
data=zion.drop(['Close'],axis=1)
temp_data=zion.drop(['Close'],axis=1)
temp_data
# 合并数据集：专家情感评分数据+'NKTR'股票的基本数据指标的数据
with_sentiment_data=pd.merge(labels, temp_data, right_index=True, left_index=True)
# 标准化
sca = temp_data.iloc[:,:]
sc = StandardScaler()
scaled_wo_sentiment=sc.fit_transform(sca)
scaled_wo_sentiment=pd.DataFrame(data=scaled_wo_sentiment,
columns=['Open','High','Low','Volume','Adj Close'])
with_sentiment_data = sc.fit_transform(with_sentiment_data)
with_sentiment_data=pd.DataFrame(data=with_sentiment_data,columns=['Label','
                          Open','High','Low','Volume','Adj Close'])
# 划分特征变量和目标变量——没有/有专家情感评分数据
# 划分训练集和测试集——没有/有专家情感评分数据
x_without_sentiment_scores = scaled_wo_sentiment.iloc[:,0:4]
y_without_sentiment_scores = scaled_wo_sentiment.iloc[:,4]
x_with_sentiment_scores = with_sentiment_data.iloc[:,0:5]
y_with_sentiment_scores = with_sentiment_data.iloc[:,5]
x_train_without_sentiment_scores, x_test_without_sentiment_scores,
y_train_without_sentiment_scores, y_test_without_sentiment_scores =
train_test_split(x_without_sentiment_scores,
y_without_sentiment_scores, test_size=0.30,random_state=1)

x_train_with_sentiment_scores, x_test_with_sentiment_scores,
y_train_with_sentiment_scores, y_test_with_sentiment_scores =
train_test_split(x_with_sentiment_scores, y_with_sentiment_scores,
test_size=0.30,random_state=1)])
x_train_without_sentiment_scores=x_train_without_sentiment_scores.reshape((x_tra
                          in_without_sentiment_scores.shape[0],1,x_train
                          _without_sentiment_scores.shape[1]))
x_test_without_sentiment_scores=x_test_without_sentiment_scores.reshape((x_tes
                          t_without_sentiment_scores.shape[0],1,x_test_
                          without_sentiment_scores.shape[1]))
```

```
# 按照时间窗口特征变量和目标变量划分
TIME_STEPS = 1
x_train_with_sentiment_scores, y_train_with_sentiment_scores = 
dataset(x_train_with_sentiment_scores,y_train_with_sentiment_scores,
    y_train_with_sentiment_scores, TIME_STEPS)
x_test_with_sentiment_scores, y_test_with_sentiment_scores = 
dataset(x_test_with_sentiment_scores,y_test_with_sentiment_scores,
    y_test_with_sentiment_scores, TIME_STEPS)

# 重塑特征变量和目标变量的形状,以便后面的数据使用
x_train_with_sentiment_scores=x_train_with_sentiment_scores.reshape((x_train_with_
    sentiment_scores.shape[0], 1,x_train_with_sentiment_scores.shape[1]))
x_test_with_sentiment_scores=x_test_with_sentiment_scores.reshape((x_test_with_
    sentiment_scores.shape[0], 1,x_test_with_sentiment_scores.shape[1]))
# 模型搭建
# 未使用专家情感评分数据
%time
np.random.seed = 1
tf.random.set_seed = 2
time3=fun_t()
history=History()
lstm_model = Sequential()
lstm_model.add(keras.layers.LSTM(units = 1, input_shape = 
(x_train_without_sentiment_scores.shape[1],x_train_without_sentiment_scores.
    shape[2])))
lstm_model.add(keras.layers.Dense(units = 1))
lstm_model.compile(loss='mean_squared_error', optimizer='adam')

history=lstm_model.fit(x_train_without_sentiment_scores,y_train_without_sentimen
                        t_scores, epochs= 150, shuffle = False, batch_size = 7,
                        validation_split=0.3, verbose = 0)
time_lstm = list(time3.times)
print('Long Short Term Memory Model Time Taken: ',sum(time_lstm))
train_lstm = history.history.get('loss')
val_lstm = history.history.get('val_loss')
base_mse=val_lstm[-1]
print('Base MSE for the above model:',base_mse)
```

图 8-14 显示了使用专家情感评分数据和没有使用专家情感评分数据的 LSTM 预测股票价格的 MSE 的实验结果。从图中可以看出,10 只股票中有 8 只股票在使用专家情感评分数据预测股票价格时的 MSE 小于没有使用专家情感评分数据预测股票价格时的 MSE,表明市场情感对股票市场价格有相当大的影响。

深度学习由于对复杂的非线性问题具备强大的拟合能力而得到了金融行业的高度关注,并已经在金融市场的预测效果上体现出了一定的优势。

前面我们通过 LSTM 与 GRU 神经网络结构对 VTI 股票的价格进行预测,发现 GRU 神经网络结构优于 LSTM 神经网络结构。

Stock name	MSE Without using Sentiment Score	MSE With Sentiment Score
0 NKTR	0.028370	0.030020
1 AMD	0.001912	0.001840
2 KGC	0.004830	0.002825
3 Zion	0.006662	0.006555
4 AMGN	0.002441	0.001288
5 SOHU	0.006171	0.005807
6 T	0.090514	0.090973
7 AAPL	0.002435	0.002243
8 BLIN	0.017187	0.007226
9 WMT	0.030007	0.028634

图 8-14 有情感评分数据的 MSE 与没有情感评分数据的 MSE 对比

本节的实战证明了市场情感对股票市场价格有相当大的影响。通过使用 Kaggle 市场新闻和专家情感评分数据与 YahooFinance 股票市场数据进行实验，发现专家标记的情感评分要优于 VADER 模型的情感评分。同时，使用专家标记的情感评分（市场新闻情感评分）和未使用专家标记的情感评分（市场新闻情感评分）的 LSTM 预测模型中的 MSE 大小的结果表明，利用市场新闻情感进行股票预测是有效的。这对我们以后进行股价预测提供了很高的参考价值。

8.4 习题

一、填空题（函数解释）

（1）pd.read_csv()：_____

（2）dense()：_____

（3）Activation()：_____

二、论述题

1. LSTM 与 GRU 的区别是什么？
2. GRU 中的两个门是什么？两个门的功能分别是什么？
3. GRU 的基本原理是什么？
4. VADER 词典与其他已提出的情感词典的区别是什么？

第 9 章

个人信用评分

个人信用是整个社会信用的基础。市场主体是由个体组成的，所有的经济活动又都与个人信用息息相关，一旦个人行为没有了约束，就很容易发生个人失信的行为，进而出现集体失信。因此，建设个人信用体系十分重要。

个人信用是一个国家道德文化建设的体现，也是一个国家经济发展的巨大资源。开拓并有效利用这种资源，有利于推动消费，优化资源配置，促进经济发展。市场经济越发展，个人信用所发挥的功能就越重要，个人信用体系是否完善已成为市场经济成熟与否的显著标志之一。

本章将详细介绍个人信用评分的背景以及用于信用评分的技术与方法，着重介绍信用评分卡这一模型，并结合实例进行分析，让读者更清晰地了解信用评分的过程，便于展开后续章节的学习。

本章重点如下：
- 了解什么是个人信用评分；
- 掌握信用评分的技术与方法；
- 实现信用评分卡模型的搭建。

9.1 个人信用评分概述

个人信用评分指信用评估机构利用信用评分模型对消费者个人信用信息进行量化分析，通过使用科学严谨的分析方法，综合考察影响个人及其家庭的内在和外在的主客观环境，并对其履行各种经济承诺的能力进行全面的判断和评估，最后以分值形式表述。

9.1.1 需求背景

在当今的大数据时代，互联网技术和人工智能技术快速发展，人们的消费观在不断地发生着改变，从过去的存钱消费转变到现在的信用消费。在以前，人们购买车、房等高价物品时，经常需要在商业银行等一些金融服务机构中进行个人贷款，而在当今互联网快速发展的环境下，已经衍生出许多网络个人信用贷款服务，如京东白条、花呗、唯品会、美团外卖买单等，这些网络个人贷款服务的不断增长，使得个人信贷成为商业银行等金融服务机构必不可少的盈利点，因此他们在对个人进行信贷发放时必须提前对贷款申请者的信用状况进行评估，以此降低因个人信贷风险给商业银行等金融服务机构带来的威胁，确保贷款发放方在个人信贷业务中的收益。

全球经济飞速发展，信用经济和信贷市场也在不断发展。《2017年中国消费信贷市场发展报告》显示，我国消费信贷一直保持快速增长的趋势。但是消费信贷不断增长，也给信用经济以及信用市场带来很多问题，其中最严重的问题是信用行业的数据量呈现爆炸式增长，这些爆炸式增长的数据会给金融机构带来许多潜在的风险，同时，发展相对滞后的个人信用评分体系将不能完全满足我国信用经济快速发展的需求。个人信用风险主要指的是个人在信贷发生后，由于种种原因无法按照合同规定的时间及时进行相应金额还款的风险，这样就会导致商业银行等金融服务机构的收益受损。2008年，美国次贷危机引起全球出现经济危机的一个重要因素就是银行低估了个人贷款的风险。因此，银行必须加强监管资本并提高自身抵御风险的能力。在处理客户借贷业务的过程中，大量决策依赖的是模型和算法，而不是仅仅依靠人工判别。

由此可见，在个人信贷中对贷款申请者进行信用评分是非常有必要的。信用评分不仅有助于提高市场管理和决策的效率，还能够降低信贷危机带来的风险。信用评分是基于消费者信用记录的一种评估方法，使用机器学习和其他方法构建信用评分模型以评估消费者按时偿还贷款的可能性，通常信用评分范围是330～830，评分越高，表示消费者在到期时偿还贷款的可能性就越高，信用风险就越小。

近年来，部分国家公开发布了一些信用数据，许多金融机构和学者也研究了不少的信用评分模型。但是，到目前为止仍然没有标准的指标来区分"好"顾客与"坏"顾客。因此，有必要使用数据挖掘和机器学习的方法来准确区分消费者类别。传统方法都是通过人工直接评估消费者的信用，在此过程中，由于加入了许多评判者的个人主观因素，所以在处理过程中费时又费力且极不准确。利用数据挖掘或机器学习方法建立的信用评分模型，不仅可以为商业银行等金融服务机构提供准确、客观的评判依据，避免传统人为评分所带来的主观性和盲目性，还可以通过降低信用分析成本，实现更快的信用决策，降低可能的风险。同时，与传统人工处理方法相比，它能最大限度提高最终评判精度和最大限度，克服因某项信用指标数据缺失而影响评估结果的问题。

因此，利用机器学习方法建立合理的信用评分模型，不仅可以完善商业银行等金融服务机构的信用风险管理体制，还对促进个人消费信贷、降低个人信贷风险具有重要意义。

9.1.2 国内外发展状况

个人信用体系就是一套详细记录消费者信用活动的体系，这是在社会范围内构建发达的信用消费经济的基础。个人信用体系作为社会信用体系的基础，其作用越来越重要。

在我国，由于个人信用制度不够完善，无法对个人信息进行有效评估，导致各家银行的消费信贷业务得不到拓展，制约了消费者信贷业务的发展。银行无法通过个人信用体系准确获得个人信用报告，只能进行严格的信用审查，这样一来，对信誉良好的资金需求者也进行了不必要的资信审查，进而造成资源的浪费和低效使用，银行收集信息的高成本又会被转移到消费信贷者身上，从而使消费信贷资金价格偏高，进一步制约消费信贷的发展。另外，作为资金需求的消费者看到如此烦琐的贷款手续和近乎苛刻的贷款条件，以及种种担保、抵押、审核时，往往"望贷"兴叹。总而言之，个人信用体系的缺乏，不仅制约了消费信贷业务的发展，也影响了个人金融业务的整体发展。

建立完善的个人信用体系有利于加快我国消费信贷发展的进程。西方发达国家的个人消费信贷占总体信贷比重的三分之一以上，而个人信用记录的好坏是其能否得到消费贷款和分期付款优惠的前提条件，是一个人进行信贷消费的"通行证"。在美国，每个有经济活动的人都有一个社会保障号码及相应的账户，该账户记录着个人金融交易的历史情况。银行在接受客户贷款申请后通过专用网络查询其信用情况，决定是否向其发放贷款，是否给予优惠，以及是否采取防范措施等。此外，个人在申请工作、租房、赋税以及进行其他经济活动时都需要出示和登记该号码以备接受资信调查。随着经济全球化的发展，跨国商业活动越来越频繁，但是很多时候外商并不是很相信投资保障，这将影响到外资的投入，如果有了个人信用号码，双方就可以打消顾虑，提高合作的效率与效益。并且，建立完善的个人信用体系还有利于为社会经济发展提供基础保障。个人信用体系完善之后，银行就可以根据个人信用体系评估资料，充分满足那些信用度高、具备还款能力的消费者的贷款需求，并进一步促进消费信贷业务的发展。当个人信用制度为社会所认同时，就能建立良好的市场运营机制，并促使个人消费信贷业务及国民经济的全面发展。

个人信用评估系统是现代社会信用消费的保障和基础。美国既是信用卡的发源地，也是个人信用评分体系最发达的国家之一。一般来说，美国人经常谈到的"你的得分"，指的就是个人目前的 FiCO 分数。FiCO 评分系统得出的信用分数范围在 300～850 分之间。分数越高，说明客户的信用度越高。但是分数本身并不能说明一个客户是否会逾期还款，贷款方通常只会将分数作为是否向申请者发放贷款的参考。每个贷款方都会根据自己的标准来决定可以接受的信用分数水平。中科院虚拟经济与数据科研中心与中国人民银行联合科研团队，历时 3 年开发成功的"基于数据挖掘方法"的全国个人信用评分系统，是根据中国人民银行征信中心个人信用信息基础数据库中采集的个人信贷记录建立的通用风险评分模型，可以对消费者在未来一定时期内的违约概率进行预测。该评分模型通过消费者的数百个变量指标，进行数据挖掘和综合分析，得出个人信用评分，国际标准为 350～850 分，结合具体国情，中国将标准初步确定为 350～1000 分。

本章将进行的信用评估主要使用的是逻辑回归模型。逻辑回归模型具有比较好的甄别违约用户的能力，并且由于其本身是由线性模型演变而来，我们可以将训练好的逻辑回归模型整理成一张简单的信用评分卡，在这张信用评分卡中，用户的每一个特征值都直接对应一个具体的分数，将这些得分相加便是用户的信用分数。

9.2 信用评分的技术与方法

本节深入浅出地阐述了信用评分模型的概念、种类、技术、方法，对信用评分模型的数据基础、数据挖掘的技术方法、信用评分模型的发展流程等进行了系统介绍，对于一些在管理实践中广泛运用的开发技术和应用策略，如 $k-$ 近邻判别、线性回归模型、逻辑回归模型、线性规划、客户评分模型、神经网络等，进行了简单阐述。

9.2.1 信用评分的简要历史

信用评分实质上是将一个总体按照不同的特征分成若干个不同组的方法。这种将总体划分成不同的组的思想在统计学中最早是由 Fisher 提出的。David Durand（1941 年）第一个意识到可以用同样的方法来区分"好"客户和"坏"客户，从而对贷款客户的信用风险进行一个评估。当时，美国的一些金融机构及直销公司在信用管理方面遇到了一些困难。是否给申请人提供贷款或者提供商品都是由金融机构及公司内部的工作人员在对申请人进行信用风险评估以后再作出决定，但是由于当时正处于第二次世界大战之中，大批信用分析人员都参加了军队，专业人员奇缺。因此，这些公司就组织专业的信用分析人员将他们在进行分析时的一些基本准则写下来，供没有经验的分析人员参考使用，这就是信用评分领域最早的专家系统法。从那时起，一些学者就开始尝试将统计学的方法应用于贷款决策中。最早的咨询机构于 20 世纪 50 年代初在旧金山建立，其客户大多数是金融机构及直销公司。

20 世纪 60 年代后期，信用卡的出现和普及，使得银行及其他金融机构认识到了信用评分的重要性，开始着手对信用卡申请人员及其他客户进行信用评估。但是，由于每天申请信用卡的人数众多，如果完全依赖人工审批，既费时又费力，所以必须要有一套自动的评分系统来代替人工审批。并且，当这些金融机构利用评分系统对客户的信用度进行评估的时候，他们还发现信用评分系统的预测能力比人工主观判断的效果更好，且违约率大大降低了。

20 世纪 80 年代，随着信用评分方法在信用卡领域的成功应用，银行开始将信用评分方法应用于其他金融产品（如个人贷款、住房贷款及中小企业贷款）。同样，在 20 世纪 90 年代，直销市场的快速增长也使得许多直销公司利用评分方法来改进广告销售中的反应率。实际上，商业领域在 20 世纪 50 年代就开始用评分模型来决定将其商品目录寄给哪些客户从而提高回复率。

9.2.2 信用评分的主要模型与方法

信用评分本质上是模式识别中的一种分类问题，即将企业或个体消费者划分为能够按期还本付息（即"好"客户）和违约（即"坏"客户）两类。具体做法是根据历史上每个类别（即按期还本付息的正常客户的和未按期还本付息的违约客户）的若干样本，找出违约与不违约的特征值，从而总结出分类的规则，建立数学模型，以此来预测借款人的违约概率，为银行及其他金融机构提供信用评估的依据。

随着市场竞争越来越激烈以及计算机技术的迅速发展，越来越多的计量方法（如统计学及运筹学等定量分析工具）被应用到信用评分领域。统计学方法主要包括线性回归、判别分析和逻辑回归等；运筹学方法则主要指的是一些线性规划的方法。大部分的信用评分模型都是使用其中的一种方法或者几种方法结合起来使用。近些年，一些非参数的统计方法以及人工智能模型也被引入评分模型中，如神经网络、专家系统、基因算法以及非参数统计中的 k - 近邻方法均被应用到信用评分卡的开发之中。

1. k - 近邻判别分析方法

个人信用评估是指个人在参与市场经济的交往过程中，能取得与某种服务有关的能力及其可信程度的综合评定。k - 近邻判别分析方法作为一种常用的非参数模式识别方法，最初是由 Cover 和 Hart 于 1968 年提出来的，通常用于解决概率密度函数的估计和分类问题。由于这种非参数方法的特点使得在特征变量空间上对于不规则变量的建模成为可能，因此在个人信用评估中也有所应用。1996 年，Henley 和 Hand 就在信用评估的研究中对这一方法的应用进行了探讨。

k - 近邻判别分析方法的基本思想是假定有 c 个类别为 $\omega_1, \omega_2, \cdots, \omega_c$ 的样本集合，每类有标明类别的样本 N_i 个，$i = 1, 2, \cdots, c$。设样本的指标有 z 个，则样本点的指标将可以构成一个 z 维特征空间，所有的样本点在这个 z 维特征空间里都有唯一的点与它对应，则对任何一个待识别的样本 x，把它也放到这个 z 维特征空间里，通过构造一个距离公式（一般采用欧氏距离），可以找到样本 x 的 k 个近邻。若 $k_1, k_2, \cdots, k_c$ 分别是 k 个近邻中属于 $\omega_1, \omega_2, \cdots, \omega_c$ 类的样本数，则我们可定义判别函数为：

$$g_j*(x) = k_i, \quad i = 1, 2, \cdots, c \quad (9\text{-}1)$$

若

$$g_j(x) = \max k_i \quad (9\text{-}2)$$

则分类 x 属于 ω_j。

这一方法的直观解释相当简单，对未知样本 x，我们只需要比较 x 和 N 个已知类别样本之间的距离，并判定 x 和离它最近的样本同类。

k - 近邻法要求计算样本间的距离，这就意味着每个样本的维数必须相同，所以我们在对样本进行初步筛选时必须先去掉有缺失数据的样本。我们选取商业银行的信用评估数据作为样本，用 k - 近邻法进行评估，假设得到的样本总数为 M 个。经过初步筛选之后，可以得到无缺失数据的样本数为 N 个，为 $x_1, x_2, \cdots, x_n$。其中按时还款者样本为 N_1 个，未按时还款者样本为 N_2 个（$N_1 + N_2 = N$）。

依据全面性、科学性、公正性、可操作性和简明性的要求，综合目前国内外商业银行在个人信用评估中采用的评价指标，形成了由 11 个指标组成的指标体系（年龄、婚否、工作稳定状况、受教育程度、本人月收入、家庭月收入、金融资产收入、固定资产状况、是否有不良信用记录、抵押资产、贷存比），通过各指标下的计分条件来作为衡量样本特征的标准。根据评估体系，可以对每个样本点进行计算判别。对于一个未知归属的待识别样本 x，$x = (\mu_1, \mu_2, \cdots, \mu_{11})$，计算它与所有的样本点 x_i 的距离 $d(x_i)$，会得出 n 个距离，比较这 n 个距离，找出最小的 k 个距离对应的样本点。假设其中有 k_1 个属于按时还款者的样本点，k_2 个属于未按时还款者的样本点（$k_2 + k_2 = k$，且 k 为奇数），且有 k_1 大于（或小于）k_2，则待识别样本 x 属于按时还款者样本（或未按时还款者样本）。

2. 线性回归方法

将普通的线性回归方法应用于信用评分模型时可以这样描述：假设一个申请者的违约概率 p 与申请者的特征变量 $x_1, x_2, \cdots, x_n$ 之间存在以下关系：

$$p = \omega_0 + \omega_1 x_1 + \omega_2 x_2 + \cdots + \omega_m x_m + \varepsilon \tag{9-3}$$

式中，ε 是随机扰动项，我们可以利用样本数据对 p 进行估计，进而对参数 ω_i 进行估计。线性回归分析应用于信用评分时存在明显的缺陷，如式 9-3 所示，右边取值可以是 $-\infty$ 到 $+\infty$，但是等式的左边是一个概率，其取值范围只能在（0，1）区间内。如果等式左边变换成 p 的一个函数，使得它可以取 0 到 1 之间的任意值，则模型会更有意义，这也就是下面要说的逻辑回归方法，它是信用评分模型中使用最广泛的方法之一。

3. 逻辑回归方法

假设用 y 表示发放一笔贷款这一事件，用 $y = 1$ 表示到期后借款人逾期还款（即"坏"客户），$y = 0$ 表示到期后借款人按期还款（即"好"客户）。我们的目的是利用已知的样本数据建立模型，对借款人是否逾期还款进行预测。逻辑回归是处理这一类问题的较好的方法。

在逻辑回归模型中。假设：

$$\log\left(\frac{p}{1-p}\right) = \omega_0 + \omega_1 x_1 + \cdots + \omega_k x_k \tag{9-4}$$

式中，p 表示 $y = 1$（即"坏"客户）的概率，x_i 是描述借款人特征的一些指标，$\frac{p}{1-p}$ 称为事件的发生比（odds）。

利用已有的样本指标对模型中的参数进行估计，并对模型进行相关的统计检验，得到一个较为稳定的、预测准确性较高的模型后，模型即可投入使用。即将一个新的借款人的相关数据输入模型，对其违约发生比（或违约概率）进行预测。在实际应用中，通常将违约发生比或违约概率通过某种线性变换转换成分数，这样银行及其他金融机构就可以根据申请人的信用得分情况决定是否向其发放贷款及发放贷款的额度。

逻辑回归模型克服了线性回归模型的缺陷，其等式两边的值均可取任意值。就理论背景而言,人们可能会认为在信用评分中逻辑回归是比线性回归更加合适的方法。尽管逻辑回归模型在信用评分领域是使用最广泛的模型之一,但两者的结果差别不大。

4. 线性规划方法

将线性规划方法应用在信用评分时,结果依然是一个线性评分卡。其基本思路可以这样描述:假设我们有一个样本,其中有 n_G 个好客户(将其标记为 $i=1,2,\cdots,n_G$)、n_B 个坏客户(将其标记为 $i=n_G+1, n_G+2,\cdots,n_G+n_B$),我们可以从客户的申请表中得到 m 个预测变量,因此客户 x_i 的特征项变量为 $(x_{i1}, x_{i2},\cdots, x_{im})$。在一个最理想的信用评分中,我们的目的是找到一组权重 $\omega_j (j=1,2,\cdots,m)$ 以及一个临界值 c,使得:

❏ 对一个好的客户,满足 $\omega_1 x_{i1} + \omega_2 x_{i2} + \cdots + \omega_m x_{im} > c$;
❏ 对一个坏的客户,满足 $\omega_1 x_{i1} + \omega_2 x_{i2} + \cdots + \omega_m x_{im} < c$。

然而,这一点并不容易得到,因此,可以引入一个非负的变量 a_i,转而求解这样一个线性规划问题:

$$\begin{aligned} &\min a_1 + a_2 + \cdots + a_{n_G + n_B} \\ &\omega_1 x_{i1} + \omega_2 x_{i2} + \cdots + \omega_m x_{im} \geq c - a_i \quad (1 \leq i \leq n_G) \\ &w_1 x_{i1} + \omega_2 x_{i2} + \cdots + \omega_m x_{im} \leq c + a_i \quad (n+1 \leq i \leq n_G + n_B) \\ &a_i \geq 0, \quad i = 1, 2, \cdots, n_G + n_B \end{aligned} \quad (9\text{-}5)$$

很明显,这一线性规划实际上是将所有可能错误分类的总和最小化。

5. 神经网络方法

神经网络是一种模拟人脑信息加工过程的智能化信息处理技术,具有自组织性、自适应性以及较强的稳健性。神经网络模型的类型较多,其中具有代表性的有 BP 神经网络、GMDH 网络、RBF 网络、双向联想记忆 BAM、Hopfield 模型、Boltzmann 机等。用来解决信用评分问题的神经网络可以视为一个对线性组合后的变量进行非线性变换,再循环线性组合、非线性变换的一种方法。Rosenberg 与 Geit(1994)讨论了神经网络在公司信用决策和防范信用欺诈等领域的应用。Davis 就神经网络与其他方法进行了比较,认为神经网络能够很好地处理那些数据结构不太清楚的情况,但其训练样本时间较长,且在分类不当的情况下错判的比例较高。

我们以三层前馈神经网络为例,如图 9-1 所示。对于输入信号,要先经过前向传播到隐节点,经过函数之后,再把隐节点的输出信息传播到输出节点,最后给出输出结果。节点的激活函数通常选用 Sigmoid 函数。BP 神经网络的输入(待评估申请者的特征项指标)和输出(信用得分或者信用等级)关系是一个高度非线性的映射关系。如果输入节点数为 n,输出节点数为 m,则网络是从 n 维欧氏空间到 m 维欧氏空间的一个映射。通过 BP 算法调整神经网络中的连接权重和网络规模(包括 n、m 和隐层节点的数目)就可以实现非线性分类。

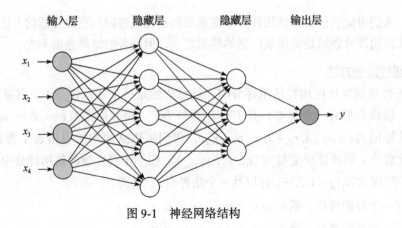

图 9-1 神经网络结构

9.3 信用评分卡模型

评分卡模型是金融领域比较常见的模型。评分卡并不是晦涩难懂的东西,其实就是一套打分规则,一种是经验规则(专家规则),另一种是依靠机器学习模型计算出来的。在分控领域,根据评分卡使用场景的不同,一般分为申请评分卡(A卡)、行为评分卡(B卡)和催收评分卡(C卡)。其中,A卡用于信贷申请(贷前)阶段,用于评估借款人的风险水平,从而决定是否放款;B卡用于还款(贷中)阶段,根据借款人的还款行为来预测借款人的风险变化;C卡用于催收(贷后)阶段,针对已经出现不良的贷款,评估其回收的可能性。

9.3.1 模型介绍

信用评分卡模型是一种为了保障商业银行及其他金融机构的金融安全而设立的一种模型。该模型是指根据客户的历史信用数据,利用一定的信用评分规则,得到不同等级的信用分数,然后根据客户的信用分数,决定其是否可以申请贷款以及可以申请贷款的额度,从而保证还款等业务的安全性。随着蚂蚁花呗、京东白条等网络信用消费方式日渐突出,信用评分模型的发展前景不可估量。信用评分建模的基本流程就是通过对消费者的人口特征、信用历史记录、交易记录等大量数据进行系统分析,挖掘数据蕴含的行为模式、信用特征,发展出预测的模式;结合信用评分卡的构建原理,完成数据的清洗,主要包括缺失数据的填充、异常数据的删除和数据分箱处理;将模型变量通过数据分箱进行离散化之后运用逻辑回归模型建立信用评分的基础模型,借助自变量的证据权重转换WOE创建信用评分卡,并开发一个简单的信用评分系统。

9.3.2 数据分箱

一般在建立分类模型时,需要对连续型变量进行离散化,特征离散化后,模型会更加稳定,也能够降低模型过拟合的风险。离散化通常采用分箱法,分箱的重要性及其优势主要体现在以下几点:

- 离散特征的增加和减少都很容易,易于模型的快速迭代;
- 稀疏向量内积乘法运算速度快,计算结果方便存储,容易扩展;
- 离散化后的特征对异常数据有很强的鲁棒性,比如一个特征是年龄大于30为1,否则为0,如果特征没有进行离散化处理,那么一个"年龄300岁"的异常数据就会给模型造成很大的干扰;
- 逻辑回归属于广义线性模型,表达能力受限,单变量离散化为N个后,每个变量就有单独的权重,相当于为模型引入了非线性,能够提升模型的表达能力,加大拟合;
- 离散化后可以进行特征交叉,由$M+N$个变量变为MN个变量,进一步引入非线性,提升表达能力;
- 特征离散化后,模型会更稳定,比如对用户年龄离散化,20~30作为一个区间,不会因为一个用户年龄长了一岁就变成一个完全不同的人;
- 特征离散化以后,起到了简化逻辑回归模型的作用,降低了模型过拟合的风险;
- 可以将缺失作为独立的一类带入模型;
- 将所有变量变换到相似的尺度上。

分箱方法分为无监督分箱和有监督分箱。常用的无监督分箱方法有等频分箱、等距分箱和聚类分箱,有监督分箱主要有best-KS分箱和卡方分箱。

(1) 等频分箱

等频分箱区间的边界值要经过计算,使得每个区间包含的实例数量大致相等。比如我们要把总体数据集分成20个区间,则每个区间应该包含大约5%的实例。

(2) 等距分箱

等距分箱是将数据从最小值到最大值均分为N等份,这样,如果A和B为所有数据中的最小值和最大值,则每个区间的长度为$W=(B-A)/N$,则区间边界值分别为$A+W$,$A+2W$,…,$A+(N-1)W$。

(3) 聚类分箱

聚类分箱的思想来源于聚类分析。例如基于k均值聚类的分箱就是利用k均值聚类法将观测值聚为k类,但在聚类过程中要保证分箱的有序性,前面一个分箱中的所有观测值要小于后面一个分箱的所有观测值,即第一个分箱中所有观测值都要小于第二个分箱中的观测值,第二个分箱中所有观测值都要小于第三个分箱中的观测值,依此类推。

(4) best-KS分箱

KS(Kolmogorov-Smirnov)用于对模型风险的区分能力进行评估,指标衡量的是好坏样本累计部分之间的差är值。KS值越大,表示该变量好、坏客户的区分程度越大。通常来说,KS>0.2表示特征有较好的准确率。KS的计算方式分为三步:第一步计算每个评分区间的好坏账户数;第二步计算各个评分区间的累计好账户数占总好账户数的比率(good%)和累计坏账户数占总坏账户数的比率(bad%);最后一步计算每个评分区间累计坏账户比与累计好账户占比差的绝对值(累计good% - 累计bad%),然后对这些绝对值取最大值得到KS值。

best-KS 分箱的算法原理是，首先将特征值按照从小到大进行排序，计算出 KS 最大的值，即为切点，记为 D；然后把数据切分成两部分，再重复以上步骤计算 KS 值，进行递归，对 D 左右的数据进一步切割，直到 KS 的箱体数达到我们的预设阈值即可。best-KS 分箱的特点就是对于连续型变量来说，分箱后的 KS 值小于等于分箱前的 KS 值，并且在分箱过程中，决定分箱后的 KS 值是某一个切点，而不是多个切点的共同作用。这个切点的位置是原始 KS 值最大的位置。

（5）卡方分箱

卡方分箱依赖于卡方检验，它将具有最小卡方值的相邻区间合并在一起，直到满足确定的停止条件为止。其基本思想是对于离散化的数据，相对类频率在一个区间内应当完全一致。所以，如果两个相邻的区间具有非常类似的类分布，则可以将这两个区间合并，否则它们应当保持分开。而低卡方值就说明了它们具有相似的类分布。卡方分箱的第一步就是预先设定一个卡方的阈值，然后对数据进行初始化，将实例进行排序，每个实例属于一个区间；接下来就是进行区间的合并，在区间合并时首先要计算每一对相邻区间的卡方值，然后将卡方值最小的一对区间合并。这里的卡方计算公式如下：

$$\chi^2 = \sum_{i=1}^{2} \sum_{j=1}^{2} \frac{(A_{ij} - E_{ij})^2}{E_{ij}} \tag{9-6}$$

式中，E_{ij} 为 A_{ij} 的期望频率，$E_{ij} = \frac{N_i \cdot C_j}{N}$，$N_i$ 是第 i 组的样本数，C_j 是第 j 类样本在全体的比例。如果阈值选的大，区间合并就会进行很多次，离散后的区间数量少、区间大。

除了以上介绍的几种数据分箱方法，我们还可以采用自动分箱和自定义分箱的方法进行数据分箱处理。我们对特征变量进行分箱后，需要对分箱后的每组（箱）变量进行 WOE 编码和 IV 值的计算，通过 IV 值进行变量筛选，然后才能放进模型进行训练。

9.3.3 WOE 值

WOE（Weight of Evidence，证据权重）是对原始自变量的一种编码形式。要对一个变量进行 WOE 编码，需要先对这个变量进行分组处理（即分箱处理）。分组后，对于第 i 组，WOE 的计算公式如下：

$$\text{WOE}_i = \ln\left(\frac{p(y_i)}{p(n_i)}\right) = \ln\left(\frac{y_i / y_T}{n_i / n_T}\right) \tag{9-7}$$

式中，$p(y_i)$ 是该组中响应客户（在信用评估模型中，对应的就是违约客户，也就是模型中预测变量取值为 "1" 的个体）占样本中所有响应客户的比例，$p(n_i)$ 是该组中未响应客户（在信用评估模型中，对应的就是没有违约的正常还款客户，也就是模型中预测变量取值为 "0" 的个体）占样本中所有未响应客户的比例，y_i 是该组中响应客户的数量，n_i 是该组中未响应客户的数量，y_T 是样本中所有响应客户的数量，n_T 是样本中所有未响应客户的数量。

从上面的介绍也可以看到，WOE 表示的实际上是"当前分组中响应客户占所有响应客户的比例"和"当前分组中未响应客户占所有未响应客户的比例"的差异。对这个公式做一个变换，可以得到：

$$\text{WOE}_i = \ln\left(\frac{p(y_i)}{p(n_i)}\right) = \ln\left(\frac{y_i/y_T}{n_i/n_T}\right) = \ln\left(\frac{y_i/n_i}{y_T/n_T}\right) \quad (9\text{-}8)$$

变换以后我们可以看出，WOE 其实是当前这个组中响应客户和未响应客户的比值，与所有样本中这个比值的差异。这个差异是用这两个比值的比值，再取对数来表示的。WOE 越大，这种差异越大，这个分组里样本响应的可能性就越大；WOE 越小，差异越小，这个分组里样本响应的可能性就越小。WOE 的取值范围是全体实数，当前分组的比例小于样本整体比例时，WOE 取值为负；当前分组的比例大于整体比例时，WOE 取值就为正；当前分组的比例和整体比例相等时，WOE 的值就为 0。WOE 实际上描述了变量在当前分组中对判断个体是否会响应（或者说属于哪个类）以及所起到影响的方向和大小，当 WOE 取正值时，变量当前取值对判断起到了正向的影响，当 WOE 取负值时，变量当前取值对判断起到了负向的影响。而 WOE 数值的大小，则体现了这个影响的大小。

9.3.4 IV 值

IV（Information Value）反映的是变量的信息价值或者信息量。在用随机森林、逻辑回归等模型方法构建分类模型时，经常需要对自变量进行筛选。比如我们有 1000 个候选自变量，通常情况下，不会直接把 1000 个变量全部放到模型中去进行拟合训练，而是会用一些方法，从这 1000 个自变量中挑出一些放进模型，形成入模变量列表。

挑选入模变量的时候需要考虑很多因素，比如变量对结果预测能力的大小，变量相互之间的相关性以及变量是否容易生成和使用等。但是，其中最主要和最直接的衡量标准是变量对结果的预测能力，这是描述性的说法，客观性不强，所以，我们需要一些专业的量化指标来衡量每个自变量对最终结果预测能力的大小，并根据这些量化指标值的大小来确定哪些变量应该进入模型。这里，IV 值就体现出了其存在的价值，IV 值是一种可以用来衡量自变量对结果的预测能力的指标值。

直观上可以这样理解：假设在一个分类问题中，目标变量的类别有 0 和 1 两类。对于一个待预测的个体 A，我们需要一定的信息才能判断其属于"0"类还是"1"类，假设这个信息总量是 I，对于其中的一个变量 C_i 来说，其蕴含的信息越多，C_i 的信息价值就越大，同时 C_i 的 IV 值也就越大，那么这个变量就越应该进入入模变量的列表中去。

IV 的计算是以 WOE 为基础的，对于每一个分组 i，都会有一个对应的 IV 值，计算公式如下：

$$IV_i = (p(y_i) - p(n_i)) \cdot \text{WOE}_i = (p(y_i) - p(n_i)) \cdot \ln\left(\frac{p(y_i)}{p(n_i)}\right) = \left(\frac{y_i}{y_T} - \frac{n_i}{n_T}\right) \cdot \ln\left(\frac{y_i/y_T}{n_i/n_T}\right) \quad (9\text{-}9)$$

计算出每一个变量各分组的 IV 值后,我们就可以计算当前变量的整个 IV 值,其实也就是将各分组的 IV 值相加:

$$IV = \sum_{i=1}^{n} IV_i \qquad (9\text{-}10)$$

式中,n 为变量的分组个数。由 WOE 的定义我们可以知道,对于变量的一个分组,这个分组的响应和未响应的比例与样本整体响应和未响应的比例相差越大,IV 值就越大。同理,这个分组的响应和未响应的比例与样本整体响应和未响应的比例相差越小,IV 值就越小。还有一种极端情况,若当前分组的响应和未响应的比例与样本整体的响应和未响应的比例相等,此时的 IV 值就为 0。IV 值的取值范围是 $[0, +\infty)$,当且仅当当前分组中只包含响应客户或者未响应客户时,$IV = +\infty$。

变量各分组的 WOE 值和 IV 值都隐含着这个分组对目标变量的预测能力的大小。其实,对于变量的一个分组,IV 值就是 WOE 值乘以这个分组响应占比和未响应占比的差。一个变量的 IV 值又等于各分组 IV 值的和。那么,我们直接用 WOE 绝对值的总和来衡量一个变量对整体目标变量的预测能力就可以了,为什么要用 WOE 处理后的 IV 呢?原因有两点。第一,当我们衡量一个变量对目标值的预测能力时,所使用的指标值应该是非负的,从这一点来说,IV 值在 WOE 的左边乘以 $(p(y_i) - p(n_i))$ 这个系数,就保证了变量每个分组的结果满足非负性。可以验证一下,当一个分组的 WOE 值是正数时,$(p(y_i) - p(n_i))$ 也是正数,当一个分组的 WOE 值是负数时,$(p(y_i) - p(n_i))$ 也是负数,而当一个分组的 WOE = 0 时,$(p(y_i) - p(n_i))$ 也是 0。第二,乘以 $(p(y_i) - p(n_i))$ 后,体现出了变量当前分组中个体的数量占整体个体数量的比例,体现了它对变量预测能力的影响。

下面举例说明为什么选择 IV 值而不选择 WOE 值作为预测能力的指标。假设在一个数据集中,对于一个变量 A,我们事先已经将其分为两个组,分别用 0 和 1 来表示,如表 9-1 所示。

表 9-1 变量 A 数据响应情况

A	响应	未响应	合计	响应比例
1	180	20	200	90%
0	19 820	179 980	199 800	10%
合计	20 000	180 000	200 000	100%

从表 9-1 中可以看出,当变量 A 取值为 1 时,其响应比例达到了 90%,但由于这个分组的客户数量太少,占的比例太低,所以,对于样本整体来说,变量的预测能力其实并没有那么强。我们可以分别计算一下变量各分组和整体的 WOE 和 IV 值,结果如表 9-2 所示。

表 9-2 变量 A 数据 WOE 和 IV 值比较

A	响应	未响应	合计	响应比例	WOE	IV
1	180	20	200	90%	4.394 449 2	0.039 061 8
0	19 820	179 980	199 800	10%	−0.008 93	7.937E-05
合计	20 000	180 000	200 000	100%	4.403 378 8	0.039 141 1

从表 9-2 中可以看出，当变量 A 取 1 时，响应比例达到了 90%，对应的 WOE 值很高，但对应的 IV 值却很低，原因就在于 IV 值在 WOE 值的前面乘了一个系数 $(p(y_i)-p(n_i))$，而这个系数正好考虑了该分组中样本占整体样本的比例，比例越低，对变量整体预测能力的贡献越低。相反，如果直接用 WOE 的绝对值进行加和，会得到一个很高的指标，这显然是不合理的。

IV 值依赖于 WOE 值，并且 IV 值是一个很好地反映自变量对目标变量影响程度的标准。但是，用 IV 值作为衡量标准有一个小小的不足之处，它不能自动处理出现响应比例为 0 或 100% 的情况。一般遇到这种情况的时候，可以重新对变量进行离散化或分组，直到每个分组的响应比例都不为 0 且不为 100%，或者人工把该分组的响应数和非响应数进行一定的调整。

9.3.5　逻辑回归算法原理

逻辑回归是由线性回归进化而来的，但是逻辑回归与线性回归最大的区别在于线性回归模型的输出值 y 是连续型变量并且值域为 R，而逻辑回归的输出值 y 是离散型变量，值域为 [0, 1]。逻辑回归其实就是广义上的线性回归，线性回归的预测函数可以表示成 $y=X\theta$，而逻辑回归的预测函数就是将其进行了一个函数转换 $y=g(z)$，即通过函数 g 将线性回归原本的值域 R 映射到了 [0, 1] 区间内，当取值大于临界值时为一类，小于临界值时为另一类，从而达到 0-1 分类的目的。一般 g 取 Sigmoid 函数，即

$$g(z)=\frac{1}{1+e^{-z}} \quad (9\text{-}11)$$

由于 Sigmoid 函数有这样一个性质：当 z 趋于 $+\infty$ 时，$g(z)$ 趋于 1，当 z 趋于 $-\infty$ 时，$g(z)$ 趋于 0。可以理解为线性回归实际解决的是预测实数连续值的回归问题，而逻辑回归解决的是分类问题。逻辑回归的假设函数为：

$$h_\theta(X)=g(X\theta)=\frac{1}{1+e^{-X\theta}} \quad (9\text{-}12)$$

式中，X 为样本输入值，$h_\theta(X)$ 为模型的输出值，θ 为要求解的模型参数。设 0.5 为临界值，当 $h_\theta(X)>0.5$ 时，y 取值为 1；当 $h_\theta(X)<0.5$ 时，y 取值为 0。模型输出值 $h_\theta(X)$ 在 [0, 1] 区间内取值，因此可以从概率的角度进行解释；$h_\theta(X)$ 越接近于 0，则分类为 0 的概率越高，$h_\theta(X)$ 越接近于 1，则分类为 1 的概率越高；$h_\theta(X)$ 越接近于临界值 0.5，则无法判断，分类的准确率也会下降。

逻辑回归采用对数似然函数，即

$$J(Y,P(Y|X))=-\log(P(Y|X)) \quad (9\text{-}13)$$

假设样本的输出是 0 和 1 两类，则

$$P(y=1|x;\theta)=h_\theta(x)$$

$$P(y=0|x;\theta) = 1 - h_\theta(x)$$

即：

$$P(y|x;\theta) = [h_\theta(x)]^y [1-h_\theta(x)]^{1-y} \quad (9\text{-}14)$$

则损失函数为：

$$J(\theta) = -\sum_{i=1}^{n}[y^{(i)}\log([h_\theta(x^{(i)})]) + (1-y^{(i)})\log([1-h_\theta(x^{(i)})])] \quad (9\text{-}15)$$

以梯度下降法求解损失函数。迭代公式为：

$$\theta^t = \theta^{t-1} - \alpha \nabla J(\theta^{t-1}) \quad (9\text{-}16)$$

其中，

$$\nabla J(\theta) = X^\mathrm{T}(h_\theta(X) - Y)$$

所以，由梯度下降法求解参数 θ 的迭代公式为：

$$\theta^t = \theta^{t-1} - \alpha X^\mathrm{T}(h_{\theta^{t-1}}(X) - Y) \quad (9\text{-}17)$$

如果提前设置了迭代次数，我们就可以计算出最终的参数值。

9.3.6 模型评价指标

在完成模型构建之后，必须要对模型的效果进行评估，根据评估结果来继续调整模型的参数、特征或者算法，以得到最佳的结果。分类问题常用的模型评价指标是准确率、召回率、精度、ROC 曲线、AUC 值。

评价一个模型最简单也最常用的指标就是准确率，但是在没有任何前提下使用准确率作为评价指标，往往不能反映一个模型性能的好坏。例如在不平衡的数据集上，正类样本占总数的 90%，负类样本占总数的 10%，如果有一个模型把所有样本全部判断为正类，这样该模型会达到很高的准确率，但是这样做是没有任何意义的。因此，对于一个模型，我们需要从不同的方面去判断它的性能。在对比不同模型的能力时，使用不同的性能度量往往会导致不同的评价结果。也就是说，模型的好坏是相对的，一个模型是否合适，不单单取决于算法和数据，还取决于我们要解决的问题。例如医院中检测病人是否有心脏病的模型的目标是将所有有病的人检测出来，而不能误诊（将没病检测为有病）；警察追捕罪犯的模型的目标是将罪犯准确地识别出来，而不希望有过多的误判（将正常人认为是罪犯）。所以面对不同的任务需求，模型的目标也不同，因此评价模型性能的指标也会有所差异。

1. 混淆矩阵

混淆矩阵能够比较全面地反映模型的性能，从混淆矩阵能够衍生出很多指标。一个二分类的混淆矩阵如表 9-3 所示。

表 9-3 混淆矩阵

真实情况	预测结果	
	正例	反例
正例	TP（真正例）	FN（假反例）
反例	FP（假正例）	TN（真反例）

其中，TP 表示真正例，也就是实际值为正，同时预测值也是正的概率。FP 表示假正例，也即实际值是负但预测出来的结果为正的概率；FN 表示假反例，即实际值为正但预测出来的结果为负的概率；TN 表示真反例，即实际值为负同时预测值也为负的概率。由混淆矩阵衍生出来的几个指标定义如下。

- 精准率：Precision = TP/(TP + FP)；
- 召回率：Recall = TP/(TP + FN)；
- 准确率：Accuracy = (TP + TN)/(TP + FP + TN + FN)。

$$F1 - score = (2Recall*Precision)/(Recall + Precision)$$

$$F1 - score = \frac{2\,Recall*Precision}{Recall + Precision}$$

式中，F 值（F1-score）为精准率和召回率加权调和平均数，并假设两者一样重要。精准率和召回率是一对矛盾的度量。一般来说，精准率高时，召回率往往偏低；而召回率高时，精准率往往偏低。通常只有在一些简单任务中，才可能使二者都很高。

2. P-R 曲线

P-R 曲线中的 P 就是精准率，R 指的是召回率。精准率指的是在所有预测为正例的数据中，真正例所占的比例，召回率是指预测为真正例的数据占所有正例数据的比例。即：精准率 P = TP/(TP + FP)，召回率 R = TP/(TP + FN)。对于同一个模型，通过调整分类阈值，就可以得到不同的 P-R 值，从而可以得到一条纵坐标为 P，横坐标为 R 的曲线。前面提到，精准率和召回率是一对矛盾的度量。例如，在挑选西瓜的时候，若希望将好瓜尽可能都选出来，则可通过增加选瓜的数量来实现，如果希望将所有的西瓜都选上，那么所有的好瓜必然都被选上了，但这样精准率就会较低；若希望选出的瓜中好瓜比例尽可能高，则可只挑选最有把握的瓜，但这样就难免会漏掉不少好瓜，使得召回率较低。在很多情况下，我们可以根据学习器的预测结果对样例进行排序，排在前面的是学习器认为最可能是正例的样本，排在后面的是学习器认为最不可能是正例的样本，按此顺序逐个把样本作为正例进行预测，则每次可计算当前的召回率和精准率，以精准率为 y 轴，召回率为 x 轴，可以画出如图 9-2 所示的 P-R 曲线。

在比较两个分类器好坏时，我们期望的是查得又准又全，也就是 P-R 曲线越靠近坐标（1，1）的位置越好。如果一个学习器的 P-R 曲线被另一个学习器的 P-R 曲线完全包住，则可断言后者的性能优于前者，例如上面的学习器 A 和 B 优于学习器 C。但是 A 和 B 的性能无法直接判断，此对我们往往仍希望对学习器 A 和学习器 B 进行一个比较，我们可以根据曲线下方的面积大小来进行比较，但更为常用的方法是根据平衡点或者 F1 值比较。平衡点（BEP）是精准率等于召回率时的取值，这个值越大，则说明学习器的性能越好。而 F1 = 2 P R/(P + R)，同样，F1 值越大，则该学习器的性能越好。

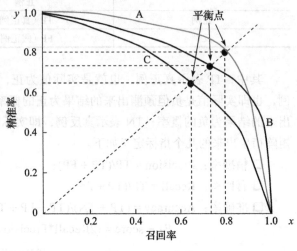

图 9-2　P-R 曲线

3. ROC 曲线和 AUC 值

AUC（Area Under the ROC Curve）指标是在二分类问题中，在模型评估阶段常被用于衡量模型稳定性的最重要的评估指标。根据混淆矩阵，我们可以得到如下两个指标：

❏ 真正例率（True Positive Rate）：
　TPR = TP/(TP + FN)；

❏ 假正例率（False Postive Rate）：FPR = FP/(TN + FP)。

真正例率是正确预测到的正例数与实际正例数的比值，又称为灵敏度（敏感性，sensitive）；对应的，有一个特异度（特效性，specificity）是正确预测到的负例数与实际负例数的比值（NPV = TN/(TN + FP)）。

以真正例率（TPR）作为纵轴，以假正例率（FPR）作为横轴作图，便得到了 ROC 曲线，AUC 值则是 ROC 曲线下的面积，如图 9-3 所示。AUC 的取值为 0.5 到 1，AUC 值取 0.5 时对应对角线的"随机猜测模型"，说明模型完全不起作用，在 AUC 值大于 0.5 的情况下，其值越接近 1，说明诊断效果越好。AUC 值在 0.5～0.7 时有较低准确性，在 0.7～0.9 时有一定准确性，在 0.9 以上时有较高准确性。AUC 值小于 0.5 不符合真实情况，在实际中极少出现。

与 P-R 曲线相比，ROC 曲线更稳定，在正负样本量都很大的情况下，ROC 曲线足够反映模型的判断能力。但在正负样本分布不均衡的时候，P-R 曲线比 ROC 曲线更能有效地反映分类器对于整体分类情况的好坏。

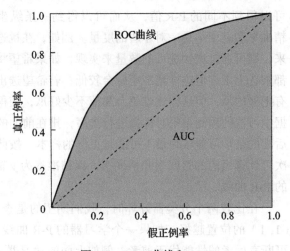

图 9-3　ROC 曲线和 AUC

4. KS 曲线

KS 曲线（见图 9-4）又叫洛伦兹曲线。以 TPR 和 FPR 分别作为纵轴，以阈值作为横轴，画出两条曲线。KS 曲线则是两条曲线在每一个阈值下的差值。KS（Kolmogorov-Smirnov）值的计算公式如下：

$$KS = \max(TPR - FPR) \quad (9\text{-}18)$$

即为 TPR 与 FPR 差的最大值。

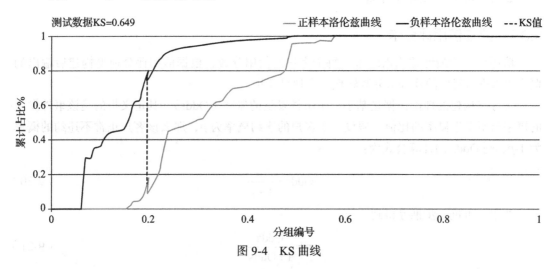

图 9-4　KS 曲线

KS 值可以反映模型的最优区分效果，此时所取的阈值一般作为定义好坏用户的最优阈值。KS 值越大，模型预测的准确性就越好。KS 值的取值范围是 0 到 1，一般情况下，KS>0.2 即可认为模型有比较好的预测准确性，具体的标准如下：

- KS < 0.2：模型无鉴别能力；
- 0.2 < KS < 0.4：模型勉强接受；
- 0.41 < KS < 0.5：模型具有区别能力；
- 0.51 < KS < 0.6：模型有很好的区别能力；
- 0.61 < KS < 0.75：模型有非常好的区别能力；
- KS > 0.75，模型异常，数据很可能有问题。

由于 KS 值能找出模型中差异最大的一个分段，因此适合用于找阈值，如评估评分卡。但是 KS 值只能反映出哪个分段是区分最大的，而不能总体反映出所有分段的效果，此时 AUC 值更适合。一般如果我们的目标更多的是关注负样本，那么区分度肯定很重要，此时 KS 比 AUC 更合适用作模型评估，如果没什么特别的影响，那么就用 AUC。

5. 模型稳定度

模型稳定度指标（Population Stability Index，PSI）用于对测试样本及模型训练样本评分分布差异进行衡量，是最常见的稳定性评估指标。其计算公式如下：

$$\mathrm{PSI} = \sum (f^i_{\mathrm{development}} - f^i_{\mathrm{validation}}) \cdot \ln(f^i_{\mathrm{development}} / f^i_{\mathrm{validation}}) \quad (9\text{-}19)$$

使用 PSI 进行评估时，需要对模型结果进行分区，分别统计各分区中实际样本与验证样本的个数与比例，再带入公式进行计算。PSI 取值范围的含义如下所示。

- PSI<0.1：模型稳定性高。
- 0.1<PSI<0.2：模型稳定性一般，仍有优化空间。
- PSI>0.2：模型稳定性差。

9.3.7 建立信用评分卡

信用评分卡最终的输出结果是每个客户的信用分数，根据信用评分模型构建后输出的概率可以进行对应的评分卡分数转换，实现尺度化。

评分卡构建的理论依据是基于一个事件发生的概率（Odds）。其定义指的是该事件发生的概率与不发生概率的比值。假设一个客户的违约概率为 p，那么该客户正常不违约的概率为 $1-p$，则 Odds 的计算公式为：

$$\mathrm{Odds} = \frac{p}{1-p} \quad (9\text{-}20)$$

所以，可进一步推导得到：

$$p = \frac{\mathrm{Odds}}{1+\mathrm{Odds}} \quad (9\text{-}21)$$

我们建立的评分卡表达式为：

$$\mathrm{Score} = A - B\log(\mathrm{Odds}) \quad (9\text{-}22)$$

式中，A 和 B 为常数。因为 log 函数在 $(0, +\infty)$ 单调递增，Score 评分与 Odds 呈负相关。常数 A 为基础分，常数 B 的计算方式为：

$$B = \frac{\mathrm{PDO}}{\ln 2} \quad (9\text{-}23)$$

其中，PDO（Point to Double Odds）的含义为当好坏比上升一倍时，分数上升的单位数。假设当分数为 score_1 时，Odds 值为 x_1，则当 Odds 的值为 $2x_1$ 时，分数 score_2 满足下式：

$$\mathrm{score}_2 = A - \frac{\mathrm{PDO}}{\ln 2} \cdot \log(2x_1) = \mathrm{score}_1 + \mathrm{PDO} \quad (9\text{-}24)$$

所以，给定一个 Odds 对应的 score_1 值和 PDO，代入上式，便可求得 A 和 B 的值。通过上述计算过程，可将评分卡计算转换为求用户违约对数概率 log(Odds) 的问题。

9.4 实战：信用评分卡

信用评分模型是保障银行和其他金融部门而设立的一种关于人身金融权限的划定模型。

本节我们主要讨论如何建立信用评分卡。数据集中共包括 150 000 条用户数据，共有 11 个变量。其中变量 SeriousDlqin2yrs 为标签列，也就是要预测的列，需要根据其他列进行建模去预测标签列。

9.4.1 读取数据

1. 数据变量含义

- SeriousDlqin2yrs：是否违约（坏客户和好客户）。
- RevolvingUtilizationOfUnsecuredLines：无担保放款的循环利用。
- age：借款人借款时的年龄。
- NumberOfTime30-59DaysPastDueNotWorse：30～59 天逾期但不糟糕次数。
- DebtRatio：负债比率。
- MonthlyIncome：月收入。
- NumberOfOpenCreditLinesAndLoans：开放式信贷和贷款数量。
- NumberOfTimes90DaysLate：90 天逾期次数。
- NumberRealEstateLoansOrLines：不动产贷款或额度数量。
- NumberOfTime60-89DaysPastDueNotWorse：60～89 天逾期但不糟糕次数。
- NumberOfDependents：家属数量。

2. 导入相应包

在 jupyter notebook 中导入相应包，代码如下：

```
%matplotlib inline
import numpy as np
import pandas as pd
import calendar
import matplotlib.pyplot as plt
import seaborn as sns
color = sns.color_palette()
from subprocess import import check_output
plt.rcParams['font.sans-serif'] = ['SimHei']   # 用来正常显示中文标签
plt.rcParms['axes.unicode_minus'] = False      # 用来正常显示
```

读取数据的代码如下：

```
data = pd.read_csv("cs-training.csv",engine = "python")
data
```

我们读取的是一个名为 **cs-training** 的 csv 文件，代码运行的数据结果如图 9-5 所示。

9.4.2 数据预处理

在数据预处理阶段，需要对缺失值、异常值进行处理，分析如下：

	SeriousDlqin2yrs	RevolvingUtilizationOfUnsecuredLines	age	NumberOfTime30-59DaysPastDueNotWorse	DebtRatio	MonthlyIncome	NumberOfOpenCreditLinesAndLoans
0	1	0.766127	45	2	0.802982	9120.0	13
1	0	0.957151	40	0	0.121876	2600.0	4
2	0	0.658180	38	1	0.085113	3042.0	2
3	0	0.233810	30	0	0.036050	3300.0	5
4	0	0.907239	49	1	0.024926	63588.0	7
...	...	...	...	...	...	...	...
149995	0	0.040674	74	0	0.225131	2100.0	4
149996	0	0.299745	44	0	0.716562	5584.0	4
149997	0	0.246044	58	0	3870.000000	NaN	18
149998	0	0.000000	30	0	0.000000	5716.0	4
149999	0	0.850283	64	0	0.249908	8158.0	8

150000 rows × 11 columns

图 9-5　数据读取

1. 缺失值处理

由于数据集太多，我们可能不容易找到缺失的数据，这时就需要引入 isnull().sum()。isnull().sum() 能将列中为空的个数统计出来，运行代码及结果如图 9-6 所示。

```
data.isnull().sum()
```

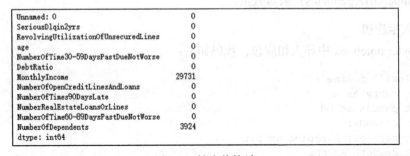

图 9-6　缺失值统计

从运行结果可知，只有 MonthlyIncome 和 NumberOfDependents 这两列数据存在缺失值，且缺失的个数分别为 29 731 和 3924。数据集中存在缺失值必然会影响后面的分析，所以我们一定要把存在缺失值的问题解决掉。最简单的方法就是进行缺失值的填充，这里采用平均值来填充缺失值。具体代码如下：

```
# 为缺失值 MonthlyIncome 记录填充值，设置为平均值
MonthlyIncome_mean_value = data['MonthlyIncome'].mean()
data['MonthlyIncome'] = data['MonthlyIncome'].fillna(MonthlyIncome_mean_value)
# 为缺失值 NumberOfDependents 记录填充值，设置为平均值
NumberOfDependents_mean_value = data['NumberOfDependents'].mean()
data['NumberOfDependents'] =
    data['NumberOfDependents'].fillna(MonthlyIncome_mean_value)
```

2. 异常值处理

由于我们得到的数据集并不是特别"干净"的，不仅存在缺失值问题，还可能存在一些异常值，这些异常值也会影响我们后续数据分析的效果，所以需要对数据集中的异常值进行处理。

我们首先对年龄数据进行分析，画出 age 的直方图，代码如下：

```
age = data['age'].value_counts()
age.sort_index().plot.bar(figsize=(13,6), alpha=0.8, color=color[2])
plt.ylabel('count', fontsize=18)
plt.title('age', fontsize=18)
```

运行结果如图 9-7 所示。

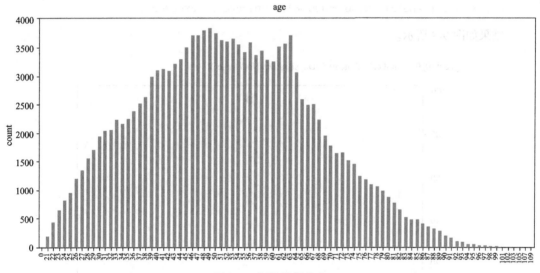

图 9-7　年龄数据分布

从可视化的结果可以看到 age 大致是呈正态分布的，看着挺合理，但是国家规定，申请贷款的人员年龄需要在 18 周岁以上，不同的贷款机构，针对不同的贷款产品，对贷款人也有年龄限制，一般是 18 周岁以上 65 周岁以下。所以我们对 age 这一特征变量只取 18 到 65 之间的数，具体代码如下：

```
data = data[data['age']>18]
data = data[data['age']<65]
```

我们再看 RevolvingUtilizationOfUnsecuredLines（可用额度比值）及 DebtRatio（负债率）这两列数据，由于它们都只是一个比值，所以只能在 0 到 1 之间取值，在 jupyter notebook 中的运行如下：

```
data = data[data['RevolvingUtilizationOfUnsecuredLines']>=0]
data = data[data['RevolvingUtilizationOfUnsecuredLines']<=1]
data = data[data['DebtRatio']>=0]
data = data[data['DebtRatio']<=1]
```

下面我们再看一下逾期天数对应的三个变量，分别画出 NumberOfTime30-59DaysPastDueNotWorse、NumberOfTimes90DaysLate 和 NumberOfTime60-89DaysPastDueNotWorse 的箱型图，查看这三个变量有没有异常值。

绘制 NumberOfTime30-59DaysPastDueNotWorse 的箱型图，代码如下：

```
fig = plt.figure()
x1 = data['NumberOfTime30-59DaysPastDueNotWorse']
ax = fig.add_subplot(111)    # 111 表示 1×1 网格的第一个子图
# 绘制箱线图
ax.boxplot([x1])
ax.set_xticklabels(['NumberOfTime30-59DaysPastDueNotWorse'])
```

结果如图 9-8 所示。

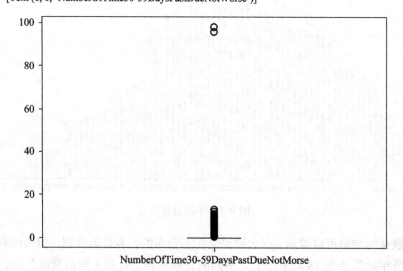

图 9-8　NumberOfTime30-59DaysPastDueNotWorse 箱型图

绘制 NumberOfTimes90DaysLate 的箱型图，代码如下：

```
fig = plt.figure()
x2 = data['NumberOfTimes90DaysLate']
ax = fig.add_subplot(111)
ax.boxplot([x2])
ax.set_xticklabels(['NumberOfTimes90DaysLate'])
```

结果如图 9-9 所示。

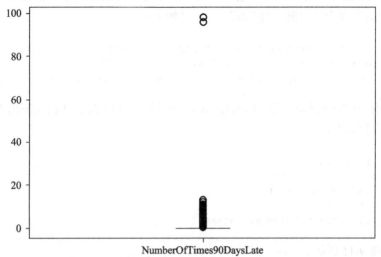

图 9-9　NumberOfTimes90DaysLate 箱型图

绘制 NumberOfTime60-89DaysPastDueNotWorse 的箱型图，代码如下：

```
fig = plt.figure()
x3 = data['NumberOfTime60-89DaysPastDueNotWorse']
ax = fig.add_subplot(111)
ax.boxplot([x3])
ax.set_xticklabels(['NumberOfTime60-89DaysPastDueNotWorse'])
```

结果如图 9-10 所示。

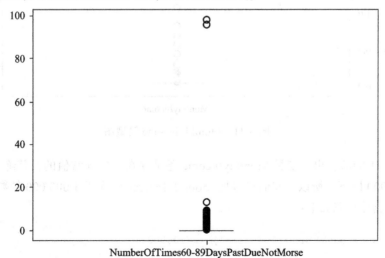

图 9-10　NumberOfTime60-89DaysPastDueNotWorse 箱型图

由以上三个箱型图能非常清楚地看到这三个变量的取值绝大多数都在 20 以下，我们可以把大于 20 的均视为异常值，将其剔除，代码如下：

```
data = data[data['NumberOfTime30-59DaysPastDueNotWorse'] <= 20]
data = data[data['NumberOfTimes90DaysLate'] <= 20]
data = data[data['NumberOfTime60-89DaysPastDueNotWorse'] <= 20]
```

接下来用同样的方法对变量 MonthlyIncome 进行异常值处理，我们先画出 MonthlyIncome 的箱型图，代码如下：

```
fig = plt.figure()
x = data['MonthlyIncome']
ax = fig.add_subplot(111)
ax.boxplot([x])
ax.set_xticklabels(['MonthlyIncome'])
```

结果如图 9-11 所示。

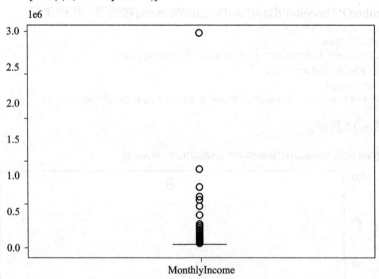

图 9-11　MonthlyIncome 箱型图

由图 9-11 能够看出，变量 MonthlyIncome 还是存在一些异常值的，其绝大部分的值集中在 1 000 000 以下，所以，我们可以把 MonthlyIncome 中大于 1 000 000 的数视为异常值，将其剔除。具体代码如下：

```
data = data[data['MonthlyIncome'] <= 1000000]
```

以上便是数据预处理的全过程，接下来需要对数据进行探索性分析。

9.4.3 探索性分析

1. 好坏客户整体情况

由于我们的目的是对客户的信用进行评估，又因为在日常生活中正常守约的人要比违约的人多一些，所以我们得到的数据集中好客户（即按期还款）肯定比坏客户（即没有按期还款）的数量要多。我们对数据进行探索性分析的第一步就是要先弄清数据集中好坏客户的整体情况。

数据集中正常客户的 SeriousDlqin2yrs 用 0 表示，违约客户的 SeriousDlqin2yrs 用 1 表示，但是在实际分类中正常客户为 1，违约客户为 0，所以在查看好坏客户整体情况之前需要先转换客户分类列数据。代码如下：

```
# 考虑到实际分类，一般正常客户为1，违约客户为0，所以需要转换客户分类列数据
import matplotlib.pyplot as plt
data['SeriousDlqin2yrs'] = 1-data['SeriousDlqin2yrs']                   # 转换0、1
grouped = data['SeriousDlqin2yrs'].groupby(data['SeriousDlqin2yrs']).count()
# print("不良客户占比:",(grouped[0]/grouped[1])*100,"%")
# grouped.plot(kind = 'pie')
```

将分类列数据进行转换后，我们就可以查看好坏客户的整体情况了，这里用饼图来查看正常客户和违约客户的占比情况，相应代码如下：

```
import matplotlib.pyplot as plt
# plt.rcParams['font.sans-serif']='SimHei'           # 设置中文显示
plt.figure(figsize=(6,6))                            # 将画布设定为正方形，则绘制的饼图是正圆
label=['违约客户','正常客户']                         # 定义饼图的标签，标签是列表
explode=[0.01,0.01]                                  # 设定各项距离圆心n个半径
# plt.pie(values[-1,3:6],explode=explode,labels=label,autopct='%1.1f%%') # 绘制饼图
values=[grouped[0], grouped[1]]
plt.pie(values,explode=explode,labels=label,autopct='%1.1f%%')           # 绘制饼图
plt.title('违约客户占比')
plt.savefig('./违约客户占比')
plt.show()
```

在 Jupyter Notebook 中运行代码，可视化结果如图 9-12 所示。

2. 相关性分析

相关性分析是指对两个或多个具备相关性的变量元素进行分析，衡量两个变量因素的相关密切程度。常用的相关性分析方法是求相关系数。相关系数（Correlation Coefficient）是反映变量之间关系密切程度的统计指标，其取值区间是 [-1, 1]。1 表示两个变量完全正相

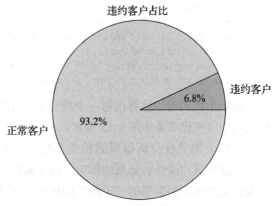

图 9-12　正常客户和违约客户的占比情况

关，-1 表示两个变量完全负相关，0 表示两个变量不相关。数据越趋近于 0 表示相关关系越弱。以下是相关系数的计算公式：

$$r_{xy} = \frac{S_{xy}}{S_x S_y} \qquad (9\text{-}25)$$

式中，r_{xy} 表示样本相关系数，S_{xy} 表示样本协方差，S_x 表示 x 的样本标准差，S_y 表示 y 的样本标准差。下面分别是协方差 S_{xy} 以及标准差 S_x 和 S_y 的计算公式。由于是样本协方差和样本标准差，因此分母使用的是 $n-1$。

S_{xy} 的计算公式如下：

$$S_{xy} = \frac{\sum_{i=1}^{n}(x_i - \bar{x})(y_i - \bar{y})}{n-1} \qquad (9\text{-}26)$$

S_x 的计算公式如下：

$$S_x = \sqrt{\frac{\sum_{i=1}^{n}(x_i - \bar{x})^2}{n-1}} \qquad (9\text{-}27)$$

S_y 的计算公式如下：

$$S_y = \sqrt{\frac{\sum_{i=1}^{n}(y_i - \bar{y})^2}{n-1}} \qquad (9\text{-}28)$$

相关系数的优点是其可以通过数字对变量的关系进行度量，并且带有方向性，可以对变量关系的强弱进行度量，越靠近 0 相关性越弱。缺点是无法利用这种关系对数据进行预测，简单地说就是没有对变量间的关系进行提炼和固化，形成模型。要利用变量间的关系进行预测，需要用到回归分析。Python 中相关性分析的代码如下：

```
corr = data.corr()
corr
fig = plt.figure(figsize=(12,8),dpi=500)
ax1 = fig.add_subplot(1,1,1)
sns.heatmap(corr,annot = True,ax = ax1)
# annot:annot 默认为 False，当 annot 为 True 时，在 heatmap 中每个方格写入数据
```

由以上代码可以计算出每一个特征变量相互之间的相关系数，在 Jupyter Notebook 中运行代码，可视化结果如图 9-13 所示。

从以上相关性分析得到的相关系数图中可以看到，各变量之间的相关性都不是很强，可以排除多重共线性对结果的影响。接下来就可以进行模型分析的部分了，前面的步骤已经把数据处理成我们需要的"干净"的样子，下面将进行数据切分，将原始数据集划分为训练集和测试集。

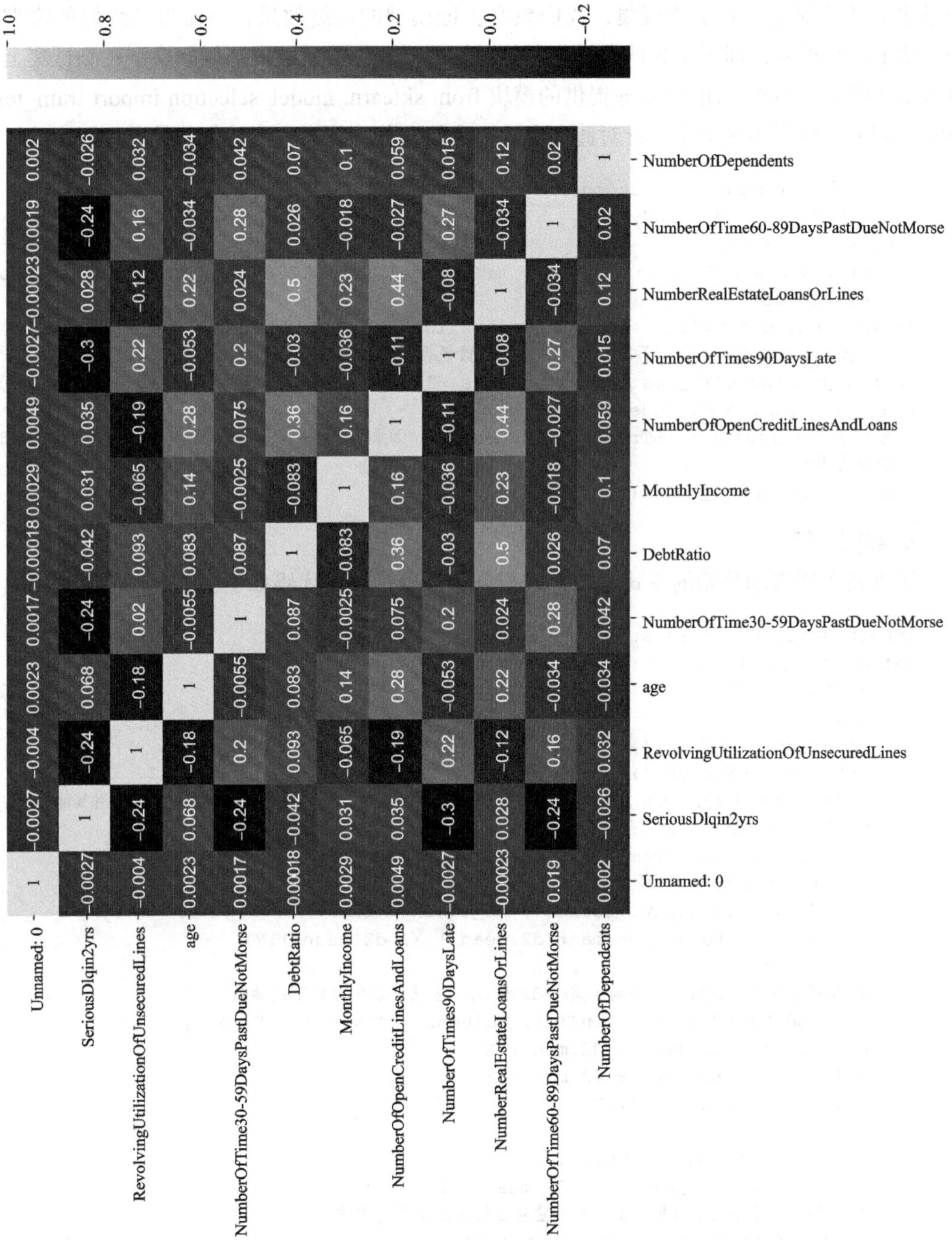

图 9-13 相关系数图

3. 数据集划分

我们可以使用训练集的数据来训练模型，然后用测试集上的误差作为最终模型在现实场景中的泛化误差。有了测试集，我们想要验证模型的最终效果，只需将训练好的模型在测试集上计算误差，即可认为此误差为泛化误差的近似，然后让训练好的模型在测试集上的误差最小即可。通常使用 sklearn 提供的模块 from sklearn.model_selection import train_test_split 来划分训练集和测试集，针对此次实验，我们划分训练集和测试集的代码如下：

```
from sklearn.model_selection import train_test_split
Y = data['SeriousDlqin2yrs']
X=data.iloc[:,1:]
X_train, X_test, Y_train, Y_test = train_test_split(X,Y,train_size = 0.8,random_
    state=100)
train = pd.concat([Y_train,X_train], axis =1)
# concat 函数是在 pandas 下的方法，可以将数据根据不同的轴进行简单的融合
test = pd.concat([Y_test,X_test], axis =1)
train = train.reset_index(drop=True)
# 经过 reset_index(drop=True)，可使 index 连续，如果不进行 reset_index(drop=True)，index
# 会变得不连续
test = test.reset_index(drop=True)
```

4. 数据分箱

下面将采用自动分箱的方式对数据进行分箱处理，具体代码如下：

```
import scipy.stats as stats
def monoto_bin(Y, X, n):
    # 相关系数初始化
    r = 0
    total_good = Y.sum()
    total_bad =Y.count()-total_good
    # 选择最佳分箱数量：从 n 自减，找到最大绝对值相关系数。这是一种经验做法，也可以使用其他分箱方法
    while np.abs(r) < 1:
        d1 = pd.DataFrame({"X": X, "Y": Y, "Bucket": pd.qcut(X, n)})
        # 次数 n 代表分箱的个数，每个分箱内数据个数相等
        d2 = d1.groupby('Bucket', as_index = True)
        r, p = stats.spearmanr(d2.mean().X, d2.mean().Y)
        n = n - 1
    # 循环完成后，此时同时得到了某个 d2 和 n, d2 就是最佳分箱下的参数
    d3 = pd.DataFrame(d2.min().X, columns = ['min_' + X.name])
    d3['min_' + X.name] = d2.min().X
    d3['max_' + X.name] = d2.max().X
    d3[Y.name] = d2.sum().Y

    d3['total'] = d2.count().Y
    # d3[Y.name + '_rate'] = d2.mean().Y
    # 好坏比，求 WOE, 证排权重, 自变量对目标变量是否有影响
    d3['goodattr']=d3[Y.name]/total_good
    # goodattr 的计算方式是每个箱子里的好客户数量 / 数据集里总的好客户数量
    d3['badattr']=(d3['total']-d3[Y.name])/total_bad
```

```python
        # badattr 的计算方式是每个箱子里的坏客户数量/数据集里总的坏客户数量
        d3['woe'] = np.log(d3['goodattr']/d3['badattr'])
        # 之所以这样设置公式,是根据逻辑回归来定义的
        # iv(information value,信息值),自变量对于目标变量的影响程度
        # iv 表示特征的预测能力,如果分箱后好坏样本所占的比例相差不大,就失去了预测能力
        # 该公式相当于求内积之和
        iv = ((d3['goodattr']-d3['badattr'])*d3['woe']).sum()
        d4 = (d3.sort_values(by = 'min_' + X.name)).reset_index(drop = True)
        print ("=" * 80)
        print (d4)
        cut = []                                # 存放箱段节点
        cut.append(float('-inf'))               # 在列表前加 -inf
        for i in range(1,n+1):                  # n 是前面分箱的分割数,所以分成 n+1 份
            qua =X.quantile(i/(n+1))            # quantile 为分数,得到的是每个分箱的节点
            cut.append(round(qua,4))            # quantile 为分数,得到的是每个分箱的节点
        cut.append(float('inf'))                # 在列表后加 inf
        woe = list(d4['woe'].round(3))
        return d4,iv,cut,woe
    # cut 是对 X 取它的四分位,因为 Y 只有 0/1 也不能取四分位。n=3 因为最后有 n-1,所以实际上是
    # 分成了四个桶,woe 是四个值。goodattribute 表示好的属性
```

能自动分箱的特征变量有 RevolvingUtilizationOfUnsecuredLines、age、DebtRatio、MonthlyIncome、NumberOfOpenCreditLinesAndLoans,将它们进行自动分箱:

```python
dfx1,ivx1,cutx1,woex1 = monoto_bin(data['SeriousDlqin2yrs'],data
    ['RevolvingUtilizationOfUnsecuredLines'],n = 10)
dfx2,ivx2,cutx2,woex2 = monoto_bin(data['SeriousDlqin2yrs'],data['age'],n = 10)
dfx4,ivx4,cutx4,woex4 = monoto_bin(data['SeriousDlqin2yrs'],data
    ['DebtRatio'],n = 10)
dfx5,ivx5,cutx5,woex5 = monoto_bin(data['SeriousDlqin2yrs'],data
    ['MonthlyIncome'],n = 10)
dfx6,ivx6,cutx6,woex6 = monoto_bin(data['SeriousDlqin2yrs'],data
    ['NumberOfOpenCreditLinesAndLoans'],n = 10)
```

分箱结果如图 9-14 所示。

对于不能用最优分段处理的变量,采用自定义分箱的方式对其进行等距分段,在 Jupyter Notebook 中运行如下代码:

```python
import scipy.stats as stats
def self_bin(x,y,cut):                          # x 为待分箱的变量,y 为 target 变量,cut 为
                                                # 自定义的分箱 (list)
    total = y.count()                           # 计算总样本数
    bad = y.sum()                               # 计算坏样本数
    good = y.count()-y.sum()                    # 计算好样本数
    d1 = pd.DataFrame({'x':x,'y':y,'bucket':pd.cut(x,cut)})
    d2 = d1.groupby('bucket',as_index=True)     # 按照分箱结果进行分组聚合
    d3 = pd.DataFrame(d2.x.min(),columns=['min_bin'])
    d3['min_bin'] = d2.x.min()                  # 箱体的左边界
    d3['max_bin'] = d2.x.max()                  # 箱体的右边界
    d3['bad'] = d2.y.sum()                      # 每个箱体中坏样本的数量
    d3['total'] = d2.y.count()                  # 每个箱体的总样本数
```

```
    min_RevolvingUtilizationOfUnsecuredLines \
0                                   0.000000
1                                   0.043661
2                                   0.207988
3                                   0.602190

    max_RevolvingUtilizationOfUnsecuredLines  SeriousDlqin2yrs  total \
0                                   0.043660             22078  22576
1                                   0.207983             21973  22576
2                                   0.602073             21250  22575
3                                   1.000000             18869  22576

   goodattr   badattr       woe
0  0.262302  0.081200  1.172582
1  0.261055  0.098321  0.976498
2  0.252465  0.216044  0.155790
3  0.224177  0.604435 -0.991857

   min_age  max_age  SeriousDlqin2yrs  total  goodattr   badattr       woe
0       21       32             10444  11539  0.124082  0.178542 -0.363881
1       33       38             10174  11078  0.120874  0.147399 -0.198393
2       39       43             11115  12086  0.132054  0.155063 -0.160818
3       44       47             10220  10988  0.121421  0.125224 -0.030842
4       48       51             10732  11524  0.127504  0.129137 -0.012731
5       52       55             10086  10756  0.119829  0.109245  0.092471
6       56       60             11870  12461  0.141024  0.096364  0.380799
7       61       64              9529   9891  0.113211  0.059025  0.651296

   min_DebtRatio  max_DebtRatio  SeriousDlqin2yrs  total  goodattr  badattr \
0            0.0            1.0             84170  90303       1.0      1.0

   woe
0  0.0

   min_MonthlyIncome  max_MonthlyIncome  SeriousDlqin2yrs  total  goodattr \
0                0.0             2706.0             10209  11288  0.121290
1             2707.0             3800.0             10518  11574  0.124961
2             3801.0             4800.0             10288  11211  0.122229
3             4801.0             5833.0             10398  11160  0.123536
4             5834.0             7000.0             11172  11912  0.132731
5             7001.0             8583.0             10100  10653  0.119995
6             8584.0            11100.0             10704  11247  0.127171
7            11101.0           835040.0             10781  11258  0.128086

    badattr       woe
0  0.175933 -0.371920
1  0.172183 -0.320555
2  0.150497 -0.208050
3  0.124246 -0.005732
4  0.120659  0.095361
5  0.090168  0.285778
6  0.088537  0.362109
7  0.077776  0.498870

   min_NumberOfOpenCreditLinesAndLoans  max_NumberOfOpenCreditLinesAndLoans \
0                                    0                                   57

   SeriousDlqin2yrs  total  goodattr  badattr  woe
0             84170  90303       1.0      1.0  0.0
```

图 9-14 分箱结果

```python
d3['bad_rate'] = d3['bad']/d3['total']      # 每个箱体中坏样本所占总样本数的比例
d3['badattr'] = d3['bad']/bad                # 每个箱体中坏样本所占坏样本总数的比例
d3['goodattr'] = (d3['total'] - d3['bad'])/good  # 每个箱体中好样本所占好样本
                                             # 总数的比例
d3['woe'] = np.log(d3['goodattr']/d3['badattr'])  # 计算每个箱体的 woe 值
iv = ((d3['goodattr']-d3['badattr'])*d3['woe']).sum()  # 计算变量的 iv 值
d4 = (d3.sort_values(by = 'min_bin')).reset_index(drop=True)  # 对箱体从大到
                                             # 小进行排序
print('分箱结果：')
print(d4)
```

```python
    print('IV值为：')
    print(iv)
    woe = list(d4['woe'].round(3))
    return d4,iv,woe

pinf = float('inf')                                    # 正无穷大
ninf = float('-inf')                                   # 负无穷大
cutx3 = [ninf, pinf]
cutx7 = [ninf, 0, pinf]
cutx8 = [ 0, pinf]
cutx9 = [ninf, 0, pinf]
cutx10 = [0,pinf]
dfx3, ivx3,woex3 = self_bin(data['SeriousDlqin2yrs'],data
    ['NumberOfTime30-59DaysPastDueNotWorse'],cutx3)
dfx7, ivx7,woex7 = self_bin(data['SeriousDlqin2yrs'],data
    ['NumberOfTimes90DaysLate'],cutx7)
dfx8, ivx8,woex8 = self_bin(data['SeriousDlqin2yrs'],data
    ['NumberRealEstateLoansOrLines'],cutx8)
dfx9, ivx9,woex9 = self_bin(data['SeriousDlqin2yrs'],data
    ['NumberOfTime60-89DaysPastDueNotWorse'],cutx9)
dfx10, ivx10,woex10 = self_bin(data['SeriousDlqin2yrs'],data
    ['NumberOfDependents'],cutx10)
```

结果如图 9-15 所示。

```
分箱结果：
   min_bin  max_bin   bad  total  bad_rate  badattr  goodattr       woe
0        0        1 23442  90303  0.259593      1.0       1.0       0.0
IV值为：
0.0
分箱结果：
   min_bin  max_bin   bad  total  bad_rate   badattr  goodattr       woe
0        0        0  3713   6133  0.605413  0.456928  0.029449 -2.741879
1        1        1  4413  84170  0.052430  0.543072  0.970551  0.580623
IV值为：
1.420302498764587
分箱结果：
   min_bin  max_bin   bad  total  bad_rate   badattr  goodattr       woe
0        1        1 89600  84170  1.064512  0.939302  1.067427  0.127869
IV值为：
0.0163832489225186l3
分箱结果：
   min_bin  max_bin   bad  total  bad_rate   badattr  goodattr       woe
0        0        0  2133   6133  0.347791   0.36257  0.047382 -2.034973
1        1        1  3750  84170  0.044553   0.63743  0.952618  0.401770
IV值为：
0.7680318337016258
分箱结果：
   min_bin  max_bin         bad  total  bad_rate   badattr  goodattr    \
0        1        1  82026.513897 84170  0.974534  0.924026  1.398973
        woe
0  0.414754
IV值为：
0.19698613997418993
```

图 9-15 分箱结果

5. 计算 IV 值

下面将计算每个变量的 IV 值并将结果进行可视化，在 Jupyter Notebook 中运行如下代码：

```
ivlist=[ivx1,ivx2,ivx3,ivx4,ivx5,ivx6,ivx7,ivx8,ivx9,ivx10]   # 各变量 IV
index=['x1','x2','x3','x4','x5','x6','x7','x8','x9','x10']    # x 轴的标签
fig1 = plt.figure(1)
ax1 = fig1.add_subplot(1, 1, 1)
# 在一个大的画图空间 fig 中，前两个参数 1 和 1 分别代表子图的行数和列数，也就是我们现在生成了
# 1x1 图像，最后一个参数 1 代表第 1 个子图
x = np.arange(len(index))+1                                    # 设置 x 轴柱子的个数
ax1.bar(x, ivlist, width=0.5)                                  # 生成柱状图
ax1.set_xticks(x)                                              # 设置 x 轴的刻度
ax1.set_xticklabels(index, rotation=0, fontsize=12)
ax1.set_ylabel('IV(Information Value)', fontsize=12)
# 在柱状图上添加数字标签
for a, b in zip(x, ivlist):
    plt.text(a, b + 0.01, '%.4f' % b, ha = 'center', va = 'bottom', fontsize = 9)
    # ha='center' 点在注释右边 (right,center,left)，
    # va='bottom' 点在注释底部 ('top', 'bottom', 'center', 'baseline')
plt.show()
```

各变量的 IV 值计算结果如图 9-16 所示。

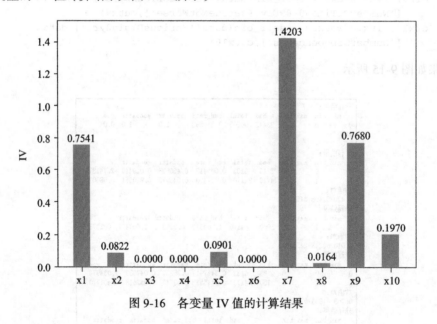

图 9-16　各变量 IV 值的计算结果

9.4.4　模型分析

对数据集的探索性分析结束后，我们将对模型进行分析，首要处理的问题就是将我们前面计算出来的 WOE 值转换到分箱处理后的数据集中去。

1. WOE 转换

建立模型之前，我们需要将筛选后的变量转换为 WOE 值，便于信用评分，具体 WOE 转换的代码如下所示：

```python
# 建立模型之前,我们需要将筛选后的变量转换为 WOE 值,便于信用评分
# 替换成 WOE 函数
def replace_woe(series,cut,woe):
    list=[]
    i=0
    while i<len(series):
        try:
            value=series[i]
        except:
            i += 1
            continue
        j=len(cut)-2
        m=len(cut)-2
        while j>=0:
            if value>=cut[j]:
                j=-1
            else:
                j -=1
                m -= 1
        list.append(woe[m])
        i += 1
    return list

# 训练集替换成 WOE
train['RevolvingUtilizationOfUnsecuredLines'] = pd.Series(replace_woe(train
                ['RevolvingUtilizationOfUnsecuredLines'], cutx1, woex1))
train['age'] = pd.Series(replace_woe(train['age'], cutx2, woex2))
train['NumberOfTime30-59DaysPastDueNotWorse'] = pd.Series(replace_woe(train
                ['NumberOfTime30-59DaysPastDueNotWorse'], cutx3, woex3))
train['DebtRatio'] = pd.Series(replace_woe(train['DebtRatio'], cutx4, woex4))
train['MonthlyIncome'] = pd.Series(replace_woe(train
                ['MonthlyIncome'], cutx5, woex5))
train['NumberOfOpenCreditLinesAndLoans'] = pd.Series(replace_woe(train
                ['NumberOfOpenCreditLinesAndLoans'], cutx6, woex6))
train['NumberOfTimes90DaysLate'] = pd.Series(replace_woe(train
                ['NumberOfTimes90DaysLate'], cutx7, woex7))
train['NumberRealEstateLoansOrLines'] = pd.Series(replace_woe(train
                ['NumberRealEstateLoansOrLines'], cutx8, woex8))
train['NumberOfTime60-89DaysPastDueNotWorse'] = pd.Series(replace_woe(train
                ['NumberOfTime60-89DaysPastDueNotWorse'], cutx9, woex9))
train['NumberOfDependents'] = pd.Series(replace_woe(train
                ['NumberOfDependents'], cutx10, woex10))
train.dropna(how = 'any')
train.to_csv('WoeData.csv', index=False)

# 测试集替换成 WOE
test['RevolvingUtilizationOfUnsecuredLines'] = pd.Series(replace_woe(test
                ['RevolvingUtilizationOfUnsecuredLines'], cutx1, woex1))
test['age'] = pd.Series(replace_woe(test['age'], cutx2, woex2))
test['NumberOfTime30-59DaysPastDueNotWorse'] = pd.Series(replace_woe(test
                ['NumberOfTime30-59DaysPastDueNotWorse'], cutx3, woex3))
```

```python
test['DebtRatio'] = pd.Series(replace_woe(test['DebtRatio'], cutx4, woex4))
test['MonthlyIncome'] = pd.Series(replace_woe(test['MonthlyIncome'], cutx5, woex5))
test['NumberOfOpenCreditLinesAndLoans'] = pd.Series(replace_woe(test
            ['NumberOfOpenCreditLinesAndLoans'], cutx6, woex6))
test['NumberOfTimes90DaysLate'] = pd.Series(replace_woe(test
            ['NumberOfTimes90DaysLate'], cutx7, woex7))
test['NumberRealEstateLoansOrLines'] = pd.Series(replace_woe(test
            ['NumberRealEstateLoansOrLines'], cutx8, woex8))
test['NumberOfTime60-89DaysPastDueNotWorse'] = pd.Series(replace_woe(test
            ['NumberOfTime60-89DaysPastDueNotWorse'], cutx9, woex9))
test['NumberOfDependents'] = pd.Series(replace_woe(test
            ['NumberOfDependents'], cutx10, woex10))
test.dropna(how = 'any')
```

进行 WOE 转换过后的数据集如图 9-17 所示。

	SeriousDlqin2yrs	SeriousDlqin2yrs	RevolvingUtilizationOfUnsecuredLines	age	NumberOfTime30-59DaysPastDueNotWorse	DebtRatio	MonthlyIncome	NumberOfOpenCr
0	1	1		-0.992	-0.364	0.0	0.0	-0.208
1	1	1		1.173	0.092	0.0	0.0	0.286
2	1	1		-0.992	0.381	0.0	0.0	0.499
3	1	1		0.976	-0.198	0.0	0.0	0.095
4	1	1		1.173	-0.364	0.0	0.0	-0.372
...	...	...	...	...	...	...	...	...
18056	1	1		0.156	-0.161	0.0	0.0	0.095
18057	1	1		1.173	-0.031	0.0	0.0	0.499
18058	1	1		0.156	-0.013	0.0	0.0	-0.372
18059	1	1		-0.992	0.651	0.0	0.0	0.286
18060	1	1		0.976	-0.031	0.0	0.0	0.286

18061 rows × 12 columns

图 9-17 WOE 转换过后的数据

2. 根据 IV 值筛选变量

由于 IV 值是一个反映变量解释能力的指标，由以上各变量的 IV 值可以看出，NumberOfTime30-59DaysPastDueNotWorse、DebtRatio、MonthlyIncome、NumberOfOpenCreditLinesAndLoans、NumberRealEstateLoansOrLines 这五个变量的 IV 值太小，说明其对目标变量的解释能力不够，所以可以剔除。代码如下：

```python
train_X =X_train.drop(['NumberOfTime30-59DaysPastDueNotWorse',
            'DebtRatio','MonthlyIncome','NumberOfOpenCreditLinesAndLoans',
            'NumberRealEstateLoansOrLines'],axis=1)
test_X =X_test.drop(['NumberOfTime30-59DaysPastDueNotWorse',
            'DebtRatio','MonthlyIncome','NumberOfOpenCreditLinesAndLoans',
            'NumberRealEstateLoansOrLines'],axis=1)
```

3. 建立逻辑回归模型

接下来建立逻辑回归模型对 WOE 转换过的数据集做回归处理，具体代码如下：

```
from sklearn.metrics import roc_curve, auc
import statsmodels.api as sm     # 最小二乘
X_train = train_X
y_train = Y_train
X_test= test_X
y_test= Y_test
X_train = sm.add_constant(X_train)
# sm.add_constant 函数执行最小二乘法的线性回归，给 X_train 添加一个截距列
logit = sm.Logit(y_train,X_train)
result = logit.fit()
print(result.summary2())
```

回归结果如图 9-18 所示。

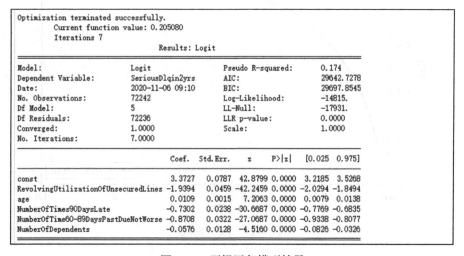

图 9-18　逻辑回归模型结果

由回归结果也能看出，我们筛选过后留下来的变量 RevolvingUtilizationOfUnsecure-dLines、age、NumberOfTimes90DaysLate、NumberOfTime60-89DaysPastDueNotWorse、NumberOfDependents 均通过了显著性检验，并且其系数分别为 −1.9394、0.0109、−0.7302、−0.8708、−0.0576，常数项系数为 3.3727。

4. 模型检验

我们用 ROC 曲线和 AUC 值对上述模型进行检验，在 Jupyter Notebook 中运行如下代码：

```
from sklearn.metrics import roc_curve, auc
X2 = sm.add_constant(X_test)
resu = result.predict(X2)
FPR,TPR,threshold = roc_curve(y_test,resu)
ROC_AUC = auc(FPR,TPR)
plt.plot(FPR, TPR, 'b', label='AUC = %0.2f' % ROC_AUC)
```

```python
plt.legend(loc='lower right')
plt.plot([0, 1], [0, 1], 'r--')
plt.xlim([0, 1])              # 限制 x 轴的取值范围
plt.ylim([0, 1])              # 限制 y 轴的取值范围
plt.ylabel('TPR')
plt.xlabel('FPR')
plt.show()
```

画出的 ROC 曲线如图 9-19 所示。

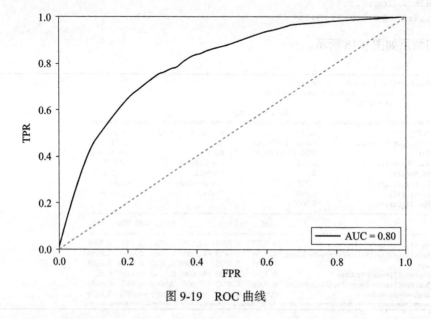

图 9-19 ROC 曲线

由 ROC 曲线就能得到相应的 AUC 值，在我们所绘的 ROC 曲线中，AUC 值即为图中所示曲线下面的面积，为 0.80，说明我们模型的拟合效果还是不错的。

9.4.5 建立信用评分卡

鉴于模型评估的结果不错，接下来我们就可以建立信用评分卡了。具体建立过程在 9.3.7 节介绍过，这里不再赘述。我们取 600 分为基础分值，PDO 为 20（每高 20 分好坏比翻一倍），好坏比取 20。在 Jupyter Notebook 中运行如下代码：

```python
# 我们取 600 分为基础分值，PDO 为 20（每高 20 分好坏比翻一倍），好坏比取 20
import math
p = 20 / math.log(2)                                          # 比例因子
q = 600 - 20 * math.log(20) / math.log(2)                     # 等于 offset, 偏移量
coe=[3.3727, -1.9394,  0.0109, -0.7302, -0.8708, -0.0576]     # 回归系数
baseScore = round(q + p * coe[0], 0)
# 个人总评分 = 基础分 + 各部分得分
# 因为第一个是常数项
# 构建评分卡时候只需要选出那些 IV 值高的特征就行，最后相加得到总分
```

```
# 计算分数函数
def get_score(coe,woe,factor):
    scores=[]
    for w in woe:
        score=round(coe*w*factor,0)
        scores.append(score)
return scores

# 各项部分分数
x1 = get_score(coe[1], woex1, p)
x2 = get_score(coe[2], woex2, p)
x7 = get_score(coe[3], woex7, p)
x9 = get_score(coe[4], woex9, p)
x10 = get_score(coe[5], woex10, p)
```

我们可以进一步查看所选变量各个分箱的分数，结果如图 9-20 所示。

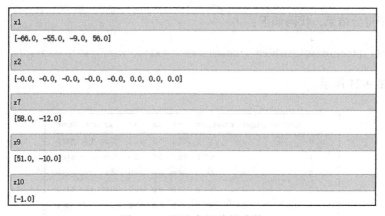

图 9-20　所选变量分箱分数

接下来我们根据所选的 x_1、x_2、x_7、x_9、x_{10} 这五个变量来计算测试集客户的信用分数，代码如下：

```
# 根据变量计算分数
def compute_score(series,cut,score):
    list = []
    i = 0
    while i < len(series):
        value = series[i]
        j = len(cut) - 2
        m = len(cut) - 2
        while j >= 0:
            if value >= cut[j]:
                j = -1
            else:
                j -= 1
```

```
                m -= 1
            list.append(score[m])
            i += 1
    return list
# j是移动光标, m跟着j, 用于确定数
# list 就是在x1 里面挑一个值, 这个值与series[i] 对应
from pandas import Series
test['BaseScore']=Series(np.zeros(len(test))) + baseScore
test['x1'] = Series(compute_score(test['RevolvingUtilizationOfUnsecuredLines'],
    cutx1, x1))
test['x2'] = Series(compute_score(test['age'], cutx2, x2))
test['x7'] = Series(compute_score(test['NumberOfTimes90DaysLate'], cutx7, x7))
test['x9'] = Series(compute_score(test['NumberOfTime60-89DaysPastDueNotWorse'],
    cutx9, x9))
test['x10'] = Series(compute_score(test['NumberOfDependents'], cutx10, x10))
test['Score'] = test['x1'] + test['x2'] + test['x7'] + test['x9'] +test['x10']  + baseScore
test.to_csv('ScoreData.csv', index=False)
```

查看信用得分结果，代码如下：

```
test.loc[:,['SeriousDlqin2yrs','BaseScore', 'x1', 'x2', 'x7', 'x9', 'x10', 'Score']]
```

结果如图9-21所示。

	SeriousDlqin2yrs	BaseScore	x1	x2	x7	x9	x10	Score
0	1	611.0	-66.0	-0.0	-12.0	-10.0	-1.0	522.0
1	1	611.0	56.0	-0.0	-12.0	-10.0	-1.0	644.0
2	1	611.0	-66.0	-0.0	-12.0	-10.0	-1.0	522.0
3	1	611.0	56.0	-0.0	-12.0	-10.0	-1.0	644.0
4	1	611.0	56.0	-0.0	-12.0	-10.0	-1.0	644.0
...	...	...	...	...	...	...	...	...
18056	1	611.0	-55.0	-0.0	-12.0	-10.0	-1.0	533.0
18057	1	611.0	56.0	-0.0	-12.0	-10.0	-1.0	644.0
18058	1	611.0	-55.0	-0.0	-12.0	-10.0	-1.0	533.0
18059	1	611.0	-66.0	-0.0	-12.0	-10.0	-1.0	522.0
18060	1	611.0	56.0	-0.0	-12.0	-10.0	-1.0	644.0

18061 rows × 8 columns

图9-21　信用评分结果

我们再看一下测试集客户信用得分的总体情况：

```
test_2 = test.loc[:,['SeriousDlqin2yrs','BaseScore', 'x1', 'x2', 'x7', 'x9', 'x10',
    'Score']]
test_2.describe()
```

结果如图9-22所示。

	SeriousDlqin2yrs	BaseScore	x1	x2	x7	x9	x10	Score
count	18061.000000	18061.0	18061.000000	18061.0	18061.0	18061.0	18061.0	18061.000000
mean	0.932064	611.0	-2.482033	0.0	-12.0	-10.0	-1.0	585.517967
std	0.251644	0.0	58.384387	0.0	0.0	0.0	0.0	58.384387
min	0.000000	611.0	-66.000000	-0.0	-12.0	-10.0	-1.0	522.000000
25%	1.000000	611.0	-66.000000	-0.0	-12.0	-10.0	-1.0	522.000000
50%	1.000000	611.0	-55.000000	-0.0	-12.0	-10.0	-1.0	533.000000
75%	1.000000	611.0	56.000000	-0.0	-12.0	-10.0	-1.0	644.000000
max	1.000000	611.0	56.000000	-0.0	-12.0	-10.0	-1.0	644.000000

图 9-22 客户信用得分

由图 9-22 可知，测试集客户得分的最小值为 522 分，中位数为 533，最大值为 644。至此，我们就可以根据每一位客户的信用得分判断他的信用水平，作为商业银行或者其他信贷机构对其信用度判断的一个参考。

9.5 习题

一、判断题

1. k–近邻法要求计算样本间的距离，还要求每个样本的维数必须相同。（　　）
2. 线性回归方程中因变量的取值范围是 0 到 $+\infty$。（　　）
3. 逻辑回归模型在信用评分领域是使用最广泛的模型之一。（　　）
4. 用来解决信用评分问题的神经网络可以视为一个对线性组合后变量进行非线性变换，再循环线性组合、非线性变换的一种方法。（　　）
5. 逻辑回归是由线性回归进化而来的。（　　）

二、选择题

1. 关于 k–近邻算法，下列叙述正确的是（　　）。
   A. k–近邻判别分析方法是一种常用的参数模式识别方法
   B. k–近邻判别分析方法最初是由 Cover 和 Hart 于 1986 年提出来的
   C. k–近邻判别分析方法通常被用来解决概率密度函数的估计和分类问题
   D. k–近邻判别分析方法不能对不规则变量进行建模
2. 评价一个模型最简单也最常用的指标是（　　）。
   A. 召回率　　　　　　B. 准确率　　　　　　C. 精度　　　　　　D. AUC 值
3. 下列关于 best-KS 说法正确的是（　　）。
   A. KS 值越大，表示该变量正、负客户的区分程度越小
   B. 通常来说，KS<0.2 即表示特征有较好的准确率
   C. KS 值越大，表示该变量正、负客户的区分程度越大

D. best-KS 对于连续型变量来说，分箱后的 KS 值大于等于分箱前的 KS 值
4. 下列关于神经网络算法说法正确的是（　　）。
   A. 神经网络是一种模仿人脑信息加工过程的智能化信息处理技术
   B. 神经网络具有自组织性、自适应性以及较强的稳健性
   C. BP 神经网络的输入和输出关系是一个高度线性的映射关系
   D. 神经网络能够很好地处理那些数据结构不太清楚的情况，但其训练样本时间较长
5. 常用有监督数据分箱方法主要有（　　）。
   A. best-KS 分箱　　　　B. 等频分箱　　　　C. 卡方分箱　　　　D. 等距分箱

三、填空题

1. 神经网络模型的类型较多，代表性的神经网络模型有_____、_____、_____、_____等。
2. 在建立信用评分卡模型时需要对连续变量进行离散化，离散化通常采用_____方法。
3. 聚类分箱过程中需要保证分箱的_____性。
4. 线性回归模型的输出值 y 是_____型变量，值域为_____，而逻辑回归的输出值 y 是_____型变量，值域为_____。
5. 分类问题常用的几个模型评价指标是_____、_____、_____、_____、_____。

四、简答题

1. 请简单描述一下线性规划方法应用在信用评分时的基本思路。
2. 请简述信用评分建模的基本流程。
3. 数据分箱的重要性及其优势主要体现在哪里？
4. 请简述卡方分箱的基本思想。
5. 请说明为什么选择 IV 值而不选择 WOE 值作为筛选变量的指标？

第 10 章

个人信用等级评估

信用评级也叫资信评级,是银行或专业评估机构,根据申请人提交的资料和以往的业务情况,进行审查后给出的信用等级评估(偿债能力和偿债意愿的级别结果)。信用等级一般用特定符号表示,目前国内主要采用"三等九级制",即将个人或企业的信用等级划分为三等九级。

信用等级设置是评估信息表达和传输的方式,如果等级符号复杂难辨,含义说明晦涩难懂,那么这样的评估方法就没有意义。因此,有必要对信用等级进行科学合理的设置,与此同时,信用等级的设置还应该简单明了,具有大众性及可理解性。

本章将详细介绍个人信用等级评估的背景、技术与方法,并结合实例进行分析,让读者更加清晰地了解个人信用等级评估的过程,便于展开后续章节的学习。

本章重点如下:
- 了解个人信用评级的背景;
- 掌握信用评估的技术与方法。

10.1 概述

当前,一些地区的信用问题已经成为商业银行开展消费信贷过程的"瓶颈"。一方面,消费者去银行申请购房、购车等个人消费贷款的时候,银行的一系列手续加上抵押担保等让人感到非常麻烦。另一方面,银行担心本金无归,不敢发放信贷资金。对银行来说,只有存单质押、房产抵押才能更好地保证信贷资金安全有效地运行。个人信用制度不健全的问题已经严重制约了个人消费贷款业务的开展。而个人信用等级评估为银行和消费者架起了相互了解的桥梁，消费者无须质押、抵押和担保，只凭自己的信用就能贷款消费。商业银行及其他金融机构也解除了后顾之忧，贷款可选择客户将越来越宽广。

为此，大力发展个人信用等级评估制度已迫在眉睫，无论是银行还是消费者都在呼唤信用等级制度的出台。目前，一些地方性和行业性的信用等级评估制度已经出现，为开展个人信用等级评估做出了大胆的尝试和积极的探索。那么，个人信用等级评估到底是什么？它的好处又是什么？

个人信用等级评估是指对个人在经济活动中的赊销预付、承诺延期付款行为，货币资金的借贷等活动，以及履行义务、承担债务的资质和信誉，以量化的形式进行计分评判，所得出的等级标准。目前，我国一般是由资信咨询公司或商业银行对消费者的信用等级进行评估。以中国建设银行为例，个人信用等级评估是以个人的自然情况、职业情况、家庭情况与建行关系四个方面，共19个项目，分72档分值进行逐项逐档打分。根据不同的分值，申请者将享受不同的个人信用贷款额度。所以，可以说个人信用等级评估已经成为消费者的"经济身份证"，得多少分，信用程度为哪个级别，这些都将直接影响消费者能否在商业银行中申请贷款以及享受信用贷款额度的多少。同时，个人信用等级评估也并非一蹴而就、一成不变的。一旦有不良信用记录，将在较长时间内导致个人信用链条的断裂，给个人申请消费信贷带来困难。

个人信用等级评估的好处有以下四点。

（1）增强信用意识，提高社会信用水平

个人信用不仅仅是个人行为，也是公共行为。随着市场经济的发展，个体与社会的关联越来越紧密。不讲信用是对自身品质的危害，失信行为越多，失信者的社会地位也会随之逐渐降低，慢慢失去生存的空间。这就促使个人不得不注意自己的社会形象，努力去提高自己的信用程度，从而逐步渗透到社会的各行各业，使我国的信用水平有一个较大的提高。

（2）促进内需，推动国民经济的持续发展

目前有一些商品房空置卖不出去，也有一部分人买不到自己心仪的房子。为了解决这一矛盾，我们可以对消费者进行信用等级评估，用银行的信贷资金帮助消费者早日买到心仪的房子，同时也为房地产开发商提供了发展的机会。各商业银行制定的汽车消费贷款办法，让汽车迅速走进平常百姓家庭成为现实，也为汽车商带来很大的商机。同样，大额耐用品消费信贷业务和旅游贷款业务的开展，也可以给相关行业带来商机。可以说，通过个人信用等级评估可以解决消费者为贷款发愁的问题，也可以促使社会购买力迅速增长，对扩大内需将发挥十分重要的作用。

（3）改善商业银行的信贷结构，提高资产质量

长期以来，我国的信贷资金主要是投向企业单位，但企业单位又过分依赖信贷资金的扶持，自身造血功能不足。虽然近几年来进行了不良资产剥离，但降低不良资产比率仍然是各商业银行较为艰巨的任务。个人信用等级评估，将加大个人消费信贷的投入力度，逐渐削弱单一客户造成的影响，从而提高商业银行抵御风险的能力。同时，通过个人信用等级评

估，增强了社会信用透明度，使得商业银行对客户的了解有了很大的提高，贷款投向基本上是"有的放矢"，减少了因盲目操作而造成的损失。

（4）提高人们的生活水平

通过个人信用等级评估，使消费信贷走向千家万户，用明天的钱，圆今天的梦，人们将提前享受多年后才能享受到的物质生活。

10.2 个人信用等级评估方法

目前的个人信用等级评估方法，就是在对让个人资信状况全面考察的基础上，根据统一的评级指标体系和相应的评级程序，对其在各种商业往来、合作中履行承诺条件的兑现状况，以及信誉程度所进行的全方位评价。当前，一些商业银行纷纷进行数据集中，建立数据仓库，应用数据挖掘技术建立科学的个人信用评估模型，进而建立完善的个人信用评级机制，以降低个人信贷业务成本和风险。

10.2.1 决策树

在现实生活中，我们会遇到各种选择，不论是选择工作，还是挑选水果，都是基于以往的经验来做判断。如果把判断背后的逻辑整理成一个结构图，你会发现它实际上是一个树状图，这就是我们要讲的决策树。

决策树基本上就是把我们以前的经验总结出来。比如我们要出门打篮球，一般会根据天气、温度、湿度、刮风这几个条件来判断，如图 10-1 所示，最后得到结果：去打篮球（或者不去）。

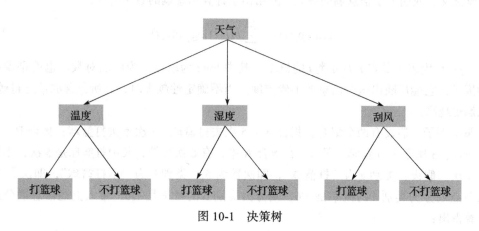

图 10-1 决策树

我们在做决策树的时候，会经历两个阶段：构造和剪枝。构造就是生成一棵完整的决策树。简单来说，构造的过程就是选择什么属性作为节点的过程，那么在构造过程中，会存在三种节点：

1）根节点：树的最顶端，最开始的那个节点。在图 10-1 中，天气就是一个根节点；
2）内部节点：树中间的那些节点，比如温度、湿度、刮风；
3）叶节点：树最底部的节点，也就是决策结果。

节点之间存在父子关系。比如根节点会有子节点，子节点会有子子节点，但是到了叶节点就停止了，叶节点不存在子节点。所以在构造过程中，我们要解决三个重要的问题：

- 选择哪个属性作为根节点；
- 选择哪些属性作为子节点；
- 什么时候停止并得到目标状态，即叶节点。

下面我们就以"要不要打篮球"为例来详细说明决策树的算法原理，使用的数据如表 10-1 所示。

表 10-1 是否打篮球数据集

天气	温度	湿度	刮风	是否打篮球
晴天	高	中	否	否
晴天	高	中	是	否
阴天	高	高	否	是
小雨	高	高	否	是
小雨	低	高	否	否
晴天	中	中	是	是
阴天	中	高	是	否

在信息论中，随机离散事件出现的概率存在不确定性。为了衡量这种信息的不确定性，信息学之父香农引入了信息熵的概念，并给出了计算信息熵的数学公式：

$$\text{Entropy}(t) = -\sum_{i=0}^{c-1} p(i|t) \log_2 p(i|t) \tag{10-1}$$

式中，$p(i|t)$ 代表了节点 t 为分类 i 的概率，其中 log2 为取以 2 为底的对数。也就是说存在一种度量，它能反映出这个信息的不确定度。当不确定性越大时，它所包含的信息量越大，信息熵也越高。

举个例子，假设有两个集合，集合 A：5 次去打篮球，1 次不去打篮球；集合 B：3 次去打篮球，3 次不去打篮球。那么，在集合 A 中，有 6 次决策，其中打篮球是 5 次，不打篮球是 1 次。假设：类别 a 为"打篮球"，即次数为 5；类别 b 为"不打篮球"，即次数为 1。那么节点划分为类别 a 的概率是 5/6，划分为类别 b 的概率是 1/6，带入上述信息熵公式可以计算得出：

$$\text{Entropy}(t) = -(1/6)\log_2(1/6) - (5/6)\log_2(5/6) = 0.65 \tag{10-2}$$

同样，在集合 B 中，一共也有 6 次决策，其中"打篮球"的次数是 3，"不打篮球"的次数也是 3，则可以计算得出信息熵为：

$$\text{Entropy}(t) = -(3/6)\log_2(3/6) - (3/6)\log_2(3/6) = 1 \quad (10\text{-}3)$$

可以看出，信息熵越大，纯度越低。当集合中的所有样本均匀混合时，信息熵最大，纯度最低。构造决策树时会基于纯度来构建。而经典的"不纯度"的指标有三种，分别是信息增益（ID3算法）、信息增益率（C4.5算法）以及基尼系数（CART算法）。

1. 信息增益

信息增益是以某特征划分数据集前后的熵的差值，熵可以表示样本集合的不确定性，熵越大，样本的不确定性越大。因此可以使用划分前后集合熵的差值来衡量使用当前特征对于样本集合 D 划分效果的好坏。计算公式可以表示为：

$$\text{Gain}(D \mid a) = \text{Entropy}(D) - \sum_{i=1}^{k} \frac{|D_i|}{D} \text{Entropy}(D_i) \quad (10\text{-}4)$$

式中，D 是父亲节点，D_i 是子节点，$\text{Gain}(D \mid a)$ 中的 a 作为 D 节点的属性选择。

假设 D：天气晴的时候，会有 5 次去打篮球，5 次不打篮球。D_1：晴天且刮风的时候，有 2 次打篮球，1 次不打篮球。D_2：晴天且不刮风的时候，有 3 次打篮球，4 次不打篮球。那么 a 代表节点的属性，即天气 = 晴，如图 10-2 所示。

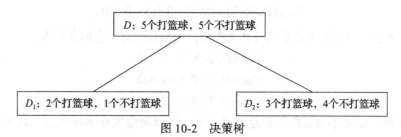

图 10-2　决策树

针对图 10-2 这个例子，D 作为节点的信息增益为：

$$\text{Gain}(D, a) = \text{Entropy}(D) - \left(\frac{3}{10} \text{Entropy}(D_1) + \frac{7}{10} \text{Entropy}(D_2) \right) \quad (10\text{-}5)$$

基于 ID3 的算法规则，完整地计算训练集。训练集中共有 7 条数据，3 个打篮球，4 个不打篮球，所以根节点的信息熵是：

$$\text{Ent}(D) = -\sum_{k=1}^{2} p_k \log_2 p_k = -\left(\frac{3}{7} \log_2 \frac{3}{7} + \frac{4}{7} \log_2 \frac{4}{7} \right) = 0.985 \quad (10\text{-}6)$$

如果你将天气作为属性的划分，会有三个叶子节点 D_1、D_2 和 D_3，分别对应的是晴天、阴天和小雨。我们用"+"代表去打篮球，"–"代表不去打篮球，那么第一条记录"晴天不去打篮球"，可以记为 1–，于是我们可以用下面的方式来记录 D_1、D_2、D_3：

$$D_1(\text{天气} = \text{晴天}) = \{1-, 2-, 6+\}$$
$$D_2(\text{天气} = \text{阴天}) = \{3+, 7-\}$$
$$D_3(\text{天气} = \text{小雨}) = \{4+, 5-\}$$

我们先分别计算三个叶子节点的信息熵：

$$\mathrm{Ent}(D_1) = -\left(\frac{1}{3}\log_2\frac{1}{3} + \frac{2}{3}\log_2\frac{2}{3}\right) = 0.918 \quad (10\text{-}7)$$

$$\mathrm{Ent}(D_2) = -\left(\frac{1}{2}\log_2\frac{1}{2} + \frac{1}{2}\log_2\frac{1}{2}\right) = 1.0 \quad (10\text{-}8)$$

$$\mathrm{Ent}(D_3) = -\left(\frac{1}{2}\log_2\frac{1}{2} + \frac{1}{2}\log_2\frac{1}{2}\right) = 1.0 \quad (10\text{-}9)$$

因为 D_1 有 3 个记录，D_2 有 2 个记录，D_3 有 2 个记录，所以 D 中的记录一共是 3 + 2 + 2 = 7，即总数为 7。D_1 在 D（父节点）中的概率是 3/7，D_2 在父节点的概率是 2/7，D_3 在父节点的概率是 2/7。那么作为子节点的归一化信息熵为：

$$\frac{3}{7}\mathrm{Entropy}(D_1) + \frac{2}{7}\mathrm{Entropy}(D_2) + \frac{2}{7}\mathrm{Entropy}(D_3) = \frac{3}{7}\cdot 0.918 + \frac{2}{7}\cdot 1 + \frac{2}{7}\cdot 1 = 0.965 \quad (10\text{-}10)$$

因为我们用 ID3 中的信息增益来构造决策树，所以要计算每个节点的信息增益。天气作为属性节点的信息增益为：

$$\mathrm{Gain}(D, 天气) = 0.985 - 0.965 = 0.020 \quad (10\text{-}11)$$

同理，我们可以计算出其他属性作为根节点的信息增益，它们分别为：

$$\mathrm{Gain}(D, 温度) = 0.128$$
$$\mathrm{Gain}(D, 湿度) = 0.020$$
$$\mathrm{Gain}(D, 刮风) = 0.020$$

可以看出，温度作为属性的信息增益最大，所以将温度作为根节点。其决策树分裂如图 10-3 所示。

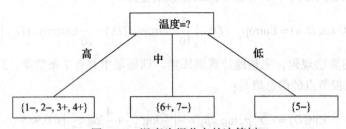

图 10-3　温度为根节点的决策树

然后将图 10-3 中第一个叶节点，也就是 $D_1 = \{1-, 2-, 3+, 4+\}$ 进一步分裂，往下划分，计算其不同属性（天气、湿度、刮风）作为节点的信息增益，可以得到：

$$\mathrm{Gain}(D, 天气) = 0$$
$$\mathrm{Gain}(D, 湿度) = 0$$
$$\mathrm{Gain}(D, 刮风) = 0.0615$$

可以看到刮风为 D_1 的节点可以得到最大的信息增益，所以这里选取刮风作为节点。同理，我们可以按照上面的计算步骤得到完整的决策树，结果如图 10-4 所示。

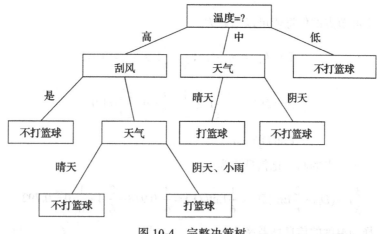

图 10-4　完整决策树

ID3 的算法规则相对简单，可解释性强，但它有一个缺陷：有些属性可能对分类任务没有太大作用，却仍然可能会被选为最优属性。这个缺陷不是每次都会发生，只是存在一定的概率。在大部分情况下，ID3 都能生成不错的决策树分类。

2. 信息增益率

我们再介绍一种在 ID3 算法基础上改进的 C4.5 算法，它采用信息增益率的方式来选择属性：

$$信息增益率 = 信息增益 / 属性熵$$

当属性有很多值的时候，相当于被划分成了许多份，虽然信息增益变大了，但是对于 C4.5 算法来说，属性熵也会变大，所以整体的信息增益率并不大。C4.5 算法还可以处理连续属性的情况，对连续的属性进行离散化的处理。假如我们得到表 10-2 所示数据。

表 10-2　是否打篮球数据集

ID	天气	温度	湿度	刮风	是否打篮球
1	晴天	—	中	否	否
2	晴天	高	中	是	否
3	阴天	高	高	否	是
4	小雨	高	高	否	是
5	小雨	低	高	否	否
6	晴天	中	中	是	是
7	阴天	中	高	是	否

与 ID3 算法类似，不考虑缺失的数值，可以得到温度 $D = \{2-, 3+, 4+, 5-, 6+, 7-\}$。温

度＝高：D_1 = {2−, 3+, 4+}；温度＝中：D_2 = {6+, 7−}；温度＝低：D_3 = {5−}。这里"+"号代表打篮球，"−"号代表不打篮球。比如 ID = 2 时，决策是不打篮球，我们可以记录为2−。

所以，三个叶节点的信息熵可以结算为：

$$\text{Ent}(D_1) = -\left(\frac{1}{3}\log_2\frac{1}{3} + \frac{2}{3}\log_2\frac{2}{3}\right) = 0.918 \quad (10\text{-}12)$$

$$\text{Ent}(D_2) = -\left(\frac{1}{2}\log_2\frac{1}{2} + \frac{1}{2}\log_2\frac{1}{2}\right) = 1.0 \quad (10\text{-}13)$$

$$\text{Ent}(D_3) = 0 \quad (10\text{-}14)$$

所以，这三个节点的归一化信息熵为：

$$\frac{3}{6}\text{Ent}(D_1) + \frac{2}{6}\text{Ent}(D_2) + \frac{1}{6}\text{Ent}(D_3) = \frac{3}{6}\cdot 0.918 + \frac{2}{6}\cdot 1 + \frac{1}{6}\cdot 0 = 0.792 \quad (10\text{-}15)$$

将属性选择为温度的信息增益率为：

$$\text{Gain}(D', 温度) = \text{Ent}(D') - 0.792 = 1.0 - 0.792 = 0.208 \quad (10\text{-}16)$$

D' 的样本个数为 6，而 D 的样本个数为 7，所以 D' 所占权重比例为 6/7，Gain（D', 温度）所占权重比例为 6/7，所以：

$$\text{Gain}(D, 温度) = \frac{6}{7}\cdot 0.208 = 0.178 \quad (10\text{-}17)$$

这样即使在温度属性的数值有缺失的情况下，我们依然可以计算信息增益，并对属性进行选择。

总而言之，ID3 算法方法简单，但是对噪声比较敏感。如果训练数据有少量错误，可能会产生决策树分类错误。C4.5 算法在 ID3 算法的基础上，用信息增益率代替了信息增益，解决了噪声敏感的问题，并且可以对构造树进行剪枝，处理连续数值、缺失值等，但是它需要对数据集进行多次扫描，算法效率相对较低。

3. 基尼系数

ID3 算法使用了信息增益选择特征，增益大的优先选择。C4.5 算法采用信息增益率选择特征，减少因特征值多导致信息增益大的问题。CART 分类树算法使用基尼系数来代替信息增益率，基尼系数代表了模型的不纯度，基尼系数越小，不纯度越低，特征越好。这与信息增益（率）相反。

假设有 K 个类别，第 K 个类别的概率为 P_k，概率分布的基尼系数表达式为：

$$\text{Gini}(p) = \sum_{k=1}^{K} p_k(1-p_k) = 1 - \sum_{k=1}^{K} p_k^2 \quad (10\text{-}18)$$

如果是二分类问题，第一个样本输出概率为 p，概率分布的基尼系数表达式为：

$$\text{Gini}(p) = 2p(1-p) \qquad (10\text{-}19)$$

对于样本 D，个数为 $|D|$，假设 K 个类别，第 k 个类别的数量为 $|C_k|$，样本 D 的基尼系数表达式：

$$\text{Gini}(D) = 1 - \sum_{k=1}^{K}\left(\frac{|C_k|}{|D|}\right)^2 \qquad (10\text{-}20)$$

对于样本 D，个数为 $|D|$，根据特征 A 的某个值 a，把 D 分成 $|D_1|$ 和 $|D_2|$，则在特征 A 的条件下，样本 D 的基尼系数表达式为：

$$\text{Gini}(D, A) = \frac{|D_1|}{|D|}\text{Gini}(D_1) + \frac{|D_2|}{|D|}\text{Gini}(D_2) \qquad (10\text{-}21)$$

CART 分类树算法每次仅对某个特征的值进行二分，而不是多分，所以其建立的是二叉树，而不是多叉树。

CART 回归树和 CART 分类树的建立类似，但也存在不同。

1）分类树与回归树的区别在于样本的输出，如果样本输出是离散值，这是分类树；样本输出是连续值，这是回归树。分类树的输出是样本的类别，回归树的输出是一个实数。

2）连续值的处理方法不同。

3）决策树建立之后做预测的方式不同。

同时，分类模型采用基尼系数的大小度量特征各个划分点的优劣。回归模型采用和方差度量，对于划分特征的划分点两边的数据集 D_1 和 D_2，求出使得 D_1 和 D_2 各自集合的均方差最小，同时 D_1 和 D_2 的均方差之和最小的值。对于决策树建立后做预测的方式，CART 分类树采用叶子节点里概率最大的类别作为当前节点的预测类别。CART 回归树采用叶子节点的均值或者中位数来预测输出结果。

不同模型有各自所对应的应用场景，ID3、C4.5、CART 算法对比如表 10-3 所示。

表 10-3 决策树算法比对

算法	支持模型	树结构	特征选择	连续值处理	缺失值处理	剪枝
ID3	分类	多叉树	信息增益	不支持	不支持	不支持
C4.5	分类	多叉树	信息增益率	支持	支持	支持
CART	分类、回归	二叉树	基尼系数 均方差	支持	支持	支持

10.2.2 随机森林

前面已经介绍了决策树，那么就很容易理解什么是随机森林。随机森林其实就是通过集成学习的思想将多棵树集成的一种算法，它的基本单元是决策树。随机森林的名称中有两个关键词：一个是"随机"；另一个就是"森林"。"森林"很好理解，一棵叫作树，那么成百上千棵树就可以叫作森林了，这样的比喻还是很贴切的，其实这也是随机森林的主要思想——集成思想的体现。"随机"指的是数据随机和特征随机两个方面。

其实从直观角度来解释，每棵决策树都是一个分类器（假设针对的是分类问题），那么对于一个输入样本，N 棵树就会有 N 个分类结果。而随机森林集成了所有的分类投票结果，将投票次数最多的类别指定为最终的输出，就是一种最简单的 Bagging 思想。

1. 随机森林的特点

1）在当前所有算法中，具有极好的准确率；
2）能够有效地运行在大数据集上；
3）能够处理具有高维特征的输入样本，而且不需要降维；
4）能够评估各个特征在分类问题上的重要性；
5）在生成过程中，能够获取到内部生成误差的一种无偏估计；
6）对于缺省值问题也能够获得很好的结果。

2. 随机森林的生成

如果训练集大小为 N，对于每棵树而言，随机且有放回地从训练集中的抽取 n 个训练样本（这种采样方式称为有放回抽样方法），作为该树的训练集。

每棵树按照如下的规则生成：

1）如果每个样本的特征维度为 M，指定一个常数 $m<<M$，随机地从 M 个特征中选取 m 个特征子集，每棵树进行分裂时，从这 m 个特征中选择最优的；
2）每棵树都尽最大可能生长，并且没有剪枝过程。

3. 随机森林工作原理举例

根据已有的训练集生成对应的随机森林，随机森林将如何利用某一个人的年龄（Age）、性别（Gender）、受教育程度（Highest Educational Qualification）、工作领域（Industry）以及居住地（Residence）这 5 个字段来预测他的收入层次？相应特征如表 10-4～表 10-8 所示。

表 10-4 年龄

	收入层次	1	2	3
年龄	小于 18	90%	10%	0%
	19～27	85%	14%	1%
	28～40	70%	23%	7%
	41～55	60%	35%	5%
	大于 55	70%	25%	5%

表 10-5 性别

	收入层次	1	2	3
性别	男性	70%	27%	3%
	女性	75%	24%	1%

表 10-6 受教育程度

受教育程度	收入层次	1	2	3
	高中以下	85%	10%	5%
	专科	80%	14%	6%
	学士	77%	23%	0%
	硕士	62%	35%	3%

表 10-7 居住地

居住地	收入层次	1	2	3
	城镇	70%	20%	10%
	非城镇	65%	20%	15%

表 10-8 工作领域

工作领域	收入层次	1	2	3
	金融业	65%	30%	5%
	制造业	60%	35%	5%
	其他	75%	20%	5%

收入层次：

☐ 层次 1：低于 40 000 美元。

☐ 层次 2：40 000 美元至 150 000 美元。

☐ 层次 3：高于 150 000 美元。

随机森林中每一棵树都可以看作一棵 CART 树（分类回归树），这里假设森林中有 5 棵 CART 树，总特征个数 $N=5$，我们取 $m=1$（这里假设每个 CART 树对应一个不同的特征）。

我们要预测某个人的信息如下：

① 年龄：35 岁；② 性别：男性；③ 受教育程度：专科；④ 工作领域：制造业；⑤ 居住地：城镇。

根据这五棵 CART 树的分类结果，我们可以针对这个人的信息建立收入层次的分布情况，如表 10-9 所示。

表 10-9 所预测的人的收入层次的分布表

CART	收入层次	1	2	3
年龄	28～40	70%	23%	7%
性别	男性	70%	27%	3%
受教育程度	专科	80%	14%	6%
工作领域	制造业	60%	35%	5%
居住地	城镇	70%	20%	10%
预测结果		70%	24%	6%

最后，我们得出结论，这个人的收入层次为一等的概率是 70%，为二等的概率是 24%，为三等的概率是 6%，所以最终认定该人属于一等收入层次（小于 40 000 美元）。

10.2.3 XGBoost 简介

1. 概念

XGBoost（eXtreme Gradient Boosting，极端梯度提升）经常被用在一些比赛中，其分类效果显著。它是大规模并行提升树算法的工具，也是目前最快最好的开源提升树算法工具包。XGBoost 所应用的算法就是 GBDT（Gradient Boosting Decision Tree，梯度提升决策树）的改进版，它既可以用于分类也可以用于回归问题中。

2. Boosting 集成学习

Boosting 集成学习由多个相关联的决策树联合决策，也就是说，下一棵决策树输入样本会与前面决策树的训练和预测相关。与之相对的是随机森林算法，各决策树是独立的、每棵决策树在样本堆里随机选一批样本，随机选一批特征进行独立训练，决策树之间没有任何关系。

首先，XGBoost 是一个基于 Boosting 的集成学习，所以回归树形成的关键主要有两点，即分裂点依据什么来划分（如前面说的均方误差最小）和分类后的节点预测值是多少。

3. 集成学习思想

集成学习思想是指将多个学习模型进行组合，以获得更好的效果，使组合后的模型具有更强的泛化能力。并且，XGBoost 是将 CART 树（分类回归树）进行组合。故在此之前，我们先看下 CART 树。如图 10-5 所示，通过输入用户的年龄和性别得到用户是否喜欢玩游戏以及其得分值，由此得到 CART 树模型。

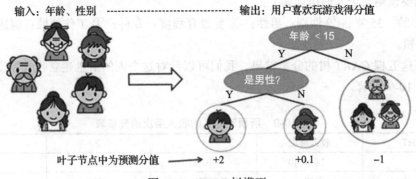

图 10-5 CART 树模型

因为单个决策树模型容易出现过拟合，且不能在实际中有效应用，所以出现了集成学习方法。如图 10-6 所示，通过两棵树组合进行玩游戏得分值预测，其中 tree1 中对小男生的预测分值为 2，tree2 对小男生的预测分值为 0.9，则该小男生的最后得分值为 2.9。

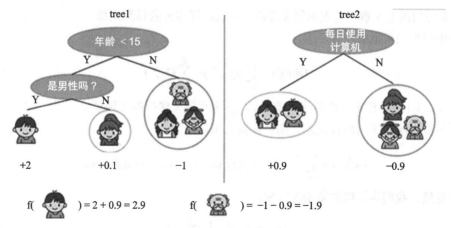

图 10-6　决策树集成学习

将上面的集成学习方法推广到一般情况，可知其预测模型为：

$$\hat{y}_i = \sum_{k=1}^{K} f_k(x_i) \quad (10\text{-}22)$$

式中，K 为树的总个数，f_k 表示第 k 棵树，$\hat{y}_i$ 表示样本 x_i 的预测结果。

损失函数为：

$$\text{Obj}(\theta) = \sum_{i=1}^{n} l(y_i, \hat{y}_i) + \sum_{k=1}^{K} \Omega(f_k) \quad (10\text{-}23)$$

4. XGBoost 思路

首先明确我们的目标，希望建立 K 个回归树，使得树群的预测值尽量接近真实值（准确率）而且有尽量大的泛化能力（更为本质的东西），从数学角度看这是一个求解最优化的问题。目标函数为：

$$L(\phi) = \sum_{i} l(\hat{y}_i - y_i) + \sum_{k} \Omega(f_k) \quad (10\text{-}24)$$

式中，i 表示第 i 个样本；$l(\hat{y}_i - y_i)$ 表示第 i 个样本的预测误差，误差越小越好；$\sum_{k} \Omega(f_k)$ 表示树的复杂度的函数，复杂度越低，泛化能力越强。表达式为：

$$\Omega(f_t) = \gamma^T + \frac{1}{2}\lambda \sum_{j=1}^{T} \omega_j^2 \quad (10\text{-}25)$$

5. 原理介绍

因为 XGBoost 也是集成学习方法的一种，所以对于 XGBoost 的预测模型同样可以表示为：

$$\hat{y}_i = \sum_{k=1}^{K} f_k(x_i) \quad (10\text{-}26)$$

式中，K 为树的总个数；f_k 表示第 k 棵树；$\hat{y}_i$ 表示样本 x_i 的预测结果。

其中损失函数也同样表示为：

$$\text{Obj}(\theta) = \sum_{i=1}^{n} l(y_i, \hat{y}_i) + \sum_{k=1}^{K} \Omega(f_k) \tag{10-27}$$

式中，$l(y_i, \hat{y}_i)$ 表示样本 x_i 的训练误差；$\Omega(f_k)$ 表示第 k 棵树的正则项。

如果损失函数采用均方误差，则目标损失函数变为：

$$\text{Obj}(\theta) = \sum_{i=1}^{n} \left[2(\bar{y}_i^{(t-1)} - y_i) f_t(x_i) + f_t(x_i)^2 \right] + \Omega(f_t) + C_1 \tag{10-28}$$

在这里，我们将该树的复杂度写成：

$$\Omega(f_t) = \gamma^T + \frac{1}{2} \lambda \sum_{j=1}^{T} \omega_j^2 \tag{10-29}$$

复杂度计算例子如图 10-7 所示。

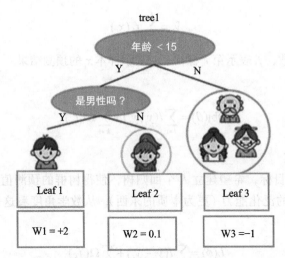

图 10-7 复杂度计算例子

计算公式如下：

$$\Omega = \gamma^3 + \frac{1}{2} \lambda (4 + 0.01 + 1) \tag{10-30}$$

此时，对于 XGBoost 的目标函数可以写为：

$$\text{Obj}(\theta) = \sum_{i=1}^{n} l(y_i, \hat{y}_i^{(t-1)} + f_t(x_i)) + \gamma^T + \frac{1}{2} \lambda \sum_{j=1}^{T} \omega_j^2 + C \tag{10-31}$$

用泰勒展开式来近似原来的目标函数，将 $f_t(x_i)$ 看作 Δx，令 $g_i = \partial_{\hat{y}^{(t-1)}} l(y_i, \hat{y}^{(t-1)})$，$h_i = \partial_{\hat{y}^{(t-1)}}^2 l(y_i, \hat{y}^{(t-1)})$，同时，对于第 t 棵树，$l(y_i, \hat{y}^{(t-1)})$ 为常数，去除所有常数项。

故目标损失函数可以写成：

$$\text{Obj}^t(\theta) \approx \sum_{j=1}^{T}\left[\left(\sum_{i\in I}g_i\right)\omega_j + \frac{1}{2}\left(\sum_{i\in I}h_i + \lambda\right)\omega_j^2\right] + \gamma^T \qquad (10\text{-}32)$$

令 $G_j = \sum_{i\in I}g_i$，$H_j = \sum_{i\in I}h_i$，则

$$\text{Obj}^t(\theta) \approx \sum_{j=1}^{T}\left[G_j\omega_j + \frac{1}{2}(H_j + \lambda)\omega_j^2\right] + \gamma^T \qquad (10\text{-}33)$$

对 ω_j 求偏导，并使其导函数等于 0，则：

$$G_j + (H_j + \lambda)\omega_j = 0 \qquad (10\text{-}34)$$

求解得：

$$\omega_j^* = -\frac{G_j}{H_j + \lambda} \qquad (10\text{-}35)$$

其目标函数可以为：

$$\text{Obj}^* = -\frac{1}{2}\sum_{j=1}^{T}\frac{G_j^2}{H_j + \lambda} + \gamma^T \qquad (10\text{-}36)$$

根据目标函数，如何分裂样本数据呢？

Obj 代表当我们指定一个树结构时，在目标上最多减少多少，我们可以把它称为结构分数（structure score）。可以认为它就是类似基尼系数一样对树结构进行打分的函数。图 10-8 是一个具体的计算打分函数的例子。

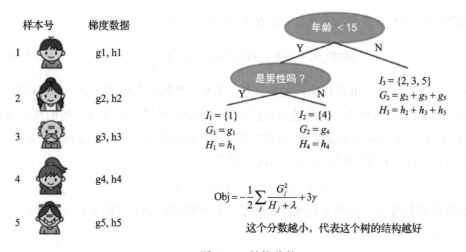

图 10-8　结构分数

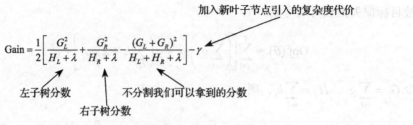

图 10-8（续）

10.2.4 多重共线性

多重共线性是指线性回归模型中的解释变量之间由于存在精确相关关系或高度相关关系而使模型估计失真或难以估计准确。

对线性回归模型

$$Y = \beta_0 + \beta_1 X_1 + \cdots + \beta_p X_p + \varepsilon \tag{10-37}$$

基本假设之一是自变量 $X_1, X_2, \cdots, X_p$ 之间不存在严格的线性关系，否则会对回归参数的估计带来严重影响。为了说明这一点，首先来计算线性回归模型参数的 OLS 估计的均方误差。为此，重写线性回归模型的矩阵形式为：

$$Y = X\beta + \varepsilon \tag{10-38}$$

式中，ε 服从多元正态分布 $N(0, \sigma^2 I_n)$，设计矩阵 X 是 $n \times p$，且秩为 p。这时，回归系数的 OLS 估计为：

$$\hat{\beta} = (\hat{\beta}_1, \hat{\beta}_2, \cdots, \hat{\beta}_p)^T = (X^T X)^{-1} X^T Y \tag{10-39}$$

$$\hat{\beta}_0 = \bar{Y} - \hat{\beta}\bar{X} \tag{10-40}$$

由此获得的 OLS 估计是无偏的，于是估计 $\hat{\beta}$ 的均方误差为：

$$\text{MSE}(\hat{\beta}) = E(\hat{\beta} - \beta)^T(\hat{\beta} - \beta) = \sigma^2 \sum_{i=1}^{p} \frac{1}{\lambda_i} \tag{10-41}$$

式中，$\lambda_1 \geq \lambda_2 \geq \cdots \geq \lambda_p \geq 0$ 是 $(X^T X)$ 的特征根。显然，如果 $(X^T X)$ 至少有一个特征根非常接近于 0，则 $\text{MSE}(\hat{\beta})$ 就很大，$\hat{\beta}$ 也就不再是 β 的一个好的估计。由线性代数的理论可知，若矩阵 $(X^T X)$ 的某个特征根接近于 0，就意味着矩阵 X 的列向量之间存在近似线性关系。

如果存在一组不全为零的数 $\alpha_1, \alpha_2, \cdots, \alpha_r$，使得：

$$\alpha_1 X_{i1} + \alpha_2 X_{i2} + \cdots + \alpha_r X_{ir} = 0 \tag{10-42}$$

则称线性回归模型存在完全共线性；如果还存在随机误差 v，满足 $Ev = 0$，$Ev^2 < \infty$，使得：

$$\alpha_1 X_{i1} + \alpha_2 X_{i2} + \cdots + \alpha_r X_{ir} + v = 0 \tag{10-43}$$

则称线性回归模型存在非完全共线性。

如果线性回归模型存在完全共线性，则回归系数的 OLS 估计不存在，因此，在线性回归分析中所谈的共线性主要是非完全共线性，也称为复共线性。

1. 多重共线性的判断方法

图 10-9 是 2007 年世界经济与社会概览中对老龄化世界发展的研究，其中 y 是老龄化情况，线性回归的 X_1、X_2、X_3 分别为人均国内生产总值、出生率、每个医生平均负担人口数。

判断方法 1：特征值中存在维度为 3 和 4 的值约等于 0，说明存在比较严重的共线性。

判断方法 2：条件索引列中维度为 3 和 4 的值大于 10，说明存在比较严重的共线性。

判断方法 3：方差比例内存在接近 1 的数（0.99），说明存在比较严重的共线性。

共线性诊断 [a,b]

模型	维数	特征值	条件索引	方差比例			
				（常量）	人均国内生产水平（美元）	出生率（千分之一）	每个医生平均负担人口数
1	1	3.522	1.000	0.00	0.00	0.00	0.00
	2	0.459	2.771	0.00	0.15	0.00	0.00
	3	0.014	15.934	0.74	0.41	0.28	0.00
	4	0.006	25.021	0.26	0.44	0.72	0.99

图 10-9　多重共线性的判断方法

2. 多重共线性的解决办法

1）排除引起共线性的变量。找出引起多重共线性的解释变量，将它排除，以逐步回归法得到最广泛的应用。

2）差分法。使用时间序列数据、线性模型：将原模型变换为差分模型。

3）减小参数估计量的方差：岭回归法（Ridge Regression）。

4）简单相关系数检验法。

10.2.5　数据重采样

针对我们所处理的个人信用等级评估的问题，我们所得的数据集标签是客户是否违约，违约记为 1，不违约记为 0。这样的数据集是不平衡的，因为违约的人肯定只占少数。那么在这种情况下，利用传统机器学习算法开发的预测模型可能就会存在偏差和不准确。发生这种情况的原因是机器学习算法通常被设计成通过减少误差来提高准确率。所以它们并没有考虑类别的分布比例或者类别的平衡。

当我们所用的数据集不平衡时，传统的机器学习模型不能精确地衡量模型的性能。诸如决策树和逻辑回归这些标准的分类算法会偏向于数量多的类别，仅预测占数据大多数的类别，而在总量中占少数的类别的特征则会被视为噪声，并且通常会被忽略。因此，与多数类别相比，少数类别存在比较高的误判率。

对分类算法性能的评估是用一个包含实际类别和预测类别信息的混淆矩阵（Confusion Matrix）来衡量的。然而，在数据不平衡的时候，准确率并不是一个用来衡量模型性能的合适指标。例如：一个分类器，在包含2%的罕见事件时，如果它将所有数据都分为属于大部分类别的那一类，可以实现98%的准确率，但是却把占2%的少数观测数据视为噪声并消除了。

所以在处理不平衡数据集时，需要在往机器学习算法输入数据之前，制定诸如提升分类算法或平衡训练数据的类（数据预处理）的策略，后者因为应用范围广泛而更常用。平衡分类的主要目标是增加少数类的频率或者降低多数类的频率，以便获得大概相同数量的两个类的实例。下面可以看看几种重采样（resampling）技术。

1. 随机欠采样

随机欠采样（Random Under-Sampling）的目标是通过随机消除占多数的类的样本来平衡类分布，直到多数类和少数类的实例实现平衡。举个例子，假设我们有1000个观测值，其中有20条属于欺诈性的，有980条属于非欺诈性的，则关于欺诈性的事件发生比就是2%。在这种情况下，我们不重复地从非欺诈性样本中取10%的样本，并将其与欺诈性的样本相结合，则随机欠采样之后的非欺诈性观察就有98条，欺诈性与非欺诈性数据结合之后的观察值一共有118条，则欠采样之后新数据集的欺诈事件发生率=20/118=17%。

随机欠采样可以加快运行时间，并且当训练数据集很大时，可以通过减少样本数量来解决存储问题。但是它有一点不足，它会舍弃掉一些对构建分类规则很重要的有价值的潜在信息，即随机欠采样选取的样本可能会有偏差，不能准确代表大多数，使得在实际的测试数据集上得不到精确的结果。

2. 随机过采样

随机过采样（Random Over-Sampling）是通过随机复制少数类样本来增加实例样本的数量，从而增加样本中少数类的代表性。同样，我们假设有1000个总体观测值，其中有20条欺诈性数据，980条非欺诈性数据，那么欺诈事件的发生率为2%。我们将20个欺诈性数据复制19次，非欺诈性数据保持不变，则复制后的欺诈性数据就变成400条，所以过采样之后新数据集中的总体观察值为1380条，欠采样之后的新数据集的欺诈事件发生率=400/1380=29%。

随机过采样的优点是它不会损失相关信息，表现比欠采样还要好。缺点是由于复制了少数类事件，使得过拟合的可能性增加了。

3. 基于聚类的过采样

基于聚类的过采样（Cluster-Based Over Sampling）是将每一个聚类都进行过采样，使相同类的所有聚类都有相同的样本数量，并且所有的类都有相同的大小。

我们假设有1000条总体观测值，其中有20条属于欺诈性数据，980条属于非欺诈性数据，欺诈事件的发生率为2%。现在我们分别将多数类数据和少数类数据进行聚类，如下所示，多数类数据被聚成了6小类，少数类数据被聚成了2小类。

多数类聚类：

聚类1：150个观察

聚类2：120个观察

聚类3：230个观察

聚类4：200个观察

聚类5：150个观察

聚类6：130个观察

少数类聚类：

聚类1：8个观察

聚类2：12个观察

对每个聚类进行过采样，同一类中的所有聚类包含相同数量的观测值。如下所示。

多数类聚类：

聚类1：170个观察

聚类2：170个观察

聚类3：170个观察

聚类4：170个观察

聚类5：170个观察

聚类6：170个观察

少数类聚类：

聚类1：250个观察

聚类2：250个观察

则基于聚类的过采样之后的欺诈事件发生率为 500/(1020 + 500) = 33%。

基于聚类的过采样的优点在于它克服了类之间的不平衡，即克服了表示正例的样本数量与表示反例的样本数量的不同；还有助于克服由不同子聚类组成的类之间的不平衡，如每一个子聚类不包含相同数量的实例。与大多数过采样技术一样，这一算法的主要缺点是可能会使训练集产生过拟合。

4. 信息性过采样：合成少数类过采样技术

信息性过采样技术（SMOTE）可以避免过拟合的情况发生。从少数类中把一个数据子集取走并作为一个样本，然后创建相似的新合成的样本，将这些合成的样本接着添加进原来的数据集，形成一个新的数据集，新数据集被用作样本以训练分类模型。

跟前面一样，我们还是假设有 1000 条数据，其中有 20 条属于欺诈性数据，980 条属于非欺诈性数据，此时事件的发生率为 2%。现在，从少数类中取走一个包含 15 个实例的样本，并生成相似的合成实例 20 次。合成实例生成以后，我们可以创建下面的数据集：

少数类（欺诈性观察）= 300

多数类（非欺诈性观察）= 980

事件发生率 = 300/1280 = 23.4%

信息性过采样的合成样本是通过随机采样生成的，而非实例的副本，这样可以缓解过拟合的问题，并且不会损失有价值信息。缺点就是当生成合成性实例时，SMOTE 并没有考虑来自其他类的相邻实例，这会导致类重叠的增加，并引入额外的噪声。另外，还有一点需要注意，SMOTE 不适用于高维数据。

5. 改进的合成少数类过采样技术

SMOTE 没有考虑数据集中少数类和潜在噪声的基本分布，为了提高 SMOTE 的效果，改进的合成少数类过采样技术（MSMOTE）应运而生。

MSMOTE 将少数类别的样本分为安全样本、边界样本和潜在噪声样本三个不同的组，分类通过计算少数类的样本和训练数据的样本之间的距离来完成。安全样本是可以提高分类器性能的那些数据点。另一方面，噪声能够降低分类器的性能，两者之间的那些数据点被分类为边界样本。

虽然 MSMOTE 的基本流程与 SMOTE 的基本流程相同，但是在 MSMOTE 中，选择近邻的策略与 SMOTE 不同。该算法是从安全样本出发随机选择 k-近邻的数据点，并从边界样本出发选择最近邻，且不对潜在噪声样本进行任何操作。

10.3 实战：个人信用等级评估

本节主要讨论如何进行个人信用等级的评估。数据集中共包括 150 000 条用户数据，11 个变量。

10.3.1 导入相应包并读取数据

这里沿用 9.4 节中的数据集，就不再介绍了。下面进行实战部分的分析。在 Jupyter Notebook 中导入相应包的代码如下：

```
import pandas as pd
import numpy as np
import seaborn as sns
import xgboost as xgb
import matplotlib.pyplot as plt
from sklearn.pipeline import Pipeline
from sklearn.preprocessing import StandardScaler,PowerTransformer
from sklearn.linear_model import LinearRegression,LassoCV,LogisticRegression
from sklearn.ensemble import RandomForestClassifier,RandomForestRegressor
from sklearn.model_selection import KFold,train_test_split,StratifiedKFold,
                                    GridSearchCV,cross_val_score
from sklearn.metrics import mean_squared_error, mean_absolute_error,
                            r2_score,accuracy_score,
                            precision_score,recall_score, roc_auc_score
import warnings
plt.rcParams['font.sans-serif'] = ['SimHei']    # 用来正常显示中文标签
```

```
plt.rcParams['axes.unicode_minus'] = False    # 用来正常显示
warnings.filterwarnings('ignore')
```

这里用到的是一个名为 cs-training 的 csv 文件，读取相应数据：

```
df0=pd.read_csv('cs-training.csv')
df0=df0.drop('Unnamed: 0',axis=1)
df0
```

结果如图 10-10 所示。

	SeriousDlqin2yrs	RevolvingUtilizationOfUnsecuredLines	age	NumberOfTime30-59DaysPastDueNotWorse	DebtRatio	MonthlyIncome	NumberOfOpenCreditLinesAndLoans
0	1	0.766127	45	2	0.802982	9120.0	1...
1	0	0.957151	40	0	0.121876	2600.0	
2	0	0.658180	38	1	0.085113	3042.0	
3	0	0.233810	30	0	0.036050	3300.0	
4	0	0.907239	49	1	0.024926	63588.0	
...	...	...	...	...	...	...	...
149995	0	0.040674	74	0	0.225131	2100.0	
149996	0	0.299745	44	0	0.716562	5584.0	
149997	0	0.246044	58	0	3870.000000	NaN	1...
149998	0	0.000000	30	0	0.000000	5716.0	
149999	0	0.850283	64	0	0.249908	8158.0	

150000 rows × 11 columns

图 10-10　数据读取结果

由于用到的数据特征都是用英文表示，为方便理解，我们可以将其转换为中文，具体转换代码如下：

```
# 为方便查看调整列名为中文
df0.rename(columns = {
    'SeriousDlqin2yrs':'未来两年可能违约',
    'RevolvingUtilizationOfUnsecuredLines':'可用信贷额度比例',
    'age':'年龄',
    'NumberOfTime30-59DaysPastDueNotWorse':'逾期30-59天的笔数',
    'DebtRatio':'负债率',
    'MonthlyIncome':'月收入',
    'NumberOfOpenCreditLinesAndLoans':'信贷数量',
    'NumberOfTimes90DaysLate':'逾期90天+的笔数',
    'NumberRealEstateLoansOrLines':'固定资产贷款数',
    'NumberOfTime60-89DaysPastDueNotWorse':'逾期60-89天的笔数',
    'NumberOfDependents':'家属数量'
    },
    inplace=True)

print(df0.info())
print(df0.head().T)
df0.describe().T
```

结果如图 10-11 所示。

```
<class 'pandas.core.frame.DataFrame'>
RangeIndex: 150000 entries, 0 to 149999
Data columns (total 11 columns):
 #   Column            Non-Null Count   Dtype
 0   未来两年可能违约       150000 non-null   int64
 1   可用信贷额度比例       150000 non-null   float64
 2   年龄               150000 non-null   int64
 3   逾期30-59天的笔数     150000 non-null   int64
 4   负债率             150000 non-null   float64
 5   月收入             120269 non-null   float64
 6   信贷数量           150000 non-null   int64
 7   逾期90天+的笔数      150000 non-null   int64
 8   固定资产贷款数       150000 non-null   int64
 9   逾期60-89天的笔数    150000 non-null   int64
 10  家属数量           146076 non-null   float64
dtypes: float64(4), int64(7)
memory usage: 12.6 MB
None
                           0            1            2            3            4
未来两年可能违约        1.000000     0.000000     0.000000     0.00000      0.000000
可用信贷额度比例        0.766127     0.957151     0.658180     0.23381      0.907239
年龄                45.000000    40.000000    38.000000    30.00000     49.000000
逾期30-59天的笔数      2.000000     0.000000     1.000000     0.00000      1.000000
负债率              0.802982     0.121876     0.085113     0.03605      0.024926
月收入              9120.000000  2600.000000  3042.000000  3300.00000   63588.000000
信贷数量             13.000000    4.000000     2.000000     5.00000      7.000000
逾期90天+的笔数        0.000000     0.000000     1.000000     0.00000      0.000000
固定资产贷款数          6.000000     0.000000     0.000000     0.00000      1.000000
逾期60-89天的笔数      0.000000     0.000000     0.000000     0.00000      0.000000
家属数量             2.000000     1.000000     0.000000     0.00000      0.000000
```

	count	mean	std	min	25%	50%	75%	max
未来两年可能违约	150000.0	0.066840	0.249746	0.0	0.000000	0.000000	0.000000	1.0
可用信贷额度比例	150000.0	6.048438	249.755371	0.0	0.029867	0.154181	0.559046	50708.0
年龄	150000.0	52.295207	14.771866	0.0	41.000000	52.000000	63.000000	109.0
逾期30-59天的笔数	150000.0	0.421033	4.192781	0.0	0.000000	0.000000	0.000000	98.0
负债率	150000.0	353.005076	2037.818523	0.0	0.175074	0.366508	0.868254	329664.0
月收入	120269.0	6670.221237	14384.674215	0.0	3400.000000	5400.000000	8249.000000	3008750.0
信贷数量	150000.0	8.452760	5.145951	0.0	5.000000	8.000000	11.000000	58.0
逾期90天+的笔数	150000.0	0.265973	4.169304	0.0	0.000000	0.000000	0.000000	98.0
固定资产贷款数	150000.0	1.018240	1.129771	0.0	0.000000	1.000000	2.000000	54.0
逾期60-89天的笔数	150000.0	0.240387	4.155179	0.0	0.000000	0.000000	0.000000	98.0
家属数量	146076.0	0.757222	1.115086	0.0	0.000000	0.000000	1.000000	20.0

图 10-11　运行结果

由图 10-11 可以看出每个特征变量的个数、均值、标准差、四分位数、中位数以及最小值最大值信息，由上面的 count 值也可以看出"月收入"和"家属数量"这两个特征值存在缺失值，这与我们后面查看缺失值的结果一致。下面就来查看我们所选数据集的数据情况。

10.3.2　查看数据情况

我们先查看所选数据的整体情况，由于标签值只有 0 和 1，即没有违约和违约这两种情况，所以可以看一下这两种情况的分布及整体数据集中有无缺失值。

1）查看是否存在缺失值：

```
print(df0.未来两年可能违约.value_counts())
df0.isnull().sum()
```

结果如图 10-12 所示。

```
0    139974
1     10026
Name: 未来两年可能违约, dtype: int64
未来两年可能违约           0
可用信贷额度比例          0
年龄                0
逾期30-59天的笔数       0
负债率               0
月收入           29731
信贷数量              0
逾期90天+的笔数         0
固定资产贷款数           0
逾期60-89天的笔数       0
家属数量           3924
dtype: int64
```

图 10-12　运行结果

由上面的运行结果看出标签值为 0 的有 139 974 个，标签值为 1 的有 10 026 个，特征变量"月收入"和"家属数量"有缺失值，且缺失值的个数分别为 29 731 和 3924。

2）绘制标签值和特征值的直方图。直方图可以直观地看出每个变量的分布情况，具体代码如下：

```
# 输出各字段分布情况图
plt.figure(figsize=(20,20),dpi=300)
plt.subplots_adjust(wspace =0.3, hspace =0.3)
for n,i in enumerate(df0.columns):
    plt.subplot(4,3,n+1)
    plt.title(i,fontsize=15)
    plt.grid(linestyle='--')
    df0[i].hist(color='red',alpha=0.5)
```

运行结果如图 10-13 所示。

由各变量的分布直方图可以看出，大多数字段明显偏态，后续建模需考虑纠偏处理。

3）通过箱型图观察各字段异常情况，代码如下：

```
# 通过箱型图观察各字段异常情况
plt.figure(figsize=(20,20),dpi=300)
plt.subplots_adjust(wspace =0.3, hspace =0.3)
for n,i in enumerate(df0.columns):
    plt.subplot(4,3,n+1)
    plt.title(i,fontsize=15)
    plt.grid(linestyle='--')
    df0[[i]].boxplot(sym='.')
```

结果如图 10-14 所示。

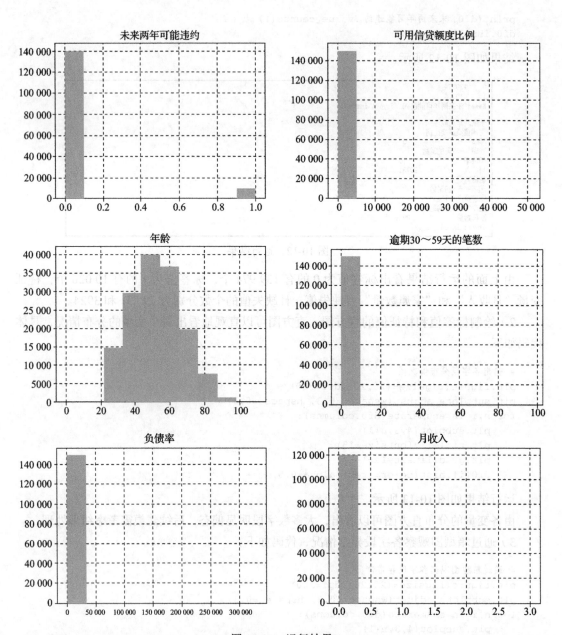

图 10-13 运行结果

第 10 章 个人信用等级评估

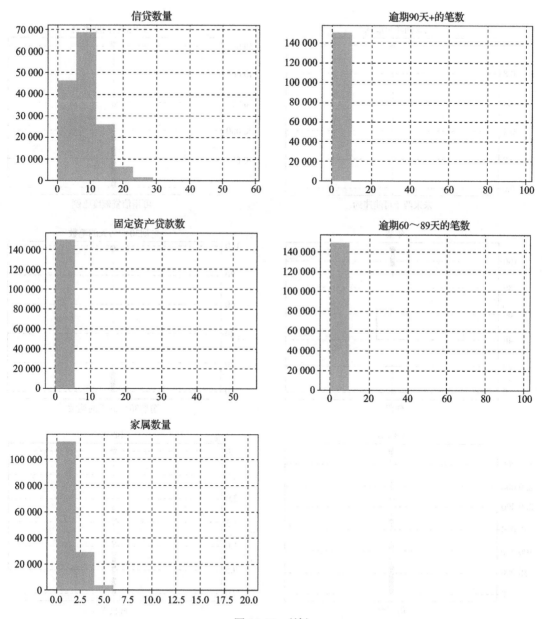

图 10-13 （续）

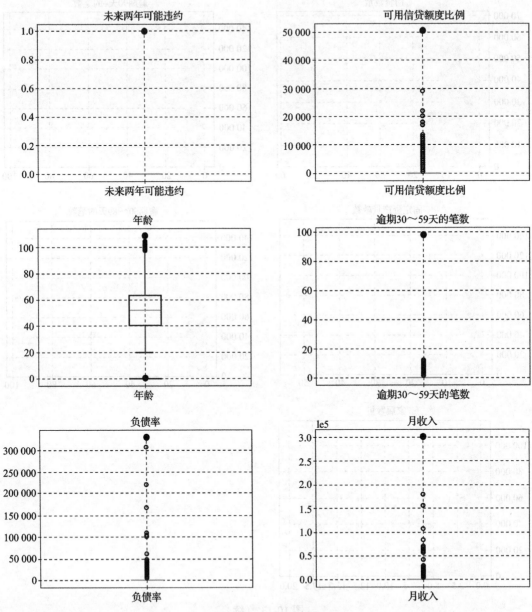

图 10-14 运行结果

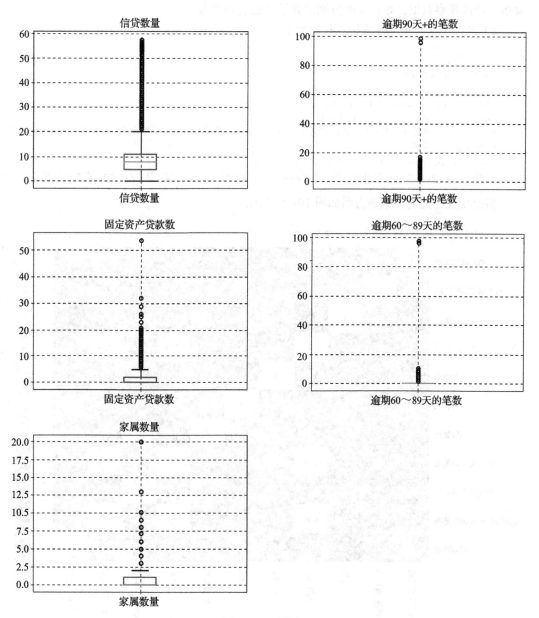

图 10-14 （续）

由图 10-14 可以非常直观地看出：负债率异常值（错误）较多，可用信贷额度比例异常值（错误）较多，理论上应小于或等于 1；"逾期 30～59 天的笔数""负债率""月收入""逾期 90 天 + 的笔数""固定资产贷款数""逾期 60～89 天的笔数"这几个变量的异常值也非常多，难以观察数据分布；年龄方面的异常值也有待观察。

4）进行数据的相关性分析，代码如下：

```
# 相关性分析
corr = df0.corr()
corr
fig = plt.figure(figsize=(12,8))
ax1 = fig.add_subplot(1,1,1)
# 三个参数，分别表示在一个大的画图空间 fig 中，前两个参数分别代表子图的行数和列数，最后一个参数 1
# 代表第 1 个子图
sns.heatmap(corr,annot = True,ax = ax1)
# annot 为 annotate 的缩写，默认为 False，当 annot 为 True 时，在 heatmap 中每个方格写入数据
```

得出变量之间的关系热力图如图 10-15 所示。

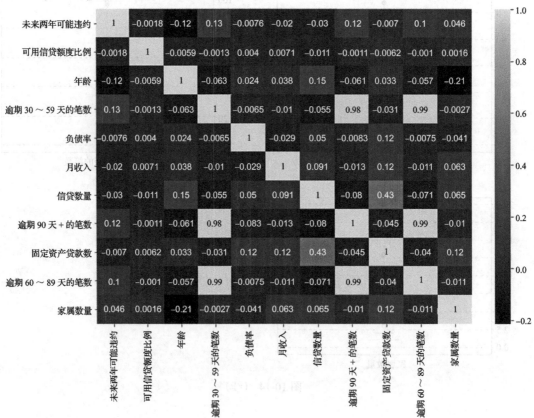

图 10-15　关系热力图

10.3.3 数据预处理及相关函数构建

前文得到，许多变量都存在异常值，下面将进行数据预处理。

1）构建异常值及明显错误处理函数，代码如下：

```python
def error_processing(df):
    '''
    异常值处理，可根据建模效果，反复调节处理方案，建议谨慎删除数据。
    df：数据源
    '''
    def show_error(df,col,whis=1.5,show=False):
        '''
        显示上下限异常值数量，可选显示示例异常数据
        df：数据源
        col：字段名
        whis：默认1.5，对应1.5倍iqr
        show：是否显示示例异常数据
        '''
        iqr = df[col].quantile(0.75) - df[col].quantile(0.25)
        upper_bound = df[col].quantile(0.75) + whis * iqr  # 上界
        lower_bound = df[col].quantile(0.25) - whis * iqr  # 下界
        # print(iqr,upper_bound,lower_bound)
        print('【',col,'】上界异常值总数：',df[col][df[col] > upper_bound].count())
        if show:
            print('异常值示例：\n',df[df[col] > upper_bound].head(5).T)
        print('【',col,'】下界异常值总数：',df[col][df[col] < lower_bound].count())
        if show:
            print('异常值示例：\n',df[df[col] < lower_bound].head(5).T)
        print('- - - - - -')

    def drop_error(df,col):
        '''
        删除上下限异常值数量
        df：数据源
        col：字段名
        '''
        iqr = df[col].quantile(0.75) - df[col].quantile(0.25)
        upper_bound = df[col].quantile(0.75) + 1.5*iqr  # 上界
        lower_bound = df[col].quantile(0.25) - 1.5*iqr  # 下界
        data_del = df[col][(df[col] > upper_bound) | (df[col] < lower_bound)].count()
        data = df[(df[col] <= upper_bound) & (df[col] >= lower_bound)]
        # print('总剔除数据量：',data_del)
        return data

    # 计数器
    n = len(df)

    # 可用信贷额度
    # 从分布直方图可知，比例大于1的应该为错误值。
    # 错误值共3321，若剔除可能影响建模效果。剔除 >=20000 的数据
    show_error(df,'可用信贷额度比例')
```

```python
df = df[df.可用信贷额度比例 <=20000]

# 年龄
# 异常值数量不多,剔除年龄大于100小于18的异常数据
show_error(df,'年龄')
df = df[(df['年龄']>18) & (df['年龄']<100)]

# 逾期30-59天的笔数
# 根据箱型图去除>80的异常数据
show_error(df,'逾期30-59天的笔数')
df = df[df['逾期30-59天的笔数']<80]

# 逾期90天+的笔数
# 根据箱型图去除>80的异常数据
show_error(df,'逾期90天+的笔数')
df = df[df['逾期90天+的笔数']<80]

# 逾期60-89天的笔数
# 根据箱型图去除>80的异常数据
show_error(df,'逾期60-89天的笔数')
df = df[df['逾期60-89天的笔数']<80]

# 负债率
# 根据箱型图去除>100000的异常数据
show_error(df,'负债率')
df = df[df['负债率']<100000]

# 月收入
# 根据箱型图去除>500000的异常数据
show_error(df,'月收入')
df = df[(df['月收入']<500000) | df.月收入.isna()]

# 固定资产贷款数
# 根据箱型图去除>20的异常数据
show_error(df,'固定资产贷款数')
df = df[df['固定资产贷款数']<20]

# 家属数量
# 根据箱型图去除>10的异常数据
show_error(df,'家属数量')
df = df[(df['家属数量']<12)|df.家属数量.isna()]

# 信贷数量 - 保留异常值


print('共删除数据 ',n - len(df),' 条。')
```

由于前面的相关系数热力图已经显示"逾期30～59天的笔数""逾期90天+的笔数""逾期60～89天的笔数"这三个变量之间的相关系数较大,即这三个变量之间可能存在多重共线性。

2)构建去共线性函数。由于以上三个变量之间的相关性较强,我们这里考虑保留"逾期90天+的笔数",求出"逾期60～89天的笔数"/"逾期30～59天的笔数"的比值,

并将此比值作为新的变量加到原始数据集中，相关代码如下：

```
# 3种违约情况，从上节的相关系数热力图中可以看出有很高的共线性
# 可考虑保留'逾期90天+的笔数'，求出'逾期60-89天的笔数'/'逾期30-59天的笔数'的比值
def collineation_processing(df,col,col1,col2,name):
    '''
    去除共线性，保留一个字段，其他字段求比值
    df：数据源
    col：保留字段
    col1,col2：求比值字段
    name：新比值字段名称
    '''
    def trans2percent(row):
        if row[col2] == 0:
            return 0
        else:
            return row[col1] / row[col2]
    df[name] = df.apply(trans2percent,axis=1)
# collineation_processing(df,'逾期90天+的笔数','逾期60-89天的笔数','逾期30-
# 59天的笔数','逾期60-89天/30-59天')
```

前面我们已经看到，变量"月收入"和"家属数量"存在一定量的缺失值，所以，数据预处理的第三步就是构建缺失值处理函数。

3）构建缺失值处理函数，代码如下：

```
def missing_values_processing(df,func1=1,func2=1):
    '''
    缺失值处理
    df：数据源
    func1：默认为1，众数填充家属；0，去除带空值数据行。
    func2：默认为1，众数填充月收入；0，平均数填充月收入。
    '''
    # 家属数量 - 剔除或众数填充
    if func1 == 1:
        df.loc[df.家属数量.isna(),'家属数量'] = df.家属数量.mode()[0]
    elif func1 == 0:
        df = df.dropna(subset=['家属数量'])
    else:
        print('parameter wrong!')

    # 月收入 - 剔除或均值填充
    if func1 == 1:
        df.loc[df.月收入.isna(),'月收入'] = df.月收入.mode()[0]
    elif func1 == 0:
        df.loc[df.月收入.isna(),'月收入'] = df.月收入.mean()[0]
    else:
        print('parameter wrong!')
data_category=dt[dt.用户行为类型!=2].groupby(['品类名','用户行为类型']).operation.
count().unstack(1).rename(columns={1:'点击量',3:'加入购物车量',4:'购买量'}).
©llna(0)
```

由于我们在查看数据集整体情况时发现数据的标签值存在严重的不平衡，标签值为 0 的样本量远远大于标签值为 1 的样本量，这对后面的建模以及分析影响很大，所以必须要对数据进行重采样处理，以下是构建数据重采样的过程，代码如下：

```python
# 未来两年可能违约标签类别分布不均，需对样本进行重取样
def resample(df):
    '''
    使样本未来两年可能违约标签的 0、1 项可以各占一半，以提高预测效果。sample() 可以考虑添加 random_
        state 以便生成相同样本集
    df：数据源
    '''
    num = df['未来两年可能违约'].value_counts()[1]
    df_t = df[df.未来两年可能违约==1]
    df_f = df[df.未来两年可能违约==0].sample(frac=1)[0:num]
    df_balanced = pd.concat([df_t,df_f]).sample(frac=1).reset_index(drop=True)
    # print(df_balanced.未来两年可能违约.value_counts())
    return df_balanced
```

10.3.4 模型训练

以下是模型训练的过程，代码如下：

```python
# # 设 df1 为违约概率模型建模所用数据集
df1 = df0.copy()

# 异常处理
error_processing(df1)
# 去除共线性
collineation_processing(df1,'逾期 90 天 + 的笔数','逾期 60-89 天的笔数','逾期 30-59 天
    的笔数','逾期 60-89 天 /30-59 天')
# 缺失值处理
missing_values_processing(df1,func1=1,func2=1)
# 数据重采样
df_balanced = resample(df1)

# 最后将数据集划分成训练集和验证集，划分比例为 8：2

# 可考虑删去的列：'逾期 30-59 天的笔数','逾期 60-89 天的笔数','逾期 90 天 + 的笔数','逾期
# 60-89 天 /30-59 天','未来两年可能违约'
X = df_balanced.drop(['未来两年可能违约','逾期 60-89 天 /30-59 天'],axis=1)
y = df_balanced['未来两年可能违约']
xtrain,xtest,ytrain,ytest = train_test_split(X,y,test_size=0.2)    # random_state=42

# 分层 k 折交叉拆分器 - 用于网格搜索
cv = StratifiedKFold(n_splits=3,shuffle=True)
```

结果如图 10-16 所示。

由上面的结果可以看出："可用信贷额度比例""逾期 30～59 天的笔数""逾期 90 天 + 的笔数""逾期 60～89 天的笔数""负债率""月收入""固定资产贷款数""家属数量"都存在上界异常值，"年龄"既存在上界异常值又存在下界异常值。

```
【可用信贷额度比例】上界异常值总数: 763
【可用信贷额度比例】下界异常值总数: 0
- - - - - -
【年龄】上界异常值总数: 45
【年龄】下界异常值总数: 1
- - - - - -
【逾期30-59天的笔数】上界异常值总数: 23980
【逾期30-59天的笔数】下界异常值总数: 0
- - - - - -
【逾期90天+的笔数】上界异常值总数: 8068
【逾期90天+的笔数】下界异常值总数: 0
- - - - - -
【逾期60-89天的笔数】上界异常值总数: 7335
【逾期60-89天的笔数】下界异常值总数: 0
- - - - - -
【负债率】上界异常值总数: 31271
【负债率】下界异常值总数: 0
- - - - - -
【月收入】上界异常值总数: 4876
【月收入】下界异常值总数: 0
- - - - - -
【固定资产贷款数】上界异常值总数: 793
【固定资产贷款数】下界异常值总数: 0
- - - - - -
【家属数量】上界异常值总数: 13326
【家属数量】下界异常值总数: 0
共删除数据 322 条。
```

图 10-16 运行结果

下面再定义几个分类模型性能查看函数，代码如下：

```python
def perfomance_clf(model,X,y,name=None):
    y_predict = model.predict(X)
    if name:
        print(name,':')
    print(f'accuracy score is: {accuracy_score(y,y_predict)}')
    print(f'precision score is: {precision_score(y,y_predict)}')
    print(f'recall score is: {recall_score(y,y_predict)}')
    print(f'auc: {roc_auc_score(y,y_predict)}')
    print('- - - - - -')
```

这里的模型性能度量指标选用的是准确率、精确率、召回率和 AUC 值四个量，值越高说明模型的拟合能力越好。

1. 逻辑回归模型

我们先用逻辑回归进行模型训练，代码如下：

```python
# 参数设定
log_params = {"penalty":['l1','l2'],
    'C':[0.001*10**i for i in range(0,7)]}
# 参数搜索
log_gridsearch = GridSearchCV(LogisticRegression(solver='liblinear'),log_params,
    cv=cv, n_jobs=-1,scoring='roc_auc',verbose=2,refit=True)
# 工作流管道
pipe_log = Pipeline([
    ('sc',StandardScaler()),           # 标准化 Z-score
    ('pow_trans',PowerTransformer()),  # 纠偏
    ('log_grid',log_gridsearch)
    ])
```

```python
# 搜索参数并训练模型
pipe_log.fit(xtrain,ytrain)
# 最佳参数组合
print(pipe_log.named_steps['log_grid'].best_params_)
# 训练集性能指标
perfomance_clf(pipe_log,xtrain,ytrain,name='train')
# 测试集性能指标
perfomance_clf(pipe_log,xtest,ytest,name='test')
```

结果如图 10-17 所示。

```
Fitting 3 folds for each of 14 candidates, totalling 42 fits
[Parallel(n_jobs=-1)]: Using backend LokyBackend with 6 concurrent workers.
[Parallel(n_jobs=-1)]: Done  29 tasks      | elapsed:    2.4s
[Parallel(n_jobs=-1)]: Done  42 out of  42 | elapsed:    2.5s finished
{'C': 100.0, 'penalty': 'l1'}
train :
accuracy score is: 0.7721463749142822
precision score is: 0.797492504769692
recall score is: 0.7295848397955367
auc: 0.7721490283765713
------
test :
accuracy score is: 0.7816005983545251
precision score is: 0.8130892956184138
recall score is: 0.7311720698254364
auc: 0.7815880289306644
------
```

图 10-17　逻辑回归模型训练结果

由结果可以看出，选用逻辑回归算法时，训练集的四个性能度量指标分别为 0.772、0.797、0.730、0.772，测试集的四个性能度量指标分别为 0.782、0.813、0.731、0.782，总体来说拟合的效果不错。为使模型进一步优化，我们采用交叉验证查看平均分数，这里采用的是 3 折交叉验证，计算交叉验证后的 AUC 值，具体代码如下：

```python
cross_val_score(pipe_log,xtrain,ytrain,cv=3,scoring='roc_auc').mean()
```

相应结果如图 10-18 所示。

```
Fitting 3 folds for each of 14 candidates, totalling 42 fits
[Parallel(n_jobs=-1)]: Using backend LokyBackend with 6 concurrent workers.
[Parallel(n_jobs=-1)]: Done  31 out of  42 | elapsed:    0.3s remaining:    0.1s
[Parallel(n_jobs=-1)]: Done  42 out of  42 | elapsed:    0.4s finished
Fitting 3 folds for each of 14 candidates, totalling 42 fits
[Parallel(n_jobs=-1)]: Using backend LokyBackend with 6 concurrent workers.
[Parallel(n_jobs=-1)]: Done  31 out of  42 | elapsed:    0.3s remaining:    0.0s
[Parallel(n_jobs=-1)]: Done  42 out of  42 | elapsed:    0.4s finished
Fitting 3 folds for each of 14 candidates, totalling 42 fits
[Parallel(n_jobs=-1)]: Using backend LokyBackend with 6 concurrent workers.
[Parallel(n_jobs=-1)]: Done  42 out of  42 | elapsed:    0.4s finished
0.8551392481002719
```

图 10-18　交叉验证后结果

从最后的结果可以看到，AUC 值提高了很多，说明进行交叉验证能提高模型的性能。

2. 随机森林分类模型

用随机森林分类模型进行训练，代码如下：

```
# 随机森林分类模型
rf_clf = RandomForestClassifier(criterion='gini',
                                n_jobs=-1,
                                n_estimators=1000) # random_state

# 参数设定
rf_grid_params = {'max_features':['auto'],
                  'max_depth':[6,9]} # [3,6,9]

# 参数搜索
rf_gridsearch = GridSearchCV(rf_clf,rf_grid_params,cv=cv,
                             n_jobs=-1,scoring='roc_auc',verbose=10,refit=True)

# 工作流管道
pipe_rf = Pipeline([
    ('sc',StandardScaler()),
    ('pow_trans',PowerTransformer()),
    ('rf_grid',rf_gridsearch)
    ])
# 搜索参数并训练模型
pipe_rf.fit(xtrain,ytrain)
# 最佳参数组合
print(pipe_rf.named_steps['rf_grid'].best_params_)
# 训练集性能指标
perfomance_clf(pipe_rf,xtrain,ytrain,name='train')
# 测试集性能指标
perfomance_clf(pipe_rf,xtest,ytest,name='test')
```

结果如图 10-19 所示。

```
Fitting 3 folds for each of 2 candidates, totalling 6 fits
[Parallel(n_jobs=-1)]: Using backend LokyBackend with 6 concurrent workers.
[Parallel(n_jobs=-1)]: Done   2 out of   6 | elapsed:    8.9s remaining:   17.9s
[Parallel(n_jobs=-1)]: Done   3 out of   6 | elapsed:    9.0s remaining:    9.0s
[Parallel(n_jobs=-1)]: Done   4 out of   6 | elapsed:    9.1s remaining:    4.5s
[Parallel(n_jobs=-1)]: Done   6 out of   6 | elapsed:    9.3s remaining:    0.0s
[Parallel(n_jobs=-1)]: Done   6 out of   6 | elapsed:    9.3s finished
{'max_depth': 9, 'max_features': 'auto'}
train :
accuracy score is: 0.8117324356336887
precision score is: 0.811821922933034
recall score is: 0.811619498815609
auc: 0.8117324426746375
------
test :
accuracy score is: 0.7945649463974072
precision score is: 0.7913172175629009
recall score is: 0.8
auc: 0.7945663010967099
------
```

图 10-19　随机森林分类模型训练结果

由结果可以看出，选用随机森林算法时，训练集的四个性能度量指标分别为 0.8117、0.8118、0.8116、0.8117，测试集的四个性能度量指标分别为 0.795、0.791、0.800、0.795。总体来说拟合的效果也不错。为使模型进一步优化，我们同样采用交叉验证查看平均分数，这里采用的还是 3 折交叉验证，计算交叉验证后的 AUC 值，具体代码如下：

```
cross_val_score(pipe_rf,xtrain,ytrain,cv=3,scoring='roc_auc').mean()
```

相应结果如图 10-20 所示。

```
Fitting 3 folds for each of 2 candidates, totalling 6 fits
[Parallel(n_jobs=-1)]: Using backend LokyBackend with 6 concurrent workers.
[Parallel(n_jobs=-1)]: Done   2 out of   6 | elapsed:    5.8s remaining:   11.7s
[Parallel(n_jobs=-1)]: Done   3 out of   6 | elapsed:    6.3s remaining:    6.3s
[Parallel(n_jobs=-1)]: Done   4 out of   6 | elapsed:    6.3s remaining:    3.1s
[Parallel(n_jobs=-1)]: Done   6 out of   6 | elapsed:    6.8s remaining:    0.0s
[Parallel(n_jobs=-1)]: Done   6 out of   6 | elapsed:    6.8s finished
Fitting 3 folds for each of 2 candidates, totalling 6 fits
[Parallel(n_jobs=-1)]: Using backend LokyBackend with 6 concurrent workers.
[Parallel(n_jobs=-1)]: Done   2 out of   6 | elapsed:    5.6s remaining:   11.2s
[Parallel(n_jobs=-1)]: Done   3 out of   6 | elapsed:    5.6s remaining:    5.6s
[Parallel(n_jobs=-1)]: Done   4 out of   6 | elapsed:    5.7s remaining:    2.8s
[Parallel(n_jobs=-1)]: Done   6 out of   6 | elapsed:    6.1s remaining:    0.0s
[Parallel(n_jobs=-1)]: Done   6 out of   6 | elapsed:    6.1s finished
Fitting 3 folds for each of 2 candidates, totalling 6 fits
[Parallel(n_jobs=-1)]: Using backend LokyBackend with 6 concurrent workers.
[Parallel(n_jobs=-1)]: Done   2 out of   6 | elapsed:    5.3s remaining:   10.7s
[Parallel(n_jobs=-1)]: Done   3 out of   6 | elapsed:    5.3s remaining:    5.3s
[Parallel(n_jobs=-1)]: Done   4 out of   6 | elapsed:    5.4s remaining:    2.6s
[Parallel(n_jobs=-1)]: Done   6 out of   6 | elapsed:    6.0s remaining:    0.0s
[Parallel(n_jobs=-1)]: Done   6 out of   6 | elapsed:    6.0s finished
0.8604210661608374
```

图 10-20　交叉验证后结果

由最后的结果可以看到，AUC 值提高到 0.860，比逻辑回归交叉验证后的结果更好，说明进行交叉验证能显著提高模型的性能，并且对此数据而言，随机森林比逻辑回归的效果更好。

3. XGBoost 模型

下面我们使用最近几年在比赛中用得非常多的算法——XGBoost，来对模型进行分析。

```
# xgboost 模型
xgb_clf = xgb.XGBClassifier(objective='binary:logistic',n_job=-1,
booster='gbtree', n_estimators=1000, learning_rate=0.01)
# 参数设定
xgb_params = {'max_depth':[6,9],                    # 注意参数设置，数量多了会更加耗时
              'subsample':[0.6,0.9],'colsample_bytree':[0.5,0.6],'reg_alpha':[0.05,
              0.1]}
# 参数搜索
```

```
xgb_gridsearch = GridSearchCV(xgb_clf,xgb_params,cv=cv,n_jobs=-1,
                scoring='roc_auc',verbose=10,refit=True)
# 工作流管道
pipe_xgb = Pipeline([('sc',StandardScaler()), ('pow_trans',PowerTransformer()),
      ('xgb_grid',xgb_gridsearch)])
pipe_xgb.fit(xtrain,ytrain)                              # 搜索参数并训练模型
print(pipe_xgb.named_steps['xgb_grid'].best_params_)     # 最佳参数组合
perfomance_clf(pipe_xgb,xtrain,ytrain,name='train')      # 训练集性能指标
perfomance_clf(pipe_xgb,xtest,ytest,name='test')         # 测试集性能指标
```

结果如图 10-21 所示。

```
Fitting 3 folds for each of 16 candidates, totalling 48 fits
[Parallel(n_jobs=-1)]: Using backend LokyBackend with 6 concurrent workers.
[Parallel(n_jobs=-1)]: Done   1 tasks    | elapsed:    6.9s
[Parallel(n_jobs=-1)]: Done   6 tasks    | elapsed:    7.7s
[Parallel(n_jobs=-1)]: Done  13 tasks    | elapsed:   25.9s
[Parallel(n_jobs=-1)]: Done  20 tasks    | elapsed:   38.8s
[Parallel(n_jobs=-1)]: Done  29 tasks    | elapsed:   46.9s
[Parallel(n_jobs=-1)]: Done  42 out of  48 | elapsed:  1.1min remaining:    9.6s
[Parallel(n_jobs=-1)]: Done  48 out of  48 | elapsed:  1.3min finished
[10:38:12] WARNING: C:\Users\Administrator\workspace\xgboost-win64_release_1.2.0\src\learner.cc:516:
Parameters: { n_job } might not be used.

  This may not be accurate due to some parameters are only used in language bindings but
  passed down to XGBoost core.  Or some parameters are not used but slip through this
  verification. Please open an issue if you find above cases.

{'colsample_bytree': 0.5, 'max_depth': 6, 'reg_alpha': 0.05, 'subsample': 0.6}
train :
accuracy score is: 0.8176547596783242
precision score is: 0.8236788617886179
recall score is: 0.8083780077297095
auc: 0.8176553380294433
------
test :
accuracy score is: 0.7930690600847669
precision score is: 0.7974683544303798
recall score is: 0.7855361596009975
auc: 0.793067182492423
------
```

图 10-21　XGBoost 模型训练结果

由结果可以看出，选用 XGBoost 算法时，训练集的四个性能度量指标分别为 0.818、0.824、0.808、0.818，测试集的四个性能度量指标分别为 0.793、0.797、0.786、0.793。拟合的效果还不错。为使模型进一步优化，我们还是采用交叉验证查看平均分数，仍然采用 3 折交叉验证，计算交叉验证后的 AUC 值，具体代码如下：

```
cross_val_score(pipe_xgb,xtrain,ytrain,cv=3,scoring='roc_auc').mean()
```

相应结果如图 10-22 所示。

由最后的结果可以看到，AUC 值提高到了 0.861，高于随机森林交叉验证后的结果，说明进行交叉验证能显著提高模型的性能，并且对此数据集而言，XGBoost 的拟合效果比随机森林和逻辑回归都好。

```
Fitting 3 folds for each of 16 candidates, totalling 48 fits
[Parallel(n_jobs=-1)]: Using backend LokyBackend with 6 concurrent workers.
[Parallel(n_jobs=-1)]: Done   1 tasks      | elapsed:    4.1s
[Parallel(n_jobs=-1)]: Done   6 tasks      | elapsed:    4.7s
[Parallel(n_jobs=-1)]: Done  13 tasks      | elapsed:   16.6s
[Parallel(n_jobs=-1)]: Done  20 tasks      | elapsed:   25.3s
[Parallel(n_jobs=-1)]: Done  29 tasks      | elapsed:   30.5s
[Parallel(n_jobs=-1)]: Done  42 out of  48 | elapsed:   44.1s remaining:    6.2s
[Parallel(n_jobs=-1)]: Done  48 out of  48 | elapsed:   52.7s finished
[10:39:09] WARNING: C:\Users\Administrator\workspace\xgboost-win64_release_1.2.0\src\learner.cc:516:
Parameters: { n_job } might not be used.

  This may not be accurate due to some parameters are only used in language bindings but
  passed down to XGBoost core.  Or some parameters are not used but slip through this
  verification. Please open an issue if you find above cases.


Fitting 3 folds for each of 16 candidates, totalling 48 fits
[Parallel(n_jobs=-1)]: Using backend LokyBackend with 6 concurrent workers.
[Parallel(n_jobs=-1)]: Done   1 tasks      | elapsed:    4.1s
[Parallel(n_jobs=-1)]: Done   6 tasks      | elapsed:    4.7s
[Parallel(n_jobs=-1)]: Done  13 tasks      | elapsed:   15.8s
[Parallel(n_jobs=-1)]: Done  20 tasks      | elapsed:   24.4s
[Parallel(n_jobs=-1)]: Done  29 tasks      | elapsed:   29.9s
[Parallel(n_jobs=-1)]: Done  42 out of  48 | elapsed:   43.1s remaining:    6.1s
[Parallel(n_jobs=-1)]: Done  48 out of  48 | elapsed:   51.2s finished
[10:40:02] WARNING: C:\Users\Administrator\workspace\xgboost-win64_release_1.2.0\src\learner.cc:516:
Parameters: { n_job } might not be used.

  This may not be accurate due to some parameters are only used in language bindings but
  passed down to XGBoost core.  Or some parameters are not used but slip through this
  verification. Please open an issue if you find above cases.


Fitting 3 folds for each of 16 candidates, totalling 48 fits
[Parallel(n_jobs=-1)]: Using backend LokyBackend with 6 concurrent workers.
[Parallel(n_jobs=-1)]: Done   1 tasks      | elapsed:    4.0s
[Parallel(n_jobs=-1)]: Done   6 tasks      | elapsed:    4.6s
[Parallel(n_jobs=-1)]: Done  13 tasks      | elapsed:   16.1s
[Parallel(n_jobs=-1)]: Done  20 tasks      | elapsed:   24.1s
[Parallel(n_jobs=-1)]: Done  29 tasks      | elapsed:   30.1s
[Parallel(n_jobs=-1)]: Done  42 out of  48 | elapsed:   44.6s remaining:    6.3s
[Parallel(n_jobs=-1)]: Done  48 out of  48 | elapsed:   53.6s finished
```

```
[10:40:59] WARNING: C:\Users\Administrator\workspace\xgboost-win64_release_1.2.0\src\learner.cc:516:
Parameters: { n_job } might not be used.

  This may not be accurate due to some parameters are only used in language bindings but
  passed down to XGBoost core.  Or some parameters are not used but slip through this
  verification. Please open an issue if you find above cases.


0.8613523808404553
```

图 10-22　交叉验证后结果

由以上分析结果能够看到 XGBoost 的效果是最好的，所以可以查看字段相对 XGBoost 模型的重要程度。在 Jupyter Notebook 中运行如下代码：

```python
# 一般显示 ['可用信贷额度比例','年龄','负债率','月收入','信贷数量'] 这些字段比较重要
plt.figure(figsize=(10,5))
ax = plt.subplot(1,1,1)
xgb.plot_importance(pipe_xgb.named_steps['xgb_grid'].best_estimator_,
```

```
                    max_num_features=40,height=0.5,grid=False,ax=ax)
xtrain.columns
```

结果如图 10-23 所示。

```
Index(['可用信贷额度比例', '年龄', '逾期30-59天的笔数', '负债率', '月收入', '信贷数量', '逾期90天+的笔数',
       '固定资产贷款数', '逾期60-89天的笔数', '家属数量'],
      dtype='object')
```

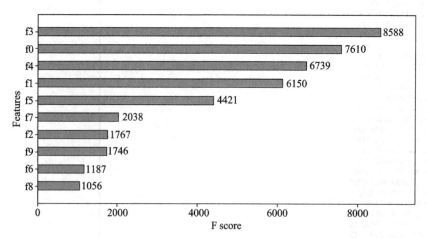

图 10-23 查看字段对 XGBoost 模型的重要程度

10.3.5 预测并生成结果

前面分别用了逻辑回归、随机森林、XGBoost 三种模型进行分析，结果发现 XGboost 的拟合效果最好，所以这里我们采用 XGBoost 算法对测试集进行预测，相关代码如下：

```
# 预测集数据读取与处理
dftest = pd.read_csv('cs-test.csv').drop('Unnamed: 0',axis=1)
dftest.rename(columns = {'SeriousDlqin2yrs':'未来两年可能违约',
      'RevolvingUtilizationOfUnsecuredLines':'可用信贷额度比例',
      'age':'年龄',
      'NumberOfTime30-59DaysPastDueNotWorse':'逾期30-59天的笔数',
      'DebtRatio':'负债率',
      'MonthlyIncome':'月收入',
      'NumberOfOpenCreditLinesAndLoans':'信贷数量',
      'NumberOfTimes90DaysLate':'逾期90天+的笔数',
      'NumberRealEstateLoansOrLines':'固定资产贷款数',
      'NumberOfTime60-89DaysPastDueNotWorse':'逾期60-89天的笔数',
      'NumberOfDependents':'家属数量'},inplace=True)
dftest.loc[dftest.家属数量.isna(),'家属数量'] = df1.家属数量.mode()[0]
dftest.loc[dftest.月收入.isna(),'月收入'] = df1.月收入.mode()[0]
# 以 xgboost 模型预测，生成 csv 结果文件
result = pipe_xgb.predict_proba(dftest.drop('未来两年可能违约',axis=1))
result_ = [[n+1,i] for n,i in enumerate(result[:,1])]
df_result = pd.DataFrame(result_,columns=['Id','Probability'])
```

将 XGBoost 预测的结果保存在名为 sampleEntry_7_2 的 csv 文件中：

df_result.to_csv('sampleEntry_7_2.csv',index=False)

其最终的预测结果如图 10-24 所示。

```
Id,Probability
1,0.4697578549385071
2,0.4164153039455414
3,0.1350840926170349
4,0.6104816794395447
5,0.5999824404716492
6,0.3367767035961151
7,0.3037155568599701
8,0.3291641175746918
9,0.0279004201292991164
10,0.9522199034690857
11,0.09560272097587585
12,0.18718330562114716
13,0.0803125724196434
14,0.39550986886024475
15,0.4474274516105652
16,0.2189466506242752
17,0.2697284519672394
18,0.14395534992218018
19,0.773259162902832
20,0.524794340133667
21,0.10382156819105148
22,0.12400604039430618
23,0.05228452757000923
24,0.9104027152061462
25,0.5949163436889648
26,0.1564641296863556
27,0.5824247002601624
28,0.095088862346410751
29,0.3524712324142456
30,0.16778965294361115
31,0.5072808861732483
32,0.0765487477183342
33,0.21157300472259521
34,0.49771764874458313
35,0.8386265039444397
36,0.43484264612197876
37,0.32187342643737793
38,0.17184166610240936
39,0.11306799948215485
40,0.25335580110549927
41,0.8654527068138123
42,0.7912853956222534
43,0.5833777785301208
44,0.10055337101221085
45,0.40315163135528564
46,0.05128852650523186
47,0.046548206359148026
48,0.18392206728458405
49,0.21882930397987366
```

图 10-24 预测结果

由结果可以得到测试集中每位客户的违约概率。根据违约概率的值可以对客户划分等级，违约概率在 0～0.1 之间的为 A 级，0.1～0.2 之间的为 B 级，0.2～0.3 之间的为 C 级，0.3～0.4 之间的为 D 级，0.4～0.5 之间的为 E 级，0.5～0.6 之间的为 F 级，0.6 以上的为 G 级。银行在对客户进行信用等级评估的时候可参考该客户的信用等级来决定是否给其发放贷款以及贷款的额度。

10.4 习题

一、判断题
1. 通过个人信用等级评估，能够增强社会信用透明度，减少因盲目操作而造成的损失。（　　）
2. 训练集中样本量太小可能会造成欠拟合。（　　）
3. 随机森林的随机性指的是数据随机和特征随机。（　　）
4. 随机欠采样的目标就是通过随机地消除占多数类的样本来平衡类分布。（　　）
5. 模型的准确率计算公式为 (TP + FP)/(TP + FN + FP + TP)。（　　）

二、选择题
1. 下列关于集成学习的描述正确的是（　　）。
　　A. 集成学习通过建立几个模型的组合来解决单一问题
　　B. 集成学习的工作原理是生成多个分类器或模型，各自关联着一起学习和做出预测，这些预测最后结合成单预测
　　C. 集成学习的最终结果优于任何一个单分类器做出的结果
　　D. 随机森林是集成学习的一个子类，它依靠于决策树的投票来决定最后的分类结果
2. 下列关于多重共线性的叙述正确的是（　　）。
　　A. 多重共线性是指线性回归模型中的解释变量之间由于存在精确相关关系或高度相关关系而使模型估计失真或难以估计准确
　　B. 如果线性回归模型存在完全共线性，则回归系数的 OLS 估计为 0
　　C. 排除引起共线性的解释变量不能解决多重共线性的问题
　　D. 判断复共线性及其严重程度的方法主要有特征分析法、条件数法和方差扩大因子法
3. 下列说法正确的是（　　）。
　　A. 面临不平衡数据集，传统的机器学习模型的评价方法能够精确地衡量模型的性能
　　B. 当存在数据不平衡时，与多数类别相比，少数类别存在比较高的误判率
　　C. 平衡分类的主要目标不是增加少数类的频率就是降低多数类的频率，这样做是为了获得大概相同数量的两个类的实例
　　D. 当存在数据不平衡时，准确率是一个用来衡量模型性能的合适指标
4. 下列关于信息过采样的说法正确的是（　　）。
　　A. 信息性过采样通过随机采样生成的合成样本而非实例的副本，可以缓解过拟合的问题。
　　B. 信息性过采样可能会损失有价值信息
　　C. 当生成合成性实例时，SMOTE 并不会把来自其他类的相邻实例考虑进来
　　D. SMOTE 对高维数据不是很有效
5. 下列关于重采样技术的说法正确的是（　　）。

A. 随机欠采样的目标是通过随机地消除占多数的类的样本来平衡类分布
B. 随机过采样会带来信息的损失，表现欠于欠采样
C. 随机过采样的缺点是由于复制了少数类事件，它加大了过拟合的可能性
D. 每个聚类过采样之后，相同类的所有聚类包含的观察值数量可以不同

三、填空题

1. 随机森林就是通过_____的思想将多棵树集成的一种算法，它的基本单元是_____。
2. XGBoost经常被用在一些比赛中，它是大规模并行_____的工具，XGBoost所应用的算法就是_____的改进，既可以用于_____也可以用于回归问题中。
3. 随机欠采样的优点是它可以_____，并且当训练数据集很大时，可以通过_____来解决存储问题。
4. 过采样是通过_____来增加其中的实例数量，从而可增加样本中_____的代表性。
5. MSMOTE 算法将少数类别的样本分为_____、_____和_____三个不同的组。

四、简答题

1. 请简述个人信用评估的好处。
2. 请简述在构造决策树时要解决的三个问题。
3. 请简述基于聚类的过采样的优点。
4. 请简述 SMOTE 算法基本原理。

第 11 章　企业信用评估

企业信用评估是指信用评估机构对企业进行信用评估。企业信用分析的主要内容包括产业、企业素质、经营管理、财务状况和偿债能力等。在企业信用评估中，比较重视企业素质，特别是企业素质中的企业综合情况评估，包括对企业领导群体的素质、企业经营管理能力以及企业竞争能力的评估。

如果投资者与经营者信息不对称，会形成逆向选择和道德风险两个问题。解决问题的有效办法就是信用评估。信用评估不但为资金供需双方的信息缺口开辟通道，使资本市场不至于因信息不对称而无法发挥资金中介的功能，也使得资金需求者能取得所需资金从事各项生产经营活动，还能使供给者的投资拥有适合风险偏好的目标，提高金融机构的管理效率，从而增强资本市场的整体效率。

本章将详细介绍企业信用评估的背景和用于企业信用评估的技术与方法，并结合实例进行分析，让读者更加清晰地了解企业信用评估过程。

本章重点如下：

❑ 了解企业信用评估的概念；
❑ 了解企业信用评估的背景；
❑ 掌握企业信用评估的技术与方法。

11.1　企业信用评估概述

企业信用评估一直是金融领域的热点问题，备受学术界和社会的关注。对企业信用进行有效评估可缓解企业与银行之间信息不对称的问题，使银行更好地了解企业状况，降低银行的借贷风险和信贷成本，增强银行的贷款意愿。同时，进行信用评估也有利于加强企业自身的信用管理，改善经营状况，树立更良好的信誉形象，为自身带来更多的融资机会，缓解融资难的问题。

1. 企业信用制度

企业信用是指作为市场主体的企业，在微观经济活动中，以诚实守信的态度开展经营活动的资格、能力和意愿。企业信用制度是企业信用关系发展的必然产物，是企业信用正常运行和发挥作用的集中体现以及制度保障。完善社会主义市场经济体制，推动企业信用制度创新，最大限度补充和扩大企业的信用规模。企业信用不是一个固化的评价，其变动体现了企业的履约能力和履行意愿的变化，会影响相关主体的行为，因此准确对企业信用进行评估具有现实的经济意义。

企业信用评估制度，主要是通过制定评估体系，将企业主体的资本、能力和行为等方面作为评估指标，结合科学的手段，进行评估并得出结论。这一结论能够在企业参与交易、获取融资的过程中为其背书，也会影响企业的整体评价。

2. 国外企业信用评估现状

国外对信用评估的研究开始的比较早，研究范围也比较广，考虑因素全面，评估方法完善，目前已经形成了一套比较合理的理论结构体系。

最早进行信用评级的是穆迪投资者服务公司的创始人，1909年，在《铁路投资的分析》一书中，他首次将信用评级运用在铁路债券上，分析了美国各家铁路公司及其发行证券的风险状况，标志着美国证券评级事业的诞生，也掀起了国外学者对于企业信用评级研究的风潮。经过了一百多年的发展，国外对于企业信用评估的度量模型和判别指标研究已相对透彻。Ronald A.Fisher 在 1963 年提出判别分析的概念，通过建立线性判别函数，解决维数压缩的问题。该方法一般适用于两类或两类以上的判别，已被广泛应用到信用风险建设模型中。Beaver 在 1966 年以单变量分析法建立模型，将 79 家破产和非破产企业根据行业和规模进行分类，分析了 14 个财务因素，找到了财务因素和企业破产之间的联系，是最早将财务因素引入企业破产预测领域的人。Edward Altman 在 1968 年建立的 Z 评分模型是一种破产预测模型，他提出了利用各种财务指标和其权重产生判别分数，通过对比 33 家破产和非破产企业，选择了 5 个比率来建模，通过计算 Z 的分值来判断企业是属于破产区、灰色区还是安全区，得分越低破产可能性就越大，得分越高的企业稳定性越好，信用度就越高。在 1977 年，Altman、Haldeman、Narayanan 等对原始的 Z 模型进行扩展，提出了准确度更高的模型——ZETA 模型，该模型能够明确反映企业破产问题的最新度量指标，并对 Z 模型构建中采用的统计判别技术进行了修正与精炼。另外，它的变量由原始的 5 个模型增加到了 7 个。与 Z 模型相比，ZETA 模型的适用范围更宽泛，精确度更高。

3. 国内企业信用评估现状

我国的企业信用风险评估起步较晚，但经过多年的发展，信用评估的指标体系也从单一的财务指标体系逐渐发展为财务指标与非财务指标相结合的综合指标体系。近年来，我国金融界越来越重视风险管理，许多企业也开始重视自身的信用建设，在这个背景下，越来越多的学者开始进行信用风险评估方面的研究。1987 年，吴世农、黄世忠选取企业的资产变现力等四个指标，运用单变量预测模型和多变量预测模型进行分析，建立了我国企业破产的预测模型。1996 年，周守华、杨济华、王平建立的 F 分数财务预警模型，可以充分考虑到现金流量变动等方面的情况。经过这些学者们的努力，适用于我国企业的风险评估模型越来越多，我国的信用评估体系也越来越完善。

在中小企业信用风险评价方面，国内学者从不同的视角进行研究。在 2010 年，林沙、雷井生运用 DEA 模型对中小企业的信用风险进行了证实研究。2011 年，在供应链金融成为银行和财务公司重点关注对象的前提下，胡海清等运用支持向量机对西安市 48 家中小企业的信用质量进行评估，突破了当时中小企业数据匮乏的问题。杜永强、迟国泰、刘峻伯在 2014 年运用分类最优原理来评价中小企业信用违约风险，优化了因未考虑企业违约状态而对指标权重产生影响带来的误差，能够更好地判断企业是否违约。同年，郭丽婷把对中小企业融资问题的入手点放在了市场机制、政治和债务融资的联系中，得出政治因素对中小企业的融资只在市场机制不完善地区有积极作用，政治因素与市场机制在中小企业的融资方面存在替代效应的结论。

11.2　企业信用评估的技术与方法

企业信用评级的内容比较广泛，它是对企业资信状况的一次全面评价，具有综合性的特点。企业信用评级要对借款企业借款的合法性、安全性和营利性等作出判断，并承担调查失误和评估失实的责任，就必须对企业进行全面调查和综合分析，包括领导素质、经济实力、资金结构、履约情况、经营效益和发展前景等各方面因素。下面我们来学习一下企业信用评估的常用技术与方法。

11.2.1　支持向量机

支持向量机（Support Vector Machine，SVM）是一种二分类模型，它的基本模型是定义在特征空间上间隔最大的线性分类器，其中间隔最大使它有别于感知机。SVM 还包括核技巧，这使它成为实质上的非线性分类器。SVM 的学习策略就是间隔最大化，可转化为一个求解凸二次规划的问题，也等价于正则化的损失函数最小化问题。SVM 的学习算法就是求解凸二次规划的最优化算法。

SVM 学习的基本想法是求解能够正确划分训练数据集并且几何间隔最大的分离超平面。如图 11-1 所示，$\omega \cdot x + b = 0$ 为分离超平面，对于线性可分的数据集来说，这样的超平面有无穷多个（即感知机），但是几何间隔最大的分离超平面却是唯一的。

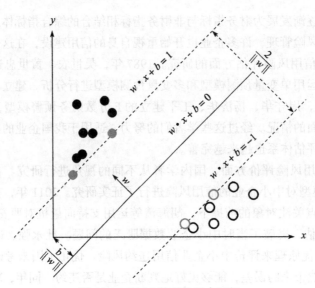

图 11-1　SVM 学习的基本思想

假设给定一个特征空间上的训练数据集：

$$T = \{(x_1, y_1), (x_2, y_2), \cdots, (x_N, y_N)\} \tag{11-1}$$

式中，$x_i \in R^n$，$y_i \in \{+1, -1\}$，$i = 1, 2, \cdots, N$。x_i 为第 i 个特征向量，y_i 为类标记，当 y_i 等于 +1 时为正例；等于 −1 时为负例。另外，我们还假设训练数据集是线性可分的。

对于给定的数据集 T 和超平面 $\omega \cdot x + b = 0$，定义超平面关于样本点 (x_i, y_i) 的几何间隔为

$$\gamma_i = y_i \left(\frac{\omega}{\|\omega\|} \cdot x_i + \frac{b}{\|\omega\|} \right) \tag{11-2}$$

超平面关于所有样本点的几何间隔的最小值为

$$\gamma = \min_{i=1,2,\cdots,N} \gamma_i \tag{11-3}$$

实际上这个距离就是所谓的支持向量到超平面的距离。

根据以上定义，SVM 模型的求解最大分割超平面问题可以表示为以下约束最优化问题：

$$\max_{\omega, b} \gamma$$

$$y_i \left(\frac{\omega}{\|\omega\|} \cdot x_i + \frac{b}{\|\omega\|} \right) \geq \gamma, \quad i = 1, 2, \cdots, N \tag{11-4}$$

令

$$\omega = \frac{\omega}{\|\omega\| \gamma}, \quad b = \frac{b}{\|\omega\| \gamma}$$

得到

$$y_i(\omega \cdot x_i + b) \geq 1, \quad i = 1, 2, \cdots, N \tag{11-5}$$

又因为最大化 γ 等价于最大化 $\dfrac{1}{\|\omega\|}$，也就等价于最小化 $\dfrac{1}{2}\|\omega\|^2$，因此 SVM 模型的求解最大分割超平面问题又可以表示为以下约束最优化问题：

$$\min_{\omega,b} \frac{1}{2}\|\omega\|^2$$

$$y_i(\omega \cdot x_i + b) \geq 1, \quad i = 1, 2, \cdots, N \tag{11-6}$$

11.2.2 朴素贝叶斯

朴素贝叶斯算法是基于贝叶斯定理与特征条件独立假设的分类方法。

最广泛的两种分类模型是决策树模型（Decision Tree Model）和朴素贝叶斯模型（Naive Bayesian Model，NBM）。朴素贝叶斯分类（Naive Bayes Classifier，NBC）模型发源于古典数学理论，与决策树模型相比，有着更为坚实的数学基础以及稳定的分类效率。同时，NBC 模型所需估计的参数也很少，对缺失数据不太敏感，算法也比较简单。

朴素贝叶斯分类模型基于贝叶斯定理，并且假设特征条件之间相互独立，先通过已给定的训练集，学习从输入到输出的联合概率分布，再基于学习到的模型，输入 X 求出使得后验概率最大的输出 Y。

设有样本数据集 $D = \{d_1, d_2, \cdots, d_n\}$，对应样本数据的特征属性集为 $X = \{x_1, x_2, \cdots, x_d\}$，类变量为 $Y = \{y_1, y_2, \cdots, y_m\}$，即 D 可以分为 y_m 类别。其中，$x_1, x_2, \cdots, x_d$ 相互独立且随机，Y 的先验概率为 $P_{\text{prior}} = P(Y)$，Y 的后验概率 $P_{\text{post}} = P(Y|X)$。由朴素贝叶斯算法可得，后验概率可以由先验概率 $P_{\text{prior}} = P(Y)$、证据 $P(X)$ 以及类条件概率 $P(X|Y)$ 计算得出：

$$P(Y|X) = \frac{P(Y)P(X|Y)}{P(X)} \tag{11-7}$$

朴素贝叶斯基于各特征之间相互独立的假设，在给定类别为 y 的情况下，有：

$$P(X|Y=y) = \prod_{i=1}^{d} P(x_i | Y=y) \tag{11-8}$$

由以上两式可以计算出后验概率为：

$$P_{\text{post}} = P(Y|X) = \frac{P(Y)\prod_{i=1}^{d} P(x_i | Y)}{P(X)} \tag{11-9}$$

由于 $P(X)$ 的大小是固定不变的，因此在比较后验概率时，只需比较上式的分子部分即可。因此可以得到一个样本数据属于类别 y_i 的朴素贝叶斯计算：

$$P(y_i | x_1, x_2, \cdots, x_d) = \frac{P(y_i) \prod_{j=1}^{d} P(x_j | y_i)}{\prod_{j=1}^{d} P(x_j)} \qquad (11\text{-}10)$$

1）朴素贝叶斯的优点：由于朴素贝叶斯算法假设数据集属性之间是相互独立的，因此算法的逻辑性十分简单，并且算法较为稳定，当数据呈现不同的特点时，朴素贝叶斯的分类性能不会有太大的差异。换句话说，朴素贝叶斯算法的健壮性比较好，对于不同类型的数据集不会呈现出太大的差异性。当数据集属性之间的关系相对比较独立时，朴素贝叶斯分类算法会有较好的效果。

2）朴素贝叶斯的缺点：属性独立性的条件同时也是朴素贝叶斯分类器的不足之处。数据集属性的独立性在很多情况下是很难满足的，因为数据集的属性之间往往存在相互关联，如果在分类过程中出现这种问题，会导致分类的效果大大降低。

3）朴素贝叶斯算法的应用：朴素贝叶斯算法在文字识别、图像识别方向有着较为重要的作用。可以根据已有的分类规则对未知的一种文字或图像进行分类。现实生活中朴素贝叶斯算法应用广泛，如文本分类、垃圾邮件分类、信用评估、钓鱼网站检测等。

11.2.3 感知机

如果有 n 个样本，每个样本有 m 维特征和一个二元输出类别：

$$((x_1^0, x_2^0, \cdots, x_{m-1}^0, x_m^0; y_0), (x_1^1, x_2^1, \cdots, x_{m-1}^1, x_m^1; y_1), \cdots, (x_1^n, x_2^n, \cdots, x_{m-1}^n, x_m^n; y_n))$$

感知机的目标是找到一个超平面：

$$\omega_1 x_1 + \omega_2 x_2 + \cdots + \omega_m x_m + b = 0 \qquad (11\text{-}11)$$

让其中一个类别的样本满足 $\omega_1 x_1 + \omega_2 x_2 + \cdots + \omega_m x_m + b > 0$，而另一类样本满足 $\omega_1 x_1 + \omega_2 x_2 + \cdots + \omega_m x_m + b < 0$，从而使得样本线性可分。但这样的超平面并不是唯一的。感知机模型采取不同的初始值 $(\vec{\omega}_0, b_0)$，解可能会不同。

用向量方式表述上式：$\vec{\omega} \cdot \vec{x} + b = 0$，由此感知机的模型可以定义为：

$$y = \text{sign}(\vec{\omega} \cdot \vec{x} + b) \qquad (11\text{-}12)$$

其中，

$$\text{sign}(x) = +1, \quad x \geq 0$$

$$\text{sign}(x) = -1, \quad x < 0$$

例如，将一个新的样本 $\vec{x}_1$ 带入训练好的模型 $\vec{\omega} \cdot \vec{x} + b$，当 $\vec{\omega} \cdot \vec{x}_1 + b \geq 0$，$\vec{x}_1$ 被分为 +1 类，当 $\vec{\omega} \cdot \vec{x}_1 + b < 0$，$\vec{x}_1$ 被分为 −1 类。

11.3 实战：企业信用评估

下面介绍如何对企业进行信用评估，选择的数据共 20 000 条、15 个特征。其中 TARGET 表示企业的评估等级。

11.3.1 导入相应包并读取数据

在 Jupyter Notebook 中导入相应包，代码如下：

```
# 处理数据使用的包
import numpy as np
import pandas as pd
import random as rnd

# 可视化包
import matplotlib.pyplot as plt
import seaborn as sns
%matplotlib inline

from sklearn.model_selection import train_test_split
```

读取数据如下：

```
df1=pd.read_csv('data_2(1).csv')
df1
```

结果如图 11-2 所示。

	Unnamed: 0	TARGET	CNT_CHILDREN	AMT_INCOME_TOTAL	AMT_CREDIT	AMT_ANNUITY	AMT_GOODS_PRICE	REGION_POPULATION_RELATIVE	DAYS
0	100002	1	0	202500.0	406597.5	24700.5	351000.0	0.018801	
1	100031	1	0	112500.0	979992.0	27076.5	702000.0	0.018029	
2	100032	0	1	112500.0	327024.0	23827.5	270000.0	0.019101	
3	100044	0	0	121500.0	454500.0	15151.5	454500.0	0.030755	
4	100045	0	0	99000.0	247275.0	17338.5	225000.0	0.006207	
...	...	...	...	...	...	...	...	...	
19995	151424	0	2	202500.0	539100.0	27522.0	450000.0	0.014464	
19996	151425	0	0	135000.0	327024.0	20137.5	270000.0	0.024610	
19997	151426	0	0	315000.0	1928304.0	73579.5	1800000.0	0.003818	
19998	151427	0	2	225000.0	254700.0	27153.0	225000.0	0.007274	
19999	151428	0	2	247500.0	679500.0	27076.5	679500.0	0.019101	

20000 rows × 15 columns

图 11-2 运行结果

我们再看一下目标变量的分布情况：

```
print(df1.TARGET.value_counts())
```

结果如下：

```
0    16421
1     3579
Name: TARGET,   dtype: int64
```

11.3.2 数据预处理

1）shuffle 打乱数据顺序，为后面训练做准备。

```
# shuffle,打乱数据顺序,通过pandas的抽样函数sample实现,frac为百分比
df1=df1.sample(frac=1)
```

2）划分训练集与测试集。

```
Y = df1['TARGET']
X=df1.iloc[:,2:]
X_train, X_test, Y_train, Y_test = train_test_split(X,Y,train_size = 0.8, random_
    state=100)
train_df = pd.concat([Y_train,X_train], axis =1)
# concat函数是在pandas底下的方法,可以将数据根据不同的轴作简单的融合
test_df = pd.concat([Y_test,X_test], axis =1)
combine = [train_df,test_df]
```

3）查看数据的特征。

```
print(df1.columns.values)           # 查看数据都有哪些特征
```

结果如下：

```
['Unnamed: 0' 'TARGET' 'CNT_CHILDREN' 'AMT_INCOME_TOTAL' 'AMT_CREDIT'
 'AMT_ANNUITY' 'AMT_GOODS_PRICE' 'REGION_POPULATION_RELATIVE' 'DAYS_BIRTH'
 'DAYS_EMPLOYED' 'DAYS_REGISTRATION' 'DAYS_ID_PUBLISH' 'FLAG_WORK_PHONE'
 'REGION_RATING_CLIENT' 'HOUR_APPR_PROCESS_STARY']
```

4）查看数据的数量、数据类型等信息，如下所示：

```
df1.info()
print('*'*40)
    df1.info()                      # 查看训练数据和测试数据的数量,数据类型等信息
```

结果如图 11-3 所示。

5）查看训练数据的基本描述性统计信息，如下所示：

```
df1.describe()                      # 查看训练数据的基本描述性统计信息
```

结果如图 11-4 所示。

6）进行缺失值的处理，代码如下：

```
train_df.isnull().sum()
```

结果如图 11-5 所示。

第11章 企业信用评估

```
<class 'pandas.core.frame.DataFrame'>
Int64Index: 20000 entries, 2875 to 19373
Data columns (total 15 columns):
 #   Column                      Non-Null Count  Dtype
---  ------                      --------------  -----
 0   Unnamed: 0                  20000 non-null  int64
 1   TARGET                      20000 non-null  int64
 2   CNT_CHILDREN                20000 non-null  int64
 3   AMT_INCOME_TOTAL            20000 non-null  float64
 4   AMT_CREDIT                  20000 non-null  float64
 5   AMT_ANNUITY                 20000 non-null  float64
 6   AMT_GOODS_PRICE             19986 non-null  float64
 7   REGION_POPULATION_RELATIVE  20000 non-null  float64
 8   DAYS_BIRTH                  20000 non-null  int64
 9   DAYS_EMPLOYED               20000 non-null  int64
 10  DAYS_REGISTRATION           20000 non-null  int64
 11  DAYS_ID_PUBLISH             20000 non-null  int64
 12  FLAG_WORK_PHONE             20000 non-null  int64
 13  REGION_RATING_CLIENT        20000 non-null  int64
 14  HOUR_APPR_PROCESS_START     20000 non-null  int64
dtypes: float64(5), int64(10)
memory usage: 2.4 MB
*****************************************
<class 'pandas.core.frame.DataFrame'>
Int64Index: 20000 entries, 2875 to 19373
Data columns (total 15 columns):
 #   Column                      Non-Null Count  Dtype
---  ------                      --------------  -----
 0   Unnamed: 0                  20000 non-null  int64
 1   TARGET                      20000 non-null  int64
 2   CNT_CHILDREN                20000 non-null  int64
 3   AMT_INCOME_TOTAL            20000 non-null  float64
 4   AMT_CREDIT                  20000 non-null  float64
 5   AMT_ANNUITY                 20000 non-null  float64
 6   AMT_GOODS_PRICE             19986 non-null  float64
 7   REGION_POPULATION_RELATIVE  20000 non-null  float64
 8   DAYS_BIRTH                  20000 non-null  int64
 9   DAYS_EMPLOYED               20000 non-null  int64
 10  DAYS_REGISTRATION           20000 non-null  int64
 11  DAYS_ID_PUBLISH             20000 non-null  int64
 12  FLAG_WORK_PHONE             20000 non-null  int64
 13  REGION_RATING_CLIENT        20000 non-null  int64
 14  HOUR_APPR_PROCESS_START     20000 non-null  int64
dtypes: float64(5), int64(10)
memory usage: 2.4 MB
```

图 11-3　运行结果

	Unnamed: 0	TARGET	CNT_CHILDREN	AMT_INCOME_TOTAL	AMT_CREDIT	AMT_ANNUITY	AMT_GOODS_PRICE	REGION_POPULATION_RELATIVE
count	20000.000000	20000.00000	20000.000000	2.000000e+04	2.000000e+04	20000.000000	1.998600e+04	20000.000000
mean	132438.434700	0.17895	0.433550	1.735475e+05	5.945596e+05	27050.755725	5.325604e+05	0.020588
std	15569.601245	0.38332	0.737843	8.319024e+05	3.976243e+05	14530.344084	3.649684e+05	0.013573
min	100002.000000	0.00000	0.000000	2.565000e+04	4.500000e+04	2052.000000	4.500000e+04	0.000533
25%	119591.750000	0.00000	0.000000	1.125000e+05	2.700000e+05	16654.500000	2.385000e+05	0.010006
50%	138676.500000	0.00000	0.000000	1.440000e+05	5.122418e+05	24930.000000	4.500000e+05	0.018850
75%	145617.250000	0.00000	1.000000	2.025000e+05	8.086500e+05	34404.750000	6.795000e+05	0.028866
max	151428.000000	1.00000	11.000000	1.170000e+08	4.050000e+06	258025.500000	4.050000e+06	0.072508

图 11-4　运行结果

```
TARGET                       0
CNT_CHILDREN                 0
AMT_INCOME_TOTAL             0
AMT_CREDIT                   0
AMT_ANNUITY                  0
AMT_GOODS_PRICE              8
REGION_POPULATION_RELATIVE   0
DAYS_BIRTH                   0
DAYS_EMPLOYED                0
DAYS_REGISTRATION            0
DAYS_ID_PUBLISH              0
FLAG_WORK_PHONE              0
REGION_RATING_CLIENT         0
HOUR_APPR_PROCESS_START      0
dtype: int64
```

图 11-5　训练集缺失值情况

训练集缺失值填充：

```
# 为缺失值 AMT_GOODS_PRICE 记录填充值，设置为平均值
AMT_GOODS_PRICE_mean_value = train_df['AMT_GOODS_PRICE'].mean()
train_df['AMT_GOODS_PRICE'] = train_df['AMT_GOODS_PRICE'].fillna(AMT_GOODS_PRICE_mean_value)
```

测试集缺失值处理：

```
# 为缺失值 AMT_GOODS_PRICE 记录填充值，设置为平均值
AMT_GOODS_PRICE_mean_value = test_df['AMT_GOODS_PRICE'].mean()
test_df['AMT_GOODS_PRICE'] = test_df ['AMT_GOODS_PRICE'].fillna(AMT_GOODS_PRICE_mean_value)
```

结果如图 11-6 所示。

```
TARGET                       0
CNT_CHILDREN                 0
AMT_INCOME_TOTAL             0
AMT_CREDIT                   0
AMT_ANNUITY                  0
AMT_GOODS_PRICE              0
REGION_POPULATION_RELATIVE   0
DAYS_BIRTH                   0
DAYS_EMPLOYED                0
DAYS_REGISTRATION            0
DAYS_ID_PUBLISH              0
FLAG_WORK_PHONE              0
REGION_RATING_CLIENT         0
HOUR_APPR_PROCESS_START      0
dtype: int64
```

图 11-6　运行结果

11.3.3　可视化各变量总体分布直方图

1）可视化 CNT_CHILDREN 的总体分布直方图：

```
# 用 seaborn 库画出 CNT_CHILDREN 的总体分布直方图
g = sns.FacetGrid(train_df, col='TARGET')
g.map(plt.hist, 'CNT_CHILDREN', bins=20)
```

结果如图 11-7 所示。

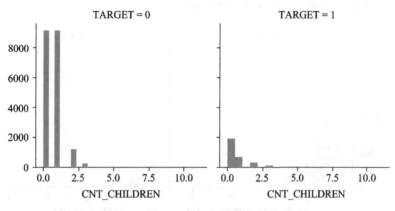

图 11-7　运行结果

2）可视化 AMT_INCOME_TOTAL 的总体分布直方图：

```
# 用 seaborn 库画出 AMT_INCOME_TOTAL 的总体分布直方图
g = sns.FacetGrid(train_df, col='TARGET')
g.map(plt.hist, 'AMT_INCOME_TOTAL', bins=30)
```

结果如图 11-8 所示。

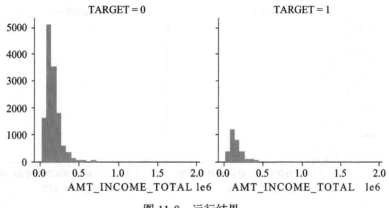

图 11-8　运行结果

3）可视化 AMT_CREDIT 的总体分布直方图

```
# 用 seaborn 库画出 AMT_CREDIT 的总体分布直方图
g = sns.FacetGrid(train_df, col='TARGET')
g.map(plt.hist, 'AMT_CREDIT', bins=50)
```

结果如图 11-9 所示。

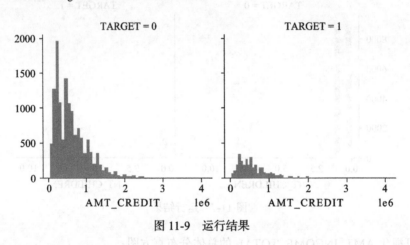

图 11-9　运行结果

4）可视化 AMT_ANNUITY 的总体分布直方图：

```
# 用 seaborn 库画出 AMT_ANNUITY 的总体分布直方图
g = sns.FacetGrid(train_df, col='TARGET')
g.map(plt.hist, 'AMT_ANNUITY', bins=20)
```

结果如图 11-10 所示。

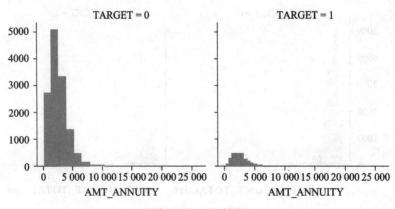

图 11-10　运行结果

5）可视化 AMT_GOODS_PRICE 的总体分布直方图：

```
# 用 seaborn 库画出 AMT_GOODS_PRICE 的总体分布直方图
g = sns.FacetGrid(train_df, col='TARGET')
g.map(plt.hist, 'AMT_GOODS_PRICE', bins=20)
```

结果如图 11-11 所示。

图 11-11　运行结果

6）可视化 REGION_POPULATION_RELATIVE 的总体分布直方图：

```
# 用 seaborn 库画出 REGION_POPULATION_RELATIVE 的总体分布直方图
g = sns.FacetGrid(train_df, col='TARGET')
g.map(plt.hist, 'REGION_POPULATION_RELATIVE', bins=60)
```

结果如图 11-12 所示。

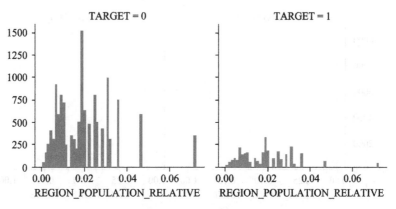

图 11-12　运行结果

7）可视化 DAYS_BIRTH 的总体分布直方图：

```
# 用seaborn库画出DAYS_BIRTH的总体分布直方图
g = sns.FacetGrid(train_df, col='TARGET')
g.map(plt.hist, 'DAYS_BIRTH', bins=20)
```

结果如图 11-13 所示。

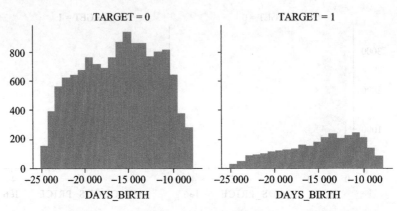

图 11-13　运行结果

8）可视化 FlAG_WORK_PHONE 的总体分布直方图：

```
# 用seaborn库画出FLAG_WORK_PHONE的总体分布直方图
g = sns.FacetGrid(train_df, col='TARGET')
g.map(plt.hist, 'FLAG_WORK_PHONE', bins=80)
```

结果如图 11-14 所示。

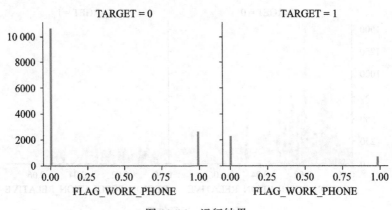

图 11-14　运行结果

9）可视化 DAYS_EMPLOYED 的总体分布直方图：

```
# 用 seaborn 库画出 DAYS_EMPLOYED 的总体分布直方图
g = sns.FacetGrid(train_df, col='TARGET')
g.map(plt.hist, 'DAYS_EMPLOYED', bins=20)
```

结果如图 11-15 所示。

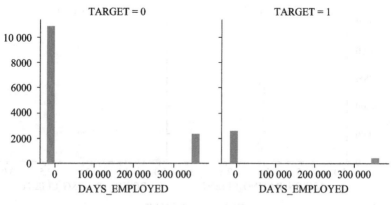

图 11-15　运行结果

10）可视化 DAYS_REGISTRATION 的总体分布直方图：

```
# 用 seaborn 库画出 DAYS_REGISTRATION 的总体分布直方图
g = sns.FacetGrid(train_df, col='TARGET')
g.map(plt.hist, 'DAYS_REGISTRATION', bins=20)
```

结果如图 11-16 所示。

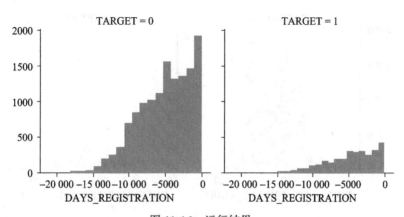

图 11-16　运行结果

11）可视化 REGION_RATING_CLIENT 的总体分布直方图：

```
# 用 seaborn 库画出 REGION_RATING_CLIENT 的总体分布直方图
g = sns.FacetGrid(train_df, col='TARGET')
g.map(plt.hist, 'REGION_RATING_CLIENT', bins=20)
```

结果如图 11-17 所示。

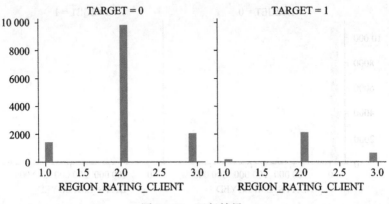

图 11-17 运行结果

12）可视化 HOUR_APPR_PROCESS_START 的总体分布直方图：

```
# 用 seaborn 库画出 HOUR_APPR_PROCESS_START 的总体分布直方图
g = sns.FacetGrid(train_df, col='TARGET')
g.map(plt.hist, 'HOUR_APPR_PROCESS_START', bins=20)
```

结果如图 11-18 所示。

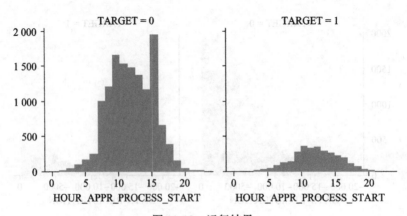

图 11-18 运行结果

11.3.4 建模分析预测企业违约情况

根据这次预测的实际情况,我们可以选择监督学习的分类和回归模型,包括逻辑回归、支持向量机、K-近邻、朴素贝叶斯、感知机、决策树、随机森林、XGboost。比较不同模型的预测结果,看看哪种模型的预测得分更高,或者说预测更准一些。

1)导入相应包。

```
# 导入各种机器学习包
from sklearn.linear_model import LogisticRegression    # Logistic 回归
from sklearn.svm import SVC,LinearSVC                  # 核支持向量机,线性支持向量机
from sklearn.ensemble import RandomForestClassifier    # 随机森林分类
from sklearn.neighbors import KNeighborsClassifier     # K- 近邻分类
from sklearn.naive_bayes import GaussianNB             # 朴素贝叶斯
from sklearn.linear_model import Perceptron            # 感知机(神经网络)
from sklearn.linear_model import SGDClassifier         # 随机梯度下降
from sklearn.tree import DecisionTreeClassifier        # 决策树分类
```

2)查看训练数据和测试数据。

```
# 划分训练数据和测试数据
X_train = train_df.drop(['TARGET'],axis=1)
y_train = train_df['TARGET']
X_test = test_df.iloc[:,1:]
X_train.shape,y_train.shape,X_test.shape
```

结果如下:

((16000, 13), (16000,), (4000, 13))

3)使用逻辑回归模型分析,并查看得分。

```
logret = LogisticRegression()
logret.fit(X_train,Y_train)
y_pred = logret.predict(X_test)
acc_log = round(logret.score(X_train,Y_train)*100,2)    # 四舍五入并保留两位小数
print('使用 Logistic 回归模型预测得分: ',acc_log)
```

结果如下:

使用 Logistic 回归模型预测得分:82.02

4)使用支持向量机模型来预测违约概率。

```
svc = SVC()
svc.fit(X_train,Y_train)
y_pred = svc.predict(X_test)
acc_svc = round(svc.score(X_train,Y_train)*100,2)
print('用 SVC 模型预测得分: ',acc_svc)
```

结果如下:

用 SVC 模型预测得分:82.02

5）用 K-近邻模型来进行预测。

```
knn = KNeighborsClassifier(n_neighbors=3)
knn.fit(X_train,Y_train)
y_pred = knn.predict(X_test)
acc_knn = round(knn.score(X_train,Y_train)*100,2)
print('K-近邻模型测试得分: ',acc_knn)
```

结果如下：

K-近邻模型测试得分: 85.91

6）用朴素贝叶斯模型来进行预测。

```
gaussian = GaussianNB()
gaussian.fit(X_train,Y_train)
y_pred = gaussian.predict(X_test)
acc_gaussian = round(gaussian.score(X_train,Y_train)*100,2)
print(' 朴素贝叶斯模型测试得分: ',acc_gaussian)
```

结果如下：

朴素贝叶斯模型测试得分: 82.02

7）用感知机模型来进行预测。

```
perceptron = Perceptron()
perceptron.fit(X_train,Y_train)
y_pred = perceptron.predict(X_test)
acc_perceptron=round(perceptron.score(X_train,Y_train)*100,2)
print(' 感知机模型测试得分: ',acc_perceptron)
```

结果如下：

感知机模型测试得分: 18.54

8）用决策树模型来预测违约概率。

```
decisionTree=DecisionTreeClassifier()
decisionTree.fit(X_train,Y_train)
y_pred = decisionTree.predict(X_test)
acc_decisionTree = round(decisionTree.score(X_train,Y_train)*100,2)
print(' 决策树模式测试得分: ',acc_decisionTree)
```

结果如下：

决策树模式测试得分: 100.0

9）用随机森林模型来预测违约概率。

```
randomForest = RandomForestClassifier(n_estimators=100)
randomForest.fit(X_train,Y_train)
```

```
Y_pred = randomForest.predict(X_test)
acc_randomForest = round(randomForest.score(X_train,Y_train)*100,2)
print('随机森林模型测试得分: ',acc_randomForest)
```

结果如下：

随机森林模型测试得分：100.0

10）用 XGBoost 模型预测违约概率。

```
from xgboost import XGBClassifier
xgb = XGBClassifier()
xgb.fit(X_train,Y_train)
acc_xgb = round(xgb.score(X_train,Y_train)*100,2)
print('XGBoost 模型测试得分: ',acc_xgb)
```

结果如下：

XGBoost 模型测试得分：89.02

11.3.5 模型评估

对各个模型进行对比和评估，选出最适合的预测模型，得出预测结果。

```
models=pd.DataFrame({
    'Model':['核支持向量机','K-近邻','Logistic 回归','随机森林','朴素贝叶斯',
        '感知机','决策树','XGBoost'],
    'Score':[acc_svc,acc_knn,acc_log,acc_randomForest,acc_gaussian,
        acc_perceptron,acc_decisionTree,acc_xgb]})
models.sort_values(by='Score',ascending=False)
```

结果如图 11-19 所示。

11.3.6 模型预测

由上面的模型对比和评估可以看到，随机森林和决策树模型的得分最高，然而随机森林在防止过拟合等方面有着天然的优越性，所以我们采用随机森林来对数据集进行预测并提交结果。

	Model	Score
3	随机森林	100.00
6	决策树	100.00
7	XGBoost	89.02
1	K-近邻	85.91
0	核支持向量机	82.02
2	Logistic回归	82.02
4	朴素贝叶斯	82.02
5	感知机	18.54

图 11-19 运行结果

```
y_pred = randomForest.predict(X_test)
submission=pd.DataFrame({'TARGET':Y_pred})
submission.to_csv('submission_8.csv',index=False)  # 将预测结果文件导出
```

查看输出结果：

```
a=pd.read_csv('submission_8.csv')
a
```

结果如图 11-20 所示。

TARGET	
0	0
1	0
2	0
3	0
4	0
...	...
3995	0
3996	0
3997	0
3998	0
3999	0

4000 rows × 1 columns

图 11-20 运行结果

对比几种模型的预测结果，我们采用随机森林来对数据集进行预测，得出的预测结果已保存至文件 submission_8.csv 中，结果要么是 0（不违约）要么是 1（违约），由于本身违约的客户就比不违约的客户少，我们得出测试集的结果也有这一特征，即违约客户的数量要远少于不违约客户的数量。

11.4 习题

一、判断题

1. 支持向量机是一种多分类模型。（　　）
2. 对于线性可分的数据集来说，SVM 划分的超平面有无穷多个，但是几何间隔最大的分离超平面却是唯一的。（　　）
3. 朴素贝叶斯算法的健壮性比较好，对于不同类型的数据集不会呈现出太大的差异性。（　　）
4. 感知机的目标是找到一个超平面，从而使样本线性可分。（　　）
5. shuffle 会打乱数据顺序，为后面训练做准备。（　　）

二、选择题

1. 下列关于 ZETA 模型的描述正确的是（　　）。
   A. ZETA 模型是 1967 年被提出来的
   B. ZETA 模型对 Z 模型构建中采用的统计判别技术进行了修正与精炼
   C. ZETA 模型不能反映企业破产问题的最新度量指标
   D. 与 Z 模型相比，ZETA 模型的适用范围更宽泛，但精确度不够高
2. 以下（　　）算法在防止过拟合方面有着天然的优越性。
   A. 随机森林　　　　B. 支持向量机　　　　C. 朴素贝叶斯　　　　D. 决策树
3. 下列关于支持向量机的说法正确的是（　　）。
   A. 支持向量机是一种多分类模型

B. 支持向量机的基本模型是定义在特征空间上的间隔最小的线性分类器

C. 支持向量机还包括核技巧，这使它成为实质上的非线性分类器

D. 支持向量机的学习算法其实就是求解凹二次规划的最优化算法

4. 下列关于朴素贝叶斯算法的叙述正确的是（　　）。

A. 朴素贝叶斯分类器发源于古典数学理论，有着坚实的数学基础

B. 朴素贝叶斯分类器的分类效率不太稳定

C. 朴素贝叶斯模型所需估计的参数很少

D. 朴素贝叶斯模型对缺失数据不太敏感，算法也比较简单

5. 下列关于感知机的描述正确的是（　　）。

A. 感知机找到的超平面是唯一的

B. 感知机的目标是找到一个能使样本线性可分的超平面

C. 感知机采取不同的初始值，解相同

D. 感知机的模型可以定义为 $y = \text{sign}(\vec{\omega} \cdot \vec{x} + b)$

三、填空题

1. Edward Altman 在 1968 年建立的_____模型是一种破产预测模型。
2. 在 1996 年，周守华、杨济华、王平建立的_____模型，可以充分考虑到现金流量变动等方面的情况。
3. SVM 学习的基本想法是求解能够正确划分训练数据集并且几何间隔_____的分离超平面。
4. 朴素贝叶斯算法是基于_____定理与_____假设的分类方法。
5. 如果数据名为 df，可通过语句_____查看训练数据的基本描述性统计信息。

四、简答题

1. 请简述朴素贝叶斯算法的优缺点。
2. 请简述感知机算法的原理。

第 12 章

用户画像

用户画像是大数据挖掘与分析技术的应用产物。内容生产者通过对用户来访行为的客观数据分析，识别并理解目标用户，了解用户的实际需求、来访目的以及访问体验，并基于用户个人或群体画像对内容呈现等进行适配，为用户提供更精准的媒体内容服务，提升用户体验。

本章会学习用户画像的价值和原理，并通过实战来进行用户画像的构建，重点如下：
- 了解用户画像的相关知识；
- 掌握衡量用户属性的一些指标，并会进行结果输出。

12.1 用户画像的价值

用户画像作为一种工具，作用贯穿整个产品生命周期。结合设计工作的几个阶段，画像的价值主要有设计前帮助确立产品定位目标，设计中帮助确立设计目标、设计策略与准则，设计后促进其他工作，如市场推广、运营活动、销售规划等。

现在，我们已经进入互联网的下半场。在上半场，也就是早期的互联网时代，你永远不知道对面坐的是什么样的人。那个年代大部分人还是 QQ 的早期用户。在下半场，互联网已经不新鲜了，大部分公司已经互联网化。他们已经在用网络进行产品宣传，使用电商销售自己的产品。这两年引领下半场发展的是那些在讲"大数据""赋能"的企业，他们有数据，有用户。他们能通过交通大数据，告诉政府该如何智慧地管理交通，做城市规划；也能通过消费数据分析，告诉企业该在什么时间生产什么产品，以最大化地满足用户的需求；还能通过生活大数据，告诉餐饮企业，甚至房地产企业该如何选址才能实现最大程度的盈利。如果说互联网的上半场是粗运营,因为有流量红利不需要考虑细节,那么在下半场,精细化运营将是长久的主题。有数据,有数据分析能力才能让用户得到更好的体验。所以,用户是根本,也是数据分析的出发点,用户画像在互联网发展中的作用也由此可见一斑。下面就让我们由浅入深地走进用户画像吧。

12.1.1 用户画像的定义

用户画像(User Profile)是由某一特定群体或对象的多项特征构成,输出结果通常是对特征的具体描述,也可以认为用户画像是由多个标签组合而成。其中的多个标签值,是根据用户特征、业务场景和用户行为等信息,构建的一个标签化的用户模型。简而言之,用户画像就是将典型用户信息标签化。比如在金融领域,金融公司会借助用户画像,采取垂直或精准营销的方式,来了解用户、挖掘潜在用户、找到目标用户,然后转化用户。图 12-1 是一个用户画像的词云图,可以从中了解该用户的一些特征,字体越大,特征则越明显。

图 12-1 用户画像词云图

举例来说,针对某 P2P 公司智投产品推出的投资返现活动,通过建立用户画像,可以避免大量烧钱的运营行为。分析得知,出借人 A 的复投意愿概率为 45%,出借人 B 的复投意愿概率为 88%。为了提高平台成交量,在没有建立用户画像前,我们可能会对出借人 A 和 B 实行同样的投资返现奖励,但分析结果是,只需激励出借人 A 进行投资即可,如此便实现了运营成本的节约。此外,我们在设计产品时,也可以根据用户差异化分析做针对性的改进,使得设计出的产品在一定的群体中更加有竞争力。

对产品经理而言,掌握用户画像的搭建方法,即了解用户画像架构,是做用户研究前必须要做的事情。其实用户画像一点也不神秘,它就是根据用户在互联网留下的种种数据,主动或被动地收集,最后加工成一系列标签。标签(Tag)是对某一类特定群体或对象的某项特征进行的抽象分类和概括,其值(标签值)具备可分类性。比如,对于"人"这类群体,可将"男""女"这类特征进行抽象概括,统称为"性别","性别"即一个标签;对于"手机"这类对象,可将"骁龙 835""骁龙 845"这类特征进行抽象概括,统称为"手机处理器","手机处理器"也是一个标签。标签值(Tag Value)即标签的实例,指某一标签所包含的具体内容,其特点符合 MECE 原则(即:相互独立、完全穷尽)。例如,对于标签"性别",其标签值根据 MECE 原则,可分为"男""女""未知";对于标签"年龄",其标签值可分为"0~18""18~35""35~60""60~100"等。

大家往往会混淆用户画像和用户角色，用户画像的英文名称是 User Profile，而 User Persona 更恰当的名字是用户角色。用户角色是产品设计和用户调研采用的一种方式，当我们讨论产品、需求、场景、用户体验等的时候，一般需要将焦点聚集在某类人群身上，采用抽象的方法关注此类人群，最终提取出目标用户的集合。所以，用户角色不指代具体的谁。比如下面这句话，"她是一位25岁的白领，211大学毕业，现在从事互联网行业的设计工作，居住在北京，单身，平时喜爱摇滚乐"，其实就是常用来描述典型产品用户的话语。

而本书所说的用户画像，更多是与运营和数据息息相关的平台级应用，研究关注的重点是对任何一个用户都能用标签和数据描述，方便精准营销，节约成本。例如图12-2所示的电商青年用户画像，就是由多个标签组合而成，包括年龄、性别、居住地、购物行为、兴趣爱好、支付方式等。用户画像能够帮助我们对平台的每位用户进行有效的分析、勾画、提取关键信息，了解每位用户的个人标签，然后根据标签分类，分为多个特征迥异的群体，再对不同群体制定不同的营销策略，实现我们的精准营销。

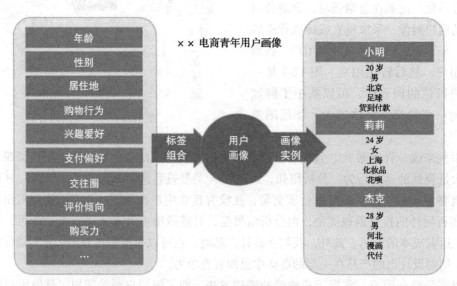

图 12-2 电商青年用户画像

12.1.2　标签体系

我们要知道，想要用好用户画像，就必须深入理解它，而在用户画像中，最重要的就是标签。常见的用户画像标签体系可以分为三类：非结构化标签体系、半结构化标签体系和结构化标签体系。对于非结构化标签体系，它较为独立；半结构化标签体系有一定的层级概念，但是没有过于严格的依赖关系；对于结构化标签体系，它有较强的层级结构。以图12-3所示的一个简单的三级结构化标签为例，一级标签有基本属性和兴趣偏好，并且由此可以延伸至二级标签和三级标签，具体到不同的属性和兴趣爱好，一步步进行详细分类。

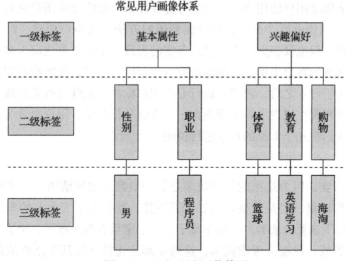

图 12-3 三级用户画像体系

结构化标签体系是用标签组织成比较规整的树或森林，有非常明确的层级划分和父子关系，就像树的主干和枝叶。结构化标签体系比较简单，一般可以直接通过用户的行为得到，例如根据用户的购买记录，为用户构建物品对应的结构化标签。但是，结构化标签的颗粒度一般比较粗，所以没有办法衡量用户的兴趣具体是什么，例如新闻类 App，用户阅读了一条关于某明星的娱乐类新闻，并不能推断出他对所有娱乐类新闻感兴趣，也不能推断出只对该明星有较大兴趣，可能只是对这条新闻感兴趣。

半结构化标签体系不需要关注标签体系是不是规整，比如效果广告，标签设计更具灵活性，往往会获得更好的关注效果。在这种思路下，用户标签往往是在行业上呈现一定的并列体系，而在各行业内，则以"效果王道"为最高指导原则，不拘泥于形式，让各个设计者有更大的发展空间，当然，也更加考验设计者的能力。但如果标签体系太过混乱的话，投放运营起来就会比较困难，因此，实践中还需要对一定程度的结构化做出妥协，除非整个投放逻辑是机器决策的（比如个性化重定向）。

非结构化体系就是各个标签各自反映各自的用户兴趣，彼此之间并无层级关系，也很难组织成规整的树状结构。非结构化标签体系的典型例子是搜索广告里的关键词，还有 Facebook 用的用户兴趣词。半结构化标签体系的实现已经很困难了，为什么非结构化的关键词又在市场上盛行呢？主要是因为搜索广告的市场地位非常重要，围绕它的关键词选择和优化已经形成一套成熟的方法论。面向品牌的结构化标签体系，设计的好坏似乎并不重要，而彻底非结构化的标签，也没有太多设计需求，产品碰到的难点，往往是如何设计合理的半结构化标签体系以驱动广告的实效。其中最关键的诀窍，就是深入研究某个具体行业用户的决策过程。

标签体系一要便于使用，二要区分度明显。结合具体产品而言，在不同的场景下，对这两点的要求重点是不同的。注意，在产品中选择哪些标签并没有明确的依据，重点是要充分了解到底是什么驱动用户使用产品。有效的标签体系,要能反应用户决定买什么、不买什么的逻辑与依据。例如电商产品中,以新闻频道的方法,为用户构建"财经、体育、旅游等"标签虽然不难,但也没多大意义。真正务实的思维,不是要关注那么多行业,而是把目光聚焦在你目前服务的客户类型上。你的研究对象是电商客户,关注行业用户分类意义并不大。而且,在确定了行业之后,再建立该行业的用户标签体系就有点儿挑战了。那什么是深入研究用户决策过程呢?说白了就是要洞彻——在这个行业里,用户决定买什么、不买什么的原因和逻辑。我们举几个常见的行业进行说明。

1. 汽车行业

先来看汽车行业,因为这里的用户决策逻辑一般都会比较清晰。一个准备购买汽车的用户,首先考虑的因素一定是价格。有二十万预算,就买不了五十万的车,也不大会考虑十万以下的车。接下来要挑选的,就是车型了。如果家里有两个孩子,十有八九会考虑七座车;如果是单身贵族,可能会考虑跑车,这两项都是比较理性甚至刚性的约束,而在这之后,才是对品牌精挑细选。因此,汽车行业的标签的重要程度大体应该是价格 > 车型 > 品牌,注意重要程度的排序是不能错的。

2. 游戏行业

游戏行业的用户决策过程总体上令人难以捉摸,因为它有点儿电影、音乐一样的艺术性特质。而人们对艺术的喜爱,并不是理性的,也就难以总结规律。本人不玩游戏,也搞不清 RPG、ACT、SLG、RTS、STG 这些类型,那么用这些分类作为标签体系行吗?这是形式主义的思路!因为上面的分类只是为了便于游戏组织和索引,并不是用户的决策逻辑。难道一个 RPG 游戏爱好者会看到 RPG 就非玩不可,而对其他游戏都不屑一顾吗?那么游戏行业就没法做了吗?当然不是。要想把游戏的用户标签做好,就要深入细分的游戏场景中去研究。比如,玩老虎机游戏的用户,往往经常换不同素材的新游戏。也就是说,将老虎机作为一个用户标签,与用户决策过程是相符的,而喜欢海岛奇兵游戏的用户,对于 SuperCell(游戏工作室,海岛奇兵是其开发的游戏)新出的游戏也心向往之,此时"SuperCell"这个品牌就会成为有效的用户标签。

3. 电商行业

从消费者的角度来看,电商行业其实不能称为一个行业,而是多个行业的集合。不过对于电商中典型的商品类型,像服装,用户决策过程其实是相当微妙的。比如某个女生看了某品牌的某款裙子,其实无法推断出她要买裙子,也无法推断出她对该品牌情有独钟,可能只是因为她喜欢该款裙子某个特殊的造型。在这类商品中,某品牌或者连衣裙都不能认为是有效的用户标签。

总之,每个行业面向的用户都有自己的特点,再加上拥有的数据源不同,只有根据这些信息灵活调整标签体系,才可能取得更好的效果。比如教育行业,在整体上研究用户决策过程,可以得到一个通用标签体系,但是如果特别关注儿童教育、考研教育或者英语教育,显然还要研究更加精细的决策过程和标签体系。总之,用户标签体系设计是一项持续进行的、实战性极强的产品工作。

现在运营按用户生命周期设立了几个标签，比如新用户、活跃用户、流失用户，这些标签当然够细分。但它们真的是好标签吗？不是。因为这些都是滞后性的。流失用户是指很长一段时间没有回应和行动的用户，但是既然几个月没有响应了，此时知道是流失用户也于事无补。它有价值，但太滞后。聪明的运营会设立一个新的标签，比如"最近一次活跃距今天数"，如果用户有六个月没有活跃，那么天数就是180天。这个标签就比单纯的流失用户标签好，能凭此划分不同的距今天数，设立30天、90天、180天的时间节点。有些情况下，距今天数也不是最好的标签，因为用户有差异，对于两个用户A和B，哪怕不活跃天数相同，也不能认为它们的流失可能性相等，该问题的本质在于有些产品的低频场景更凸显，比如旅游App，半年没有活跃是正常的，此时讨论距今天数是没有意义的。

在流失用户方面，我们的目标不是设立一个完善的系统，而是希望从开始就能不断降低流失用户，其次才是采取什么措施以保证用户的忠诚度。所以，预防性的减少流失用户的标签比已经流失的标签更重要。这里最好的标签就是用户流失概率，从指标的重要程度上看，流失概率 > 距今消费天数 > 流失标签。不要想当然地归纳一个齐全完备的体系，却忽略了画像的核心价值，用户画像首先得是商业目的下的用户标签集合。

猜用户是男是女，哪里人，工资多少？探讨这些是没有意义的。男女如何影响消费决策，工资如何影响消费能力，谈恋爱与否是否适用于不同的营销场景，如何进行精准推荐，这些才是用户画像背后的逻辑。用户画像的标签如何获得？一般通过两种形式获得：一种是基于已有数据或者一定规则加工，如"流失标签"和"距今天数"；另一种是基于已有的数据计算概率模型，会用到机器学习和数据挖掘。以性别为例，除非能直接获取用户的身份证信息，否则用户很少会填写性别，填写了也不一定准确。这里就要增加一层推断用户真实性别的算法。中国人的性别和名字强相关，建国、建军、翠花、翠兰，很容易判断性别，可以使用贝叶斯算法，通过已有的姓名、性别库来预测新加入用户的性别。但也有不少姓名是中性，很难推断用户性别。更特殊的情况，看上去是男性的名字，也有可能是女性。特殊情况意味着特殊的概率，所以不能用非此即彼的二分法。所谓概率，它更习惯通过模型推断，如建军有95%的可能是男性姓名，表示为0.95；晓晶有55%的可能是男性，表示为0.55。虽然为了方便，模型会设立阈值，将50%以上的概率默认为男性，50%以下默认为女性，但业务人员要清楚，用户标签的本质往往是0～1之间的概率。

概率型的标签很难验证。某位用户被标上学生标签，但很难知道他是不是真的学生。在这种黑箱情况下，针对学生用户进行营销活动，效果好与不好，都受标签准确率的影响。广告、推荐、精准营销都会遇到这个问题，概率肯定有多有少。90%流失概率的用户，和30%流失概率的用户，虽然是模型建立出的预测值，非真实，但我们还是会认为前者更有离开的可能性，凭此设立运营策略。

这带来一个新的问题，如何选择概率的阈值？我们如果想要挽回流失用户，选择80%以上概率的人群，还是60%以上呢？答案已经说过了，要考虑业务，挽回流失用户是手段而不是目的，通过挽回流失用户提高利润才是目的，那么阈值的选择就迎刃而解了。计算不同阈值下挽回用户的收入和成本，选择最优解。演绎此种情况，推荐系统也好，广告系统也罢，它们有更复杂的维度、标签、特征，但本质还是找出用户最近想不想买车，用户最近想不想旅游，然后把最合适的信息在最恰当的时机推送给用户，获取最大的利益。

12.1.3 用户画像的意义

目前针对用户画像的研究主要集中在三大方向：用户属性、用户偏好、用户行为。其中用户属性的研究侧重于显式地搜集用户特征信息，如在社会化标注系统领域，通过社会化标注系统可以搜集比较全面的用户信息，用于多方位了解用户。用户偏好的研究侧重于制定兴趣度度量方法，评估用户的兴趣度，提高个性化推荐质量。用户行为的研究侧重于用户行为趋势的预测，比如对用户流失行为的预测，有利于提前发现问题，找出对应策略，防止客户流失。

用户画像在不同阶段和不同目标下承担的使命也不尽相同，可以分为三个阶段来简单说明。

1）初创期。在这个阶段，公司往往刚刚创立，产品还未成形，需要通过用户画像来定义产品模式与功能，需要做大量偏宏观的调研，明确产品切入的是哪一个细分市场，这个细分市场中的人群又有哪些特点，他们喜欢什么，不喜欢什么，平均消费水平怎么样，每天的时间分配是怎么样等。

在初创期，用户画像的意义在于为你的产品定义一个市场，并且让你能够清楚地知道这个市场能不能做，能不能以现有的产品构思去做，做的过程中会不会出现一些与基本逻辑相违背的问题等。如果分析之后可以做，那就立马做出产品原型，小步快跑、试错迭代；如若不行，赶紧换个方向、换个思路。简单来说，初创期的用户画像的意义在于业务经营分析以及竞争分析，会影响企业的发展战略。

2）成长期。在这个阶段，公司的产品往往已经被市场认可，各项数据处于一个上升期。此时用户画像的责任变了。在这个阶段，你需要通过产品后台所反馈的数据（显性、隐形等）进行整理，得出一个详细的用户画像，不是像在初创期那样泛调查、抓宏观，而是需要改变策略，从细节抓起，从每一次和用户的交互中寻找用户的真实需求。比如，你是做微信运营的，昨天的阅读量和前天相比是多了还是少了？转发数和收藏数有什么变化？用户留言是增加了还是减少了？后台反馈怎么样？通过这些对比，你大致就会得出结论，从而指导优化后续工作。如果你是产品运营，那涉及的数据就更多了，访问数据、打开频率、登录次数、活跃时间等，结合起来分析，用户的需求会更加明显。

在某种意义上，用户画像的一部分来自数据分析，那另外一部分呢？来自你对用户的了解，然后将这些内容与数据结合。举个例子，我们做母婴公众号，昨天（星期五）中午11点半推送的图文消息的打开率不错，然后周六我也在中午11点半推送消息，结果在标题质量差不多的情况下，打开率降了不少，那你就思考这是为什么。单凭数据肯定是看不出来，但你如果想到"关注我们公众号的都是孩子的妈妈，而妈妈们在周六中午一般都要在家准备午饭"这一点，问题就迎刃而解了。中午用户一般在做饭这一点就可以作为用户画像中的点。如果再深挖呢？我在中午发一篇关于厨房用品促销的图文，既能场景化推销，又能看同类商品哪个价位的购买人数最多，这样是不是可以将用户的消费习惯也筛选出来？有人会说，这并不准确，那如果多发几次呢？通过多种不同的手段去获取用户的反馈呢？多分析数据，你的用户画像会越来越准确。

所以，在成长期，用户画像的意义在于精准营销，使产品的服务对象更加聚焦、更加专注，从而更好地满足用户的需求，优化运营手段，提升公司的经营效益。

3）成熟期。在这个阶段，公司需要寻求突破口。因为产品已经很成熟，而且公司也已经有了稳定的运作模式，市场地位趋于稳定，日常工作也大多以维护为主。此时，用户画像的意义在于寻找新的增长点和突破口。当产品转型时，老用户会有什么样的反应？离开还是成为新的核心用户？新产品预计会有多少用户导入？结合老用户需求，新产品中需要保留哪些功能？这都是你要考虑的问题，建议将初创期的泛调查与成长期累积的用户画像相结合，从而为新产品提供更全面的信息保障。

好了，作用说完了，那该如何去做用户画像呢？下面就来看看构建用户画像的方法。

12.2 用户画像的构建

本节将具体讲解用户画像的构建步骤、方法，以及如何丰富用户画像。

12.2.1 用户画像的构建步骤

用户画像的构建过程主要分为 4 个步骤，具体分析如下。

1. 业务需求分析

用户画像体系不能凭空捏造，需要以盈利为导向，根据实际的业务需求，考量画像系统能为业务带来的价值，所以业务需求分析是我们整个任务的基础。首先明确用户画像服务于企业的对象，如产品、用户运营、活动运营、市场、风控等部门；再根据业务方需求，明确未来产品建设目标和用户画像分析之后的预期效果。

就公司整体而言，目标是提升平台整体的收益，过程中会驱动产品、运营、数据分析、市场、客服等部门同事协同工作，画像会更加关注如何进行精细化运营，提升公司营收；就运营而言，目标是提升转化率，过程中会采用内容的个性化推送的策略、用户精准触达，画像会更加关注用户个人行为偏好；就数据分析而言，目标是做用户的流失预警，做有针对性的精准营销，那过程中就需要分析用户行为特征、用户的消费偏好。在需求分析阶段，我们需要分析业务过程，包括各部门核心关注点、部门 KPI、组织结构、用户行为路径、功能流程图等。

2. 构建标签体系

前面讲了标签体系的三大结构分类，它们分别适用于不同的分析场景。根据收集内容的形式不同，我们还可以进一步划分，后面的实验主要是用数据进行分析，所以此处，我们重点构建数据产品标签体系。根据标签的统计方式，可以将标签分为3类：统计类标签、规则类标签、预测类标签。

（1）统计类标签

统计类标签是用户画像最基础常见的标签，标签值统计用户相关数值、客观描述用户状态，这类数据通常可以从用户注册数据、用户访问、消费统计中得出。例如对于某个用户来说，其性别、年龄、城市、星座、近7日活跃天数、近7日活跃次数、累计购买金额、累计购买次数、月均消费金额等字段都属于统计类标签值。

（2）规则类标签

规则类标签基于用户行为及确定的规则产生，在实际开发画像的过程中，根据业务的需要，由运营人员和数据分析人员共同协商制定，一般包含活跃度标签、RFM标签等。例如，公司会将平台上"交易活跃"这一活跃单位口径定义为"近 ** 天交易次数 >* 次"等，不同公司的情况可能都各不相同。下面介绍一个常用的 RFM 标签的划分。

1）用户活跃度标签。实际业务场景中会涉及根据用户的活跃情况，给用户打上高活跃、中活跃、低活跃、流失等标签。那高中低的时间范围是如何划分的呢？首先划分用户的流失周期，通常有两种方法。一是拐点理论：X 轴上数值的增加会带来 Y 轴上数值的大幅增益（减益），直到超过某个点之后，当 X 轴上数值增加时 Y 轴对应数据的增益（或减益）大幅下降，类似经济学中边际收益的大幅减少，那这个点就是"拐点"。比如图 12-4 中流失周期增加到 5 周的时候，用户回访率的缩减速度明显下降，所以这里的 5 周就是拐点，我们可以用 5 周作为定义用户流失的期限，即一个之前访问/登录过的用户，如果之后连续 5 周都没有访问/登录，则定义该用户流失。

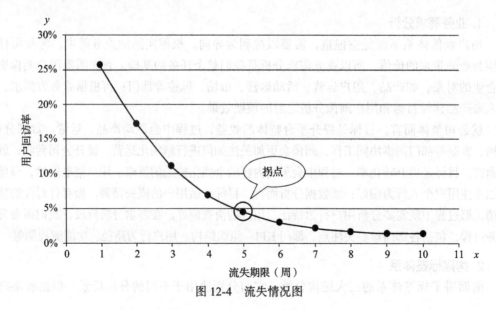

图 12-4　流失情况图

二是统计用户最后一次访问与倒数第二次访问之间的时间间隔。根据时间间隔判断用户是否流失。例如我们查看历史数据了解到用户最后一次访问与倒数第二次访问间隔 30 日以上的用户不足 10%，就可以认为大于这个时间间隔的用户为"流失用户"。

划分完流失周期之后，根据用户的活跃情况进一步将其划分高中低活跃。对历史数据，按照二八原则进行划分。例如分析得出活跃次数在 10 次以上的用户占近 30 日访问用户量的 20%，则这批为"高活跃用户"；把活跃 5～10 次的用户划分为"中活跃用户"；把活跃 1～5 次的用户划分为"低活跃用户"。

2）RFM 标签。RFM 模型如图 12-5 所示，主要由 3 个基础指标组成：最近一次消费时间（R）、消费频率（F）、消费金额（M），后面会详细讲解。根据我们收集的历史数据，查看用户量的占比，可按照二八原则进行划分，得到细分标签。

- R：如历史数据中 80% 的用户最近访问 <60 日为"近"，用户最近访问 ≥ 60 日为"远"。
- F：如历史交易订单量 80% 的用户订单量 <5 单为"低频"，订单量 ≥ 5 单为"高频"。
- M：如历史交易订单金额 80% 的用户交易金额 <500 元为"低额"，交易金额 ≥ 500 元的为"高额"。

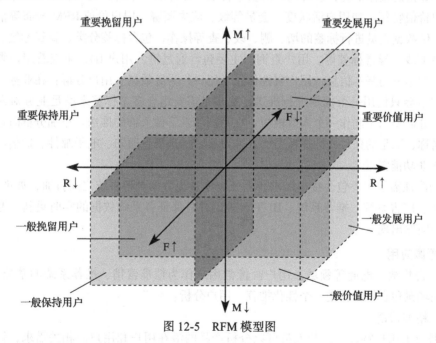

图 12-5　RFM 模型图

（3）预测类标签

基于用户的属性、行为、位置和特征，运用决策树算法、回归算法等挖掘用户的相关特征，挖掘其潜在需求，针对这些潜在需求，给用户打标签，配合不同的营销策略，进行推送。例如，根据一个用户的消费习惯判断他对商品的偏好程度，或者根据用户的退差评等行为预测其风险程度。

一般统计类和规则类标签就可以满足应用需求，二者在开发过程中占有较大的比例。机器学习挖掘类标签多用于预测场景，如判断用户风险、用户购买商品偏好、用户流失意向等，其特点是开发周期长、开发成本高。例如，今日头条上积累了大量与数据产品主题相关的文章、帖子等文本数据，由于历史原因，这些文章没有做内容分类，也没有打上相应的标签，不便于对内容进行管理。现在需要对帖子打上相应的主题标签，可以根据已经划定的文章类型，将未做过分类的文章自动划分到相应类型下，或支持文章的集约化管理，根据文章内容自动为每篇文章打上与其主题相关的标签。

3. 建设用户画像系统

画像系统作为支撑系统，主要目标用户是市场、运营、产品、数据分析师等人员，目的是满足其用户分析、标签查询、营销活动对接等需求，所以画像系统的设计需要考虑功能上的用户分析需求，以及非功能上的接口开发需求。

（1）功能需求

功能上可划分为首页画像数据、标签管理、用户查询、用户分群等。首页画像数据，展示用户数据的整体情况，包含用户的基本特征，如性别、年龄、地域、职业分布等基础信息；用户价值特征，如用户活跃度、会员等级、流失预警、用户价值 RFM 分布等信息。标签管理，供数据人员进行标签的增、删、改、查等操作，包含标签分类、新建标签、标签审核、标签下线、异常标签等。用户查询，主要包含通过输入用户 ID，来查看用户画像等详情数据，如用户的基本信息、用户属性信息、用户行为等数据。用户分群：在业务使用标签时，往往不会只使用一个标签进行推送，更多是需要组合多个标签来满足业务对人群的定义，用户分群相当于制作一个人群模板，在不同场景下做人群的推送。添加分群时通常会配置人群名称、满足的条件、计算覆盖的人群数量、推送消息通知、电子邮件、短信等。

（2）非功能需求

非功能性需求主要包含接口需求，保证画像系统数据与各系统之间打通，如推送系统、营销系统、广告系统、推荐系统、BI 平台等，并且保证各系统数据的实时更新，避免同源不同数的问题出现。

4. 画像应用

在广告投放、电商等领域，用户画像常用来作为精准营销、推荐系统的基础性工作，主要应用场景包含精准营销、个性化推荐、用户分析。

（1）精准营销

根据历史用户特征，运营人员可以分析产品的潜在用户和用户的相关需求，针对特定群体提供个性化营销服务。常用的有短信、邮件、站内信、push 消息的精准推送，客服针对用户的不同话术、针对高价值用户的极速退款退货等 VIP 服务。在日常生活中，用户会从多个渠道收到营销信息，一条关于红包到账的短信消息推送，可能会促使用户打开很久没访问的 App；一条关于心愿单内的降价消息，可能会刺激用户打开推送链接，直接购买。

借助画像系统进行营销，需要注意这几点。短信敏感度方面，有的用户对营销短信的敏感度较差，比如从历史数据来看，推送 10 次短信，只打开过 1 次或从未打开过，考虑到短信渠道需要营销成本，可以把这批用户排除掉，并减少对用户的干扰。对于在平台上随意填写非自己的手机号、手机号已经作废／更换，以及接收到短信但回复了 TD，即不会再接收短信的用户来说，均属于短信黑名单，这类用户也需要排除。剩下对营销商品感兴趣的用户，比如近期曾多次浏览、收藏或加购、下单的用户，就是商品的潜在意向用户，可以通过满减优惠券或红包的方式进行营销。

（2）个性化推荐

对于运营者来说，可以通过个推用户画像中的性别、年龄段、兴趣爱好、浏览购买行为等标签，向用户推荐不同的内容。如今日头条上的个性化文章内容推荐、抖音上基于用户画像做的个性化视频内容推荐、淘宝上基于用户浏览行为等画像数据做的个性化商品推荐等。

（3）用户分析

用户画像的标签可应用于各类分析，包含用户分析、订单分析、漏斗分析、人群特征分析等。

本节讲解如何从 0 到 1 构建用户画像体系。其实，画像体系跟埋点、指标一样，其构建也遵循普通的产品设计流程，从需求分析、标签／指标设计、后台设计，最终应用于业务。正所谓万变不离其宗，用户画像的各种变化形式的核心就在于业务。

12.2.2 创建用户画像的方法

业内有很多创建用户画像的方法，比如 Alen Cooper 的"七步人物角色法"，就是非常好并且非常专业的构建用户画像的方法，值得我们借鉴和学习。事实上，当我们了解了这些方法之后，就会发现这些方法从流程上均可以分为 3 个步骤：获取和研究用户信息、细分用户群、建立和丰富用户画像。其中各方法最主要的区别在于对用户信息的获取和分析方法不同，从这个维度上看，主要有以下三种，如表 12-1 所示。

表 12-1 不同用户画像构建步骤及优缺点

方法	步骤	优点	缺点
定性用户画像	1）定性研究：访谈 2）细分用户群 3）建立细分群体的用户画像	省时、省力，需要专业人士少	缺少数据支持和验证
经定量验证的定性用户画像	1）定性研究：访谈 2）细分用户群 3）定量验证细分群体 4）建立细分群体的用户画像	有一定的定量验证工作，需要少量的专业人员	工作量较大，成本较高
定量用户画像	1）定性研究 2）多个细分假说 3）通过定量收集细分数据 4）基于统计的聚类分析来细分用户 5）建立细分群体的用户画像	有充分的的佐证、更加科学，需要大量的专业人士	工作量较大，成本较高

简单来说，定性就是了解和分析，而定量则是验证。一般而言，定量分析的成本较高、相对更加专业，而定性研究则相对节省成本。因此创建用户画像的方法并不是固定的，而是需要根据实际项目的需求、时间以及成本而定。比如 AXE 最近的虚拟项目"洋淘"（类似于海淘 App），由于是 3 人的虚拟预言设计小组，考虑到投入成本及项目预期，我们选择定性的方法来快速产出，最终收获了很好的结果。

创建用户画像的方法，并没有严格意义上最专业和最科学的方法，但是有最适合团队和项目需求的方法。下面介绍 3 种经典的构建方法。

1. 七步人物角色法

1）发现并确认模型因子：其中包括典型用户集群的行为变量集合（活动频率、工作量和态度，比如：如何看待生活必须？想提高效率？还是想消遣娱乐打发时间？）、能力（受教育和培训程度、自我学习能力）、技能（在什么领域使用的产品、有哪些使用技巧和特殊技能）等。

2）访谈目标用户：将访谈对象和行为变量一一对应，定位到某个范围的精确点（20%重价格、20%重功能、60%重品牌，其中 A 用户就是这 60% 的大多数），将用户进行四象限分类，不同类型的用户看重的产品侧重点和比例不同。

3）识别行为模式：在多个行为变量上看到相同的用户群体转变到同一类用户群体的显著行为模式。若模式有效，那行为变量和用户角色就有逻辑关系／因果关系（比如爱听音乐的人会购买高质量耳机）。

4）确认用户特征和目标。用户特征：从数据出发，综合考虑细节，描述潜在使用环境、使用场景、当前产品的不足、用户不满等（对一两个典型形象进行刻画，可视化人物角色，如姓名、年龄及其他特征）。目标：即想达成的效果，包括有用、体验目标、人生目标、生活目标、隐形目标（自我实现）、炫耀等。

5）检查完整性和重复：检查人物和行为模式的对应关系，是否存在重要缺漏，是否缺少重要的典型人物，是否缺少重要的行为模式，确保人物角色和行为模式的独特性和差异性。

6）描述典型场景下用户的行为：表述模型包括虚拟事件和用户的反应、介绍用户角色、简略勾画关注点、兴趣爱好以及工作生活中与产品的直接关系，达到传达情感化信息和同理心感受的目的。

7）指定用户类型：对所有用户角色进行优先级排序，然后确定首要设计对象，其中包括典型用户、次要用户、补充用户、负面人物角色（即非目标用户）。

2. 用户价值模型（RFM 模型）

用户价值体系属于企业的一种运营手段，即通过量化的模型和标准来判断用户行为，是一种将用户区分不同价值从而实行差异化激励和运营策略的方法。一种好的用户价值体系包括三点核心：制定标准、设计奖惩体系、建立改进体系。指标有最近一次消费频率（R）、消费频率（F）、消费金额（M），可以从中将用户的活跃度、忠诚度和消费能力评估出来，如图 12-6 所示。

```
       R                    F                    M
    （活跃度）             （忠诚度）            （消费能力）
案例：
     0：<30天              0：1次              0：<200元
     1：30～59天            1：2次              1：200～399元
     2：60～89天            2：3次              2：400～599元
     3：90～180天           3：4次              3：600～900元
     4：>180天              4：>4次             4：>900元
```

图 12-6 RFM 案例

按照案例中的情况，我们分别将 R、F、M 三个值都再细分为 4 个等级，现在大家可以思考一下：000 代表了什么客户，她与 004 的区别在哪里？她们的价值是否不同，是否要区分维护？表 12-2 列举了案例中具有明显特征的用户价值细分，大家可以好好体会一下。

表 12-2 RFM 案例细分表

R	F	M	价值判断	维护措施
0	4	0	新客户，忠诚度高、活跃度高、消费能力弱	培养，应用与传播端或老带新
0	0	4	新客，活跃度高、消费能力高	重点培养忠诚度、加强复购
4	1	4	有消费能力，对产品或服务要求高，要处理流失状态	重点投入资源唤醒
4	0	0	已流失的一次性尝新客户	可放弃

现在大家认为 040 与 004，哪个价值更大些？

为产品建立用户价值体系的目的是通过任务系统，搭建用户行为与用户价值的关系，使用户行为价值可量化，并以成长值、成长等级、信誉值、信誉等级、勋章等产品形态落地。通过成长体系，可以实现激励用户留存和活跃，鼓励用户使用产品的核心功能，而且多次重复使用。

构建用户价值体系，就是实现成长体系、信誉体系、改进体系，这三类体系的作用是通过成长体系，激励用户留存、活跃；通过信誉体系，指导用户做出交易决策，规范用户行为；通过改进体系，教育以及引导新用户（其中包括信誉值较低或账号被冻结的用户）使用产品及核心功能。

3. 漏斗模型

漏斗模型是一套流程式数据分析，它能够科学反映用户行为状态以及从起点到终点各阶段用户的转化率情况，是一种重要的分析模型。漏斗分析模型已经广泛应用于网站和 App 用户行为分析的流量监控、CRM 系统、SEO 优化、产品营销和销售等日常数据运营与数据分析的工作中。

漏斗分析最常用的指标是转化率和流失率这两个互补型指标。用一个简单的例子来说明，假如有 100 人访问某电商网站，有 30 人点击注册，有 10 人注册成功。这个过程共有三步，第一步到第二步的转化率为 30%，流失率为 70%，第二步到第三步的转化率为 33%，流失率为 67%；整个过程的转化率为 10%，流失率为 90%。该模型就是经典的漏斗分析模型。最早的 AIDA 模型（注意–兴趣–欲望–行动），是一种品牌广告的营销策略，它准确地概括出了用客关于产品或者服务的购买流程。后来产生了各种衍生版本，比如大家耳熟能详的 AIDMA、AISAS、AARRR 等模型。

（1）AIDMA 模型

AIDMA 模型是在 AIDA 模型的基础上，增加了记忆（Memory），形成了注意–兴趣–欲望–记忆–行动（购买）的模型。从吸引消费者的注意力，到引起用户可以转向欲望的兴趣，并能够记忆足够的时间，以便用户做出购买等行动。

AIDMA 模型主要适用于品牌营销方面，当然现在很多互联网产品也开始把自己作为品牌去打造，比如拼多多、抖音冠名综艺节目、爆款 H5 刷屏、网易云音乐的地铁刷屏广告等，都是从引起用户的兴趣，强化品牌记忆，从而吸引潜在用户。不过，AIDMA 的用户流程并不是即时转化的，且缺乏行动后的用户反馈信息。

（2）AISAS 模型

AIDMA 模型缺少用户反馈的环节，随着消费者行为模式发生改变，随之衍生出了 AISAS 模型，即注意–兴趣–搜索–行动–分享。整个流程包括用户接收到产品的宣传营销信息（硬广或软文），引起兴趣，然后开始搜索进行了解（百度、知乎、微博、淘宝），再到在线下载或支付，以及后续的评价分享环节（产品内或微信和微博）。

AISAS 模型更符合互联网的特点，时效性强，但它和 AIDMA 模型一样，依旧缺乏量化标准，每一环节的效应不能通过数据进行反馈。

（3）AARRR 模型

AARRR 模型是 2007 年由 Dave McClure（500 Startups 创始人）提出的一种业务增长模式。它包括五个阶段：获客（Acquisition）、激活（Activation）、留存（Retention）、商业变现（Revenue）、传播（Referral）。

分析漏斗转化的目的是希望提升最终的转化，而不是单单各层级的转化。无论前面的转化率有多高，到了最后的支付环节，其实还是需要依靠用户的实际购买意愿来达成交易。

12.2.3　丰富用户画像

在构建用户画像的整个过程中，"丰富画像"是最有趣也最需要细致打磨的环节，该环节非常考验团队及设计师的敏锐度和细腻度，因为这部分是赋予用户画像灵魂的关键步骤，堪比"画龙点睛"。例如"洋淘"项目，前期获取了大量枯燥且凌乱的基础数据，为了让用户画像在产品设计中发挥作用，必须对其善加利用。在这个阶段，需要我们细致分析数据，并赋予用户画像更多的元素，使其立体、饱满，把数据有规则地整合成一个个用户模型，并将其加入之后的产品设计当中。构成用户画像的基本元素通常有姓名、照片、经济状况、工作信息、计算机互联网背景等。用来丰富用户画像的元素有居住地、工作地点、公司、爱好、家庭生活、朋友圈、性格、个人语录等。最后，"洋淘"项目打磨出了以下两类主要用户（海淘的主力用户和资深用户）画像，后续的产品设计都将围绕他们展开。另外，搭建用户使用场景也是丰富用户画像的一个重要手段。

在构建用户画像的过程中有一个很重要的概念叫作颗粒度，就是我们的用户画像应该细化到哪种程度。颗粒度太大，对于产品设计的指导意义就会变小，颗粒度太小，无疑是在压缩潜在用户的范围。前面我们提到过，要不断地丰富用户画像，让被刻画的用户变得越发立体清晰，能更有助于产品设计的精确投入。这就类似马赛克拼图，单位面积内的点越多，图像就越清晰。但颗粒度并不是越小越好。掌握好颗粒度的"度"非常重要。图12-7展示了不同颗粒度对应的相机图片。

图 12-7　不同颗粒度的图片

细化过程如下：
"这是一台相机"；
"这是一台胶片相机"；
"这是一台胶片单反相机"；
"这是一台尼康胶片单反相机"；
"这是一台尼康 FM2 胶片单反相机"。

在上述过程中，当它是一台相机时，它身上具备所有相机的共性，但当它是一台胶片相机时，显然它就不能代表数码相机了……而当它是一台尼康 FM2 胶片单反相机时，它就只能代表这一特定品牌、特定型号的相机了。所以，用户画像的颗粒度不应该过于细密。一方面是因为这直接影响着成本；另一方面也因为过于细致的颗粒度，会造成服务目标过于单一。我们在细化颗粒度的过程中，要不断佐以定量研究的方法来验证，并结合实际经验来微调。

但对于电商产品设计及运营来说，尽量丰富用户画像是最重要也是最需要细致打磨的环节，也就是要做到具象的定量个体描述才能够基于用户数据提供个性化推荐。个性化推荐既是节省用户成本，提升用户体验的重要手段，也是电商产品提升产品转化率与促进商品交叉销售的重要手段。所以，依靠用户数据创建用户画像在大数据时代越来越受到重视。

我们始终认为，一定要结合项目的实际需求和成本选择用户画像方法。方法是死的，人是活的，下面进入实战部分。

12.3 实战：电商用户画像构建

先来看该电商用户画像用到的标签。数据内容包括 user_id（用户身份）、item_id（商品）、IDbehavior_type（用户行为类型，包含点击、收藏、加购物车、支付四种行为，分别用数字 1、2、3、4 表示）、user_geohash（地理位置）、item_category（品类 ID，即商品所属的品类）、Time（用户行为发生的时间），其中 user_id 和 item_id 因为涉及隐私，做了脱敏处理，显示的是数字编号。

下面是具体的代码实现过程。

1. 导入库

本示例除了用到 numpy、pandas、matplotlib，还用到其他一些模块。

```
# 导入所需的库
%matplotlib inline
import numpy as np
import pandas as pd
from matplotlib import pyplot as plt
from datetime import datetime
```

参数说明如下。

- %matplotlib inline：一个魔法函数，由于 %matplotlib inline 的存在，当输入 plt.plot() 后，不必再输入 plt.show()，图像将自动显示出来。
- datetime：用来显示时间的模块。

2. 数据准备

```
# 导入数据集
df_orginal = pd.read_csv('./taobao_persona.csv')
# 抽取部分数据
df = df_orginal.sample(frac=0.2,random_state=None)
```

此处使用 Pandas 的 read_csv 方法读取数据文件，由于数据集太大，为了提高运行效率，使用 sample 函数随机抽取 20% 的数据。

DataFrame.sample() 是 Pandas 中的函数，DataFrame 是一种数据格式，代指 df_orginal。frac(fraction) 是抽取多少数据，random_state 是随机数种子，目的是保证每次随机抽取的数据一样，防止执行命令时使用不一样的数据。

3. 数据预处理

```
# 查看其中是否有缺失值，统计各字段缺失值
df.isnull().any().sum()
# 发现只有user_geohash有缺失值，且缺失的比例很高，无统计分析的意义，将此列删除
df.drop('user_geohash',axis=1,inplace=True)
# 将time字段拆分为日期和时段
df['date'] = df['time'].str[0:10]
df['time'] = df['time'].str[11:]
df['time'] = df['time'].astype(int)
# date用str方法取0-9位的字符，time取11位到最后一位，将time转化成int类型。
# 将时段分为'凌晨','上午','中午','下午','晚上'
df['hour'] = pd.cut(df['time'],bins=[-1,5,10,13,18,24],labels=['凌晨','上午',
    '中午','下午','晚上'])
```

结果如图 12-8 所示。

user_id	item_id	behavior_type	item_category	time	date	hour
499383	106462190	342547910	1	9559	22	2014-12-05	晚上
8398294	103412125	131021673	1	6000	15	2014-11-30	下午
17682739	127515633	239571432	1	8986	18	2014-11-28	下午
6864619	52145633	402816013	2	13156	22	2014-11-29	晚上
2591849	130266524	144774424	1	6344	16	2014-11-20	下午

图 12-8　数据预处理结果

```
# 生成用户标签表，制作好的标签都加入这个表中
users = df['user_id'].unique()
labels = pd.DataFrame(users,columns=['user_id'])
```

结果如图 12-9 所示。

之后分析后的内容都会放置在此表中，相当于建立了一个空白表，将自己分析后的结论一一加入。

❑ pd.DataFrame()：其中数据填充的是 users，列名为 user_id。

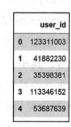

图 12-9　制作好的用户 ID

4. 构建用户行为标签

1) 对用户浏览时间段进行分析，选取出各用户浏览次数最多的时段，看看用户到底在什么时间浏览商品比较多。

```
# 对用户和时段分组，统计浏览次数
time_browse = df[df['behavior_type']==1].groupby(['user_id','hour']).item_
    id.count().reset_index()
time_browse.rename(columns={'item_id':'hour_counts'},inplace=True)
# 统计每个用户浏览次数最多的时段
time_browse_max = time_browse.groupby('user_id').hour_counts.max().reset_index()
```

```
time_browse_max.rename(columns={'hour_counts':'read_counts_max'},inplace=True)
time_browse = pd.merge(time_browse,time_browse_max,how='left',on='user_id')
# 之前已经按照 user_id 和 hour 进行了浏览物品次数的计数统计，现在借用浏览次数统计 user_id 在
# 哪个时间段浏览次数最多，并将其作为该用户的浏览时间段标签的代表。
# 选取各用户浏览次数最多的时段，如有并列最多的时段，用逗号连接
time_browse_hour=time_browse.loc[time_browse['hour_counts']==time_browse['read_
    counts_max'],'hour'].groupby(time_browse['user_id']).aggregate(lambda 
    x:','.join(x)).reset_index()
time_browse_hour.head()
# 将用户浏览活跃时间段加入用户标签表中
labels = pd.merge(labels,time_browse_hour,how='left',on='user_id')
labels.rename(columns={'hour':'time_browse'},inplace=True)
# labels 相当于一张考试卷纸，上面展示的都是最后处理好的结果
```

结果如图 12-10 所示。

- groupby(['key1','key2'])：多列聚合，分组键为列名。
- reset_index()：默认 drop = False，可以获得新的 index，原来的 index 变成数据列保留下来，第一列会添加计数的数字，不会使用数据中的 index。
- rename()：进行重命名，此处将 item_id 替换成 hour_counts，inplace 为是否原地填充。
- pd.merge()：将两个表合并在一起，横向合并，on 代表通过某个主键，how 指左合并，每行一一对应。
- loc 函数：通过行索引 Index 中的具体值来取指定数据。
- aggregate 函数：groupby 分组之后会返回多个子数据帧，该函数可以实现数据聚合，可以得到每个子数据帧的某些列的某些信息。
- lambda 函数：可以定义一个匿名函数，lambda [arg1[, arg2, ··· argN]]: expression，其中参数是函数的输入，是可选的，后面的表达式则为输出，此处和 join() 函数一起用，其中每个 x 值能被","隔开；使用类似的代码可以生成浏览活跃时间段，此处就不再赘述。

	user_id	time_browse
0	123311003	上午
1	41882230	晚上
2	35398381	晚上
3	113346152	晚上
4	53687639	下午

图 12-10 用户浏览时间段

2）关于类目的用户行为。

```
df_browse  = df.loc[df['behavior_type']==1,['user_id','item_id','item_category']]
df_collect = df.loc[df['behavior_type']==2,['user_id','item_id','item_category']]
df_cart    = df.loc[df['behavior_type']==3,['user_id','item_id','item_category']]
df_buy     = df.loc[df['behavior_type']==4,['user_id','item_id','item_category']]
```

根据不同的用户行为，如浏览、收藏等，分别导出数据进行分析。

```
# 对用户与类目进行分组，统计浏览次数
df_cate_most_browse = df_browse.groupby(['user_id','item_category']).item_id.count().
    reset_index()
df_cate_most_browse.rename(columns={'item_id':'item_category_counts'},inplace=
    True)
```

```
# 统计每个用户浏览次数最多的类目
df_cate_most_browse_max=df_cate_most_browse.groupby('user_id').item_category_
    counts.max().reset_index()
df_cate_most_browse_max.rename(columns={'item_category_counts':'item_category_
    counts_max'},inplace=True)
df_cate_most_browse = pd.merge(df_cate_most_browse,df_cate_most_browse_max,
    how='left',on='user_id')
# 将 item_category 的数字类型改为字符串型
df_cate_most_browse['item_category'] = df_cate_most_browse['item_category'].
    astype(str)
# 选取各用户浏览次数最多的类目,如有并列最多的类目,用逗号连接
df_cate_browse=df_cate_most_browse.loc[df_cate_most_browse['item_category_
    counts']==
df_cate_most_browse['item_category_counts_max'],'item_category'].groupby(df_
    cate_most_browse['user_id']).aggregate(lambda x:','.join(x)).reset_index()
# 将用户浏览最多的类目加入用户标签表中
labels = pd.merge(labels,df_cate_browse,how='left',on='user_id')
labels.rename(columns={'item_category':'cate_most_browse'},inplace=True)
labels.head(5)
```

用户浏览最多的类目如图 12-11 所示。

	user_id	time_browse	time_buy	cate_most_browse
0	123311003	上午	上午,中午	11241
1	41882230	晚上	NaN	5027
2	35398381	晚上	NaN	4296
3	113346152	晚上	下午	10661
4	53687639	下午	中午	5027

图 12-11 浏览最多的类目

收藏、加购和购买最多的类目生成逻辑相同,重复操作后结果如图 12-12 所示。

	user_id	time_browse	time_buy	cate_most_browse	cate_most_collect	cate_most_cart	cate_most_buy
0	123311003	上午	上午,中午	11241	6327	6327	6327
1	41882230	晚上	NaN	5027	3067	3478,5894	NaN
2	35398381	晚上	NaN	4296	4537	4296	NaN
3	113346152	晚上	下午	10661	NaN	5399,10661	1863,3424,5027,5894,12328,14079
4	53687639	下午	中午	5027	5027	1838	6307,11178

图 12-12 关于类目的用户行为

从整理的数据中可以看出,浏览、加购物车、收藏、购买之前其实不一定存在明显的必然关系,我们还需要进一步分析得到一些规律。

3)近 30 天用户行为分析。

近 30 天购买次数:

```
# 将购买行为按用户进行分组，统计次数
df_counts_30_buy = df[df['behavior_type']==4].groupby('user_id').item_id.
    count().reset_index()
labels = pd.merge(labels,df_counts_30_buy,how='left',on='user_id')
labels.rename(columns={'item_id':'counts_30_buy'},inplace=True)
```

近 30 天加购次数：

```
# 将加购行为按用户进行分组，统计次数
df_counts_30_cart = df[df['behavior_type']==3].groupby('user_id').item_id.
    count().reset_index()
labels = pd.merge(labels,df_counts_30_cart,how='left',on='user_id')
labels.rename(columns={'item_id':'counts_30_cart'},inplace=True)
```

近 30 天活跃天数：

```
# 对用户进行分组，统计活跃的天数，包括浏览、收藏、加购、购买
counts_30_active = df.groupby('user_id')['date'].nunique()
labels = pd.merge(labels,counts_30_active,how='left',on='user_id')
labels.rename(columns={'date':'counts_30_active'},inplace=True)
```

这里 pd.nunique() 是指返回的是唯一值的个数。

结果如图 12-13 所示。

time_browse	time_buy	cate_most_browse	cate_most_collect	cate_most_cart	cate_most_buy	counts_30_buy	counts_30_cart	counts_30_active
上午	上午,中午	11241	6327	6327	6327	20.0	49.0	17
晚上	NaN	5027	3067	3478,5894	NaN	NaN	2.0	30
晚上	NaN	4296	4537	4296	NaN	NaN	7.0	9
晚上	下午	10661	NaN	5399,10661	1863,3424,5027,5894,12328,14079	6.0	24.0	29
下午	中午	5027	5027	1838	6307,11178	2.0	18.0	28

图 12-13 近 30 天用户行为

近 30 天用户行为分析属于中长期的用户行为，我们可以依此判断是否需要调整营销策略，类似可以得到短期的 7 天用户行为分析，观察中短期或一个小周期内，用户的行为是何种情况。

4）最后一次行为距今天数。分析上次和本次用户行为的时间差值可以实现精确推荐分析，下面我们来看看具体如何实现。

上次浏览距今天数：

```
days_browse = df[df['behavior_type']==1].groupby('user_id')['date'].max().apply
    (lambda x:(datetime.strptime('2014-12-19','%Y-%m-%d')-x).days)
labels = pd.merge(labels,days_browse,how='left',on='user_id')
labels.rename(columns={'date':'days_browse'},inplace=True)
```

❑ datetime.strptime('2014-12-19','%Y-%m-%d')-x).days：该部分属于 lambda 中的函数表达式部分，即计算规则，此处最后取相减后的天数总和。

❑ apply()：格式为 apply(func,*args,**kwargs)，当一个函数的参数存在于一个元组或者

一个字典中时,可间接调用这个函数,并将元组或者字典中的参数按照顺序传递给该函数,返回值就是 func 函数的返回值。相当于循环遍历,起到处理每一条数据的效果。

类似可以生成上次加购、购买距今天数,分析得到用户的活跃情况,如图 12-14 所示,如果长时间没有活跃,则需要推送一些内容,或者发放优惠券刺激用户。

	user_id	time_browse	time_buy	cate_most_browse	cate_most_collect	cate_most_cart	days_browse	days_cart	days_buy
0	123311003	上午	上午,中午	11241	6327	6327	1.0	2.0	2.0
1	41882230	晚上	NaN	5027	3067	3478,5894	1.0	8.0	NaN
2	35398381	晚上	NaN	4296	4537	4296	7.0	8.0	NaN
3	113346152	晚上	下午	10661	NaN	5399,10661	1.0	6.0	7.0
4	53687639	下午	中午	5027	5027	1838	1.0	7.0	7.0

图 12-14 最后一次行为距今天情况统计

5)最近两次购买间隔天数。

```
df_interval_buy = df[df['behavior_type']==4].groupby(['user_id','date']).item_
    id.count().reset_index()
interval_buy = df_interval_buy.groupby('user_id')['date'].apply
(lambda x:x.sort_values().diff(1).dropna().head(1)).reset_index()
interval_buy['date'] = interval_buy['date'].apply(lambda x : x.days)
interval_buy.drop('level_1',axis=1,inplace=True)
interval_buy.rename(columns={'date':'interval_buy'},inplace=True)
labels = pd.merge(labels,interval_buy,how='left',on='user_id')
```

用购买间隔数分析用户的购买频率,方便确定用户的消费活跃等级,精准制定营销方式。结果如图 12-15 所示。

counts_30_buy	counts_30_cart	counts_30_active	counts_7_buy	counts_7_cart	counts_7_active	days_browse	days_cart	days_buy	interval_buy
20.0	49.0	17	15.0	37.0	7.0	1.0	2.0	2.0	1.0
NaN	2.0	30	NaN	NaN	6.0	1.0	8.0	NaN	NaN
NaN	7.0	9	NaN	NaN	1.0	7.0	8.0	NaN	NaN
6.0	24.0	29	1.0	8.0	7.0	1.0	6.0	7.0	2.0
2.0	18.0	28	1.0	4.0	6.0	1.0	7.0	7.0	9.0

图 12-15 最近两次购买间隔天数统计

6)是否浏览未下单。

```
df_browse_buy=df.loc[(df['behavior_type']==1)|(df['behavior_type']==4),
['user_id','item_id','behavior_type','time']]
browse_not_buy=pd.pivot_table(df_browse_buy,index=['user_id','item_id'],
columns=['behavior_type'],values=['time'],aggfunc=['count'])
browse_not_buy.columns = ['browse','buy']
browse_not_buy.fillna(0,inplace=True)
```

```
# 添加了一列 browse_not_buy，初始值为 0。
browse_not_buy['browse_not_buy'] = 0
# 浏览数 >0，购买数 =0 的数据输出 1。
browse_not_buy.loc[(browse_not_buy['browse']>0) & (browse_not_buy['buy']==0),
    'browse_not_buy'] = 1
browse_not_buy=browse_not_buy.groupby('user_id')['browse_not_buy'].sum().reset_
    index()
labels = pd.merge(labels,browse_not_buy,how='left',on='user_id')
labels['browse_not_buy'] = labels['browse_not_buy'].apply(lambda x: '是' if x>0
    else '否')
```

- ❑ |：在 Python 语句中表示或，& 表示且。
- ❑ pd.pivot_table()：透视表功能，df_browse_buy 为 data 块，values 可以对需要的计算数据进行筛选，aggfunc 参数可以设置我们对数据聚合时进行的函数操作。
- ❑ fillna：会填充 NaN 数据，返回填充后的结果，inplace = True 代表原地填充。

结果如图 12-16 所示。

	user_id	time_browse	time_buy	cate_most_browse	cate_most_collect	cate_most_cart	days_browse	days_cart	days_buy	interval_buy	browse_not_buy
0	123311003	上午	上午,中午	11241	6327	6327	1.0	2.0	2.0	1.0	是
1	41882230	晚上	NaN	5027	3067	3478,5894	1.0	8.0	NaN	NaN	是
2	35398381	晚上	NaN	4296	4537	4296	7.0	8.0	NaN	NaN	是
3	113346152	晚上	下午	10661	NaN	5399,10661	1.0	6.0	7.0	2.0	是
4	53687639	下午	中午	5027	5027	1838	1.0	7.0	7.0	9.0	是
...	...	...	...	...	...	...	...	...	...	...	...
19950	51604619	中午,晚上	NaN	447,13326	NaN	NaN	23.0	NaN	NaN	NaN	是
19951	132175601	上午	NaN	11296	NaN	NaN	9.0	NaN	NaN	NaN	是
19952	141406973	中午	NaN	12067	NaN	NaN	18.0	NaN	NaN	NaN	是
19953	139786090	NaN	下午	NaN	NaN	NaN	NaN	NaN	23.0	NaN	否
19954	39422912	上午	NaN	9614	NaN	NaN	29.0	NaN	NaN	NaN	是

图 12-16　是否浏览未下单情况统计

针对浏览未下单的用户要加大推广力度，可以增加优惠券的发放次数，促进购物。

7）是否加购未下单。

```
df_cart_buy=df.loc[(df['behavior_type']==3)|(df['behavior_type']==4),['user_
    id','item_id','behavior_type','time']]
cart_not_buy=pd.pivot_table(df_cart_buy,index=['user_id','item_id'],columns=
    ['behavior_type'],values=['time'],aggfunc=['count'])
cart_not_buy.columns = ['cart','buy']
cart_not_buy.fillna(0,inplace=True)
cart_not_buy['cart_not_buy'] = 0
cart_not_buy.loc[(cart_not_buy['cart']>0) & (cart_not_buy['buy']==0),'cart_not_
    buy'] = 1
cart_not_buy = cart_not_buy.groupby('user_id')['cart_not_buy'].sum().reset_index()
labels = pd.merge(labels,cart_not_buy,how='left',on='user_id')
labels['cart_not_buy'] = labels['cart_not_buy'].apply(lambda x: '是' if x>0
    else '否')
```

结果如图 12-17 所示。

	user_id	time_browse	time_buy	cate_most_browse	cate_most_collect	cate_most_cart	days_browse	days_cart	days_buy	interval_buy	browse_not_buy	cart_not_buy
0	123311003	上午	上午,中午	11241	6327	6327	1.0	2.0	2.0	1.0	是	是
1	41882230	晚上	NaN	5027	3067	3478,5894	1.0	8.0	NaN	NaN	是	是
2	35398381	晚上	NaN	4296	4537	4296	7.0	8.0	NaN	NaN	是	是
3	113346152	晚上	下午	10661	NaN	5399,10661	1.0	6.0	7.0	2.0	是	是
4	53687639	下午	中午	5027	5027	1838	1.0	7.0	7.0	9.0	是	是

图 12-17 是否加购未下单情况统计

制定营销策略时,要重点注意这部分人群,因为加购未下单的购买转化率是最大的,有成功下单、最大潜力的客户就在这里。

5. 构建用户属性标签

1)是否复购用户:

```
buy_again = df[df['behavior_type']==4].groupby('user_id')['item_id'].count().
    reset_index()
buy_again.rename(columns={'item_id':'buy_again'},inplace=True)
labels = pd.merge(labels,buy_again,how='left',on='user_id')
labels['buy_again'].fillna(-1,inplace=True)
# 未购买的用户标记为'未购买',有购买未复购的用户标记为'否',有复购的用户标记为'是'
labels['buy_again'] = labels['buy_again'].apply(lambda x: '是' if x>1 else
    '否' if x==1 else '未购买')
```

结果如图 12-18 所示。

	user_id	time_browse	time_buy	cate_most_browse	cate_most_collect	cate_most_cart	interval_buy	browse_not_buy	cart_not_buy	buy_again
0	123311003	上午	上午,中午	11241	6327	6327	1.0	是	是	是
1	41882230	晚上	NaN	5027	3067	3478,5894	NaN	是	是	未购买
2	35398381	晚上	NaN	4296	4537	4296	NaN	是	是	未购买
3	113346152	晚上	下午	10661	NaN	5399,10661	2.0	是	是	是
4	53687639	下午	中午	5027	5027	1838	9.0	是	是	是

图 12-18 是否复购用户统计

2)访问活跃度:

```
user_active_level = labels['counts_30_active'].value_counts().sort_index(ascending=
    False)
plt.figure(figsize=(16,9))
user_active_level.plot(title='30 天内访问次数与访问人数的关系',fontsize=18)
plt.ylabel('访问人数',fontsize=14)
plt.xlabel('访问次数',fontsize=14)
# 用于显示中文
plt.rcParams["font.sans-serif"] = ['SimHei']
plt.rcParams['axes.unicode_minus'] = False
# 先将 user_active_level 全部设置成高,再搜索数值 <16 的部分,设置成低
```

```
labels['user_active_level'] = '高'
labels.loc[labels['counts_30_active']<=16,'user_active_level'] = '低'
```

结果如图 12-19 所示。

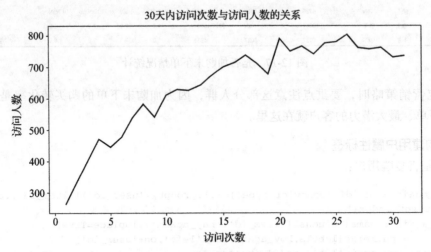

图 12-19　30 天内访问次数与访问人数的关系

- value_counts()：查看表格某列中有多少个不同值，并计算每个不同值在该列中有多少重复值。
- sort_index()：按照某一列的大小进行排序，ascending = False 是按照从大到小排序。
- plt.figure(figsize = (a,b))：创建画板，figsize 代表宽为 a，高为 b 的图形，单位为英寸。
- plt.ylabel：设置 y 轴，fontsize 是字体大小。
- plt.xlabel：设置 x 轴。

通过图 12-19 可以看出，访问次数多的用户比访问次数少的用户数量多，且以 15 次左右为拐点，因此定义访问次数小于等于 16 次的用户为低活跃用户，访问次数大于 16 次的用户定义为高活跃用户，此定义只是从用户的角度出发，工作中当从业务角度定义。访问次数多的访客比访问次数少的访客数量多，与绝大多数的产品访问规律相反，从侧面反映了用户黏性之强。

3）购买活跃度：

```
buy_active_level = labels['counts_30_buy'].value_counts().sort_index(ascending=
    False)
plt.figure(figsize=(16,9))
buy_active_level.plot(title='30天内购买次数与购买人数的关系',fontsize=18)
plt.ylabel('购买人数',fontsize=14)
plt.xlabel('购买次数',fontsize=14)
labels['buy_active_level'] = '高'
labels.loc[labels['counts_30_buy']<=14,'buy_active_level'] = '低'
```

结果如图 12-20 所示。

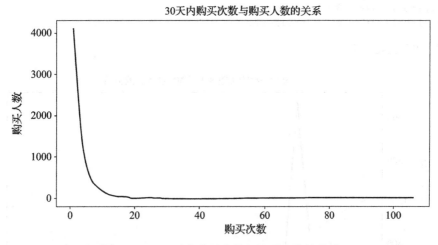

图 12-20　30 天内购买次数与购买人数的关系

由图 12-20 可知，14 次左右是个拐点，因此定义购买次数小于等于 14 次的用户为低活跃用户，大于 14 次的用户为高活跃用户。

4）购买的品类是否单一：

```
buy_single=df[df['behavior_type']==4].groupby('user_id').item_category.nunique()
    .reset_index()
buy_single.rename(columns={'item_category':'buy_single'},inplace=True)
labels = pd.merge(labels,buy_single,how='left',on='user_id')
labels['buy_single'].fillna(-1,inplace=True)
labels['buy_single'] = labels['buy_single'].apply(lambda x: '是' if x>1 else
    '否' if x==1 else '未购买')
```

结果如图 12-21 所示。

	user_id	time_browse	time_buy	cate_most_browse	cate_most_collect	cate_most_cart	cart_not_buy	buy_again	user_active_level	buy_active_level	buy_single
0	123311003	上午	上午,中午	11241	6327	6327	是	是	高	高	是
1	41882230	晚上	NaN	5027	3067	3478,5894	是	未购买	高	高	未购买
2	35398381	晚上	NaN	4296	4537	4296	是	未购买	低	高	未购买
3	113346152	晚上	下午	10661	NaN	5399,10661	是	是	高	低	是
4	53687639	下午	中午	5027	5027	1838	是	是	高	低	是

图 12-21　购买品类单一情况统计

了解用户购买的品类有利于构建用户群体行为，比如该群体统一对化妆品消费占比巨大，则该用户群体的主要特征标签之一就是化妆品。

5）用户价值分组（RFM 模型）：

```
last_buy_days = labels['days_buy'].value_counts().sort_index()
```

```python
plt.figure(figsize=(16,9))
last_buy_days.plot(title='最后一次购买距今天数与购买人数的关系',fontsize=18)
plt.ylabel('购买人数',fontsize=14)
plt.xlabel('距今天数',fontsize=14)
```

结果如图 12-22 所示。

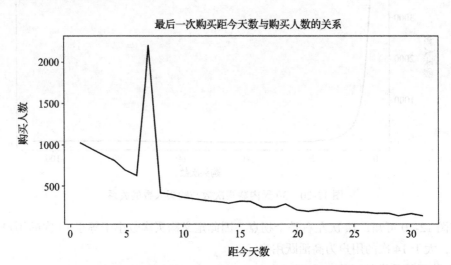

图 12-22 最后购买行为距今天数与购买人数的关系

使用 RFM 模型分析：

```
labels['buy_days_level'] = '高'
labels.loc[labels['days_buy']>8,'buy_days_level'] = '低'
labels['rfm_value'] = labels['buy_active_level'].str.cat(labels['buy_days_level'])
def trans_value(x):
    if x == '高高':
        return '重要价值客户'
    elif x == '低高':
        return '重要深耕客户'
    elif x == '高低':
        return '重要唤回客户'
    else:
        return '即将流失客户'
labels['rfm'] = labels['rfm_value'].apply(trans_value)
# 此处的 apply() 调用了一个自己定义 (def) 的函数
labels.drop(['buy_days_level','rfm_value'],axis=1,inplace=True)
labels['rfm'].value_counts()
```

结果如图 12-23 所示。

str.cat() 是指将两个独立的字符串拼接，此处将 'buy_active_level' 和 'buy_days_level' 拼接。如果要在两个合并的列中间加一个分隔符号，可在 cat 括号

```
重要深耕客户    7205
重要价值客户    7055
即将流失客户    5685
重要唤回客户      10
Name: rfm, dtype: int64
```

图 12-23 RFM 模型分析结果

内加：sep = '-'，用 - 连接合并内容。

将 buy_active_level 和 buy_days_level 组合，形成"高高"或者"高低"等。将两个重要指标合并后，每个 user_id 进入不同的分类组。RFM 模型是衡量客户价值和客户创利能力的重要工具和手段，其中，R(recently)：最近一次消费；F (Frequently)：消费频率；M (Monetary)：消费金额。

对最后输出的用户群体制定不同的营销策略。针对重要价值客户要予以关注并维护；针对重要深耕用户，予以相应的价格刺激，如折扣和捆绑销售等增加用户的购买频率，提高黏性；针对重要唤回用户，要在特定时间点进行刺激，比如进行产品卖点刺激、品牌灌输等，不断加强他们对品牌的认可，提高忠诚度；针对流失客户，在此例中，因其数量占三分之一左右，需进一步分析得出流失原因。

12.4 实战：电商用户行为分析

本节将针对淘宝 App 的运营数据，以行业常见指标对用户的行为进行分析。数据内容包括 user_id（用户身份）、item_id（商品）、IDbehavior_type（用户行为类型，包含点击、收藏、加购物车、支付四种行为，分别用数字 1、2、3、4 表示）、user_geohash（地理位置）、item_category（品类 ID，即商品所属的品类）、Time（用户行为发生的时间），其中 user_id 和 item_id 因为涉及隐私，做了脱敏处理，显示的是数字编号。

下面是具体的代码实现过程。

1. 导入相关工具和数据

```
# 导入相关库
import pandas as pd
import numpy as np
%matplotlib inline
import matplotlib.pyplot as plt
import seaborn as sns
dt = pd.read_csv('E:/tianchi_mobile_recommend_train_user.csv')
```

其中，seaborn 库可实现对统计数据的可视化展示，是基于 Matplotlib 的 Python 数据可视化库。

2. 数据的处理

```
# 对其中的 label 进行重命名
dt=dt.rename(columns={'user_id':'用户名','item_id':'商品名','behavior_type':'用
    户行为类型','user_geohash':'地理位置','InvoiceDate':'发票日期','item_category':
    '品类名','CustomerID':'用户名','time':'行为时间'})
dt.apply(lambda x:sum(x.isnull())/len(x))        # 计算缺失率（缺失数/总数）
# # 对时间数据进行处理，将日期与小时数据分开
dt['date']=dt['行为时间'].str[0:10]
dt['hour']=dt['行为时间'].str[11:]
dt['date']=pd.to_datetime(dt['date'])
dt['行为时间']=pd.to_datetime(dt['行为时间'])
```

```python
dt['hour']=dt['hour'].astype(int)
dt.sample(5)
```

结果如图 12-24 所示。

	用户名	商品名	用户行为类型	地理位置	品类名	行为时间	date	hour
11183075	102033461	312455886	1	NaN	1584	2014-12-01 20:00:00	2014-12-01	20
9608547	138387712	126297499	1	NaN	6513	2014-11-18 15:00:00	2014-11-18	15
6578466	111665868	192262726	1	NaN	4640	2014-11-27 08:00:00	2014-11-27	8
280350	142128942	158998886	1	NaN	13230	2014-12-08 15:00:00	2014-12-08	15
12237588	99662624	336342533	1	NaN	6209	2014-12-07 21:00:00	2014-12-07	21

图 12-24　数据处理结果

```python
# # 将数据集按时间列进行升序排列
dt.sort_values(by=' 行为时间 ',ascending=True,inplace=True)
# 舍弃原来的索引进行重置
dt.reset_index(drop=True,inplace=True)
# 查看处理后的数据信息
dt.info()
```

结果如图 12-25 所示。

```
<class 'pandas.core.frame.DataFrame'>
RangeIndex: 12256906 entries, 0 to 12256905
Data columns (total 8 columns):
 #   Column    Dtype
---  ------    -----
 0   用户名       int64
 1   商品名       int64
 2   用户行为类型    int64
 3   地理位置      object
 4   品类名       int64
 5   行为时间      datetime64[ns]
 6   date      datetime64[ns]
 7   hour      int32
dtypes: datetime64[ns](2), int32(1), int64(4), object(1)
memory usage: 701.3+ MB
```

图 12-25　处理后的数据信息

```python
dt.describe()
```

结果如图 12-26 所示。

	用户名	商品名	用户行为类型	品类名	hour
count	1.225691e+07	1.225691e+07	1.225691e+07	1.225691e+07	1.225691e+07
mean	7.170732e+07	2.023084e+08	1.105271e+00	6.846162e+03	1.481799e+01
std	4.122920e+07	1.167397e+08	4.572662e-01	3.809922e+03	6.474778e+00
min	4.913000e+03	6.400000e+01	1.000000e+00	2.000000e+00	0.000000e+00
25%	3.584965e+07	1.014130e+08	1.000000e+00	3.721000e+03	1.000000e+01
50%	7.292804e+07	2.021359e+08	1.000000e+00	6.209000e+03	1.600000e+01
75%	1.073774e+08	3.035405e+08	1.000000e+00	1.029000e+04	2.000000e+01
max	1.424559e+08	4.045625e+08	4.000000e+00	1.408000e+04	2.300000e+01

图 12-26　处理后的数据分布情况

3. 用户行为分析

在介绍用户行为分析前，先了解两个概念。

- PV（Page View，访问量）：具体是指网站的页面浏览量或者点击量，页面被刷新一次就计算一次；
- UV（Unique Visitor，独立访客）：访问网站的一台电脑客户端即一个访客。

1）日访问量分析：

```
# uv_daily 记录每天不同的上线用户数量
uv_daily=dt.groupby('date')['用户名'].nunique().rename('uv')
uv_daily=uv_daily.reset_index().rename(columns={'用户名':'uv'})
uv_daily.set_index('date',inplace=True)
# pv_daily 记录每天用户操作次数
pv_daily=dt.groupby('date')['用户名'].count()
pv_daily=pv_daily.reset_index().rename(columns={'用户名':'pv'})
pv_daily.set_index('date',inplace=True)
# UV 同比
uv_daily['uv_lastday']=uv_daily.shift(1)
uv_daily['tb']=100*(uv_daily['uv']-uv_daily['uv_lastday'])/uv_daily['uv_lastday']
formater="{0:.02f}".format
uv_daily['tb']=uv_daily['tb'].map(formater).astype('float')
```

- nunique()：该函数返回所有数据唯一值个数。unique() 函数是以数组形式返回列的所有唯一值。
- shift()：该函数对数据进行移动的操作，默认值是 1。注意这里移动的都是数据，而索引是不移动的，移动之后没有对应值的，就赋值为 NaN。
- formater = "{0:.02f}".format 相当于 formater = lambda x: '%.02f'，即 x 取小数点后两位。

```
# UV 环比
uv_daily['uv_7days']=uv_daily['uv'].shift(7)
uv_daily['hb']=100*(uv_daily['uv']-uv_daily['uv_7days'])/uv_daily['uv_7days']
formater="{0:.02f}".format
uv_daily['hb']=uv_daily['hb'].map(formater).astype('float')
uv_daily.head(2)
```

结果如图 12-27 所示。

date	uv	uv_lastday	tb	uv_7days	hb
2014-11-18	6343	NaN	NaN	NaN	NaN
2014-11-19	6420	6343.0	1.21	NaN	NaN

图 12-27 UV 同比、环比情况

```
# PV 同比
pv_daily['pv_lastday']=pv_daily.shift(1)
pv_daily['tb']=100*(pv_daily['pv']-pv_daily['pv_lastday'])/pv_daily['pv_lastday']
```

```
formater="{0:.02f}".format
pv_daily['tb']=pv_daily['tb'].map(formater).astype('float')
# PV 环比
pv_daily['pv_7days']=pv_daily.pv.shift(7)
pv_daily['hb']=100*(pv_daily['pv']-pv_daily['pv_7days'])/pv_daily['pv_7days']
formater="{0:.02f}".format
pv_daily['hb']=pv_daily['hb'].map(formater).astype('float')
pv_daily.head(2)
```

结果如图 12-28 所示。

同比,即同期比较,可以是本年度与上年度,也可以是上年同一个月份或季度与本年同期。同比发展速度一般是指本期发展水平与上年同期发展水平对比,而达到的相对发展速度。由此处求得的 PV 同比增长可以看出本期与之前同样的时间段内用户对该平台的点击变动情况,由 UV 的同比增长可以看出在同样时段中使用该平台的用户数量的变化。

date	pv	pv_lastday	tb	pv_7days	hb
2014-11-18	366701	NaN	NaN	NaN	NaN
2014-11-19	358823	366701.0	-2.15	NaN	NaN

图 12-28 PV 同比、环比情况

环比,即连续两个单位周期(比如连续两月)内的量的变化比。如今年 8 月比今年 7 月。当然这里的单位不一定是月,它可以是任何时间单位,能反映本期比上期增长了多少。环比发展速度,一般是指报告期水平与前一时期水平之比,表明现象逐期的发展速度。由此处求得的 PV 环比增长可以看出连续时间段内用户对该平台的点击变动情况,由 UV 的环比增长可以看出使用该平台的用户数量的变化。

```
# 按照日期和用户行为进行分组
pv_detail=dt.groupby(['用户行为类型','date'])['用户名'].count()
pv_detail=pv_detail.reset_index().rename(columns={'用户名':'total_pv'})
# # 将时间格式转换,否则会调用最原始的数据形状,会包含时分秒的格式
pv_detail['date']=pv_detail['date'].dt.strftime('%Y-%m-%d')
pv_detail['用户行为类型']=pv_detail['用户行为类型'].map({1:'click',2:'collect',
    3:'add_to_cart',4:'payment'})
fig,axes=plt.subplots(2,1,sharex=True,figsize=(20,10))  # 可视化
sns.pointplot(x='date',y='total_pv',hue='用户行为类型',data=pv_detail,ax=axes[0])
sns.pointplot(x='date',y='total_pv',hue='用户行为类型',data=pv_detail[pv_detail
    ['用户行为类型']!='click'],ax=axes[1])
axes[0].set_title('pv different behavior type')
axes[1].set_title('pv different behavior type except click')
```

结果如图 12-29 所示。

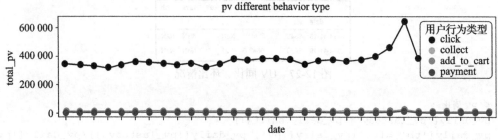

图 12-29 不同用户行为的 PV 情况统计

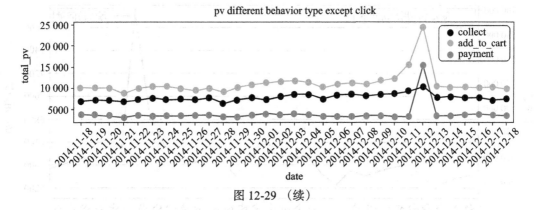

图 12-29（续）

从图 12-29 中可以看出，由于浏览点击的数量和其他用户行为不在一个数量级，故将其他三种类型单独列看，发现加购物车的人数高于其他两种类型。

```
pv_uv_daily=pd.concat([pv_daily,uv_daily],axis=1)
import matplotlib.dates as mdate
from matplotlib.dates import DateFormatter
pv_uv_daily['date']=pd.to_datetime(dt['date'])
plt.figure(figsize=(16,10))
plt.xlabel(' ',fontsize=9)
pv_uv_daily['pv'].plot(color='steelblue',label='每天访问量')
plt.ylabel('访问量')
plt.legend(loc=1)
fig=pv_uv_daily['uv'].plot(color='red',label='每天不同用户访问量',secondary_y=True)
plt.ylabel('访问用户量')
plt.xticks((pv_uv_daily.index),pd.date_range('2014-11-18','2014-12-18'))
plt.legend(loc=2)
plt.grid(True)
plt.gcf().autofmt_xdate()         # 坐标轴时间刻度自动调整
fig.xaxis.set_major_formatter(DateFormatter('%Y-%m-%d'))
plt.rcParams['font.sans-serif']=['SimHei']
plt.show()
```

结果如图 12-30 所示。

由用户行为的日期折线图可以看出，用户行为也具有周期性特点，在 11.21、11.28、12.5 这三个周五都是一周内的最低值，12 月 10 日至 12 月 12 日，用户点击量、收藏量、加购量都明显增长，在 12 月 12 日达到最大值，而购买量则在 12 月 12 日当日大幅度增加。

从图 12-30 中可以看出，每天用户会访问多次，用户访问量在双十二有明显激增，进而带来流量的激增。在此时段的用户消费情况应该远优于其他时段，此时一些小商家可以考虑在此段时间加入一些营销手段，提高自己的 PV 点击量，带动销量。

❑ strftime()：使用 strftime() 函数将时间格式化为我们想要的格式。

❑ fig、axes：用来创建多维窗口，此处是一个 2×1 的图。sharex：x 轴一样，y 轴不同；figsize：图片的大小尺寸。

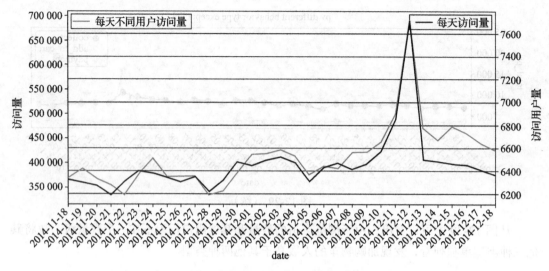

图 12-30　用户行为的日期折线图

- sns.pointplot()：点图表示通过散点图点的位置对数值变量的中心趋势的估计。x, y, hue：数据字段变量名，根据实际数据，x、y 常用来指定 x、y 轴的分类名称，hue 常用来指定第二次分类的数据类别；ax：绘图时使用的 Axes 轴对象，ax = axes[0] 是在第一个 x 轴上生成图像，依此类推。
- concat()：可以根据一个或多个键将不同 DataFrame 中的行连接起来，可以指定按某个轴进行连接，也可以指定连接的方式，axis = 1 实现横向连接。
- matplotlib.dates：将 datetime 对象转换为浮点数，用于配置横坐标为日期格式。
- DateFormatter：用于设定日期格式。
- color = 'steelblue'：颜色为亮钢兰色。
- plt.legend(loc = 1)：此处表示图注的位置，而 1、2、3、4 分别对应图像的右上角、左上角、左下角、右下角，但两个图注不能重合。
- plot(secondary_y = True)：指右侧的 y 轴是否显示。
- plt.rcParams['font.sans-serif'] = ['SimHei']：用来正常显示中文标签。
- plt.grid(True)：是否在图中显示网格。

2）小时访问量分析：

```
pv_hour=dt.groupby('hour').count()['用户名']
uv_hour=dt.groupby('hour')['用户名'].nunique().rename('uv')
pv_uv_hour=pd.concat([pv_hour,uv_hour],axis=1)
pv_uv_hour.columns=['pv','uv']
plt.figure(figsize=(16,10))
plt.xlabel(' ',fontsize=9)
pv_uv_hour['pv'].plot(color='steelblue',label='pv访问量')
plt.ylabel('访问量')
```

```
plt.legend(loc='upper right')
pv_uv_hour['uv'].plot(color='red',label='uv 访问量',secondary_y=True)
plt.ylabel('访问用户量')
plt.xticks(range(0,24),pv_uv_hour.index)
plt.legend(loc='upper center')
plt.grid(True)
# 坐标轴时间刻度自动调整
plt.gcf().autofmt_xdate()
plt.show()
```

结果如图 12-31 所示。

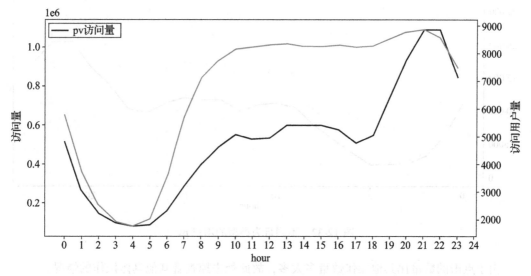

图 12-31　一天内用户行为

由图 12-31 可知，pv 和 uv 在凌晨 0～5 点期间波动情况相同，都呈下降趋势，访问量都比较小，同时在晚上 18 点后，pv 访问量激增，但 uv 波动不大，很有可能是用户量趋于稳定但他们空闲时间增多，因此 pv 增多，所以晚上 18～22 点是该电商平台用户访问 App 的活跃时间段，可以在此段时间集中进行促销活动。

3）不同行为类型用户 pv 分析：

```
pv_detail=pd.pivot_table(columns='用户行为类型', index='hour', data=dt, values=
    '用户名',aggfunc=np.size)
plt.figure(figsize=(16,9))
sns.lineplot(data=pv_detail.iloc[:,1:])
plt.show()
# 1- 点击；2- 收藏；3- 购物车；4- 支付
```

❑ pivot_table()：透视表，它是一种可以对数据动态排布并且分类汇总的表格格式。columns 为列维度；index 为行维度；values 为对需要的计算数据进行筛选；aggfunc 表示可以设置我们对数据聚合时进行的函数操作,即聚合依据,np.size 用于统计矩阵元素个数。

- Sns.lineplot():绘制折线图。
- iloc[:,1:]:截取除第一列外的所有行列数据。

结果如图 12-32 所示。

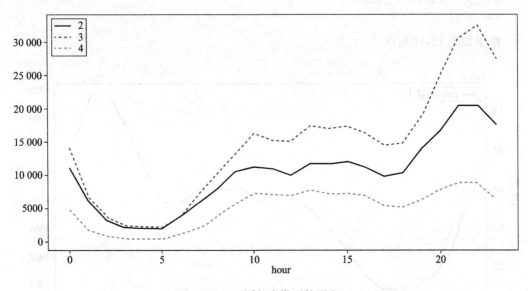

图 12-32 不同行为类型的用户 pv

由于点击的数量比其他操作数量多太多,故此处去掉查看其他具体操作的情况。

由图 12-32 可知点击相比较于其他三类用户行为,pv 访问量较高,同时四种用户行为的波动情况基本一致,因此在晚上这一时间段,不管是哪种用户行为,pv 访问量都是最高的。同时加入购物车这一用户行为的 pv 总量高于收藏的总量,购物车 pv> 收藏 pv> 支付 pv,因此在后续漏斗流失分析中,要重点关注购物车这一用户类型。

4. 用户消费行为分析

1)购买用户的访问次数分析:

```
# 已经购买的用户里面访问次数
data_user_buy=dt[dt['用户行为类型']==4].groupby('用户名')['用户行为类型'].count()
# 查看用户的浏览次数
plt.hist(x=data_user_buy,bins=30)
plt.show()
```

- plt.hist():直方图,其中 x 参数指定每个 bin(箱子)分布的数据,对应 x 轴;bins 参数指定 bin(箱子)的个数,也就是总共有几幅条状图。

结果如图 12-33 所示。

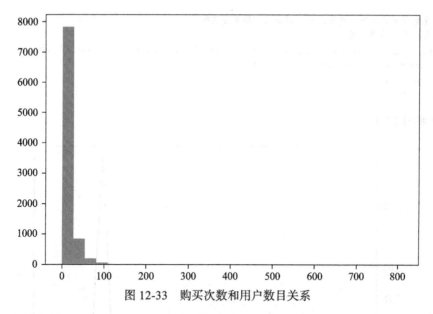

图 12-33 购买次数和用户数目关系

用户消费次数普遍在 13 ～ 17 次，因此需要重点关注购买次数在 20 次以上的消费者用户群体。

2）日 ARPPU。

ARPPU（Average Revenue Per Paying User，平均每用户付费额度）是指从每位付费用户身上获得的收入，它反映的是每个付费用户的平均付费额度。

$$ARPPU = 总收入 / 活跃用户付费数量$$

因为本数据集中没有消费金额，因此在计算过程中用消费次数代替消费金额——人均消费次数 = 消费总次数 / 消费人数

```
# 针对已付费用户计算消费次数，即人均消费次数
data_use_buy1=dt[dt['用户行为类型']==4].groupby(['date','用户名'])
['用户行为类型'].count().reset_index().rename(columns={'用户行为类型':'total'})
data_use_buy1.describe()
```

结果如图 12-34 所示。

	用户名	total
count	4.920100e+04	49201.000000
mean	7.171377e+07	2.443141
std	4.133425e+07	3.307288
min	4.913000e+03	1.000000
25%	3.572176e+07	1.000000
50%	7.263380e+07	1.000000
75%	1.074871e+08	3.000000
max	1.424559e+08	185.000000

图 12-34 人均消费次数

```
# 计算每天消费次数、消费人数，即每天人均消费次数
# 消费次数 / 消费人数
data_use_buy2=data_use_buy1.groupby('date').sum()['total']/data_use_buy1.
    groupby('date').count()['total']
data_use_buy2.plot()
plt.show()
```

结果如图 12-35 所示。

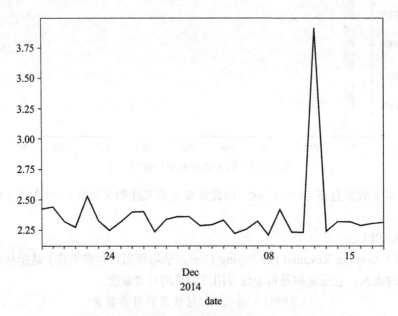

图 12-35　每天人均消费次数

```
data_use_buy2.describe()
```

结果如图 12-36 所示。

从统计数据看，每天人均购买 2 次左右，最多购买近 4 次。

日 ARPU（Average Revenue Per User，平均每用户收入）可通过（总收入/AU）计算得出，用于衡量产品的盈利能力和发展活力。

图 12-36　每天人均消费次数数据统计

活跃用户数平均消费次数 = 消费总次数 / 活跃用户人数 (每天有操作行为的用户)

```
dt['operation']=1
# 计算不同行为访问量
data_use_buy3=dt.groupby(['date','用户名','用户行为类型'])
['operation'].count().reset_index().rename(columns={'operation':'total'})
# 计算每天用户的平均消费次数
data_use_buy3.groupby('date').apply(lambda x:x[x.用户行为类型==4]
```

```
.total.sum()/len(x.用户名.unique()))).plot()
plt.title('daily_ARPU')
```

结果如图 12-37 所示。

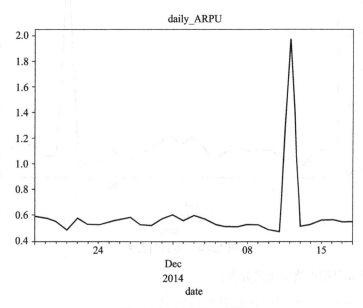

图 12-37　日 ARPU 情况

由图 12-37 可知，双十二这天的销量果然是最高的，附近日期的销量也远高于平常，盈利和点击量也是这段时间最可观的，双十二当天的平均每用户收入将近 2（平常日 ARPU 可 0.5 左右）。

3）付费率，计算公式如下：

$$付费率 = 消费人数 / 活跃用户人数$$

具体实现代码如下：

```
data_use_buy3.groupby('date').apply(lambda x:x[x.用户行为类型==4]
.total.count()/len(x.用户名.unique()))).plot()
plt.title('daily_afford_rate')
```

结果如图 12-38 所示。

用户付费率是衡量商家盈利情况的重要指标，从图 12-38 中可以看出，双十二的付费率在 0.5，意味着浏览过商品的用户，有一半人都会选择购买商品，转化率已经很不错了（平常的付费率在 0.23 左右）。如果想要进一步提升用户的付费转化率，就需要梳理现有活动的转化流程，观察各转化环节的转化率。针对转化率较差的环节，思考转化较差的原因并采取相应措施，减少用户在各环节中的流失。例如：环节是否过多、流程是否过长，是否需要对环节进行合理的合并或删减；各环节的引导机制是否顺畅，文案 /UI 是否引导清晰，是否可以通过一些奖励来提高转化等。

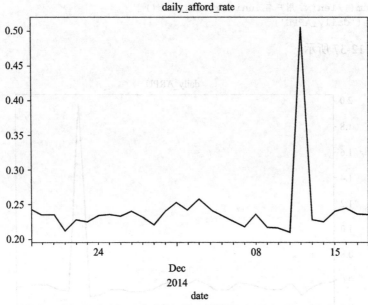

图 12-38　每日付费率

4）同一时间段用户消费次数分布：

```
data_user_buy3=dt[dt.用户行为类型==4]
.groupby(['用户名','date','hour'])['operation'].sum().rename('buy_count')
sns.distplot(data_user_buy3)
print('大多数用户消费：{}次'.format(data_user_buy3.mode()[0]))
```

结果如图12-39所示。

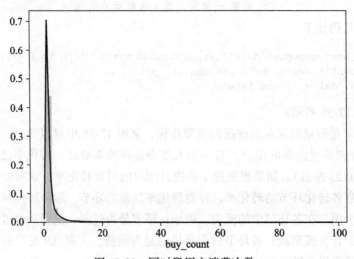

图 12-39　同时段用户消费次数

- sns.distplot()：用来绘制直方图。
- format()：通过 {} 和 : 来代替传统 % 方式，即在 % 处依次填充入 format 的内容。
- mode()[0]：mode() 函数最后输出两个值，一个是众数值，另外是众数个数，[0] 是返回众数值，整个语句的意思为返回 data_user_buy3 中的众数值。

5. 复购行为分析

复购情况，即两天以上有购买行为，一天内多次购买算一次。

$$复购率 = 有复购行为的用户数 / 有购买行为的用户总数$$

```
date_rebuy=dt[dt.用户行为类型==4].groupby('用户名')['date']
.apply(lambda x:len(x.unique())).rename('rebuy_count')
print('复购率:',round(date_rebuy[date_rebuy>=2].count()/date_rebuy.count(),4))
```

运行代码，得到复购率为 0.8717。

round(number,digits) 函数用于处理计算数据的四舍五入，number 是数值，digits 为保留几位小数，当 digits<0 时，在小数点左侧进行四舍五入。

```
# 所有复购时间间隔消费次数分布
data_day_buy=dt[dt.用户行为类型==4].groupby(['用户名','date']).operation.count().
    reset_index()
data_user_buy4=data_day_buy.groupby('用户名').date.apply(lambda x:x.sort_values().
    diff(1).dropna())
data_user_buy4=data_user_buy4.map(lambda x:x.days)
data_user_buy4.value_counts().plot(kind='bar')
plt.title('time_gap')
plt.xlabel('gap_day')
plt.ylabel('gap_count')
```

结果如图 12-40 所示。

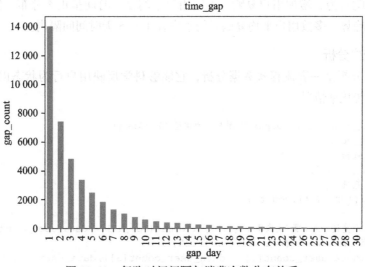

图 12-40　复购时间间隔与消费次数分布关系

❑ sort_values()：按照某一列的大小进行排序，默认为True，即升序排列。
❑ diff()：关于某列或者某行数据进行差分运算，axis = 1，则进行列间的移动差分操作。

```
# 不同用户平均复购时间分析
sns.distplot(data_user_buy4.reset_index().groupby('用户名').date.mean())
```

结果如图12-41所示。

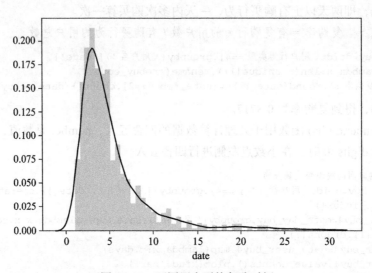

图12-41　不同用户平均复购时间

分析来看，多数用户复购率为0.04693，消费次数随着消费时间间隔的增加而不断下降，在1～10天之内复购次数比较多，10天之后用户很少进行复购，因此需要重视10天之内的用户复购行为，增加用户复购。不同用户平均复购时间呈正态分布，但是总体来看，呈现逐渐下降趋势。多数用户平均复购时间集中在1～5天时间间隔内。

6. 漏斗流失分析

漏斗流失分析是一套流程式数据分析，它能够科学反映用户行为状态以及从起点到终点各阶段用户转化率情况。

```
data_user_count=dt.groupby('用户行为类型').size()
data_user_count
# 查看点击数据
data_user_count[1]
# 计算总浏览量
pv_all=dt['用户名'].count()
pv_all
print('总浏览量—点击量 流失率：{:.2%}'.format((pv_all - data_user_count[1])/pv_all))
print('点击量 - 加入购物车量 流失率：{:.2%}'
.format((data_user_count[1] - data_user_count[3])/data_user_count[1]))
print('加入购物车量 - 收藏量 流失率：{:.2%}'
```

```
.format((data_user_count[3] - data_user_count[2])/data_user_count[3]))
print('收藏量—购买量 流失率：{:.2%}'
.format((data_user_count[2] - data_user_count[4])/data_user_count[2]))
```

结果如图 12-42 所示。

总浏览量—点击量 流失率: 5.76%
点击量-加入购物车量 流失率: 97.03%
加入购物车量-收藏量 流失率: 29.40%
收藏量—购买量 流失率: 50.44%

图 12-42　漏斗分析流失率情况

漏斗分析就是转化率分析，流量漏斗模型在产品中的经典运用是 AARRR 模型。衡量每一个节点的转换率，通过异常数据（即转换率过低处）找出异常节点，进而确定各个环节的流失率，分析用户怎么流失、为什么流失、在哪里流失。根据数据改进产品，最终提升整体转化率。从上面的分析中我们可以看出，从点击到加入购物车的转化率是最低的，流失率达到 97%，所以要尽可能降低此处的流失率，比如可以改变商品的展示图片、提高留言区的评论质量等。

7. 用户价值 RFM 分析

```
from datetime import datetime
datenow=datetime(2014,12,20)
# 每位用户最近购买时间
recent_buy_time=dt[dt.用户行为类型==4].groupby('用户名')['date']
.apply(lambda x:datetime(2014,12,20)-x.sort_values().iloc[-1])
recent_buy_time=recent_buy_time.reset_index().rename(columns={'date':'recent'})
recent_buy_time.recent=recent_buy_time.recent.map(lambda x:x.days)
# 每个用户消费频率
buy_freq=dt[dt.用户行为类型==4].groupby('用户名').date.count()
.reset_index().rename(columns={'date':'freq'})
rfm=pd.merge(recent_buy_time,buy_freq,left_on='用户名',right_on='用户名',how=
    'outer')
# 将各维度分成两个程度，基于等频分段，分数越高越好
rfm['recent_value']=pd.qcut(rfm.recent,2,labels=['2','1'])
rfm['freq_value']=pd.qcut(rfm.freq,2,labels=['1','2'])
rfm['rfm']=rfm['recent_value'].str.cat(rfm['freq_value'])
rfm.head()
```

结果如图 12-43 所示。

	用户名	recent	freq	recent_value	freq_value	rfm
0	4913	4	6	2	1	21
1	6118	3	1	2	1	21
2	7528	7	6	1	1	11
3	7591	7	21	1	2	12
4	12645	6	8	2	1	21

图 12-43　用户价值 RFM 分析

```
def trans_value(x):
    if x == '22':
        return '重要价值客户'
    elif x == '21':
        return '重要深耕客户'
    elif x == '12':
        return '重要唤回客户'
    else:
        return '流失客户'
rfm['用户等级']=rfm['rfm'].apply(trans_value)
rfm['用户等级'].value_counts()
```

结果如图 12-44 所示。

pd.qcut(x, q, labels = None) 表示创建每个区间分割的数据个数相等。其中，x 是相应的 data，q 则为组数，labels 是标签名，而相应的 pd.cut() 则为创建差值相等（个数不同）的区间。

可以看出重要价值客户和流失客户是最多的，可以根据不同的客户类型制定相应的营销策略，一段时间后，再对比查看效果。

```
重要价值客户    3179
流失客户        2767
重要深耕客户    1721
重要唤回客户    1219
Name: 用户等级, dtype: int64
```

图 12-44　RFM 模型用户等级情况

8. 用户行为与商品种类的关系分析

1）转化率分析（从点击到加入购物车）：

```
## 看下列标签
dt.columns
```

结果如图 12-45 所示。

```
Index(['用户名','商品名','用户行为类型','地理位置','品类名','行为时间','date','hour',
       'operation'],
      dtype='object')
```

图 12-45　标签

```
# 不同用户行为类别的转化率
data_category=dt[dt.用户行为类型!=2].groupby(['品类名','用户行为类型']).operation.
    count().unstack(1).rename(columns={1:'点击量',3:'加入购物车量',4:'购买量'}).
    fillna(0)
# 转化率计算
data_category['转化率']=data_category['购买量']/data_category['点击量']
# 空值填充为 0
data_category=data_category.fillna(0)
data_category=data_category[data_category['转化率']<=1]
data_category.describe()
```

结果如图 12-46 所示。

用户行为类型	点击量	加入购物车量	购买量	转化率
count	8913.000000	8913.000000	8913.000000	8913.000000
mean	1295.925165	38.546281	13.486144	0.015704
std	10253.444455	246.916188	68.185612	0.038207
min	0.000000	0.000000	0.000000	0.000000
25%	11.000000	0.000000	0.000000	0.000000
50%	64.000000	2.000000	1.000000	0.003086
75%	352.000000	12.000000	5.000000	0.019324
max	371738.000000	9309.000000	2208.000000	1.000000

图 12-46　点击到加入购物车的转化率

unstack(1) 表示将列索引转成最内层的行索引，默认值就为 1，将最内层的列索引转换为最内层的行索引。

由数据可得，转化率均值在 1.5% 左右，其中 75% 的用户转化率在 1.9% 左右，即点击但不购买的用户拉低了整体点击率，需收集用户浏览商品详情页的相关数据，分析出用户流失的原因，指导商家优化详情页，提高转化。

2）转化率分析（从加入购物车到购买）：

```
data_category['感兴趣比率']=data_category['加入购物车量']/data_category['购买量']
data_category=data_category[data_category['感兴趣比率']<=1]
data_category.describe()
```

结果如图 12-47 所示。

用户行为类型	点击量	加入购物车量	购买量	转化率	感兴趣比率
count	1105.000000	1105.000000	1105.000000	1105.000000	1105.000000
mean	192.580995	3.466063	6.204525	0.058040	0.544513
std	454.376800	11.342693	19.546947	0.085400	0.435764
min	1.000000	0.000000	1.000000	0.001439	0.000000
25%	30.000000	0.000000	1.000000	0.018182	0.000000
50%	69.000000	1.000000	2.000000	0.032258	0.625000
75%	168.000000	3.000000	5.000000	0.064516	1.000000
max	7053.000000	216.000000	373.000000	1.000000	1.000000

图 12-47 加入购物车到购买的感兴趣比率

```
# 查看购买量前10的商品的感兴趣比率情况
data_category.groupby('品类名').sum()['购买量'].sort_values(ascending=False)
data_category.head(10)
```

结果如图 12-48 所示。

用户行为类型 品类名	点击量	加入购物车量	购买量	转化率	感兴趣比率
8	976.0	4.0	4.0	0.004098	1.000000
13	99.0	2.0	6.0	0.060606	0.333333
15	682.0	4.0	4.0	0.005865	1.000000
32	21.0	0.0	1.0	0.047619	0.000000
35	174.0	2.0	5.0	0.028736	0.400000
46	116.0	2.0	2.0	0.017241	1.000000
59	18.0	1.0	1.0	0.055556	1.000000
73	36.0	0.0	1.0	0.027778	0.000000
80	106.0	3.0	3.0	0.028302	1.000000
101	3.0	0.0	1.0	0.333333	0.000000

图 12-48 购买量前 10 的商品的感兴趣比率

```
data_category.groupby('品类名').sum()['购买量'].sort_values(ascending=False).head
    (10).plot('bar')
```

结果如图 12-49 所示。

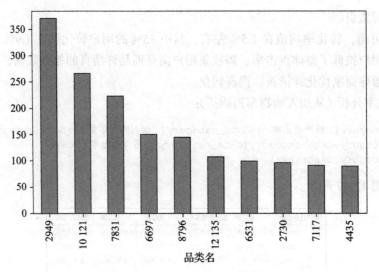

图 12-49　不同品类商品的购买量

从数据可知，75%的用户将产品加入购物车后便会伺机购买，但整体均值在54%左右，即用户加入购物车到实际产生购买行为有近50%的流失比率。因本数据集中在双十二前夕，价格战成为主流，故推测价格是用户产生实际购买行为的主导因素，提醒商家在店铺页做好其他价值指引（售后服务，会员服务）等价值吸引，避免用户流失，同时保证备货充足。

9. 二八理论分析

```
data_category=data_category[data_category['购买量']>0]
value_8=data_category['购买量'].sum()*0.8
value_10=data_category['购买量'].sum()
data_category=data_category.sort_values(by='购买量',ascending=False)
data_category['累计购买量']=data_category['购买量'].cumsum()
data_category['分类']=data_category['累计购买量'].map(lambda x:'前80%' if x<=
    value_8 else '后20%')
data_category.describe()
```

结果如图12-50所示。

用户行为类型	点击量	加入购物车量	购买量	转化率	感兴趣比率	累计购买量
count	1105.000000	1105.000000	1105.000000	1105.000000	1105.000000	1105.000000
mean	192.580995	3.466063	6.204525	0.058040	0.544513	5840.123982
std	454.376800	11.342693	19.546947	0.085400	0.435764	1094.766974
min	1.000000	0.000000	1.000000	0.001439	0.000000	373.000000
25%	30.000000	0.000000	1.000000	0.018182	0.000000	5492.000000
50%	69.000000	1.000000	2.000000	0.032258	0.625000	6241.000000
75%	168.000000	3.000000	5.000000	0.064516	1.000000	6580.000000
max	7053.000000	216.000000	373.000000	1.000000	1.000000	6856.000000

图 12-50　用户行为统计

```
data_category.groupby('分类')['分类'].count()/data_category['分类'].count()
```

结果如图 12-51 所示。

cumsum() 用于求元素的累加和。根据分析结果可知，前 80% 销量有 24.9% 左右的商品品类承包，接近二八原则。同样也可以看出，有接近 20% 的销量由 75.1% 的商品品类提供。可以得出结论：用户对该平台消费已局限在某一品类。

```
分类
前80%    0.248869
后20%    0.751131
Name: 分类, dtype: float64
```

图 12-51　销量与商品品类的关系

从两个实验中我们分析了用户的消费行为数据，可以得出相应的结论。

- 用户在双十二期间访问量激增，主要是由商家的优惠促销活动导致，因为商家可以不定期地针对自己的用户群体做相应的促销活动。
- 不同的用户访问平台的时间都是不一样的，所以可以针对不同的用户实行不同的营销策略，在访问量较高的时间段内推出用户感兴趣的商品或者提供相应的优惠券，可以对比较忠诚的用户给予更多的关爱。
- 浏览到收藏/加入购物车这一环节转化率低，需对其进一步挖掘分析原因，可以通过 AB 测试等进行分析。
- 对于销量排名靠前的商品可以通过不同的方式进行产品曝光。

根据以上的分析，相信你对消费者的行为已经有一定了解了，在后续的营销过程中，我们将针对已有产品，寻找所偏好的精准人群进行推广，同时根据客户的访问情况进行刺激，促进客户的消费行为，再考虑用户的消费数据，确定不同的客户群体的营销策略，最后实现精准营销啦！

12.5　习题

一、填空题

1. PV 是指_____，UV 是指_____。
2. 付费率的公式是_____。
3. ARPU 是指_____。
4. 消费者购买漏斗 AIDA 模型考虑了_____、_____、_____、_____。

二、论述题

1. 用户画像和用户角色有什么区别？
2. 用户画像的构建步骤是什么？
3. 简单介绍用户价值模型是什么？
4. 静态数据和动态数据处理时的优劣势分别是什么？

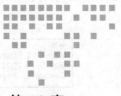

Chapter 13 第 13 章

目标客户运营

当今社会,各行各业都有自己对应的目标客户体系,它们是如何形成的呢?为什么要搭建这样的体系呢?本章主要通过实验为大家诠释目标客户体系对每个企业的重要性,它不仅可以支撑起一个企业的蓬勃发展,也可以导致一个企业从兴盛到衰亡。本章通过实战学习建立目标客户运营体系的方法,重点如下:

- 了解目标客户体系是什么;
- 了解聚类算法的基本原理;
- 掌握如何通过寻找目标客户制定精准营销策略。

13.1 目标客户运营概述

客户是一个企业的灵魂,只有合理管理客户群体,企业才会获得生存的基本条件,客户关系管理重点在于"以顾客为中心"。在当今社会,每个个体都有可能成为企业的目标客户,但并不是所有客户都是企业客户关系管理的目标客户。企业进行客户关系管理时要充分考虑不同(类型)客户对企业利润的贡献情况,准确选取客户关系管理的目标客户;同时要密切关注这些目标客户的变化,随时调整客户数据。

数据化运营企业在日常业务分析中的需求之一是目标客户运营体系的建立与管理,因为数据化运营的首要目标就是找准企业的潜在客户、目标受众,接下来才是制定相应的运营方案、精确的营销策略,为客户推荐个性化的产品与服务,对目标群体进行精准营销等。企业对目标客户的运营化管理要知道以下几件事:如何理解运营管理与客户服务、运营管理与客户服务的基本思路是什么、如何在上亿人口中开发自己的目标客户、如何服务已有的目标客户、如何采用有效的方法留住客户以及客户满意度管理如何进行。

我们知道企业的最终目标是盈利，而盈利的对象是客户，所以企业应该以客户真正的需求为中心，树立相应的营销理念，构筑目标客户的管理方法，以获得客户，留住客户，进而深度挖掘客户的价值，使忠诚客户越来越多。这样做有助于企业在市场形成竞争优势，把握选择的主动权，从而达到降低管理成本，实现可持续稳定发展以及获取更大价值的目标。

13.2 目标客户运营模型

做好运营需要什么样的准备，具备什么样的能力？很多人都在思考这个问题。做好用户运营只需要两步：第一步就是抓住用户的需求，来优化你的产品；第二步就是抓住用户喜欢获得、害怕失去、满足情感需求三大心理来做好用户的复购和留存。本节将介绍如何使用模型进行目标客户运营。

13.2.1 目标客户模型探索

在客户的数据化运营管理中，主要存在五种分析模型：会员细分模型、会员价值度模型、会员活跃度模型、会员流失预测模型、会员特征体系模型。

1. 会员细分模型

根据指标将该企业注册的所有顾客划分为不同的群体代表，然后基于划分后的细分模型对每一位顾客制定相应的营销策略，以刺激顾客在购物过程中体验到优质的服务和丰厚的待遇，从而进一步刺激他们的消费能力与购买能力。会员细分模型常用于整体会员的宏观性分析和探索性分析，通过对每一个会员的细分，建立对他们的认知模型，从而有效地提高商品在某一段时间内的销售量。会员细分模型是整个精准营销的基础环节。常用的细分方法包括基于属性的方法、ABC三分类法、聚类法等。

（1）基于属性的方法

会员细分中的属性主要有会员性别（男、女）、会员地域（如陕西、上海、杭州、江苏等）、产品类别（家具、器材、服饰、电子设备、图书等）、会员类别（至尊客户、VIP客户、普通客户等）、会员消费等级（高消费顾客、中等消费顾客、低消费顾客）、会员等级排名（钻石、黄金、白银）等属性，这种细分方法简单、易操作，并且可以很好地将客户按照不同的属性特征划分成不同的类别。

（2）ABC三分类法

ABC三分类法主要是一种根据事物的主要特征做分类排序，从而实现对顾客的精准营销的挖掘方法。ABC分类法强调分清客户的主次关系，A、B、C三类客户的特征分别是如下。

1）A类客户代表"重要的少数"，它是指通过ABC法则，在目标客户群中选取的重点细分客户，在该细分客户中投入竞争对手两倍的人力、物力和财力。这类客户量少但为企业带来的商业价值高，应备受重视而享有最佳的客户开发管理（包括最完整的服务记录、最充裕的服务时间、最细心周到的服务措施）等。营销团队应该及时执行公司营销计划并反馈客户信息，选择最佳的服务方案，建立最佳的客户跟踪档案，从而在短期内迅速赢得该类重点客户。

2）B类客户对产品和服务比较认可，但他们的销售贡献一般或有一定潜力。B类客户是指数量和质量均介于C类与A类之间的一般客户。通常要把对这类客户的跟踪工作作为管理的重点，不时地拜访他们，听取他们的意见，改进营销策略。

3）C类客户处于观望状态，会拿产品与同行业的其他竞争对手的产品进行比较，而且他们会一般倾向于竞争对手的产品和服务，这说明企业的产品在某些方面不能满足客户需求，而且问题不容易解决。C类客户代表"琐碎的多数"，他们量多但价值低，对这类客户来说，不宜投入过多的人力与时间成本，不宜对该群体有过多的管理，但也不能缺少关注。如果对其放纵式管理，他们很有可能会被其他竞争对手抢走并发展为他们的潜在客户。

（3）聚类法

聚类法属于非监督的分类方法，该方法无须任何先验经验，只需要指定要划分的群体数量即可。聚类分析广泛应用于各行各业，而客户细分是其最常见的分析需求，且客户细分总是和聚类分析挂在一起。客户细分的关键问题是找出顾客的特征，一般可从客户的自然特征和消费行为入手。在大兴统计分析工具出现之前，主要通过两种方式进行"分群别类"：第一种是用单一变量进行划段分组，比如，以消费频率变量细分，将该变量划分为几个段，即高频客户、中频客户、低频客户；第二种是用多个变量交叉分组，比如将性别和收入两个变量进行交叉细分。事实上，我们总是希望考虑多方面特征进行聚类，这样基于多方面综合特征的客户细分比单个特征的细分更有意义。

2. 会员价值度模型

对电商企业来说，一个会员是否有价值，主要体现在能否持续不断地为店铺带来稳定的利润，并且为电商企业的销售策略制订提供真实有效的数据支持。电商企业为了保证所有会员的价值最大化，就必须尽可能提高会员对店铺的忠诚度，即让会员经常在店铺消费，且对商品的价格有较高的忍耐度，还愿意向其朋友推荐，帮助店铺进行口碑宣传。当然，忠诚度高的会员不一定就是有价值的会员，会员的主要价值还是体现在消费能力上。所以总的来看，有消费能力，且忠诚度高的会员，才是电商企业最有价值的会员。

对于会员价值的研究分析，有一套著名的会员价值研究模型，即 RFM 模型。RFM 分别指的是 R（Recency，最近购买时间）、F（Frequency，消费频率）、M（Monetary，消费金额）。RFM 模型现已逐渐成为会员价值研究以及会员营销的通用模型。

在不同的行业中，RFM 模型的含义是不一样的，具体如表 13-1 所示。

表 13-1　不同产品中 RFM 的指标变化

	工具、社交类 App（如微信）	电商平台（如淘宝）	内容社区（如知乎）
R	最近一次使用	最近一次下单	最近一次内容贡献
F	使用间隔	购买频率	内容贡献频率
M	使用时长	消费金额	内容贡献量

3. 会员活跃度模型

会员活跃度模型（RFE 模型）是基于用户的普通行为（非转化或交易行为）产生，它跟 RFM 模型类似，都是使用三个维度做价值评估。RFE 模型是根据会员最近一次访问时间（Recency，R）、访问频率（Frequency，F）和页面互动度（Engagement，E）计算得出的 RFE 得分。其中：

- 最近一次访问时间 R 指会员最近一次访问或到达网站的时间；
- 访问频率 F 指用户在特定时间周期内访问或到达的频率；
- 页面互动度 E 根据不同企业的交互情况而定，例如可以定义为页面浏览量、下载量、视频播放数量等。

在 RFE 模型中，由于不要求用户发生交易，因此可以做未发生登录、注册等匿名用户的行为价值分析，也可以做实名用户分析。该模型常用来做用户活跃分群或价值区分。RFM 和 RFE 模型的实现思路相同，仅仅是计算指标发生变化。

4. 会员流失预测模型

会员的忠诚还是背叛，就像企业的存活还是毁灭一样，是个难以明晰的问题。两者仅一线之隔，却是两个终局。很多企业都希望自己的会员对自己足够忠诚，但往往事与愿违，用户总会有"背叛"的那一天。没有任何一个企业能做到不让一个会员流失，但流失就意味着损失。企业最终要承受"背叛"的代价——相应的利润来源减少或流失。

常见的流失状态一般有以下几种：会员已经退订公司的促销活动；会员打电话要求将公司的信息加入通知黑名单；会员已经连续 6 个月没有登录过网站；针对会员发送的关怀激励活动后没有得到任何有效的反馈和互动；会员最近 1 年内没有任何订单。

其实我们可以人为将上述状态归为以下两大类：

- 会员明确地表达不想再接收到公司的相关信息；
- 会员没有明确的表示，但在业务关注的主要领域没有得到有效反馈。

会员流失预测模型的实现算法是分类算法。常见的算法包括逻辑回归、支持向量机、随机森林等。按照不同的情况进行分类，模型的选择也不同，如表 13-2 所示。

表 13-2 分类模型的选择

情形	模型选择
文本分类	朴素贝叶斯
训练集较小	高偏差且低方差的分类算法
训练集较大	任意分类算法
关注计算时间和模型易用性	排除支持向量机、人工神经网络
重视算法准确率	支持向量机、GBDT 等基于 Boosting 的集成方法
注重效果稳定性和鲁棒性	随机森林、组合投票等基于 Bagging 的集成方法
期待得到预测结果的概率信息	基于预测概率应用的逻辑回归
担心离群点的产生、数据不可分且需要清晰决策规则	决策树

5. 会员特征体系模型

根据用户的历史行为建立会员特征体系模型，如图 13-1 所示，然后针对特定的顾客制定相应的营销策略，可以进一步体现电商行业的价值。用户分群正广泛应用于各行业领域的数据分析过程中，可以为各行业带来诸多价值。

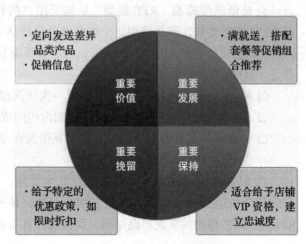

图 13-1 会员特征体系模型

1）帮助企业打破数据孤岛并真实了解用户，其中用户画像是用户分群的前提，对特定属性的用户群体进行持续深入的用户行为洞察后，使得该用户群体的画像变得逐渐清晰。

2）帮助企业了解某个指标数字背后的用户群体具备哪些特征：他们是谁？他们的行为特点有哪些？偏好是什么？潜在需求和行为喜好是什么？这样有利于为后续的用户群体进行针对性分析。

3）定位营销目标群体，帮助企业实现精准、高效营销——清晰勾勒某特定群体在特定研究范围内的行为全貌，并定义目标人群，是运营人员信息推送的前提。运营人员根据需求对特定目标人群完成精准信息推送工作，如召回流失用户、刺激用户复购等。当完成特定人群的精准信息推送工作后，可再以实时全方位查看营销效果，帮助企业与用户实现精准高效的信息互通。

在大数据时代，为适应不断变化的外部市场环境，提升客户黏性，企业不断加速数字化营销转型。其中，获得更多的忠实客户、提升营销效率、提高营销精准度是企业的首要战略目标。各销售电商行业都将"以客户为中心"理念真正贯穿精准营销的全流程，重构企业核心竞争力。在当今互联网发达的时代，只有企业在一定程度上真正了解了顾客的需求，并采取合理的、行之有效的策略方案，才能在这一行业起到领军的作用，才能在风生水起的行业扎下深根！

13.2.2 目标客户聚类算法

下面介绍几种常用的目标客户聚类算法。

1. K 均值算法

（1）算法原理

K 均值算法是最为经典的基于划分的聚簇方法，是无监督的聚类算法。简单地说，K 均值算法就是在没有数据标签的情况下将数据分为 K 份的一种聚类算法（K 是聚类结果中类别的数量）。它实现起来比较简单，聚类效果也不错，因此应用很广泛。K 均值算法是整个聚类算法的核心，也是整个聚类算法的基础。

（2）算法思想

K 均值算法的思想很简单：对于给定的样本集，按照样本之间的距离大小，将样本集划分为 K 个簇，簇内的点尽量紧密地连在一起，而让簇间的距离尽量大。换句话说，类间距离小，类外距离大。

如果用数据表达式表示，假设簇划分为 $(C_1, C_2, \cdots, C_k)(C_1, C_2, \cdots, C_k)$，则我们的目标是最小化平方误差 E：

$$E = \sum_{i=1}^{k} \sum_{x \in C_i} \| x - u_i \|^2 \tag{13-1}$$

式中，μ_i 是簇 C_i 的均值向量，表达式为：

$$\mu_i = \frac{1}{|C_i|} \sum_{x \in C_i} x \tag{13-2}$$

直接求上式的最小值并不容易，这是一个比较困难的问题，因此只能采用启发式的迭代方法。K 均值算法采用的启发式方式很简单，大致实现原理如图 13-2 所示。

图 13-2a 中表示初始的数据集，假设 $k=2$。在图 13-2b 中，我们随机选择了两个类别质心，即图中的两个叉号，然后分别求样本中所有点到这两个质心的距离，并将每个样本的类别标记为与该样本距离最小的质心的类别，如图 13-2c 所示，经过计算样本与两个质心的距离，我们得到了所有样本点的第一轮迭代后的类别。此时对当前标记的点分别求其新的质心，在后面的图中，新的质心的位置已经发生了变动。图 13-2e 和图 13-2f 重复了图 13-2c 和图 13-2d 的过程，即将所有点的类别标记为距离最近的质心的类别并求新的质心。最终我们得到的两个类别如图 13-2f 所示。

2. 层次聚类算法

（1）算法原理

层次聚类算法首先计算样本间的距离，每次将距离最近的点合并到同一个类。然后计算类与类之间的距离，将距离最近的类合并为一个大类。其中类与类的距离的计算方法有最短距离法、最长距离法、中间距离法、类平均法等。比如最短距离法，将类与类的距离定义为类与类之间样本的最短距离。

（2）层次聚类算法的流程

层次聚类算法先将每个对象作为一个簇，然后将这些子簇合并为越来越大的簇，直到所有对象都在一个簇中，或者某个终结条件被满足。这里给出采用最小距离的凝聚层次聚类算法流程，如图 13-3 所示。

（3）层次聚类算法的优缺点

优点：距离和规则的相似度容易定义，限制少；可以发现类的层次关系；可以聚类成其他形状。

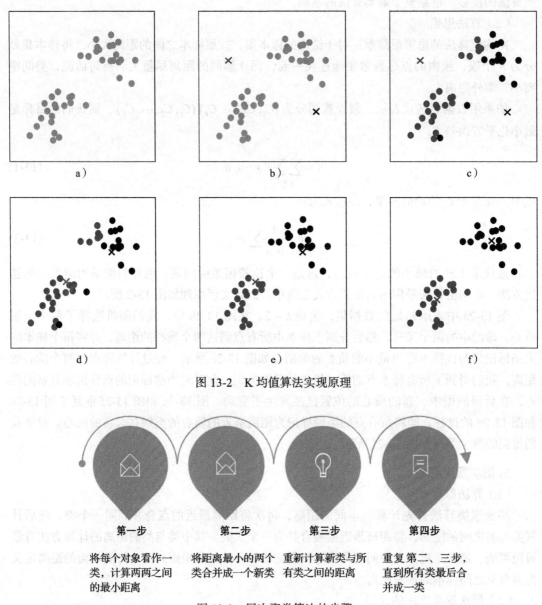

图 13-2 K 均值算法实现原理

图 13-3 层次聚类算法的步骤

第一步：将每个对象看作一类，计算两两之间的最小距离

第二步：将距离最小的两个类合并成一个新类

第三步：重新计算新类与所有类之间的距离

第四步：重复第二、三步，直到所有类最后合并成一类

缺点：计算复杂度太高；奇异值也能产生很大影响；算法很可能聚类成链状。

（4）层次聚类算法的参数设置

在 Sklearn 库中，构造函数有簇的个数（n_clusters）、连接方法（linkage）、连接度量选项（affinity）三个重要参数，具体设置如表 13-3 所示。

表 13-3　层次聚类法的参数设置

参数名称	设置
n_clusters	指定簇的个数，这个参数会影响聚类质量
linkage	最小距离、最大距离和平均距离
affinity	该参数还可以设置为 precomputed，即用户输入计算好的距离矩阵

层次聚类算法的结构如图 13-4 所示。

3. 密度聚类算法

（1）算法概念

我们以 DBSCAN 为例介绍密度聚类算法。DBSCAN 使用一组关于"邻域"概念的参数来描述样本分布的紧密程度，将具有足够密度的区域划分成簇，且能在有噪声的条件下发现任意形状的簇。在学习聚类算法中的密度聚类之前，我们先定义几个与密度聚类算法相关的定义，如表 13-4 所示。

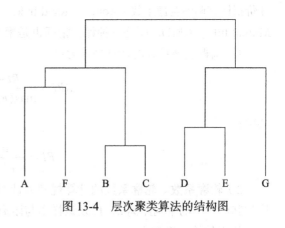

图 13-4　层次聚类算法的结构图

表 13-4　密度聚类算法相关定义

领域	对于任意给定样本 x 和距离 ε，x 的 ε 邻域是指到 x 距离不超过 ε 的样本的集合
核心对象	若样本 x 的 ε 邻域内至少包含 minPts 个样本，则 x 是一个核心对象
密度直达	若样本 b 在 a 的 ε 邻域内，且 a 是核心对象，则称样本 b 由样本 x 密度直达
密度可达	对于样本 a 和 b，如果存在样例 $p_1, p_2, \cdots, p_n$，其中，$p_1 = a$，$p_n = b$，且序列中每一个样本都与它的前一个样本密度直达，则称样本 a 与 b 密度可达
密度相连	对于样本 a 和 b，若存在样本 k 使得 a 与 k 密度可达，且 k 与 b 密度可达，则 a 与 b 密度相连

（2）算法核心思想

DBSCAN 的核心思想是由密度可达关系导出最大密度相连的样本集合（聚类）。这个集合中有一个或多个核心对象，如果只有一个核心对象，则簇中其他非核心对象都在这个核心对象的 ε 邻域内；如果有多个核心对象，那么任意一个核心对象的 ε 邻域内一定包含另一个核心对象（否则无法密度可达）。这些核心对象以及包含在它的 ε 邻域内的所有样本构成一个类。如何找到这样一个样本集合呢？一开始任意选择一个没有被标记的核心对象，找到它的所有密度可达对象，即一个簇，这些核心对象以及它们的 ε 邻域内的点被标记为同一个类；然后再找一个未标记过的核心对象，重复上面的步骤，直到所有核心对象都被标记为止。

（3）算法的优缺点

优点：不需要提前设定 K 值大小；相对抗噪声的；能够处理任意形状和大小的簇，这也是比 K 均值算法好的地方；聚类结果没有太大偏差。

缺点：不能处理密度变化太大以及聚类间距相差很大的簇；不能处理高维数据；如果样本集较大时，聚类收敛时间较长；不适用于密度不均匀的数据。

4. 聚类评价指标

对于聚类，我们同样会通过一些评价指标来衡量聚类算法的优劣。在聚类任务中，常见的评价指标有调整兰德系数（Adjusted Rand Index，ARI）、轮廓系数和标准互信息素（Normalized Mutual Info，NMI），而这三种评价指标也是聚类算法中使用频率最高的评价方法。

1）调整兰德系数的计算公式为：

$$ARI = \frac{RI - E(RI)}{\max(RI) - E(RI)} \tag{13-3}$$

其中：

$$RI = \frac{a+d}{a+b+c+d} \tag{13-4}$$

2）轮廓系数。轮廓系数的计算规则为针对样本空间中的一个特定样本，计算它与所在聚类其他样本的平均距离 a，以及该样本与距离最近的另一个聚类中所有样本的平均距离 b。样本的轮廓系数为：

$$s = \frac{b-a}{\max(a,b)} \tag{13-5}$$

将整个样本空间中所有样本的轮廓系数取算数平均值，作为聚类划分的性能指标 s。

3）标准互信息素的计算公式：

$$\text{NMI} = \frac{H(X|Y) + I(X;Y) + H(Y|X)}{H(X,Y)} \tag{13-6}$$

图 13-5 是标准互信息素的简单图示。

13.3 目标客户的挖掘与分类

挖掘客户需求是产品设计的第一步，只有深度了解客户的真正诉求，才可以对各种各样的产品需求展开进一步分析，进而开始产品功能的设计工作。然而，在实际工作中，很多产品经理并未使用合理的需求挖掘方法，而是依靠"自己就是客户，自己想要的就是客户想要的"，推出一些不具有代表性的产品需求，这些需求往往缺乏客观依据，难以让人信服。所谓的产品感，都是在数年如一日揣摩客户的过程中养成的。本节将介绍一些常用的客户需求挖掘分析方法。

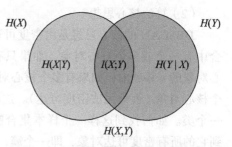

图 13-5 标准互信息素的简单图示

13.3.1 挖掘目标客户

对于电商行业而言，企业的获利点在客户身上，所以企业要想获取更多的利益，寻找目标客户显得尤为重要。需要认真用心对待，并且想方设法找到更多适合自己产品和服务内容的客户群体，即目标客户。

产品属性决定目标客户：篮球→篮球爱好者、口红→女性群体、纸尿裤→妈妈、宝宝。

产品属性：种类、价格、功能、地域性（销售到的区域）、周期性（什么时期适合销售该商品）。

人群属性：性别、地域、年龄、职业、学历、收入、爱好、习惯等。

根据相应的产品和人群属性的匹配目标客户，来让客户持有购买的想法。例如通过AISAS 模型强调各个环节的切入，紧扣用户体验，如图 13-6 所示。

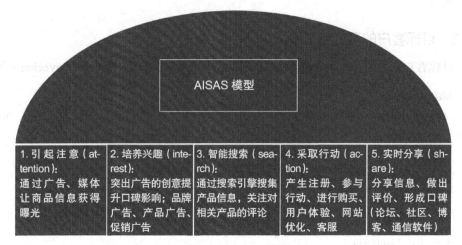

图 13-6　AISAS 模型

在互联网时代，用户可能通过以下方式产生购买行为：

- 用户看到广告，对产品产生初步印象→产生对品牌的记忆→产生搜索→发生购买行为→重复购买。
- 用户在某方面有需求，不知道该如何选择→进行搜索→发生购买行为→重复购买。

搜索是用户用于获取信息的最常用的方式和手段，不管是在电商网站还是在搜索引擎搜索，如果你进行了付费推广就会获得相应的流量。

有了搜索流量，如何提高用户转化率？可以从如下四个方面进行优化。

- 网站品牌：网站知名度、网站口碑、第三方认证、专业设计、专业内容。
- 产品：价格、促销、用户评价、原创清晰图片、描述详细、已预订情况。
- 物流客服：在线客服、服务流程、支付方式、配送周期、退换货保障。
- 用户体验：网站访问速度、网站易用性、商品陈列合理性、购物流程便捷、站内搜索导航。

- 购买的频次决定了客户的忠诚度,而客户的留存又决定了购买的频次。

客户留存的两个必要条件:利益、情感。其中以利益为出发点,产品物美价廉是客户考虑的主要因素;当以情感为出发点时,尊重、自我实现、吸引力、归属感、关怀是决定客户满意度的主要因素。将两个角度的客户关注点都做好,就可以很好地将一般客户转化为忠实客户。

让用户参与到品牌忠诚化的过程(即品牌忠诚化过程)包含用户获取、转化、留存三个阶段。

- 用户获取:增强品牌认知,其途径为 PR、广告营销、媒体传播、搜索引擎优化。
- 用户转化:增强客户品牌偏好,其途径为用户体验、客服、物流。
- 用户留存:增加客户对品牌忠诚度,其途径为邮件营销、VIP 会员制、个性化定制服务。

13.3.2　目标客户的可视化工具

在目标客户的数据分析阶段用到的可视化工具有 Matplotlib、Bokeh 和 pyecharts 等。

1. Matplotlib

1) Matplotlib 是一个 Python 的 2D 绘图库,通过它可以生成饼图、直方图、功率谱、条形图、散点图等。

2) 安装:

```
pip install matplotlib
```

3) 画图代码示例如下:

```
fig = plt.figure()
plt.hist(np.random.randn(100), bins=10, color='b', alpha=0.3)
```

4) 添加坐标信息。

```
plt.xlabel("xlabel名称")                    # x轴上的名字
plt.ylabel("ylabel名称")                    # y轴上的名字
plt.plot(x,y,color='green',linewidth = 3)   # 设置图形显示的颜色以及图形宽度
plt.show()                                  # 展示图形
```

5) 图形字体设置。

```
plt.rcParams['font.sans-serif']=['SimSun']
```

6) 解决负号的显示问题。

```
plt.rcParams['axes.unicode_minus']=False
```

2. Bokeh

Bokeh 是一个专门针对 Web 浏览器的呈现功能的交互式可视化 Python 库。这是 Bokeh

可视化库与其他库最核心的区别。

1）特点：Bokeh 允许通过简单的指令快速创建复杂的统计图；它提供到各种媒体，如 HTML、Notebook 文档和服务器的输出；能灵活地将交互式应用、布局和不同样式选择用于可视化。

2）安装。

```
pip install bokeh
```

3）对查看数据的分布可以用散点图和柱状图进行分析。

```
p = Scatter(data=exercise, x='id', y='pulse', title='exercise dataset')  # 散点图
show(p)
```

3. pyecharts

> **注意** ECharts 是一个由百度开源的数据可视化工具，它凭借着良好的交互性，精巧的图表设计，得到了众多开发者的认可。而 Python 是一门富有表达力的语言，很适合用于数据处理。当数据分析遇上数据可视化时，pyecharts 诞生了。用 ECharts 生成的图可视化效果非常棒，而 pyecharts 是为了与 Python 进行对接，方便在 Python 中生成 ECharts 图表的类库。

1）安装。

pyecharts 的安装（加入清华源）：pip install pyecharts -i https://pypi.tuna.tsinghua.edu.cn/simple

2）载入某个图，如条形图、箱形图、散点图等。

```
from pyecharts.charts import Bar         # 条形图
from pyecharts.charts import Boxplot     # 箱型图
from pyecharts.charts import Scatter     # 散点图
```

3）方法解析。

❑ add()：主要方法，用于添加图表的数据和设置各种配置项。

❑ print_echarts_options()：打印输出图表的所有配置项。

❑ render()：默认在根目录下生成一个 render.html 文件，支持 path 参数，设置文件保存位置，如 render(r"e:\my_first_chart.html")，文件用浏览器打开。

13.3.3 基于 RFM 模型的客户分类

在众多的客户关系管理分析模型中，RFM 模型被广泛提及。RFM 模型主要用于衡量客户价值，它通过一个客户的近期购买行为、购买的总体频率以及购买的总体金额这三个指标来描述该客户的价值状况。RFM 模型动态展示了一个客户的全部轮廓，为个性化沟通和服

务提供了依据。同时，如果企业与该客户打交道的时间足够长，也能较为准确地判断该客户的长期价值（甚至该客户的终身价值）。

企业通过利用 RFM 模型的三个指标对客户进行分群管理，进而建立完善的目标客户运营体系。一般该模型强调以客户的行为来区分客户，适用于生产多种产品的企业，而且这些产品的单价不是太高，如消费品、化妆品、小家电、录像带等。同时 RFM 模型也适用于一个企业内只有少数耐久产品，其余多数属于消耗品，如复印机、照相机、汽车维修等。

前面提过，RFM 模型可以用来提高客户的交易次数。企业用 R、F 指标的变化推测客户的异常变动。根据客户流失的可能性，对客户分群，再从 M（消费金额）的角度出发，把重点放在贡献率高且流失机会也高的客户上，通过对该群体进行慰问和联系，以有效方式挽留更多的重要客户，如图 13-7 所示。

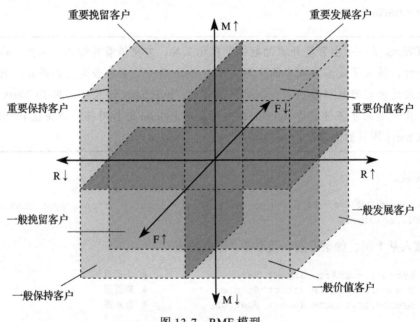

图 13-7　RMF 模型

根据实际行业灵活调整 RFM 模型的指标，从而通过该模型识别出高价值客户。但 RFM 模型并不完全适用于所有行业，如航空行业，直接使用 M 指标并不能直接反映客户的真实价值，因为"长途低等舱"可能没有"短途高等舱"价值高。

13.3.4　基于 LRFMC 模型的客户分类

社会关系的复杂化使得客户体系的复杂化程度随之增加，客户管理模型也随之发生变化。传统的 RFM 模型在航空公司的客户运营管理体系中已不再适用，所以考虑通过 RFM 模型的拓展模型（即 LRFMC 模型）实现客户价值分析。航空公司的服务团队及营销团队通过已有客户的历史购买记录，实现对客户的分群管理，通过分群结构化从而对客户制定营销策略，进而刺激该客户的消费能力和购买力，实现目标客户的分群管理，达到获得更多营业额的目的。航空公司目标客户管理方法是在使用了 LRFMC 细分模型的基础上再使用经典的 K 均值算法完成客户分群管理任务，而不是单单借助传统的细分模型进行分类。使用升级版的细分模型分类的目的是使客户分群的准确率大大提升，从而实现航空公司的客户价值分析，及时为不同的客户群体制定精准的价格和完善的服务体验。

其实在我们的生活中，经常去外地出差的朋友会发现，机票的价格往往是"参差不齐"的。四个月前是一个价格，一个月或是几天前又是另一个价格；甚至机票价格在某天的白天和凌晨价格还大有差异。其实这些价格的高低都是基于消费者历史数据的精细化营销。

LRFMC 模型包含五个指标，分别为最近消费时间间隔 R、消费频率 F、飞行里程 M、折扣系数的平均值 C 和客户关系长度 L。将客户聚类为重要保持客户、重要发展客户、重要挽留客户、一般客户和低价值客户，从而针对每种类别的客户制定相应的价格和服务。

后文的实战部分会对 LRFMC 模型进行实际应用，特别之处在于 LRFMC 模型构建之后使用经典的聚类算法——K 均值算法来对客户进行细分，而不是传统的与参考值对比的方法进行手工分类，使得准确率和效率得到大大提升。

接下来将以两个数据分析的实战为例对目标客户运营体系进行全方位学习。

13.4 实战：商场客户细分管理

每个商场都有其客户购买商品的历史数据，在对客户进行细分管理时，需要通过记录的数据对客户进行分群管理，进而为目标客户制定营销策略。这里通过对商场客户进行数据挖掘与分析，借助聚类算法将商场客户分为特定的几类目标群体，并对特定的群体进行精准营销。

13.4.1 导入相关库

导入相关库，代码如下：

```
import numpy as np                          # 导入 numpy 数组库
import pandas as pd                         # 导入 pandas 数据分析库
import matplotlib.pyplot as plt             # 导入 matplotlib 绘图库
# 解决图像中负号显示为方块的问题
plt.rcParams['axes.unicode_minus']=False
# 图像中显示中文字体
plt.rcParams['font.sans-serif']=[u'SimHei']
%matplotlib inline                          # 使得绘图库在 Jupyter Notebook 中显示出来
import seaborn as sns                       # 导入 seaborn 库使得图形更加生动丰富
from sklearn.preprocessing import StandardScaler    # 数据标准化
# 读取商场客户细分的数据集
data=pd.read_csv('Mall_Customers.csv',encoding='gb18030')
data
# 删除无用属性
```

```python
newdata=data.copy()
newdata=data.drop('CustomerID',axis=1)
newdata
# 检查空缺值
newdata.isnull().sum().any()
data.info()
# 数据集的描述统计信息
newdata.describe()
```

13.4.2 数据可视化及分析

查看商场会员的性别分布情况:

```python
# 查看该商场会员的性别分布情况
Male = pd.value_counts(newdata['Gender'])['Male']
Female = pd.value_counts(newdata['Gender'])['Female']
print(Male)
print(Female)
fig=plt.figure(figsize=(10,4))
plt.pie([Male, Female], labels=['男','女'], colors=['lightskyblue', 'lightcoral'],
    autopct='%1.1f%%')
# plt.pie([Male,Female],labels=['男','女'],colors=['lightskyblue','lightcoral'],
# autopct='%1.1f%%')
plt.title('会员性别分布情况')
plt.show()
```

根据图 13-8 显示的信息,发现在这家商场的会员中,女性客户要比男性客户多 12%。

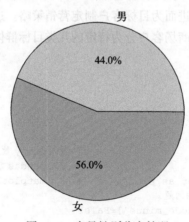

图 13-8　会员性别分布情况

查看相关性可视化分析结果:

```python
# 相关性分析可视化图
newdata_corr=newdata[['Gender','Age','AnnualIncome','SpendingScore']]
sns.pairplot(newdata_corr)
```

结果如图 13-9 所示。

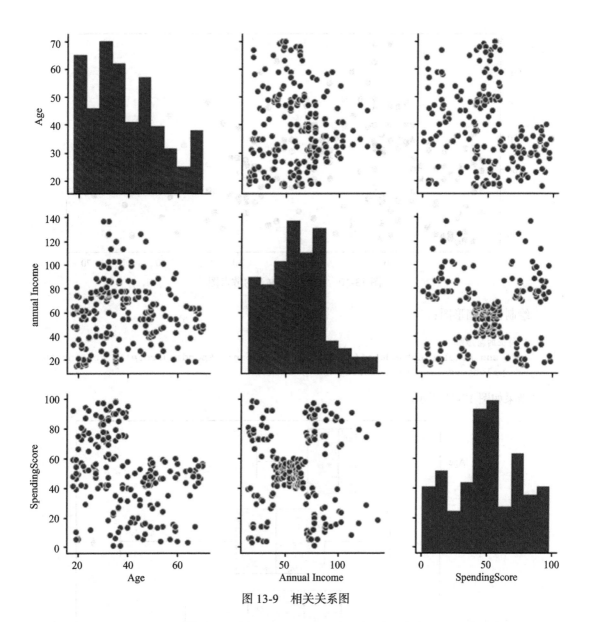

图 13-9 相关关系图

绘制年龄与年收入的分布图：

```
# 绘制年龄与年收入的分布图
age=newdata['Age']
income=newdata['AnnualIncome']
fig=plt.figure(figsize=(8,4))
plt.scatter(age,income,color='b')
plt.show
```

结果如图 13-10 所示。

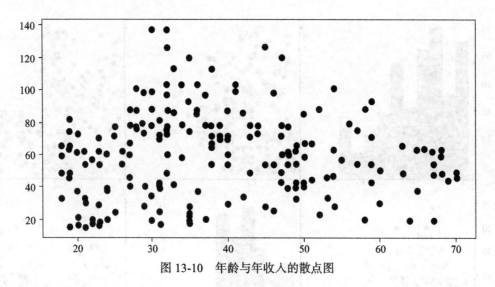

图 13-10　年龄与年收入的散点图

绘制特征箱形图:

```
# 特征的箱形图
ax = sns.boxplot(data=data[['Age','AnnualIncome','SpendingScore']], orient="h",
    palette=sns.color_palette("hls", 5))
```

结果如图 13-11 所示。

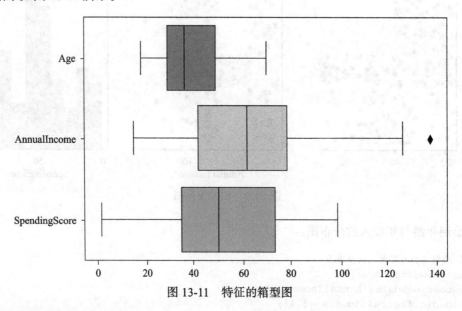

图 13-11　特征的箱型图

绘制特征直方图:

```
# 'AnnualIncome'、'SpendingScore' 的特征值直方图
plt.rcParams['figure.figsize'] = (15,3)
```

```python
sns.set(style = 'ticks')
plt.subplot(1,2,1)
sns.distplot(data['AnnualIncome'], rug=False, rug_kws={"color": "g"},
        kde_kws={"color": "k", "lw": 3, "label": "KDE"},
        hist_kws={"histtype": "step", "linewidth": 3,"alpha": 1, "color": "g"})
plt.title('Distribution of Annual Income', fontsize = 17)
plt.xlabel('Range of Annual Income')
plt.ylabel('Count')
plt.subplot(1, 2, 2)
sns.distplot(data['SpendingScore'], rug=False, rug_kws={"color": "r"},
        kde_kws={"color": "k", "lw": 3, "label": "KDE"},
        hist_kws={"histtype": "step", "linewidth": 3,"alpha": 1, "color": "g"})
plt.title('Distribution of spending', fontsize = 17)
plt.xlabel('Range of spending')
plt.ylabel('Count')
plt.show()
```

结果如图 13-12 所示。

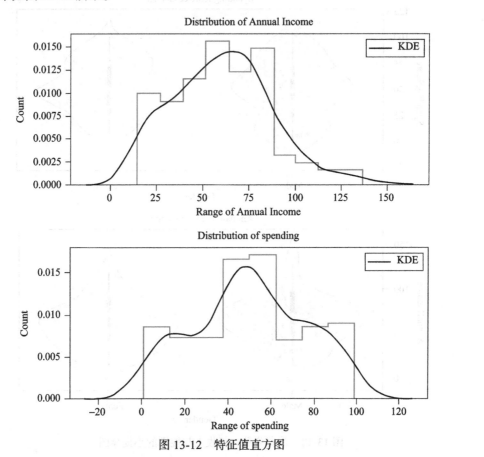

图 13-12 特征值直方图

绘制消费分数、年收入与性别的小提琴图：

```
# 消费分数、年收入与性别的小提琴图
plt.subplot(1,2,1)
sns.violinplot(x="Gender", y="SpendingScore", data=data,palette='cubehelix')
plt.title('SpendingScore & Gender',fontsize=17)
plt.subplot(1,2,2)
sns.violinplot(x="Gender", y="AnnualIncome", data=data,palette='cubehelix')
plt.title('AnnualIncome & Gender',fontsize=17)
plt.show()
```

结果如图 13-13 所示。

针对消费分数这一特征：大多数男性的消费分数为 25～70；大多数女性的消费分数为 35～75；女性是消费群体的主力军。

针对年收入这一特征：大多数男性的年收入为 45k～75k；大多数女性的年收入为 35k～75k。

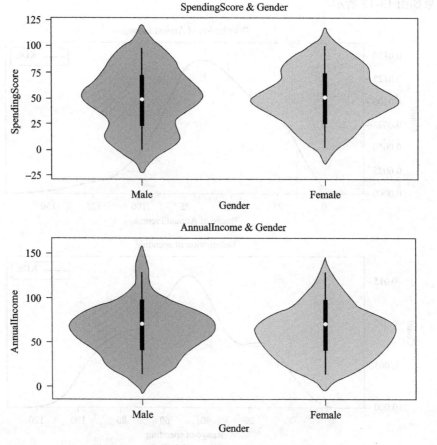

图 13-13　消费分数、年收入与性别的小提琴图

绘制年龄、消费分数与年收入的折线图：

```python
# 绘制年龄、消费分数与年收入的折线图
x = data['AnnualIncome']           # 年收入
y = data['Age']                    # 年龄
z = data['SpendingScore']          # 消费分数
sns.lineplot(x, y, color = 'blue')
sns.lineplot(x, z, color = 'red')
plt.title('Annual Income vs Age and Spending Score', fontsize = 20)
plt.show()
```

结果如图 13-14 所示。

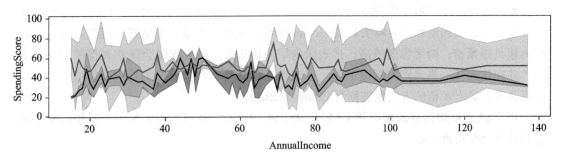

图 13-14　年龄、消费分数与年收入的折线图

绘制特征间的热力图：

```python
# 绘制特征间的热力图
plt.rcParams['figure.figsize'] = (15, 6)
sns.heatmap(newdata.corr(), cmap = 'cool', annot = True,square=False)
plt.title('Heatmap for the Data', fontsize = 17)
plt.show()
```

结果如图 13-15 所示。

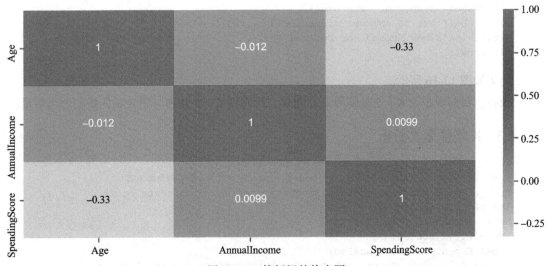

图 13-15　特征间的热力图

最后，标准化数据集：

```
# 标准化数据集
x= data.iloc[:,3:5]
x_array = np.array(x)
print(x_array)
scaler = StandardScaler()
x_scaled = scaler.fit_transform(x_array)
x_scaled
```

K均值算法是以最小化样本与质点平方误差作为目标函数，将每个簇的质点与簇内样本点的平方距离误差和称为畸变程度（distortion）。对于一个簇，它的畸变程度越低，代表簇内成员越紧密；畸变程度越高，代表簇内结构越松散。畸变程度会随着K值的增加而下降，并在达到某一临界点时缓慢下降，这个临界点就是K均值算法的性能最好的点，这种根据临界点确定K值的方法就被称为Elbow-Method。

以下就是K均值算法聚类簇k（假设从1到10）值的选择，我们从每个点距离平方的总和计算分配初始中心。

```
# Fitting the model for values in range(1,11)
from sklearn.cluster import KMeans
SSD =[]
K = range(1,11)
for k in K:
    km = KMeans(n_clusters = k)
    km = km.fit(x_scaled)
SSD.append(km.inertia_)
# plotting Elbow
plt.figure(figsize=(8,5))
plt.plot(K, SSD, 'bx-')
plt.xlabel('Number of Clusters')
plt.ylabel('Sum of squared distances')
plt.title('Elbow Method For Optimal K')
plt.show()
```

结果如图13-16所示。

现在，我们观察到K=5是临界点，因此，我们将K=5作为与集合相匹配的适当数量。

13.4.3　K均值聚类分析

```
from yellowbrick.cluster import KElbowVisualizer
# 确定类个数的silhouette分析法、silhouette_score为聚类分析中的轮廓系数
from sklearn.metrics import silhouette_samples, silhouette_score
%matplotlib inline
KMean= KMeans(n_clusters=5)
KMean.fit(x_scaled)
label=KMean.predict(x_scaled)
print("Silhouette Score(n=5):",silhouette_score(x_scaled, label))
```

```
model = KMeans(random_state=123)
# Instantiate the KElbowVisualizer with the number of clusters and the metric
Visualizer = KElbowVisualizer(model, k=(2,6), metric='silhouette', timings=False)
plt.figure(figsize=(8,5))
# Fit the data and visualize
Visualizer.fit(x_scaled)
Visualizer.poof()
```

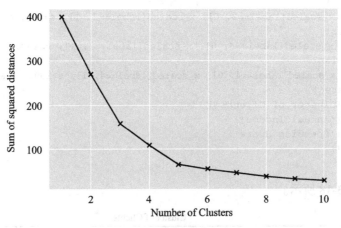

图 13-16　K 值肘部法则图

结果如图 13-17 所示。

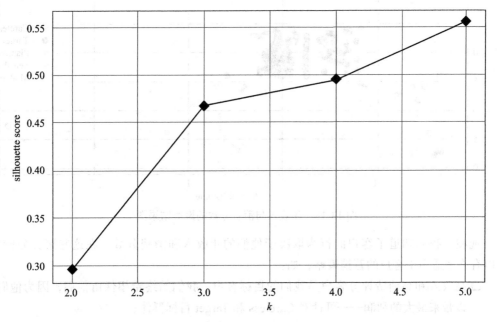

图 13-17　轮廓系数图

```
# 将聚类后的结果添加到数组中
data["cluster"] = KMean.labels_
data.head()
plt.figure(figsize=(10,5))
plt.scatter(x_scaled[label==0, 0], x_scaled[label==0, 1], s=100, c='red', label =
    'Careless')
plt.scatter(x_scaled[label==1, 0], x_scaled[label==1, 1], s=100, c='blue', label =
    'Target')                          # 目标客户
plt.scatter(x_scaled[label==2, 0], x_scaled[label==2, 1], s=100, c='green', label =
    'Planner')
plt.scatter(x_scaled[label==3, 0], x_scaled[label==3, 1], s=100, c='cyan', label =
    'Sensible')
plt.scatter(x_scaled[label==4, 0], x_scaled[label==4, 1], s=100, c='magenta', label =
    'Moderate')
plt.title('Cluster of Clients')
plt.xlabel('Annual Income')
plt.ylabel('Spending Score')
plt.legend()
plt.show
```

结果如图 13-18 所示。

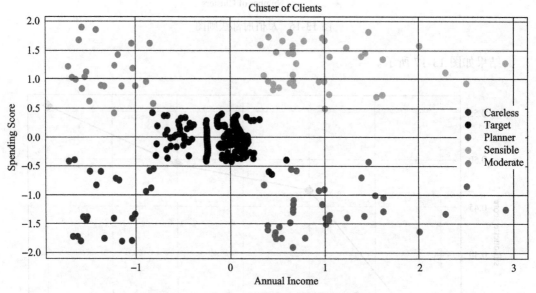

图 13-18 年收入与消费分数的聚类结果图

现在，我们知道了客户的行为取决于他们的年收入和消费分数。在这些聚类分析中，可以有许多适用于客户的营销策略，如：

❑ 高收入和高消费评分客户是我们的目标客户，我们始终希望保留他们，因为他们可以带来最大的利润——可针对 Careless 和 Target 目标群体；

❑ 高收入和较少消费得分的客户可能会被其生活方式要求广泛的产品所吸引，这可能会吸引他们进入购物中心超市——可针对 Planner 目标群体；
- 收入减少、消费减少的客户可以得到额外的优惠，并且不断向他们发送优惠和折扣吸引他们消费——可针对 Sensible 目标群体；
- 收入低但消费高的客户可以享受商场的小额贷款服务，通过收取低利息促进客户的消费行为——可针对 Moderate 目标群体；
- 我们还可以对客户倾向于购买哪种产品进行聚类分析，并据此制定其他营销策略。

我们通过对已有的客户进行分群管理，分群的指标就是客户历史数据中的年收入和消费分数。当然我们希望尽可能挽留住年收入可观且在本商场的消费分数高的客户，并将他们发展为忠实顾客；对年收入可观，但消费分数较低的顾客进行特殊管理，通过为他们推荐感兴趣的商品来刺激他们的消费能力，增加消费金额，从而为商场带来可观的收益；针对收入低且消费分数低的顾客，尽可能节约管理成本，将这部分管理成本分配到前面两类人群，从而更加高效率地为商场获利！

13.5 实战：航空公司 VIP 客户体系管理

随着社会的发展，时代的进步，越来越多的人更加愿意选择飞机出行，原因是飞机运行速度快，不会耽误正事，适合远距离出行和经常出差的群体。其凭借便捷、安全等特点赢得大众的一致好评！

不管什么行业都有其对应的运行体系，所以航空业的运营体系是怎样的呢，接下来的实验可以为我们详细解读航空业有哪些秘密？

13.5.1 数据集说明

根据航空公司系统内的客户基本信息、乘机信息以及积分信息等详细数据，依据末次飞行日期（LAST_FlIGHT_DATE），以 2014 年 3 月 31 日为结束时间，选取宽度为两年的时间段作为分析观测窗口，抽取观测窗口 2012 年 4 月 1 日至 2014 年 3 月 31 日内有乘机记录的所有客户的详细数据形成历史数据，总共 62 988 条记录。各特征属性说明如表 13-5 所示。

表 13-5 数据集特征属性说明

信息名称	属性名称	属性说明
客户基本信息	MEMNER_NO	会员卡号
	FFP_DATE	入会时间
	FIRST_FlIGHT_DATE	第一次飞行日期
	GENDER	性别
	FFP_TIER	会员卡级别
	WORK_CITY	工作地城市
	WORK_PROVINCE	工作地所在省份
	WORK_COUNTRY	工作地所在国家
	AGE	年龄

(续)

信息名称	属性名称	属性说明
乘机信息	FlIGHT_COUNT	观察窗口内的飞行次数
	LOAD_TIME	观察窗口的结束时间
	LAST_TO_END	最后一次乘机时间至观测窗口的结束时长
	AGE_DISCOUNT	平均折扣率
	SUM_YR	观测窗口的票价收入
	SEG_KM_SUM	观测窗口的总飞行公里数
	LAST_FlIGHT_DATE	末次飞行日期
	AVG_INTERVAL	平均乘机时间间隔
	MAX_INTERVAL	最大乘机间隔
积分信息	EXCHANGE_COUNT	积分兑换次数
	EP_SUM	总精英次数
	PROMOPTIVE_SUM	促销积分
	PARTNER_SUM	合作伙伴积分
	POINTS_SUM	总累计积分
	POINT_NOTFlIGHT	非乘机的积分变动次数
	BP_SUM	总基本积分

我们需要完成以下步骤：

❑ 对抽取的数据进行数据探索分析与预处理，包括数据缺失值与异常值的探索分析、数据清洗、特征构建、标准化等操作；基于 RFM 模型，拓展出 LFRMC 模型对客户进行特征分析；使用 K 均值算法进行客户分群；针对模型结果得到不同价值的客户，采用不同的营销手段，提供定制化的服务。

实验前需注意以下两点：

❑ 本案例主要对数据进行缺失值和异常值分析。
❑ 数据集存在票价为空值，折扣率为 0，飞行公里数为 0。票价为空值时，可能是不存在飞行记录，其他空值可能是飞机票来自积分兑换等渠道。

13.5.2 导入相关库

导入相关库，代码如下：

```
import numpy as np                              # 导入numpy库
import matplotlib.pyplot as plt                 # 导入绘图库
import pandas as pd                             # 导入pandas数据分析库
data=pd.read_csv("air.csv",encoding='gb18030')  # 数据读取
data.head()
data_na1=data.isnull()                          # 查看缺失值
data_na1.head()
# data.describe()
```

```
import pandas as pd
# resultfile = r'/home/kesci/work/test.xls'          # 数据探索结果表
# 对数据的基本描述，percentiles 参数是指定计算多少的分位数（如 1/4 分位数、中位数等）；T 是
# 转置函数
explore = data.describe(percentiles = [], include = 'all').T

print(explore)
# describe() 函数自动计算非空值数 explore = explore[['null', 'max', 'min']]
explore['null'] = len(data)-explore['count']
explore.columns = [u'空值数', u'最大值', u'最小值']         # 表头重命名
print('以下是处理后数据：')
print(explore)
```

通过观察原始数据发现数据中存在票价为空值的记录，同时存在票价最小值为 0、折扣率最小值为 0、总飞行公里数大于 0 的记录。票价为空值的数据可能是客户不存在飞行记录造成，其他数据可能是客户乘坐免费航班或者积分兑换的。

数据清洗：丢弃票价为空的记录；也即丢弃票价为 0、平均折扣率不为 0、总飞行公里数大于 0 的记录。

```
cleanedfile = 'data_cleaned.xls'                          # 数据清洗后保存的文件
data = data[data['SUM_YR_1'].notnull() & data['SUM_YR_2'].notnull()]
# 票价非空值才保留，即只保留票价非 0 的，或者平均折扣率与总飞行公里数不同时为 0，此时若票价为 0，
# 则删除，若不为 0，则保留

index1 = data['SUM_YR_1'] != 0
index2 = data['SUM_YR_2'] != 0
index3 = (data['SEG_KM_SUM'] == 0) & (data['avg_discount'] == 0)
data = data[index1 | index2 | index3]                    # 该规则是“或”
print(data)
data.to_excel(cleanedfile, encoding='utf-8')             # 导出实验结果
```

结果如图 13-19 所示。

AF	AG	AH	AI	AJ	AK	AL	AM	AN	AO	AP
L1Y_Flight_Count	P1Y_BP_SUM	L1Y_BP_SUM	EP_SUM	ADD_Point_SUM	Eli_Add_Point_Sum	L1Y_ELi_Add_Points	Points_Sum	L1Y_Points_Sum	Ration_L1Y_Flight_Count	Ration_P1Y_Flight_Count
107	246197	259111	74460	39992	114452	111100	619760	370211	0.50952381	0.49047619
72	177358	185122	41288	12000	53288	53288	415768	238410	0.514285714	0.485714286
70	169072	182087	39711	15491	55202	51711	406361	233798	0.518518519	0.481481481
10	186104	151210	34890	0	34890	34890	372204	186100	0.434782609	0.565217391
81	128448	145396	42265	22704	64969	64969	338813	210365	0.532894737	0.467105263
42	190583	122755	27323	2460	29783	29783	343121	152538	0.456521739	0.543478261
51	123200	125664	37689	12320	50009	50009	298873	175673	0.504950495	0.495049505
43	157597	144267	39834	9500	49334	49334	351198	193601	0.589041096	0.410958904
23	127130	135828	31700	500	32200	32200	295158	168028	0.410714286	0.589285714
25	107949	96906	47052	0	47052	47052	251907	143958	0.390625	0.609375
23	140394	157927	39018	500	39518	39518	337839	197445	0.534883721	0.465116279
88	101639	154454	44539	52469	97008	76998	353101	231452	0.606896552	0.393103448
15	89594	120675	35539	0	35539	35539	245808	156214	0.517241379	0.482758621
66	109261	132353	26426	2664	29090	26426	270704	158779	0.559322034	0.440677966
25	141454	148463	38028	400	38428	38028	328345	186491	0.5	0.5
11	166331	119833	23338	500	23838	23838	310002	143671	0.5	0.5
55	105476	114519	23381	13817	37198	37198	257193	151717	0.544554455	0.455445545
25	144509	105373	31823	0	31823	31823	281705	137196	0.625	0.375
32	110416	104597	22036	12865	34901	34901	249914	139498	0.5	0.5
18	98699	92339	24656	0	24656	24656	215694	116995	0.473684211	0.526315789

图 13-19 部分数据展示图

13.5.3 数据分析及可视化

对客户信息进行可视化：

```
# 客户基本信息分布分析：选取客户基本信息中的入会时间、性别、会员卡级别和年龄字段进行探索分析，
# 探索客户的基本信息分布情况
# 各年份会员入会人数——提取会员入会年份
from datetime import datetime
ffp = data['FFP_DATE'].apply(lambda x: datetime.strptime(x, '%Y/%m/%d'))
ffp_year = ffp.map(lambda x: x.year)
# 绘制各年份会员入会人数直方图
import matplotlib.pyplot as plt
%matplotlib inline
fig = plt.figure(figsize=(8, 5))                        # 设置画布大小
plt.rcParams['font.sans-serif'] = 'SimHei'              # 使图形显示中文字体
plt.rcParams['axes.unicode_minus'] = False
plt.hist(ffp_year, bins='auto', color='#0504aa')
plt.xlabel('年份')
plt.ylabel('入会人数')
plt.title('各年份会员入会人数')
plt.show()
```

结果如图13-20所示。

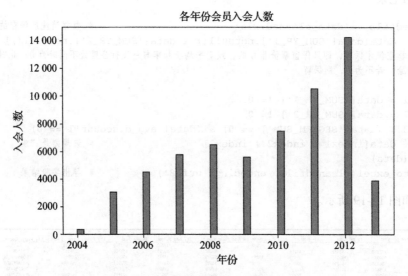

图13-20 各年份会员入会人数直方图

从图13-20中可以看出，会员入会人数从2011年开始出现大幅度的递增，在2012年人数达到近几年的峰值。

```
# 提取会员不同性别人数
male = pd.value_counts(data['GENDER'])['男']
female = pd.value_counts(data['GENDER'])['女']
# 绘制会员性别比例图
fig = plt.figure(figsize=(8, 4))
plt.pie([male, female], labels=['男', '女'], colors=['lightskyblue', 'lightcoral'],
    autopct='%1.1f%%')
```

```
plt.title('会员性别比例')
plt.show()
```

结果如图 13-21 所示。

我们发现，在办理会员的人中男性占到了 76.5%，而女性仅占 23.5%。考虑到实际情况，男性出差的可能性较大，使得办会员的男性客户多于女性。

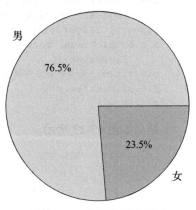

图 13-21　会员性别比例图

```
# 提取不同级别会员的人数
lv_four = pd.value_counts(data['FFP_TIER'])[4]
lv_five = pd.value_counts(data['FFP_TIER'])[5]
lv_six = pd.value_counts(data['FFP_TIER'])[6]
# 绘制会员各级别人数的条形图
fig = plt.figure(figsize=(8, 5))
plt.bar(x=range(3), height=[lv_four, lv_five,
    lv_six], width=0.4, alpha=0.8, color=
    'skyblue')
plt.xticks([index for index in range(3)], ['4', '5', '6'])
plt.xlabel('会员等级')
plt.ylabel('会员人数')
plt.title('会员各级别人数')
plt.show()
```

结果如图 13-22 所示。

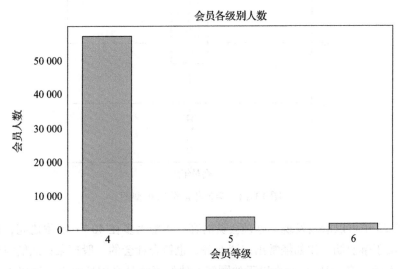

图 13-22　会员各级别人数条形图

由图 13-22 可知，会员等级为 4 的人数最多，而级别越高，对应的人数也越少。所以我们对目标客户进行发掘后，对特定的群体进行会员升级操作可能会有效提高航空公司的收益。

```
# 提取会员年龄
age = data['AGE'].dropna()
age = age.astype('int64')
fig = plt.figure(figsize=(5, 10))                    # 绘制会员年龄分布箱型图
plt.boxplot(age, patch_artist=True, labels=['会员年龄'], boxprops={'facecolor':
    'lightblue'})
plt.title('会员年龄分布箱型图')
plt.grid(axis='y')                                   # 显示y坐标轴的底线
plt.show()
```

结果如图 13-23 所示。

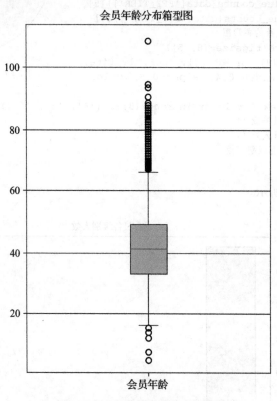

图 13-23　会员年龄分布箱型图

从图 13-23 中可以清晰发现，办理会员的客户年龄大多在 40～45 岁之间，这个阶段的用户大多数属于事业期，比如经常出差谈业务，也符合社会的一般现象；从航空公司客户的会员年龄还发现，有一部分 20 岁以下的顾客，他们可能是在国外留学，所以需要经常购买机票；会员中最大年龄是 65 岁左右，因为大多数老年人都有高血压，坐飞机会不适应，所以该年龄段人数会显得尤为少。

我们选取最后一次乘机至结束的时长、客户乘机信息中的飞行次数、总飞行公里数进行分析，探索客户的乘机信息分布情况。

```
# 绘制最后乘机至结束时长箱形图
lte = data['LAST_TO_END']
fc = data['FLIGHT_COUNT']
skc = data['SEG_KM_SUM']
fig = plt.figure(figsize=(5, 8))
plt.boxplot(lte, patch_artist=True, labels=['时长'], boxprops={'facecolor': 'lightblue'})
plt.title('最后乘机至结束时长分布箱型图')
plt.grid(axis='y')
plt.show()
```

结果如图 13-24 所示。

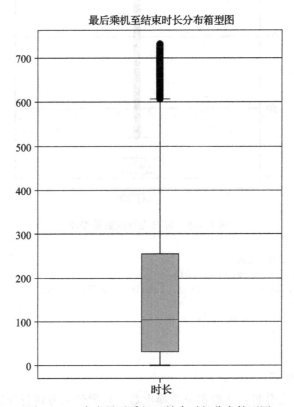

图 13-24　客户最后乘机至结束时长分布箱型图

```
# 绘制客户飞行次数箱型图
fig = plt.figure(figsize=(5, 8))
plt.boxplot(fc, patch_artist=True, labels=['飞行次数'], boxprops={'facecolor':
    'lightblue'})
plt.title('飞行次数分布箱型图')
plt.grid(axis='y')
plt.show()
```

结果如图 13-25 所示。

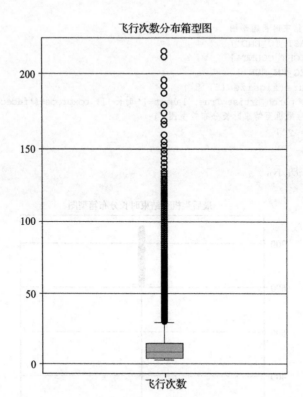

图 13-25　客户飞行次数箱型图

```
# 绘制客户总飞行公里数箱型图
fig = plt.figure(figsize=(5, 10))
plt.boxplot(skc, patch_artist=True, labels=['总飞行公里数'], boxprops={'facecolor':
    'lightblue'})
plt.title('客户总飞行公里数箱型图')
plt.grid(axis='y')
plt.show()
```

结果如图 13-26 所示。

会员积分信息分布分析：选取积分兑换次数、总累计积分进行探索分析，探索会员的积分信息分布情况。

```
# 提取会员积分兑换次数
ec = data['EXCHANGE_COUNT']
# 绘制会员兑换积分次数直方图
fig = plt.figure(figsize=(10, 5))
plt.hist(ec, bins=5, color='# 0504aa')
plt.xlabel('兑换次数')
plt.ylabel('会员人数')
plt.title('会员兑换积分次数分布直方图')
plt.show()
```

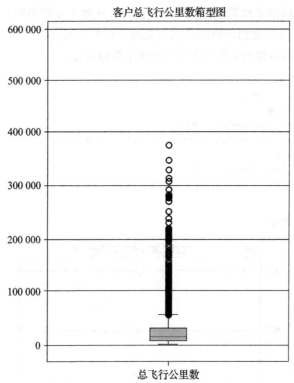

图 13-26　客户总飞行公里数箱型图

结果如图 13-27 所示。

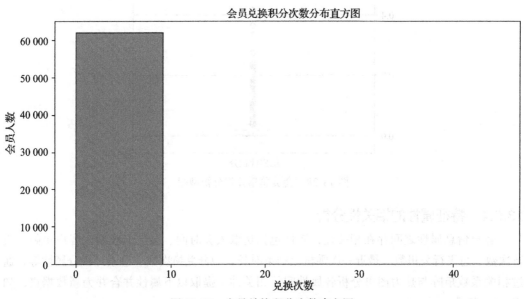

图 13-27　会员兑换积分次数直方图

从图 13-27 中可以清晰地看到，会员积分的兑换次数大多数集中在 0～10 次，而其他组的分布几乎没有，所以我们应该制定积分兑换的提醒策略，让会员享受积分兑换后的福利，会员购买机票也可以使航空公司在一定程度上获得收益。

```
# 提取会员总累计积分
ps = data['Points_Sum']
# 绘制会员总累计积分箱型图
fig = plt.figure(figsize=(5, 8))
plt.boxplot(ps, patch_artist=True, labels=['总累计积分'], boxprops={'facecolor':
    'lightblue'})
plt.title('会员总累计积分箱型图')
plt.grid(axis='y')
plt.show()
```

结果如图 13-28 所示。

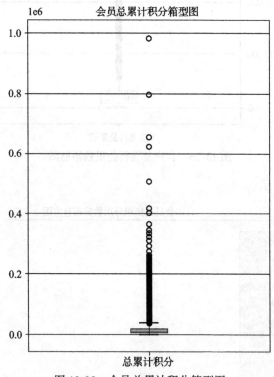

图 13-28　会员总累计积分箱型图

13.5.4　特征属性的相关性分析

客户信息属性之间存在相关性，属性包括选取入会时间、会员卡级别、客户年龄、飞行次数、总飞行公里数、最近一次乘机至结束时长、积分兑换次数、总累计积分属性等，通过相关系数矩阵与热力图可分析各属性间的相关性。提取以下属性并合并为新数据集，如表 13-6 所示。

表 13-6 合并后的数据集

FFP_TIER	会员卡级别
FIGHT_COUNT	会员飞行次数
LAST_TO_END	会员乘机时间至观测窗口结束时长
SEG_KM_SUM	总飞行公里
EXCHANGE_COUNT	积分兑换次数
Points_Sum	总累计积分

```
data_corr = data[['FFP-TIER','FLIGHT_COUNT','LAST_TO_END','SEG_KM_SUM','EXCHANGE_
    COUNT','Points_Sum']]
age1 = data['AGE'].fillna(0)
data_corr['AGE'] = age1.astype('int64')
data_corr['ffp_year'] = ffp_year
dt_corr = data_corr.corr(method='pearson')       # 计算相关性矩阵
print('相关性矩阵: \n', dt_corr)
import seaborn as sns                            # 绘制热力图
plt.subplots(figsize=(10, 10))
sns.heatmap(dt_corr, annot=True, vmax=1, square=True, cmap='Blues')
plt.show()
```

在建模时为了避免多重共线性，一般都会分析变量之间的相关性。衡量变量相关性的方法是计算变量两两之间的皮尔逊相关系数（Pearson correlation coefficient）。为了能够更好地展现变量之间的相关性，下面利用热力图来表示变量之间的相关性。

```
# 构造相关性热力图函数
def corr_map(df):
    var_corr = df.corr()
    mask = np.zeros_like(var_corr, dtype=np.bool)
    mask[np.triu_indices_from(mask)] = True
    cmap = sns.diverging_palette(220, 10, as_cmap=True)
    f, ax = plt.subplots(figsize=(20, 12))
    sns.set(font_scale=1)
    sns.heatmap(var_corr, mask=mask, cmap=cmap, vmax=1, center=0,
        square=True, linewidths=.5, cbar_kws={"shrink": .5},
        annot=True,annot_kws={'size':12,'weight':'bold', 'color':'red'})
    plt.show()
```

结果如图 13-29 所示。

由图 13-29 可以看出，总飞行公里数与飞行次数间的相关系数为 0.85，说明飞行次数越多，飞行的公里数也越多；飞行次数与总累计积分间的相关系数为 0.75，说明飞行次数影响累计积分的变化。

13.5.5 属性规约

原始数据中属性太多，根据航空公司客户价值 LRFMC 模型，选择与模型相关的五个属性，删除其他无用属性，如会员卡号等。数据变换是将原始数据转换成"适当"的格式,用来适应算法和分析等的需要。本案例主要采用数据变换的方式进行属性构造和数据标准化,需要在原有 RFM 模型基础上添加 L 和 C 重新构造为新的 LRFMC 的五个指标:

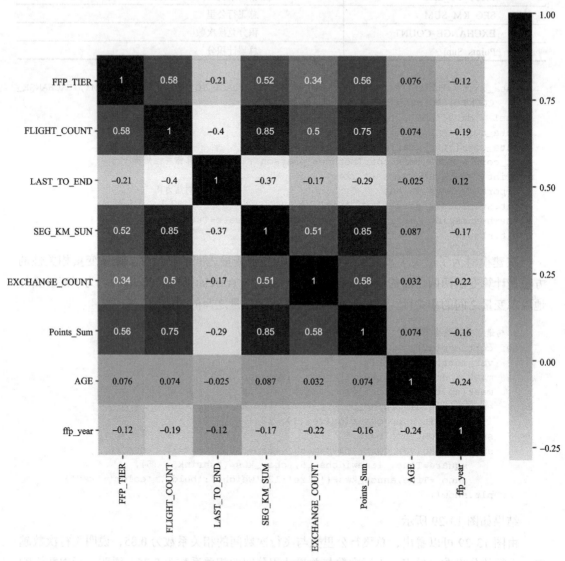

图 13-29 特征属性间的热力图

- L = LOAD_TIME-FFP_DATE(会员入会时间距观测窗口结束的月数 = 观测窗口的结束时间 − 入会时间(单位:月));
- R = LAST_TO_END(客户最近一次乘坐公司距观测窗口结束的月数 = 最后一次乘机时间至观测窗口结束时长(单位:月));

- F = FlIGHT_COUNT（观测窗口内的飞行次数）；
- M = SEG_KM_SUM（观测窗口的总飞行里程）；
- C = AVG_DISCOUNT（平均评价折扣率）。

具体实现代码如下：

```
# 定义 reduction_data 函数
def reduction_data(data):
    data = data[['LOAD_TIME', 'FFP_DATE', 'LAST_TO_END', 'FLIGHT_COUNT', 'SEG_
        KM_SUM', 'avg_discount']]
d_ffp = pd.to_datetime(data['FFP_DATE'])         # 转化为日期的类型
d_load = pd.to_datetime(data['LOAD_TIME'])
res = d_load - d_ffp
data2=data.copy()
data2['L'] = res.map(lambda x: x / np.timedelta64(30 * 24 * 60, 'm'))
data2['R'] = data['LAST_TO_END']
data2['F'] = data['FLIGHT_COUNT']
data2['M'] = data['SEG_KM_SUM']
data2['C'] = data['avg_discount']
data3 = data2[['L', 'R', 'F', 'M', 'C']]
return data3
data3=reduction_data(data)
print(data3)
# 对 L、R、F、M、C 五个指标进行标准化处理
def zscore_data(data):
    data = (data - data.mean(axis=0)) / data.std(axis=0)
    data.columns = ['Z' + i for i in data.columns]
    return data
data4=zscore_data(data3)
data4
```

13.5.6 构建聚类模型

利用 K 均值算法对客户数据进行客户分群，聚成五类（根据业务理解和需要，分析与讨论后，确定客户类别）。

```
# 客户聚类
from sklearn.cluster import KMeans
k = 5                                                        # 确定聚类中心数
kmeans_model = KMeans(n_clusters=k, n_jobs=4, random_state=123)  # 构建模型，随机种子
                                                             # 设为 123，n_job 是
                                                             # 并行数，一般等于
                                                             # CPU 数较好

fit_kmeans = kmeans_model.fit(data3)                         # 模型训练
kmeans_cc = kmeans_model.cluster_centers_                    # 聚类中心
print('各聚类中心为：\n', kmeans_cc)
r1 = pd.Series(kmeans_model.labels_).value_counts()          # 统计不同类别样本的数目
print('最终每个类别的数目为：\n', r1)
```

```
kmeans_labels = kmeans_model.labels_         # 样本的类别标签
print('各样本的类别标签为: \n', kmeans_labels)    # 输出聚类分群的结果
cluster_center = pd.DataFrame(kmeans_model.cluster_centers_, columns=['ZL',
    'ZR', 'ZF', 'ZM', 'ZC'])                  # 将聚类中心放在数据框中
cluster_center.index = pd.DataFrame(kmeans_model.labels_).drop_duplicates().
    iloc[:, 0]                                # 将样本类别作为数据框索引
print(cluster_center)                          # 输出聚类分群的结果
cluster_center = pd.DataFrame(kmeans_model.cluster_centers_, columns=['ZL',
    'ZR', 'ZF', 'ZM', 'ZC'])                  # 将聚类中心放在数据框中
cluster_center.index = pd.DataFrame(kmeans_model.labels_).drop_duplicates().
    iloc[:, 0]
# 将样本类别作为数据框索引
from sklearn.cluster import KMeans             # 导入KMeans库
k = 5                                          # 需要进行的聚类类别数
kmodel = KMeans(n_clusters = k, n_jobs = 4)    # n_jobs是并行数,一般CPU数较好
kmodel.fit(data4)                              # 训练模型
r1 = pd.Series(kmodel.labels_).value_counts()
r2 = pd.DataFrame(kmodel.cluster_centers_)
r = pd.concat([r2, r1], axis=1)
r.columns = list(data4.columns) + ['类别数目']
r = pd.concat([data4, pd.Series(kmodel.labels_, index=data4.index)], axis=1)
r.columns = list(data4.columns) + ['聚类类别']
print(r)
```

K 均值聚类后的结果如图 13-30 所示。

	ZL	ZR	ZF	ZM	ZC	聚类类别
0	1.435707	-0.944948	14.034016	26.761154	1.295540	2
1	1.307152	-0.911894	9.073213	13.126864	2.868176	2
2	1.328381	-0.889859	8.718869	12.653481	2.880950	2
3	0.658476	-0.416098	0.781585	12.540622	1.994714	2
4	0.386032	-0.922912	9.923636	13.898736	1.344335	2
...	...	...	...	...	...	...
62974	2.076128	-0.460169	-0.706656	-0.805297	-0.065898	3
62975	0.557046	-0.283886	-0.706656	-0.805297	-0.282309	3
62976	-0.149421	-0.735611	-0.706656	-0.772332	-2.689885	1
62977	-1.206173	1.605649	-0.706656	-0.779837	-2.554628	0
62978	-0.479656	0.603039	-0.706656	-0.786677	-2.392319	0

图 13-30 K 均值聚类图

```
# 绘制群体密度图
def density_plot(data):
    plt.rcParams['font.sans-serif']=['SimHei']
    plt.rcParams['axes.unicode_minus']=False
    p=data3.plot(kind='kde',linewidth=2,subplots=True,sharex=False)
    [p[i].set_ylabel('密度') for i in range(5)]
```

```
    [p[i].set_title(' 客户群%d' %i) for i in range(5)]
    plt.legend()
    plt.show()
    return plt
density_plot(data4)
```

结果如图 13-31 所示。

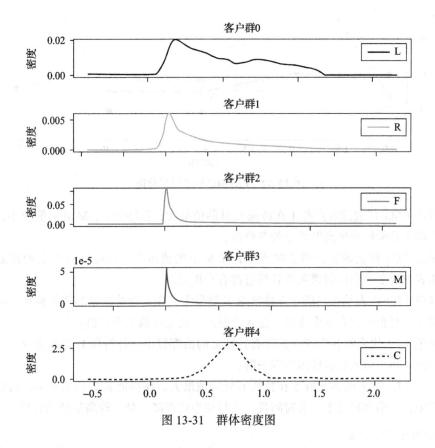

图 13-31　群体密度图

```
# LRFMC 模型可视化图
clu = kmodel.cluster_centers_
x = [1,2,3,4,5]
colors = ['red','green','yellow','blue','black']
for i in range(5):
    plt.plot(x,clu[i],label='clustre '+str(i),linewidth=6-i,color=colors[i],marker='o')
plt.xlabel('L  R  F  M  C')
plt.ylabel('values')
plt.show()
```

结果如图 13-32 所示。

结合业务，通过比较各个特征在群间的大小来对某一个群的特征进行评价分析：

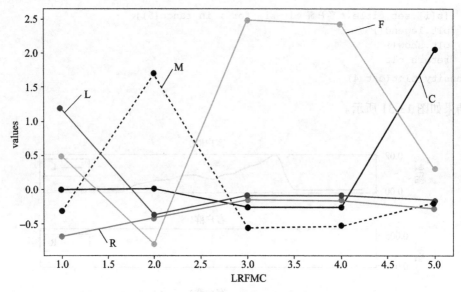

图 13-32 LRFMC 模型可视化图

- 蓝色（M）代表的客户群 1 在特征 C 处的值最大，在特征 F、M 处的值较小，说明客户群 1 是偏好乘坐高级舱位的客户群；
- 黑色（C）代表的客户群 2 在特征 F 和 M 上的值最大，且在特征 R 上的值最小，说明客户群 2 的会员频繁乘机且最近都有乘机记录；
- 绿色（R）代表的客户群 3 在特征 R 处值最大，在其他特征处的值都较小，说明客户群 3 已经很久没有乘坐飞机，是入会时间短的低价值的客户群；
- 黄色（F）代表的客户群 4 在所有特征上的值都较小，且特征 L 处的值最小，说明客户群 4 属于新入会员较多的客户群；
- 红色（L）代表的客户群 5 在特征 L 处的值最大，在特征 R 处的值最小，其他都比较适中，说明客户群 5 入会时间长，飞行频率也较高，是有较高价值的客户。

```
# 输出聚类分群的结果
cluster_center = pd.DataFrame(kmeans_model.cluster_centers_, columns=['ZL', 'ZR',
    'ZF', 'ZM', 'ZC'])                                       # 将聚类中心放在数据框中
cluster_center.index = pd.DataFrame(kmeans_model.labels_).drop_duplicates().
    iloc[:, 0]
# 将样本类别作为数据框索引
cluster_center
# 针对聚类结果进行特征分析——绘制客户分群雷达图
import pandas as pd
import numpy as np
from sklearn.cluster import KMeans
# 读取标准化后的数据
k = 5                                                        # 确定聚类中心数
# 构建模型，随机种子设为 123
```

```
kmeans_model = KMeans(n_clusters=k, n_jobs=4, random_state=123)  # n_job是并行数，一
                                                                 # 般等于CPU数较好
fit_kmeans = kmeans_model.fit(data4)                             # 模型训练
# 查看聚类结果
kmeans_cc = kmeans_model.cluster_centers_                        # 聚类中心
print('各聚类中心为：\n', kmeans_cc)
kmeans_labels = kmeans_model.labels_                             # 样本的类别标签
print('各样本的类别标签为：\n', kmeans_labels)
r1 = pd.Series(kmeans_model.labels_).value_counts()              # 统计不同类别样本的树木
print('最终每个类别的数目为：\n', r1)
# 输出聚类分群的结果
cluster_center = pd.DataFrame(kmeans_model.cluster_centers_, columns=['ZL',
    'ZR', 'ZF', 'ZM', 'ZC'])                                     # 将聚类中心放在数据框中
cluster_center.index = pd.DataFrame(kmeans_model.labels_).drop_duplicates().
    iloc[:, 0]
# 将样本类别作为数据框索引
print(cluster_center)
```

13.5.7 客户分群可视化

绘制 LRFMC 模型雷达图：

```
# 绘制雷达图
%matplotlib inline
import matplotlib.pyplot as plt
# 客户分群雷达图
labels = ['ZL','ZR','ZF','ZM','ZC','ZL']
legen = ['客户群' + str(i + 1) for i in cluster_center.index] # 客户群命名
lstype = ['-','--',(0, (3, 5, 1, 5, 1, 5)),':','-.']
kinds = list(cluster_center.iloc[:, 0])
# 由于雷达图要保证数据闭合，因此再添加L列，并转换为np.ndarray
cluster_center = pd.concat([cluster_center, cluster_center[['ZL']]], axis=1)
centers = np.array(cluster_center.iloc[:, 0:])
# 分割圆周长，并让其闭合
n = len(labels)
angle = np.linspace(0, 2 * np.pi, n, endpoint=False)
# angle = np.concatenate((angle, [angle[0]]))
fig = plt.figure(figsize=(10,8))
ax = fig.add_subplot(111, polar=True)                  # 以极坐标的形式绘制图形
plt.rcParams['font.sans-serif'] = ['SimHei']           # 用来正常显示中文标签
plt.rcParams['axes.unicode_minus'] = False             # 用来正常显示负号
```

结果如图 13-33 所示。

其中客户关系为 L，消费时间间隔为 R，消费频率为 F，飞行里程数为 M，折扣系数的平均值为 C。横坐标上总共有五个节点，按顺序对应 LRFMC。对应节点上的客户群的属性值，代表该客户群的该属性的程度。我们重点关注的是 L、F、M，从图 13-34 中可以看到：客户群 4 的 F、M 很高，L 也不低，可以看作重要保持的客户；客户群 3 是重要发展客户；客户群 1 是重要挽留客户，原因是入会时间长，但是 F、M 较低；客户群 2 是一般客户；客

户群 5 是低价值客户。客户群体分类表如表 13-7 所示。

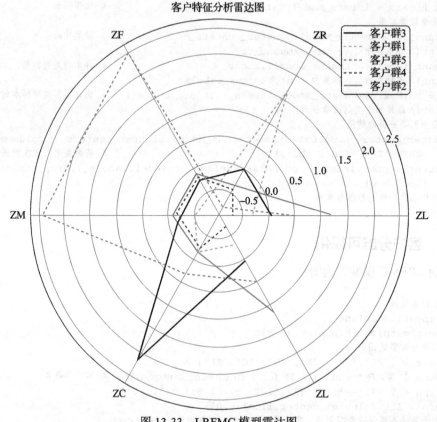

图 13-33　LRFMC 模型雷达图

表 13-7　客户群体分类表

客户群	客户价值排名	排名含义
客户群 3	1	重要保持客户
客户群 5	2	重要发展客户
客户群 4	3	重要挽留客户
客户群 1	4	普通价值客户
客户群 2	5	低价值客户

航空公司每天都会接待成千上万的客户，要想在航空这一产业立足，需要拥有忠实客户，即重要保持客户和重要发展客户。俗话说：客户是上帝，只有深刻了解客户的真正需求，为客户提供优质服务，才会赢得更多忠实客户。

该实战利用航空数据，在基础 LFM 模型上增加了其他因素从而建立了 LRFMC 模型。该模型将航空公司的客户分为五类，然后分别为目标客户制定精确的营销策略，以满足客户的真实需求，让他们对本航空公司产生依赖心理，进而为航空公司带来更多的收益。

13.6 习题

一、判断题

1. 按行删除无用属性为 data.drop('删除的列名', axis = 1)。（   ）
2. 使用 Sklearn 库导入 KMeans 库的代码为：from sklearn import Kmeans。（   ）
3. 聚类算法属于有监督学习。（   ）
4. 层次聚类法的计算复杂度较低。（   ）
5. 密度聚类法中的领域指对于任意给定样本 x 和距离 ε，x 的 ε 领域是指到 x 的距离不超过 ε 的样本的集合。（   ）

二、选择题

1. 当不知道数据所带标签时，可以使用（   ）技术促使带同类标签的数据与带其他标签的数据相分离。（   ）
   A. 分类   B. 聚类   C. 关联分析   D. 隐马尔可夫链
2. 数据集的描述性 data.describe() 输出信息不包括（   ）。
   A. count   B. 四分位数   C. 标准差   D. 方差
3. 简单地将数据对象集划分成不重叠的子集，使得每个数据对象恰在一个子集中，这种聚类类型称为（   ）。
   A. 层次聚类   B. 划分聚类   C. 非互斥聚类   D. 模糊聚类
4. 下面不属于聚类算法分类的是（   ）。
   A. DBSCAN 算法   B. 基于层次的 BIRCH 算法
   C. 贝叶斯算法   D. FCM 模糊聚类算法
5. 下面不属于层次聚类法中判断"类"的方法为（   ）。
   A. 最短距离法   B. 类平均法   C. 对称距离法   D. 中间距离法

三、填空题

1. K 均值算法中初始中心点的选取规则为_____。
2. 在聚类分析中常用的相似系数有_____和_____。
3. 设置图形大小为 10×4 的代码为_____。
4. RFM 模型中的 "F" 指的是_____。
5. K 均值算法的基本思想为_____。

四、简答题

1. 简述聚类算法的几种划分标准及其对应的算法。
2. 挖掘目标客户过程中用到的 AISAS 模型分别指什么？
3. 航空业的目标客户挖掘过程中用到的 LRFMC 模型各个指标分别指什么？
4. 简述 K 均值算法的主要流程及思想。

第 14 章

智能推荐

传统的销售基本是以线下销售为主,主要是为了服务周边区域的客户,营销方式无非是传统广告、打折以及促销等。而如今,线上销售逐步成为主体,营销的范围一下子就变成了全国甚至全球,但竞争的对手也变成了来自全国甚至全球的对手。在信息爆炸时代,你的营销信息很快就会湮灭在信息的汪洋大海里,犹如划过天际的颗颗流星。如何才能操控"流星",使之准确"命中"你的潜在客户呢?这就是精准营销能够达成的目标。本章将学习精准营销的方法,重点如下:

- ❏ 了解传统线下门店的营销体系是什么;
- ❏ 了解大数据时代线上店铺的形成过程;
- ❏ 了解智能推荐中关联规则的基本原理;
- ❏ 掌握如何通过制定营销策略对客户进行智能推荐。

14.1 精准营销概述

营销是指企业通过推销的方式,向目标客户传递商品信息,帮助消费者认识商品可以带来的利益,引起消费者的兴趣,激发消费者的购买欲望或购买行为的活动。显然,在当今社会,营销的本质就是一种说服客户购买商品的促销行为,也是通过商家与客户沟通,即通过某些渠道向某些客户传达信息的方式,在一定层面上激发客户的购买行为,当然也或多或少地增长了企业的销售额。企业希望最终效果是:当某段时间商品价格升高时,客户对该商品的需求量波动不大,但当商品的价格下降时,需求数量大幅度增加。

大数据时代的企业营销通过大量的历史数据对客户群体进行细分,然后对每个群体采取满足具体需求的专门行动,也就是进行精准营销。精准营销是指企业通过定量和定性相结合的方法,对目标市场的不同消费者进行细致分析,并根据他们不同的消费心理和行为特征,采用有针对性的现代技术、方法和指向明确的策略,从而实现对目标市场不同消费者群体强有效性、高投资回报的营销沟通。

精准营销最大的优点在于对特定群体指定"精准"的营销策略,即在市场细分的基础上,对不同消费者进行细致分析,确定目标对象。精准营销可以提供高效、高回报的个性化沟通。传统的营销活动面对的是市场活动中的大众,目标不够明确,沟通效果不明显。精准营销是在确定目标对象后,划分客户生命周期的各个阶段,抓住消费者的心理,进行细致、有效的沟通。随着"大数据"和"互联网"时代的兴起,人们可以利用数字来反映现实中的个性特征。

精准营销运用先进的互联网技术与大数据技术相结合的手段,目的是企业和客户能够保持长期合作共赢,从而让企业和客户达成共识,为企业建立稳定忠实的客户群奠定坚实的基础。

得益于现代营销方式的改变与优化,企业可以减少中间渠道环节,并且脱离对传统的营销方式的依赖,真正实现对客户的个性化关怀。此外,精准营销在一定程度上降低了传统广告的巨额成本。传统的营销理念是根据客户的基本属性,如性别、年龄、职业和收入等来判断客户的购买力,从而对客户进行市场细分,以及制定相应的营销策略,这是一种不随客户改变的营销方式,而这种营销方式正慢慢与当今社会发生脱节。

营销渠道千变万化,随着电商行业和自媒体的发展,营销渠道逐步从传统的线下营销演变为线上的广告营销。传统的营销策略虽然逐渐被淘汰,但它也有与生俱来的优点,如市场覆盖面广,购买者可以实际接触到产品并理性选择。随着社会的不断发展,人们的生活方式也发生了巨大的变化。为了适应生活方式的变化,销售型企业不得不调整自己原有的运营模式,从而获得更高的收益。下面主要从传统的营销渠道和现代的营销渠道两方面去探索两者之间的关系。

14.1.1 传统营销

对于传统营销,它受到的冲击重要分为以下三个方面。

1. 传统营销渠道受到冲击

传统的营销模式大多数为线下营销,数据间不具有共享性。这一模式下的商业价值链也处于关闭的状态,营销环节的各主体为了追求利润最大化、营销成本最小化,相互之间的竞争十分激烈,价值链关系也因此变得很不稳定,使得营销渠道运行的稳定性也受到不利影响。传统的营销渠道就是指在传统的营销模式中,产品从研发生产到最终流入消费者手中所必须经过的渠道。在市场竞争日益激烈的今天,传统渠道的竞争已经异常激烈,而且增长缓慢,企业若想不断扩大市场份额,取得市场营销的竞争优势,就必须重视现代市场营销模式的开发和研究。对于较小的地区市场,不宜采用缺乏中间商的管理控制。

2. 传统价值链受到冲击

在传统营销活动中,完整的营销活动一般由三部分组成,分别为产品的供应商、中间商以及消费者。我们可以看出中间流通渠道(即中间商)起着桥梁以及承载的作用,支撑并维护着供应商和消费者的交流与合作。只有通过中间流通渠道,供应商生产的商品才能够到达消费者手中,供应商和消费者才形成完整的买卖关系,即完整的价值链才算有效形成。然而在现代的电子商务模式下,这条价值链从有形变为无形,传统的价值链形式彻底发生变化,物流、快递和贸易公司也逐渐成为价值链条中的新兴者,且得到了飞速发展。企业难以在营销环境宽松的条件下实现多种经营目标。渠道对非选购品缺乏足够的适应性。企业要求被选用的中间商提供较多的服务,并承担一定的市场风险。

3. 传统渠道权利受到冲击

在传统的营销模式下,营销主要通过中间商参与并获取市场信息来完成。然而在互联网环境下,制造商与零售商的渠道权利都得到了有效拓展,中间环节直接被跳过,商品可通过物流形式直接送到消费者手中,经营成本被有效降低,利润得到明显提升。传统的营销渠道对中间商的依赖性太强,市场覆盖面窄。这种政策意味着放弃一部分的潜在客户及有限的渠道宽度,使企业适应性差,销量难以扩大。

以淘宝、天猫和唯品会为代表的电子商务营销渠道已经成为现代营销中的重要模式,此外随着"微博经济"的日益兴起,基于现代传播工具的营销模式日益凸显出高效和不可或缺的特点。电商行业近几年发展迅速,要想在该行业立足,首先要做的就是挖掘目标客户并为之制定相应的营销策略。当今社会,不管是线下还是线上,电商行业都会在每次促销大节推出各种优惠活动,如满减、打折,以及组合商品低价出售的促销。不管哪种方式,活动的最终目标都是刺激客户消费,为自身获取更多的收益。所以在竞争如此激烈的电商行业,企业必须采取相应的措施即采取恰当的营销方式来应对。

14.1.2 新时代营销

伴随着信息技术及市场经济的飞速发展,我国电子商务领域也迎来了发展的全新机遇。京东、淘宝等多元化的应用软件,抖音直播带货等电子商务的全新形式极大地改变了人们的购物方式,线上销售已成为营销的重要渠道。发展营销模式、优化电子商务渠道已成为保障企业可持续发展的重要任务。改善营销渠道的方式有以下几种。

1. 构建多元化的营销渠道

企业要升级整合营销渠道,构建更多元化的营销渠道。企业要针对商品的具体特点、消费区域、消费时间以及消费群体等内容采用不同的销售方式,并结合线下与线上等众多因素的不同需求,优化整合现有营销渠道层级,开启电子商务的全新模式,最大限度改善传统营销渠道单一化的弊端。

2. 优化营销渠道运作条件

企业要优化营销渠道运作条件，提高营销渠道运作能力。企业要通过网络平台销售数据及市场调研等情况完善这一电子营销策略，并通过选取京东、淘宝等优势平台强化电商渠道建设，提升销售渠道的质量，使电子营销策略的价值最大化。最后，企业要根据电子营销策略、不同电商平台运作模式完善电商销售渠道组织架构，明确各个环节的职责，以此提升营销渠道运作的效率与有效性。

3. 提升营销渠道服务水平

目前由于电商销售渠道尚待完善，部分监管法律法规还存在一定空白，导致电商领域还存在一定的风险。为此企业首先要强化相关工作人员的职前与职后教育，提升其工作能力与服务意识，用专业的技术与良好的服务打造企业优良的形象。同时企业还应强化对从业人员的职业道德建设，避免以次充好等现象发生，最大限度地保障电子销售渠道的规范性、合法性，以此提升消费者的信任度，为电子营销渠道的持续发展提供根本保障。

综上所述，伴随着网络电商渠道的飞速发展，电子商务模式与传统销售模式的冲突愈发明显，电子商务营销渠道指日可待。为此企业要通过构建多元化的销售渠道、优化渠道运作条件、提升渠道服务水平等多种途径来优化企业资源，为企业的可持续发展提供基本保障。

14.2 智能推荐概述

在前面几章了解了事务或变量间的相关关系后，接下来学习事物或变量间的相关关系后，先来看事物间的关联分析。关联规则是数据挖掘中最活跃的研究方法之一，用于研究事务间的相互依存或依赖关系。它侧重于确定数据中不同领域之间的联系，也是在无指导学习系统中挖掘本地模式的最普遍形式。关联规则挖掘可以发现存在于数据库中的项目（Item）或属性（Attribute）之间的有趣的关系，这些关系是预先未知或被隐藏的，不能通过数据库的逻辑操作或统计方法得出。关联分析，也叫关联规则挖掘，属于无监督算法的一种，用于从数据中挖掘出潜在的关联关系，例如经典的啤酒与尿布的关联关系。本节将要重点介绍的Apriori 和 FP-Growth 算法就属于关联算法，它们可以高效自动地从数据集中挖掘潜在的属性关联组合规则。

许多商业以及销售行业在日复一日的运营中积聚了大量的交易数据。例如，超市的收银台每天都会收集大量的客户购物数据、销售企业每天完成的订单情况、饭店每日客户菜单记录等。而关联分析是一种简单、实用的分析技术，即发现存在于大量数据集中的关联性和相关性，从而描述一个事务中某些属性同时出现的规律和模式。

关联规则典型的应用领域包括市场购物篮分析、交叉销售、部分分类、金融服务、通信、互联网、电子商务等。本节主要对关联规则的基本概念、主要算法及关联规则的应用等进行介绍。

在关联分析中，我们应该都听过啤酒与尿布的故事。这个故事发生在20世纪80年代，美国某个超市的销售经理在无意中发现有一部分男士在超市购买尿布的同时也会购买啤酒，这一发现使得销售经理格外欢喜，于是他把尿布和啤酒摆在同一个货架上供客户选择，果然该月超市里啤酒和尿布的销售量呈现增长趋势。当然也有专家认为这是销售经理杜撰的，但无论如何，这一现象现在销售行业得到了广泛应用。在后面的研究过程中，我们把这一现象统称为购物篮分析。在介绍关联规则的相关算法之前，我们先来看看购物篮分析究竟是什么？

分析这些数据的关系有助于零售商了解客户的购买行为，支持各种商业中的实际应用，如交叉商品出售、决定商品出售最佳折扣、市场促销、库存管理和客户关系管理等。

零售商在促进商品出售时有以下几种促销方式。

- 反时令促销法：一般而言，对于一些季节性商品，往往有销售淡旺季之分。因为大众消费心理是"有钱不买半年闲"，即按时令需求，缺什么买什么。商家一般也是如此，基本按时令需求供货。
- 独次销售法是商店对所有商品仅出售一次，即使十分热销也不再进货。表面上，商店损失了很多利润，但是实际会因为商品十分抢手，加速商品的周转，实现更大的利润。
- 翻耕促销法：以售后服务形式招徕老客户的促销方法。
- 轮番降价促销法：商家分期分批地选择一些商品为特价商品，并制作大幅海报贴于商店内外，或印成小传单散发给客户。
- 每日低价促销法：商家每天推出低价商品，以吸引客户的光顾。它与主要依靠降价促销手段以扩大销售有很大不同，由于每天都是低价商品，所以是一种相对稳定的低价策略。
- 最高价促销法：一般而言，价格促销实际上就是降价促销，只有降低价格才能吸引消费者的注意力。

例如，表14-1给出了一个数据集的例子，我们通常称其为购物篮交易（market basket transaction）。表中每一行对应一个交易，包含一个唯一标识TID和特定客户购买的商品集合。

表14-1 订单记录

ID	Items
1	薯片、鸡蛋、面包、牛奶
2	薯片、鸡蛋、啤酒
3	面包、牛奶、啤酒
4	薯片、鸡蛋、面包、牛奶、啤酒
5	薯片、鸡蛋、面包
6	鸡蛋、面包、啤酒
7	薯片、面包、牛奶
8	薯片、鸡蛋、面包、牛奶
9	薯片、鸡蛋、牛奶

现在，零售商希望从这些交易记录中发现"某种商业规律"。所谓的商业规律，是一个经济学术语，简单来说是因为某些事物间存在的彼此关联和依赖的关系，从而导致这些事物成对或者按照某种确定的先后关系成对出现的情况。

例如：

```
if 尿布 then 啤酒
if 尿布 and 啤酒 then 面包
……
```

理论上，任何属性都可以伴随任何可能的属性值出现在右边，而一个单独的关联规则经常能够预测出不止一个属性的值。

要找出这些规则，就必须对右边的每一种可能的属性组合，用每种可能的属性值的组合执行一次规则归纳过程。但这是理论上的分析，实际上学者们已经研究出很多更高效的算法，大大加速了这个搜索过程。我们接下来就来讨论关联分析中涉及的两个主要算法：Apriori 算法与 FP-Growth 算法。

14.2.1 Apriori 算法

在介绍 Apriori 算法之前，我们先一起回忆一下双十一购物狂欢节。其实在双十一之前，我们就会收到很多不论是线上店铺还是线下门店的促销短信。有的是满减活动，有的是折扣活动，也有的是组合商品低价出售等，其实这些短信的唯一目的是刺激消费者的购买，从而在一定程度上让企业获取更多利润。在双十一结束后，有不少网友在网上调侃，"我今年为上亿项目投资了**钱"。其实这也侧面反映了随着社会的不断发展，人们的生活水平也在逐渐提升。企业需要发掘客户并向他推荐他感兴趣的商品，所以采取恰当的营销策略显得尤为重要。而关联规则正是推荐算法的一种，下面我们就以 Apriori 算法为例，看看关联规则是如何为企业创造价值的!

1. Apriori 算法的原理

Apriori 算法是第一个关联规则挖掘算法，也是最经典的算法。它利用逐层搜索的迭代方法找出数据库中项集的关系，以形成规则，其过程由剪枝（去掉那些没必要的中间结果）与连接（类矩阵运算）组成。该算法中项集的概念即项的集合，如包含 k 个项的集合称为 k 项集。项集出现的频率是包含项集的事务数，称为项集的频率。如果某项集满足最小支持度，则称它为频繁项集。

2. Apriori 算法的相关概念

学习 Apriori 算法首先要了解几个概念：项集、支持度、置信度、最小支持度、最小置信度、频繁项集、强关联规则，如图 14-1 所示。

- 项集：顾名思义跟数学里的集合有点像，即项的集合。例如，牛奶、面包组成一个集合 {牛奶、面包}，其中牛奶和面包均为项，{牛奶、面包} 为项集，称为二项集。
- 支持度：项集 A、B 同时发生的概率 P(AB) 称为关联规则的支持度。

- 最小支持度：人为按照实际意义规定的阈值，表示项集在统计意义上的最低重要性。
- 最小置信度：人为按照实际意义规定的阈值，表示关联规则的最低可靠性。
- 频繁项集：满足最小支持度的所有项集。
- 强关联规则：满足最小支持度和最小置信度的关联规则。

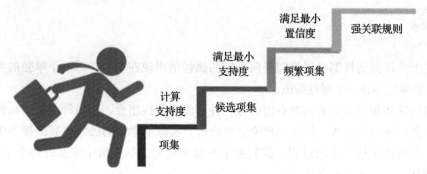

图 14-1　Apriori 算法的相关概念

3. 使用算法进行关联规则运算

- 事务数据库就是我们之前生成的购物篮数据集，每个用户的购买记录就是一条事务（Transaction）记录，记为 D。
- 项集（Itemset）指项的集合，这里指所有商品的集合。每个事务是非空子集，即每一个交易都与一个唯一的标识符（Transaction ID，TID）对应。关联规则是蕴涵式，比如，antecedants 为前项集先导，也称为 left-hand-side（LHS），consequents 为后项集后继，也称为 right-hand-side（RHS）。
- 支持度（support）表示同时包含 A 和 B 的事务占所有事务的比例。
- 在 D 中的支持度是 D 中事务包含的百分比，即概率。
- 置信度（confidence）是事务中同时包含的百分比，即条件概率。
- 提升度（lift）表示"包含 A 的事务中同时包含 B 事务的比例"与"包含 B 事务的比例"的比值，它反映了关联规则中事务 A 与事务 B 的相关性。
- 强关联规则表示如果同时满足最小支持度阈值和最小置信度阈值，则认为关联规则是有趣的。这些阈值由用户或者专家通过以往经验设定。

> **注意**
> 提升度大于 1 且越高表明正相关性越高；
> 提升度小于 1 且越低表明负相关性越高；
> 提升度等于 1 表明没有相关性。

注意：Apriori 算法有支持度和置信度两个概念，都是在执行算法之前自己设定的，设置门限"最小支持度"和"最小置信度"，当支持度和置信度同时高于这两个门限时就可以认为项集是强关联规则了。如某一客户在超市购买了啤酒和尿布，已知{啤酒、尿布}的支持度为40%，那么所有的购物记录里有40%的购物记录都包含这种模式。置信度是有"方向性"的，如果{啤酒→尿布}的置信度为75%，则表示客户在购买了啤酒的记录中75%也同时购买了尿布；反之如果{尿布→啤酒}的置信度为95%，则表示客户在购买了尿布的记录中95%也同时购买了啤酒。在每一次迭代后，大于支持度的项集被保留为频繁项集，最后生成的规则由最终的频繁项集组成。支持度与置信度的概念有些抽象，具体可以看下面的例子。

如表14-2所示，每一个客户id对应的item都是一个项集，现在需要研究{牛奶，尿布}与{啤酒}的关联性，计算支持度与置信度。

表 14-2 客户购物单

Id	item
1	面包，牛奶
2	面包，尿布，啤酒，鸡蛋
3	牛奶，尿布，啤酒，可乐
4	面包，牛奶，尿布，啤酒
5	面包，牛奶，尿布，可乐

支持度（重要性）：计算{牛奶，尿布}{啤酒}同时发生的概率为 $\frac{2}{5}$。

置信度（可靠性）：计算{牛奶，尿布}发生的情况下，{啤酒}发生的概率为 $\frac{2}{3}$。

4. Apriori 算法的重要性质

频繁项集的子集必为频繁项集，如果{1, 2, 3}是频繁的，那么{1, 2}、{1, 3}、{2, 3}、{1}、{2}、{3}也一定是频繁的；非频繁项集的超集一定是非频繁的，如果{2, 3}是非频繁的，则{0, 2, 3}、{1, 2, 3}、{0, 1, 2, 3}也一定是频繁的。

图14-2将Apriori算法的两大特征生动形象地表现了出来。

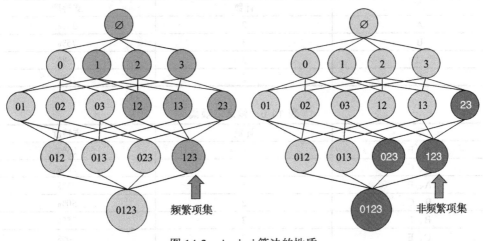

图 14-2 Apriori 算法的性质

5. Apriori 算法的步骤

1）计算商品各自的支持度，分析得到的满足条件的多项频繁项集；
2）分别计算双向置信度（购买 A 的同时购买 B 和购买 B 的同时购买 A 的置信度都要算）；
3）筛选前 n 个较高的置信度，分析其对应的结论；
4）由有经验的业务人员，从中选出最合理的一对商品，来进行单向的购物车推荐；

某超市一段时间的交易数据如表 14-3 所示，我们需要寻找商品间的关联规则（最小支持度为 50%、最小置信度为 80%）。

表 14-3 超市交易数据

交易号	商品代码
T1	A、C、D
T2	B、C、E
T3	A、B、C、E
T4	B、E

1）寻找频繁项集，如表 14-4～表 14-9 所示。（注意：表格中灰色部分指的是要剪枝的，不符合最小支持度或最小置信度的项集。）

表 14-4 候选一项集

项	计数	支持度
A	2	50%
B	3	75%
C	3	75%
D	1	25%
E	3	75%

表 14-5 频繁一项集

项	计数	支持度
A	2	50%
B	3	75%
C	3	75%
E	3	75%

表 14-6 候选二项集

项	计数	支持度
A、B	1	25%
A、C	2	50%
A、E	1	25%
B、C	2	50%
B、E	3	75%
C、E	2	50%

表 14-7 频繁二项集

项	计数	支持度
A、C	2	50%
B、C	2	50%
B、E	3	75%
C、E	2	50%

表 14-8 候选三项集

项	计数	支持度
A、B、C	1	25%
A、C、E	1	25%
B、C、E	2	50%

表 14-9 频繁三项集

项	支持度
B、C、E	50%

从上述的分析过程中可以看出，该交易数据得到的频繁项集为 {A}、{B}、{C}、{E}、{A、C}、{B、C}、{B、E}、{C、E}、{B、C、E}。

2）产生关联规则。

对于频繁项集 {A、C}{B、C}{B、E}{C、E} 产生 {A}、{B}、{C}、{E} 这四个子集，计算这几个规则间的置信度，如表 14-10 所示。

表 14-10 频繁二项集置信度

项	置信度
{A} → {C}	100%
{C} → {A}	100%
{B} → {C}	66.7%
{C} → {B}	66.7%
{B} → {E}	100%
{E} → {B}	100%
{C} → {E}	66.7%
{E} → {C}	66.7%

对于频繁项集 {B、C、E} 产生 {B}、{C}、{E}、{B、C}、{B、E}、{C、E} 这四个子集，计算这几个规则间的置信度，如表 14-11 所示。

表 14-11 频繁三项集置信度

项	置信度
{B} → {C、E}	66.7%
{C、E} → {B}	100%

项	置信度
{C} → {B、E}	66.7%
{B、E} → {C}	66.7%
{E} → {B、C}	66.7%
{B、C} → {E}	100%

根据上述结论分析：当客户购买 {C、E} 商品后，超市可以把 {B、C、E} 商品作为交叉商品组合推出。先购买 {C、E} 商品再购买 {B} 商品间的置信度为 100%，所以如果将这三种商品作为组合商品推荐给客户，并不会给客户造成反感，反而会促进这三类商品的销售。同理，当客户购买 {B、C} 商品后，超市可以紧接着在收银台采取把 {E} 商品推荐给客户购买。先购买 {B、C} 商品再购买 {E} 商品间的置信度为 100%，所以采取这样的组合商品的方式可以很大程度上促进超市的销售额。

6. Apriori 算法的改进方法

1）减少扫描数据库的次数（FP-Growth 算法、Partition 算法）；

2）Apriori 算法产生了大量的候选项集，这样会大大增加储存成本，所以我们应该从减少候选项集的方面着手。

14.2.2　FP-Growth 算法

1. FP-Growth 算法的原理

FP-Growth 算法是一种频繁模式（Frequent Pattern）树增长算法。FP 树是 FP-Growth 算法中构建的树形数据结构，用于组织数据，是一种自底向上的探索树。它采用分而治之的基本思想，将数据库中的频繁项集压缩到一棵频繁模式树中，同时保持项集之间的关联关系。然后将这棵树压缩后的频繁模式树分成一些条件子树，每个条件子树对应一个频繁项，从而获得频繁项集，最后进行关联规则挖掘。该算法高度浓缩了数据库，同时能保证对频繁项集的挖掘是完备的。不同于 Apriori 算法需要多次扫描数据库，FP-Growth 算法通过构造一个树结构来压缩数据记录，只需要扫描两次数据记录，而且不需要生成候选集合，所以效率会比较高。第 1 次扫描事务数据库获得频繁 1 项集；第 2 次扫描建立一棵 FP 树。FP-Growth 算法的原理是发现频繁项集降序排列。

2. FP-Growth 算法与 Apriori 算法的区别

❑ FP-Growth 算法只能用来发现频繁项集，不能用来寻找关联规则。

❑ FP-Growth 算法发现频繁集的效率比较高，Apriori 算法对于每个潜在的频繁项集都会扫描数据集来判定其是否符合频繁项集的要求，而 FP-Growth 算法只需要对数据集进行两次扫描。FP-Growth 算法的执行速度要快于 Apriori 算法，通常性能要好两个数量级以上。

- FP-Growth 算法基于 Apriori 算法构建，在完成相同任务的时候采用了一些不同技术。
- 发现频繁项集的基本过程：构建 FP 树→从 FP 树中挖掘频繁项集。
- FP-Growth 算法一般要快于 Apriori 算法，但实现比较困难，在某些数据集上性能会下降，该算法将数据存储在一种称为 FP 树的紧凑数据结构中。一棵 FP 树看上去与计算机中的其他树结构类似，但是它通过链接（link）来连接相似元素，被连起来的元素项可以看作一个链表。

与搜索树不同的是，一个元素项可以在一棵 FP 树中出现多次。FP 树会存储项集的出现频率，而每个项集会以路径的方式存储在树中。存在相似元素的集合会共享树的一部分。只有当集合之间完全不同的时候树才会分叉。FP 树节点上会给出集合中单个元素及其在序列中的出现次数，路径会给出该序列的出现次数。相似项之间的链接即节点链接，用于快速发现相似项的位置。

3. FP-Growth 算法的工作流程

FP-Growth 算法的工作流程如下：首先扫描事务数据集 D，生成频繁 1 项集 L1；然后将频繁 1 项集 L1 按照支持度递减顺序排列，得到排序后的项集 L1；其次构造 FP 树，即创建树的根节点，记为 Null；再次扫描事务数据库 D，按照 L1 中的顺序对数据库中每个事务的项进行排序，并对每个事务创建一个分支，构造相应的条件 FP 树，对该树进行递归挖掘；最后通过后缀模式与条件 FP 树产生的频率模式连接，实现模式增长。

频繁项挖掘广泛地应用于寻找关联事物的场景中。最经典的就是，电商企业通过分析用户的订单，挖掘出经常被共同购买的商品，用于推荐。下面通过一个案例详细地讲解 FP-Growth 如何实现并行化。

4. FP-Growth 算法的实例

假定某数据集包含 5 个事务和 5 个项，创建 FP 树的方法如下：分别读入数据集中的事务，创建相应的标记节点，形成相应的路径并编码，更新所有节点的频度计数。假设我们的事务数据库有 5 条交易数据，如表 14-12 所示，其中 a、b、c、d、e 为 5 个商品。假设 minSupport = 0.4，即要求至少共同出现 2 次。

表 14-12　交易数据

ID	购买的商品
1	a b d
2	b c d
3	a b e
4	a b c
5	b c d

FP-Growth 算法更进一步，通过将交易数据巧妙地构建或一颗 FP 树，然后在 FP 树中

递归地对频繁项进行挖掘。FP-Growth 算法需要扫描数据库两次：第一次是统计每个商品的频次，用于剔除不满足最低支持度的商品，然后排序得到频繁项集；第二次是扫描数据库构建 FP 树。

（1）统计频次

扫描数据库，统计每个商品的频次，并进行排序，显然商品 e 仅仅在交易数据中出现了一次，即项 {e} 的支持度为 20%，不满足最小支持度的条件，所以应该将商品 e 剔除掉，最终得到的结果如表 14-13 所示。

表 14-13　商品的出现频次

商品	频次
b	5
a	3
c	3
d	3

（2）构建 FP 树

扫描数据库，构建 FP 树。FP 树以 root 节点为起始，节点包含自身的商品和频次，以及父节点和子节点。

1）第一条交易数据：b d，结合第一步商品顺序，排序后为 b a d，依次在树中添加 b 节点，父节点为 root，最新的频次为 1，然后添加 a 节点，父节点为 a，频次为 1，最后添加 d 节点，父节点为 b，频次为 1，如图 14-3 所示。

2）第二条交易数据，如图 14-4 所示，排序后为 b c d。依次添加 b 节点，但树中已经有 b 节点，因此更新频次加 1，然后是节点 c，b 节点当前只有子节点 d，因此新建 c 节点，父节点为 b，频次为 1，最后添加 d 节点，父节点为 c，频次为 1。

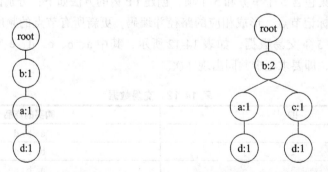

图 14-3　第一条交易后的 FP 树　　　　图 14-4　第二条交易后的 FP 树

后面三条交易数据的处理和前两条一样，这里不再详细阐述，直接画出每次处理完的 FP 树示意图，如图 14-5～图 14-7 所示。

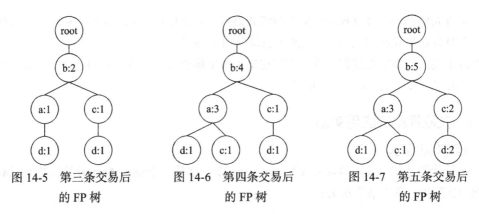

图 14-5 第三条交易后的 FP 树　　图 14-6 第四条交易后的 FP 树　　图 14-7 第五条交易后的 FP 树

(3) 频繁项的挖掘

1) 商品 b 频繁项的挖掘。商品 b 只有一个 b 节点，且该节点本身的频次符合最小支持度，所以是一个频繁项 (b:5)，然后从 b 节点向上找子树，只有根节点，所以以 b 为前缀的频繁项只有一个：(b:5)。

2) 商品 a 频繁项的挖掘。商品 a 只有一个 a 节点，且节点本身也是一个频繁项 (a:3)，递归地获取 a 的子树，进行挖掘。子树构建方式如下：新建一个新的 FP 树，遍历树中所有的 a 节点，向上找，直到找到根节点，然后把当前路径上的非根节点添加到子树中，每个节点的频次为当前遍历节点的频次。

因为商品 a 只有一个节点 (a, 3)，所以向上遍历得到 b 节点，因此把 b 加入子树中，频次为节点 (a, 3) 的频次 3，得到如图 14-8 所示的子树。显然在这个子树中只能挖掘出频繁项 (b:3)，由于这是 a 递归得到的子树，需要加上前缀 a，所以得到频繁项为 (ab:3)。

此时的子树只有一个节点 (b, 3)，不用进一步递归，因此商品 a 的频繁项挖掘结束，有两个频繁项为：(a:3)，(ab:3)。

3) 商品 c 的频繁项的挖掘。商品 c 在 FP 树中包含两个节点，分别为 (c, 1)、(c, 2)。显然 c 自身是个频繁项 (c:3)，然后进行递归。(c, 1) 节点向上查找得到节点：(a, 1)、(b, 1)。节点 (c, 2) 向上查找得到 (b, 2)，上述三个节点可以构造出如图 14-9 所示的子树。

子树中的节点 (b, 3) 符合最小支持度，加上前缀 c 得到频繁项 (bc:3)。节点 (a, 1) 不满足要求，丢弃。因此，c 挖掘出的频繁项为：(c:3)、(cb:3)。

4) 商品 d 的频繁项的挖掘，同理 (d:3) 是一个频繁项，d 的子树如图 14-10 所示。

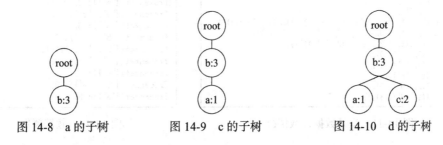

图 14-8　a 的子树　　　　图 14-9　c 的子树　　　　图 14-10　d 的子树

子树首先挖出（c:2）、（b:3），加上前缀 d 得到（dc:2）、（db:3），然后子树中 c 节点的子树仅仅有根节点和节点（b, 2），加上两个前缀得到（dcb:2）。

通过上述的三步挖掘过程，我们依次挖出了 9 个频繁项：（b:5）、（a:3）、（ab:3）、（c:3）、（cb:3）、（d:3）、（dc:2）、（db:3）、（dcb:2）。

14.2.3 关联规则的应用实例

1. 运行代码展示

在运行代码之前，我们需要先安装 pymining 库，这是一个根据 Apriori 算法进行关联规则挖掘的实验库。其安装方法为：

```
pip install pymining
```

运行关联规则挖掘代码：

```python
from pymining import itemmining, assocrules
transactions = (('a', 'c', 'd'), ('b', 'c', 'e'), ('a','b', 'c', 'e'), ('b', 'e'))
relim_input = itemmining.get_relim_input(transactions)
print(relim_input)
report = itemmining.relim(relim_input, min_support=2)
print(report)
rules1 = assocrules.mine_assoc_rules(report, min_support=2, min_confidence=0.5)
print(rules1)
# 筛选第三次扫描结果
for line in rules1:
    if len(line[0])>1 or len(line[1])>1 :
        print(line)
```

2. 运行结果展示与分析

图 14-11 为数据交易的计数情况，即发现 b、c、e 在数据交易中出现了三次，也说明 b、c、e 可能是频繁项集。

图 14-12 的结果是由关联规则中的 Apriori 算法得出的，即通过计算各个项的支持度，剔除不满足最小支持度的项集，得到频繁项集。可以看出，频繁一项集有 {a}、{b}、{c}、{e}；频繁二项集有 {c, a}、{c, b}、{b, e}、{c, e}；频繁三项集有 {c, b, e}。

```
([((0, (3, 'e')), []),
  ((0, (3, 'c')), []),
  ((2, (3, 'b')), [(1, ((3, 'c'), (3, 'e'))), (1, ((3, 'e'),))]),
  ((1, (2, 'a')), [(1, ((3, 'b'), (3, 'c'), (3, 'e')))]),
  ((1, (1, 'd')), [(1, ((2, 'a'), (3, 'c')))])],
OrderedDict([((3, 'e'), 0),
             ((3, 'c'), 1),
             ((3, 'b'), 2),
             ((2, 'a'), 3),
             ((1, 'd'), 4)]))
```

图 14-11 交易数据计数情况

```
{frozenset({'a'}): 2,
 frozenset({'a', 'c'}): 2,
 frozenset({'b'}): 3,
 frozenset({'b', 'c'}): 2,
 frozenset({'b', 'c', 'e'}): 2,
 frozenset({'b', 'e'}): 3,
 frozenset({'c'}): 3,
 frozenset({'c', 'e'}): 2,
 frozenset({'e'}): 3}
```

图 14-12 频繁项集

对所有的频繁项集求解对应的支持度（图 14-13），把满足最小置信度的频繁项集筛选出来（图 14-14），从而组成强关联规则。

```
[[frozenset({'e', 'c'}) frozenset({'b'}) 2 1.0]
 [frozenset({'c'}) frozenset({'b', 'e'}) 2 0.6666666666666666]
 [frozenset({'e'}) frozenset({'b', 'c'}) 2 0.6666666666666666]
 [frozenset({'b', 'c'}) frozenset({'e'}) 2 1.0]
 [frozenset({'b'}) frozenset({'e', 'c'}) 2 0.6666666666666666]
 [frozenset({'b', 'e'}) frozenset({'c'}) 2 0.6666666666666666]
 [frozenset({'a'}) frozenset({'c'}) 2 1.0]
 [frozenset({'c'}) frozenset({'a'}) 2 0.6666666666666666]
 [frozenset({'b'}) frozenset({'b'}) 2 0.6666666666666666]
 [frozenset({'b'}) frozenset({'c'}) 2 0.6666666666666666]
 [frozenset({'c'}) frozenset({'b'}) 3 1.0]
 [frozenset({'b'}) frozenset({'e'}) 3 1.0]
 [frozenset({'e'}) frozenset({'b'}) 2 0.6666666666666666]
 [frozenset({'e'}) frozenset({'c'}) 2 0.6666666666666666]]
```

图 14-13　频繁项集的支持度

```
[frozenset({'e', 'c'}) frozenset({'b'}) 2 1.0]
[frozenset({'c'}) frozenset({'b', 'e'}) 2 0.6666666666666666]
[frozenset({'e'}) frozenset({'b', 'c'}) 2 0.6666666666666666]
[frozenset({'b', 'c'}) frozenset({'e'}) 2 1.0]
[frozenset({'b'}) frozenset({'e', 'c'}) 2 0.6666666666666666]
[frozenset({'b', 'e'}) frozenset({'c'}) 2 0.6666666666666666]
```

图 14-14　满足最小置信度的频繁项集

得到频繁项集的置信度如表 14-14 所示。

表 14-14　频繁项集的置信度

规则	置信度
b → {c、e}	66.7%
c → {b、e}	66.7%
e → {b、c}	66.7%
{c、e} → b	100%
{b、e} → c	66.7%
{b、c} → e	100%

由表 14-14 可以发现，项集间的强关联规则有 {c、e} → {b}、{b、c} → {e}。所以如果需要在销售时采取某些营销策略，可以优先考虑关联规则强的频繁项集，这样交叉商品的推荐也不会使客户很厌烦。如果推荐得当，有可能会使客户觉得该超市非常人性化，从而刺激客户的消费行为，在一定程度上为企业获取更多的利润。这样的营销策略也会促进商品的快速售空，所以在着力推荐此商品的同时，我们还应该做好供给满足客户需求量的准备。

14.3　实战：火锅店推荐

实验数据来源于上海地区的大众点评，数据集包括火锅店名、店铺网址、星级、大众点评数、平均价格、口味、环境、服务以及特色菜等特征属性,通过使用K均值聚类将上海地区的火锅店进行聚类,最终分为三类:常推荐、一般推荐、不推荐。对大众点评上收集到的数据做可视化分析,得到一个简单的筛选器,该筛选器的主要作用是通过对最低星级要求、人均消费下限、人均消费上限、最低口味分数、最低环境分数、最低服务分数、想吃的特色菜等条件,为客户筛选出满足以上条件的火锅店名称、店铺网址以及该店在大众点评里的招牌菜。

14.3.1 导入相关库

如下导入相关库:

```python
import pandas as pd                                    # 导入pandas库
import matplotlib.pyplot as plt                        # 绘图库
import seaborn as sns                                  # 相关性图库
plt.rcParams['font.sans-serif'] = [u'SimHei']          # 正常显示图片中的中文字体
plt.rcParams['axes.unicode_minus'] = False             # 解决图形中负号为方块的问题
# 使得图片在下方显示出来
%matplotlib inline
# 读取数据
data = pd.read_csv('huoguo.csv',encoding='gb18030')
print(data.head())
len(data)
```

结果如图14-15所示。

```
              name                              url       star  \
511   川溢香老成都火锅(普陀店)    http://www.dianping.com/shop/110344972    准五星商户
382   呷哺呷哺(白玉兰广场店)    http://www.dianping.com/shop/123243037    五星商户
2     小肥羊(光启城时尚购物中心店) http://www.dianping.com/shop/72351070     准五星商户
62    红鹰重庆美蛙火锅(宝山龙湖天街店) http://www.dianping.com/shop/113075823   五星商户
461   鼎犇锅物料理(斜土路店)   http://www.dianping.com/shop/19475700     五星商户
..        ...                              ...       ...
483   辉哥海鲜火锅(洛克外滩源店)  http://www.dianping.com/shop/6061978    五星商户
104   洋房火锅(新天地店)      http://www.dianping.com/shop/8844957    五星商户
49    季悦火锅(锦江店)       http://www.dianping.com/shop/43386343   五星商户
217   洋房火锅(岳阳路店)     http://www.dianping.com/shop/4663518    五星商户
452   季悦火锅(虹桥迎宾馆店)  http://www.dianping.com/shop/21245819   五星商户

     comment  avg_price  taste  environment  services  \
511    1539        111    8.9          9.0       9.0
382     132        111    9.1          9.3       9.2
2      4308        111    9.0          8.9       8.9
62      545        111    9.1          9.1       9.1
461    2314        110    9.0          8.7       9.2
..      ...        ...    ...          ...       ...
483     722        962    9.1          9.2       9.0
104    4153        977    9.2          9.3       9.3
49     1010       1007    9.3          9.3       9.3
217    1816       1058    9.1          9.1       9.1
452     688       1073    9.2          9.3       9.3

               recommend
511   川溢香特色蠓牛肉,虾滑,鸭血
382   昔村元气牛尾锅,虾滑COMBO,总汇牛肉拼盘
2     特色羔羊肉,鸳鸯锅,招牌豪气羊肉串
62    红鹰招牌辣蛙,自制芝士虾滑,阳光小鲜牛(蠓牛肉)
461   胡椒猪肚鸡,皇上皇腊味煲仔饭中,爆酱芝士虾丸
..           ...
483   霜降雪花牛肉,象拔蚌,竹节虾
104   松茸汤底,顶级黑毛和牛,煎极品牛肉粒
49    澳洲和牛,法国吉拉多生蚝,胡椒猪肚鸡锅底
217   鼎级黑毛和牛,松茸汤底,极品和牛粒
452   牛眼肉,法国吉拉多生蚝,帝王蟹
```

图14-15 火锅店的部分数据展示

对店铺进行排序:

```python
data = data.dropna(axis=0,how='any')                          # 删除含空值的行数据
data.head()
# 按平均价格将店铺进行排序
import numpy as np
data=data.sort_values(by = 'avg_price',axis = 0,ascending = True)  # 将火锅店按价格升序排列
data.avg_price[data.avg_price==1]=111
for i in range(749):
    if(data.avg_price[i]>=10)&(data.avg_price[i]<=20):
        data.avg_price[i]=data.avg_price[i]+100
# 按照评价将店铺进行排序
data.sort_values(by = 'comment',axis = 0,ascending = True)
print(data)
data[(data.comment>=10)&(data.comment<=20)].comment
for i in range(749):
    if(data.comment[i]>=10)&(data.comment[i]<=20):
        data.comment[i]=data.comment[i]+100
```

14.3.2 数据可视化及分析

对筛选结果进行可视化展示,如下:

```python
from matplotlib.font_manager import FontProperties
plt.rcParams['font.family']=['sans-Serif']
plt.figure(figsize=(8,6))
sns.countplot(data["star"],order = ['五星商户','准五星商户','四星商户','准四星商
    户','三星商户'])                                              # 绘制计数柱状图
plt.show()
```

结果如图 14-16 所示。

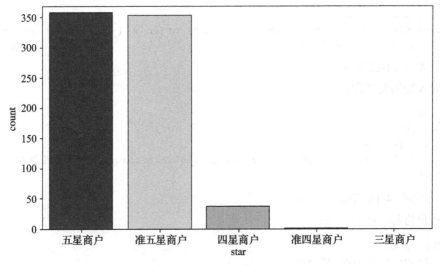

图 14-16 评分星级柱状图对比

查看评论情况:

```
# 评论数情况
plt.figure(figsize=(8,6))
sns.distplot(data["comment"],kde=True,rug=True,color='g')  # 绘制直方图,并生成kde曲线,
                                                           # 显示观测实例竖线
plt.show()
```

结果如图14-17所示。

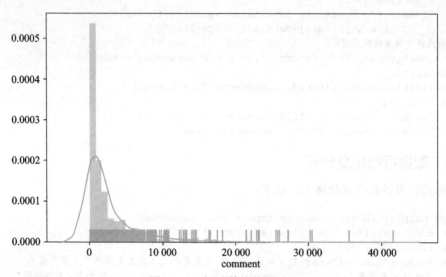

图 14-17　评论数柱状图对比

分析星级与评论的关系:

```
# 星级和评论的关系
plt.figure(figsize=(8,6))
sns.barplot(data["star"],y=data["comment"],order = ['五星商户','准五星商户','四
    星商户','准四星商户','三星商户'])                         # 绘制箱型图
```

结果如图14-18所示。

查看人均消费情况:

```
plt.show()
# 人均消费
plt.figure(figsize=(8,6))
sns.distplot(data["avg_price"],kde=True,rug=True,color='m')  # 绘制直方图
plt.show()
```

结果如图14-19所示。

分析价格与星级的关系:

```
# 价格和星级
plt.figure(figsize=(8,6))
sns.violinplot(data["star"],y=data["avg_price"],palette="Set2",order = ['五星商
```

户','准五星商户','四星商户','准四星商户','三星商户'])   # 绘制小提琴图
plt.show()

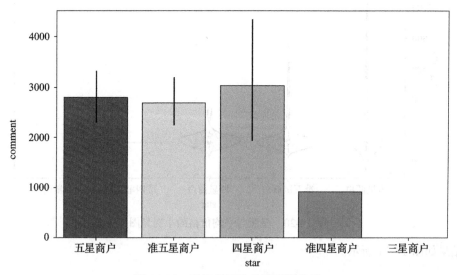

图 14-18　星级和评论的箱型图关系

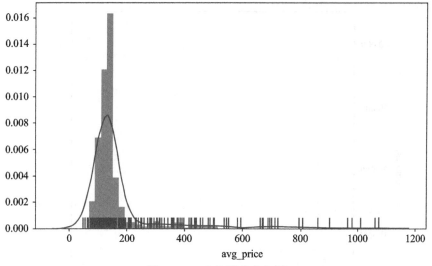

图 14-19　人均消费直方图

结果如图 14-20 所示。

分析价格与评论数的关系：

```
# 价格和评论数量
plt.figure(figsize=(15,15))
sns.jointplot(data["avg_price"], data["comment"], kind="hex")  # 绘制综合散点图
plt.show()
```

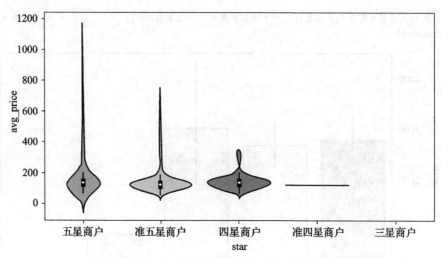

图 14-20　星级与平均价格的小提琴图

结果如图 14-21 所示。

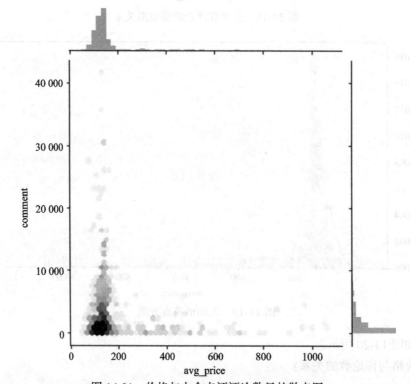

图 14-21　价格与大众点评评论数目的散点图

根据可视化结果我们发现，当人均价格在 100 ~ 200 元范围内时，大众点评上的评价最多。其他价格范围内，消费者去店里消费的可能性比较小，相应在大众点评上的评价也比较少。

绘制相关性分析图:

```
# 制作口味、环境、服务\星级相关性分析可视化图
import seaborn as sns
df=data[['star','taste','environment','services']]
sns.pairplot(df)
# plt.figure(figsize=(15,15))
# df = data[['taste', 'environment', 'services']]
# sns.pairplot(df,palette="Set2",kind="hist")  # 按照星级分类,设置调色板为Set2,绘
                                               # 制回归分布图
# plt.show()
```

结果如图 14-22 所示。

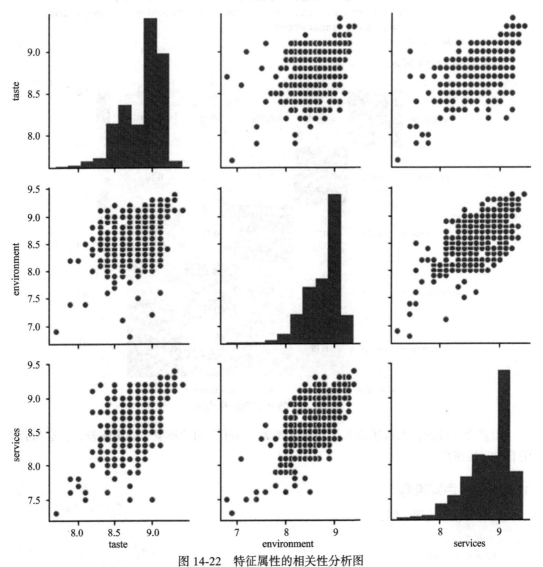

图 14-22 特征属性的相关性分析图

绘制热力图：

```
# 通过绘制热力图分析影响火锅人均价格的因素
def heatmap(newdata, method='pearson', camp='RdYlGn', figsize=(10 ,8)):
    """
    newdata：整份数据
    method：默认为 pearson 系数
    camp：默认为 RdYlGn- 红黄蓝；YlGnBu- 黄绿蓝；Blues/Greens 也是不错的选择
    figsize：默认为 10, 8
    """
    plt.figure(figsize=figsize, dpi= 80)
    sns.heatmap(data.corr(method=method),
                xticklabels=data.corr(method=method).columns,
                yticklabels=data.corr(method=method).columns, cmap=camp,
                center=0, annot=True)
heatmap(data, figsize=(6,5))
```

结果如图 14-23 所示。

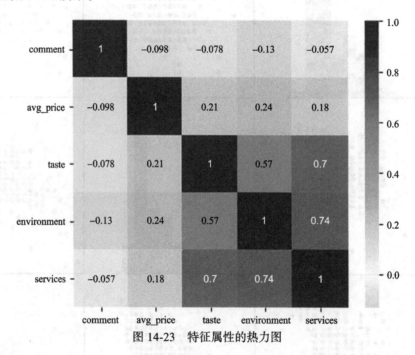

图 14-23　特征属性的热力图

由热力图可知，火锅店的人均价格主要受"口味"和"环境"的影响较大，这与我们的日常思维相符。

14.3.3　特色菜推荐

绘制特色菜的词云图：

```
# 特色菜
import jieba
```

```python
jieba.load_userdict("火锅菜.txt")                      # 添加火锅菜的专业词汇
delicious = []
for i in range(750):
    try:
        recommend = jieba.lcut(data['recommend'][i])   # 将特色菜进行结巴分词且返回list
        while ',' in recommend:
            recommend.remove(',')
        while '(' in recommend:
            recommend.remove('(')
        while ')' in recommend:
            recommend.remove(')')
        delicious.extend(recommend)                    # 追加分好词的序列
    except:
        continue
print(recommend)
delicious = pd.value_counts(delicious)                 # 统计分好的词,返回每个词(index)
                                                       # 以及词出现的次数(values)----
                                                       # 按词频绘制词云图
print('每个词出现的个数如下所示:')
print("delicious:",delicious)
from pyecharts import WordCloud                        # 导入 WordCloud 词云图库
wordcloud = WordCloud(width=1000,height=600)
wordcloud.add('',delicious.index, delicious.values, word_size_range=[15, 150])
wordcloud.render("推荐菜.html")                         # 渲染生成本地 html 文件
```

结果如图 14-24 所示。

图 14-24　特色菜的词云图

14.3.4　K 均值聚类分析

对商户进行聚类分析:

```python
from sklearn.cluster import KMeans                     # 导入 K-Means 聚类
# 为更好聚类,将星级转为数字
for i in range(750):
    try:
        if data.loc[i,'star'] == '五星商户':
```

```python
            data.loc[i,'star_score'] = 5
        elif data.loc[i,'star'] == '准五星商户':
            data.loc[i,'star_score'] = 4.5
        elif data.loc[i,'star'] == '四星商户':
            data.loc[i,'star_score'] = 4
        elif data.loc[i,'star'] == '准四星商户':
            data.loc[i,'star_score'] = 3.5
        else:
            data.loc[i,'star_score'] = 3
    except:
        continue
estimator = KMeans(n_clusters=3)                        # 构造聚类器
data_1 = data[['star_score','taste', 'environment', 'services']]
estimator.fit(data_1)                                   # 聚类
label_pred = estimator.labels_                          # 获取聚类标签
print("label_pred: ",label_pred)
centroids = estimator.cluster_centers_                  # 获取聚类中心
inertia = estimator.inertia_                            # 获取聚类准则的总和
# 绘制k-means结果（通过taste、environment、services三者进行聚类）
from mpl_toolkits.mplot3d import Axes3D
fig=plt.figure()
ax=fig.add_subplot(111,projection='3d')
x0 = data_1[label_pred == 0]
x1 = data_1[label_pred == 1]
x2 = data_1[label_pred == 2]
ax.scatter(x0['taste'], x0['environment'],x0['services'],  c = "red", marker=
    'o', label='非常推荐')
ax.scatter(x1['taste'], x1['environment'], x1['services'], c = "green", marker='*',
    label='不推荐')
ax.scatter(x2['taste'], x2['environment'],x2['services'],  c = "blue", marker=
    '+', label='一般推荐')
ax.set_xlabel('taste')
ax.set_ylabel('environment')
ax.set_zlabel('services')
plt.legend()                                            # 显示标签
plt.title('口味与环境与服务')
plt.savefig("pic1.jpg",dpi=300)
plt.show()
```

结果如图14-25所示。

14.3.5 智能推荐器

向客户提供智能推荐：

```
# 制作推荐火锅店App
data['label'] = label_pred
tuijian = data[data['label'] == 2]                      # 先筛选出标签为非常推荐的所有商户
print("tuijian:",tuijian)
# 最好根据输入条件推荐店铺
star_demand=float(input('最低星级要求（5/4.5/4）:'))
```

```python
avg_price_low = int(input('人均消费下限：'))
avg_price_hign = int(input('人均消费上限：'))
tas=float(input('最低口味分数：'))
envir=float(input('最低环境分数：'))
serv=float(input('最低服务分数：'))
special_dish = input('想吃的特色菜：')
comment = []
taste = []
environment = []
services = []
recommend=[]
print("符合您条件的火锅店铺已为您挑选出来：-----------")
tj = tuijian[(tuijian['star_score']>=star_demand)& (tuijian['avg_price']>avg_
    price_low)& (tuijian['avg_price']<avg_price_hign)&(tuijian['taste']>tas)&
    (tuijian['environment']>envir)&(tuijian['services']>serv)].reset_index()
# print(tj)
for i in range(len(tj)):
    if special_dish in tj['recommend'][i]:
        a = tj['recommend'][i].split(",")
        for j in a:
            if special_dish in j:
                test=j
        print('火锅店名为： {}，  该店的特色菜为： {}，    店铺网址为：{}'.format
            (tj['name'][i],test,tj['url'][i]))
        print()
        comment.append(tj['comment'][i])
        taste.append(tj['taste'][i])
        environment.append(tj['environment'][i])
        services.append(tj['services'][i])
```

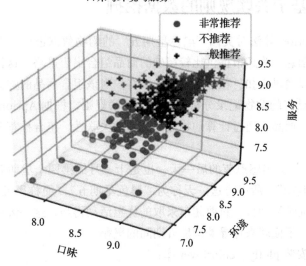

图 14-25　K 均值聚类结果图

若客户选择条件如下：

最低星级要求（5/4.5/4）：4
人均消费下限：50
人均消费上限：200
最低口味分数：7
最低环境分数：7
最低服务分数：7
想吃的特色菜：花胶

该推荐器推荐的上海火锅店以及特色菜有：

符合您条件的火锅店铺已为您挑选出来：
火锅店名为： 那都不是锅港式打边炉（浦东巴黎春天店）， 您想吃的特色菜全名为： 养颜花胶鸡， 店铺网址： http://www.dianping.com/shop/125719960
火锅店名为： 爱上六头鲍港式打边炉， 您想吃的特色菜全名为： 养颜花胶鸡浓汤锅， 店铺网址为： http://www.dianping.com/shop/109977799
……
……
火锅店名为： 金胶玉粤·胶原花胶鸡火锅PHOENIX Hotpot&Bar（龙茗路...， 您想吃的特色菜全名为： 金汤胶原花胶鸡锅底， 店铺网址为： http://www.dianping.com/shop/95538286

推荐火锅店的App小程序，只需要客户输入最低星级要求、人均消费下限、人均消费上限、最低口味分数、最低环境分数、最低服务分数、想吃的特色菜等条件，就可以直接筛选出满足条件的火锅店名称、符合客户喜好的特色菜以及店铺网址，为客户带来很大的便利。

14.4 实战：基于关联规则的数据挖掘

本节将通过Apriori算法对美国"黑色星期五"的购物数据进行数据分析与挖掘，从而得出一些可靠性的信息，为超市提供比较精确的商品组合出售策略。这样做的目的是使关联性较强的商品间可以通过折扣、积分等形式加大客户对该组合商品的购买可能，进而促进超市的日销量。通过已有的购物记录分析商品间的关联规则，根据Apriori算法得到的强关联规则为客户智能推荐商品，通过计算购物篮商品间的关联性，组合推荐关联性强的商品，从而提高商品的销量。

"黑色星期五"是美国感恩节的后一天，也是十一月的第四个星期五，因为在美国黑色代表"盈利"和"利润"，所以将这一天称为"黑色星期五"（简称黑五）。黑五也是各大超市在新年前的大型促销活动日，只要超市采取的优惠活动得当，这一天一定会为超市带来意想不到的盈利峰值。下面就来探寻美国黑五期间的奥秘。

在实验之前先安装plotly、colorlover库：

```
pip install plotly, colorlover
```

14.4.1 导入相关库

导入相关库,代码如下:

```python
# 安装实验所需要的库
!pip install plotly, colorlover,mlxtend -i https:pypi.tuna.tsiinghua.edu.cn/simple
# 导入实验需要的库
from plotly import tools
from plotly.graph_objs import *
import numpy as np                                    # 导入numpy数组库
import pandas as pd                                   # 导入pandas数据分析库
import matplotlib.pyplot as plt
plt.rcParams['font.sans-serif']=['SimHei']            # 解决图形中的中文字体显示问题
plt.rcParams['axes.unicode_minus']=False              # 解决负号显示为方块的问题
from plotly.offline import init_notebook_mode, iplot  # plotly是一款绘图工具
init_notebook_mode(connected=True)
import colorlover as cl                               # 绘图色彩库
# 导入数据集BlackFriday.csv
data=pd.read_csv('BlackFriday.csv')
data.head()
from plotly.graph_objs import *
colors = ['# F1948A', '# AED6F1','# F9E79F', '# E5E8E8', '# F1948A', '# D0ECE7',
    '# F6DDCC', '# D2B4DE', '# 117A65','# FAE5D3','# 34495E', '# DC7633',
    '# D35400','# 0E6251','# FCF3CF','# E8F8F5','# D4E6F1','# FADBD8','# E59866']
print(data.shape)                                     # 查看数据结构
print(data.columns)                                   # 查看数据集的列名
```

结果如表 14-15 所示。

表 14-15 数据集的特征属性名称

ID	字段名称	数据类型	字段描述
1	User_ID	Int	客户ID
2	Product_ID	String	商品ID
3	Gender	String	客户性别
4	Age	String	客户年龄
5	Occupation	Int	客户从事职业ID
6	City_Category	String	城市类别
7	Stay_In_Current_City_Years	String	在当前城市待的天数
8	Marital_Status	Int	婚姻状况
9	Product_Category_1	Int	商品类别1
10	Product_Category_2	String	商品类别2
11	Product_Category_3	String	商品类别3
12	Purchase	Int	消费金额(单位:美元)

对各特征属性进行分析:

```python
# 数据集的描述性分析(各个特征属性的最大、最小、标准差、平均值、四分位数等。)
data.describe()
```

结果如图 14-26 所示。

	User_ID	Occupation	Marital_Status	Product_Category_1	Product_Category_2	Product_Category_3	Purchase
count	5.375770e+05	537577.00000	537577.000000	537577.000000	370591.000000	164278.000000	537577.000000
mean	1.002992e+06	8.08271	0.408797	5.295546	9.842144	12.669840	9333.859853
std	1.714393e+03	6.52412	0.491612	3.750701	5.087259	4.124341	4981.022133
min	1.000001e+06	0.00000	0.000000	1.000000	2.000000	3.000000	185.000000
25%	1.001495e+06	2.00000	0.000000	1.000000	5.000000	9.000000	5866.000000
50%	1.003031e+06	7.00000	0.000000	5.000000	9.000000	14.000000	8062.000000
75%	1.004417e+06	14.00000	1.000000	8.000000	15.000000	16.000000	12073.000000
max	1.006040e+06	20.00000	1.000000	18.000000	18.000000	18.000000	23961.000000

图 14-26　特征属性的描述性分析

在图 14-26 中，单看购买力这一项，黑五这天，该超市的最高购买金额为 23 961 美元，最低购买金额为 185 美元。看得出消费水平还是有很大差异的。虽然黑五的优惠力度大，但有些群体依然仅仅购入少量东西，可能受限于工资，也可能是因为个人消费习惯。

14.4.2　数据可视化及分析

统计消费者人数：

```
# 人们的购买能力
data.User_ID.unique().shape[0]
```

输出结果：5891

黑五期间，共有 5891 个消费者，由图 14-26 可知平均交易额为 9333 美元。

```
# 绘制透视表
gender_purchase = data.pivot_table(values = 'Purchase', index=['User_ID','Gender'],
    aggfunc='sum')
gender_purchase = gender_purchase.reset_index()
gender_purchase.head(3)
# 性别 --- 占比情况
gender_count = gender_purchase.groupby(by='Gender').size().reset_index
(name='人数')
gender_count['占比'] = gender_count['人数'] / gender_count['人数'].sum()
gender_count
```

结果如图 14-27 所示。

我们发现在"占比"显示中，黑色星期五的消费群体有 71.7% 的购买者为男性，相当于女性消费者的 2.5 倍这也符合常理，黑色星期五反馈的购买折扣使得平时不经常购物的男性同胞也加入购物队列，所以男性占了消费者人数的一半以上。

	Gender	人数	占比
0	F	1666	0.282804
1	M	4225	0.717196

图 14-27　性别占比情况

```
# 绘制男性 vs 女性消费金额饼状图
trace = Pie(labels = gender_purchase.Gender.tolist(), values =
gender_purchase.Purchase.tolist(),hole=0.6,marker=dict(colors = colors))
layout = Layout(title = "黑色星期五<br>男性 vs 女性 消费总额对比")
fig = Figure(data = [trace],layout= layout)
iplot(fig)
```

结果如图 14-28 所示。

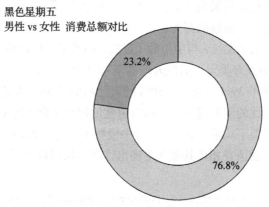

图 14-28　男性 vs 女性消费金额对比

这个结果有些出人意料，男性在黑五期间的消费总额是女性的 3.3 倍。在大众印象中，大家潜意识地认为女性的购买力强于男性，在黑五打折季应更是如此。然而，通过分析得出，男性在黑五的购买力要远远强于女性。

```
y_f = gender_purchase[gender_purchase.Gender == 'F'].Purchase
y_m = gender_purchase[gender_purchase.Gender == 'M'].Purchase
# horizonal, use x; vertical, use:y
trace1 = Box(x = y_m, name = "男性购物", orientation = 'h',boxmean=True)
# horizonal, use x; vertical, use:y
trace2 = Box(x = y_f, name = "女性购物", orientation = 'h',boxmean=True)
layout = Layout(title="消费者的购物消费分布")
fig= Figure(data = [trace1,trace2], layout = layout)
iplot(fig)
```

结果如图 14-29 所示。

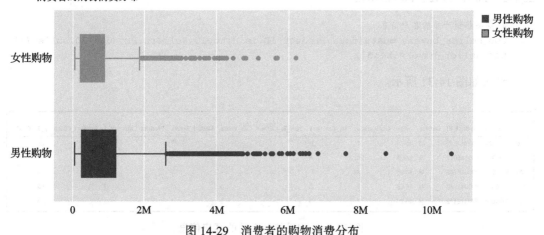

图 14-29　消费者的购物消费分布

箱线图再次印证了之前的观点：女性整体购买力不及男性购买力。
- 消费最高的男性比消费最高的女性高出了 440 万美元；
- 女性整体购买力不及男性购买力；
- 女性消费的平均值（虚线）与中位数（直线）都低于男性消费者；
- 女性人均消费 69.9 万美元，男性人均消费 91.1 万美元；
- 50% 的女性消费了 39.8 万美元，50% 的男性消费了 56.5 万美元；
- 男性的消费比女性的消费更分散，因为男性的四分位距（IQR）更大；
- 女性与男性的消费平均值（虚线）都比中位数（直线）要高；
- 少数消费者的购物消费相比其他人要高出许多，从而拉高了平均值。

```python
# 热销产品的研究：
top10_sellers = data.pivot_table(values='Purchase',index=['Product_ID'], agg-
    func='count').reset_index().sort_values(by ='Purchase',ascending=False).
    head(10)
top10_sellers.head()
```

结果如图 14-30 所示。

	Product_ID	Purchase
2534	P00265242	1858
1014	P00110742	1591
249	P00025442	1586
1028	P00112142	1539
565	P00057642	1430

图 14-30　热销产品

从黑五的销售数据来看，销售金额占比前五的产品 ID 为 P00265242、P00110742、P00025442、P00112142、P00057642。

```python
# 购买热销产品的客户信息
top_seller_buyers =data[data.Product_ID.isin(top10_sellers.Product_ID.tolist())]
top_seller_buyers.head()
```

结果如图 14-31 所示。

	User_ID	Product_ID	Gender	Age	Occupation	City_Category	Stay_In_Current_City_Years	Marital_Status	Product_Category_1	Product_Category_2	Prod
6	1000004	P00184942	M	46-50	7	B	2	1	1	8.0	
13	1000005	P00145042	M	26-35	20	A	1	1	1	2.0	
128	1000025	P00046742	M	18-25	4	C	4+	0	1	2.0	
224	1000042	P00046742	M	26-35	8	C	0	1	1	2.0	
235	1000044	P00112142	M	46-50	17	B	3	1	1	2.0	

图 14-31　购买热销产品的客户信息

筛选出排名前 10 的热销产品的交易记录，我们来看看能有什么有趣的发现。比如产品 ID 为 P00046742 的记录。

这个产品不仅属于产品类别 1，也属于类别 2 与类别 3。当然，如果这里能够显示产品的名字将更有利于分析。有趣的是，客户 1000025、客户 1000042 买了同一款产品，但是购买价格却不一样。客户 1000025 在城市 C 生活了 4 年多，说明他可能在该超市办理了会员卡，而客户 1000042 刚搬到城市 C 不久，说明他可能未办理该超市的会员卡，使得他购买产品 P00046742 的价格比会员客户购买该产品的价格高。

目前猜测出现这种现象的原因可能和黑五期间不同店家的促销活动，线上或线下不同的购买方式，使用不同的优惠券、打折券，不同的会员等级享有不同的优惠有着直接或间接的关系。不过，具体的真实原因还需要继续调查研究。

```
# 热销产品的购买次数与性别的关系
top_seller_gender = top_seller_buyers.pivot_table(values='Purchase', index =
['Product_ID','Gender'], aggfunc='count').reset_index()
top_seller_gender.head()
```

结果如图 14-32 所示。

由透视表可以看到：购买产品 P00046742 和 P00025442 的消费者群体女性的购买力为 301、341，而男性购买力有 1116、1245，差不多是女性购买力的 3 倍。我们猜测这两样商品可能是男性比较感兴趣的东西，如香烟、啤酒等。

	Product_ID	Gender	Purchase
0	P00025442	F	341
1	P00025442	M	1245
2	P00046742	F	301
3	P00046742	M	1116
4	P00057642	F	256

图 14-32 产品购买情况透视表

```
traces = []
i = 0
for g in top_seller_gender.Gender.unique():
    trace = Bar(x = top_seller_gender[top_seller_gender.Gender== g].Purchase,
            y = top_seller_gender[top_seller_gender.Gender==g].Product_ID,
            name = g,marker=dict(color=colors[i]),orientation='h')
traces.append(trace)
    i+=1
layout =Layout(title=" 热销产品销量与消费者性别的关系 ",width=800,height = 500,margin=
    dict(l = 200))
iplot(dict(data = traces, layout = layout))
```

结果如图 14-33 所示。

在购买力前 10 的产品中，条形图显示男性的购买力远远大于女性的购买力，但由于每件产品是通过编号显示的，所以我们无法分析出究竟是什么原因。

```
# 热销产品的销量与城市的关系
top_seller_city = top_seller_buyers.pivot_table(values='Purchase', index =
    ['Product_ID','City_Category'], aggfunc='count').reset_index()
top_seller_city.head()
traces = []
i = 0
for c in top_seller_city.City_Category.unique():
```

```
trace = Bar(x = top_seller_city[top_seller_city.City_Category== c].Purchase,
    y = top_seller_city[top_seller_city.City_Category== c].Product_ID, name =
    c,marker=dict(color=colors[i]),orientation='h')
    traces.append(trace)
    i+=1
layout =Layout(title=" 热销产品的销量与城市的关系 ",width=800,height = 500,margin=
    dict(l = 200))
iplot(dict(data = traces, layout = layout))
```

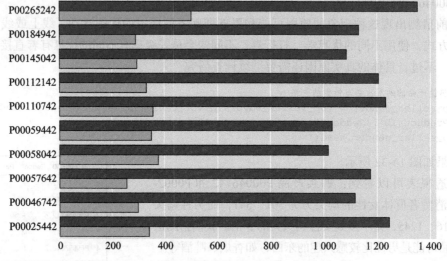

图 14-33 热销产品销量与消费者性别的关系

结果如图 14-34 所示。

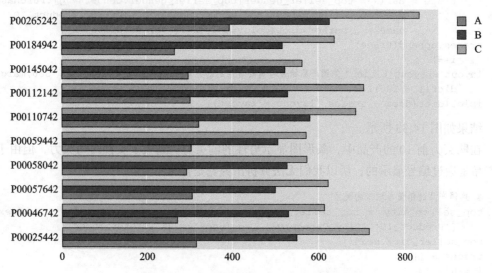

图 14-34 热销产品的销量与城市的关系

由条形图可以得出如下结论：

- 从热销产品的销量可以看出，城市 C 对热销产品贡献了主要销量，销量远超城市 B 与城市 A。这可能是因为城市 C 为一线城市，人口密度大，商品需求大。
- 从热销产品的销售额可以发现，虽然有些产品的销量很高，但其销售额并不是特别高，这说明部分高销量的产品单价较低，可能是日常用品这类消费必需品。

```
# 男性 vs 女性消费者的购买花销
city_gender = data.pivot_table(values='Purchase', index=['Gender','Age','City_
    Category'],aggfunc='sum').reset_index()
city_gender.head()
def draw_city_gender_bar_chart(df):
    traces = []
    i = 0
    for gender in df.Gender.unique():
        trace = Bar(x = df[df.Gender == gender].City_Category,
            y = df[df.Gender == gender].Purchase,name = gender,marker = dict(color =
                colors[i+4]),# text = df[df.Gender == gender].Purchase, textposition=
                'inside')
        i+=1
        traces.append(trace)
    layout = Layout(title=" 不同城市中 男性 vs 女性 消费者的购物花销 ", barmode='stack',
        height=400,width = 500,xaxis = dict(title=" 城市 ",showline = True),
        yaxis = dict(title=" 黑五花销($)",showline = True))
    iplot(dict(data = traces, layout = layout))
draw_city_gender_bar_chart(city_gender)
```

结果如图 14-35 所示。

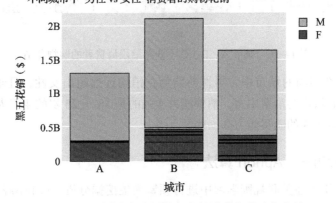

图 14-35　不同城市中男性与女性消费者的购物花销

```
# 不同年龄阶段消费者的花销
city_age = data.pivot_table(values='Purchase', index=['Age','City_Category'],
    aggfunc='sum').reset_index()
city_age.head()
```

```
traces = []
i = 0
for age in city_age.Age.unique():
    trace = Bar(x = city_age[city_age.Age == age].City_Category,
                y = city_age[city_age.Age == age].Purchase,
                name = age,
                marker = dict(color = colors[i]))
    i +=1
    traces.append(trace)
layout = Layout(title=" 城市A 城市B 城市C<br> 不同年龄消费者的购物花销 ",width = 1000,
    xaxis = dict(title=" 城市 ",showline = True),
    yaxis = dict(title=" 黑色星期五花销($) ",showline = True))
iplot(Figure(data = traces, layout = layout))
```

结果如图 14-36 所示。

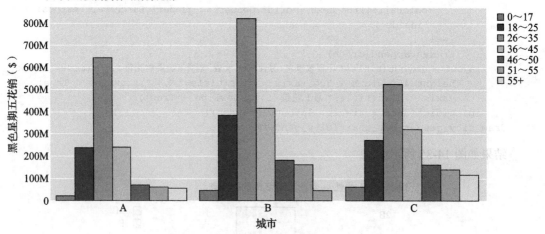

图 14-36　城市 A、B、C 不同年龄段消费者的购物花销

我们发现：在不同的城市中，男性的购物花销均远远超出女性，且年龄段在 26～35 岁的消费者是所有城市的消费主力，消费能力次强的是 18～25 岁的年轻人。可见，年轻人的购买能力要比老年人的购买能力高一些。

14.4.3　关联分析——Apriori 算法

Apriori 算法用于在关联规则学习中进行频繁项集挖掘分析，即找出客户通常会一起购买的商品。通过消费者的购物篮记录，找出购物篮商品的强关联规则，在客户下一次进入超市购买商品时向他们合理推荐关联商品，从而提高销售量以及销售额。

```
import mlxtend
from mlxtend.frequent_patterns import apriori           # 导入Apriori算法
from mlxtend.frequent_patterns import association_rules
```

这里不考虑一件商品的购买数量，只考虑是否购买了该商品。由于数据本身也没有给出数量信息，所以只需进行购物篮数据集 0/1 化处理。

添加一列为 Count 列，表示用户是否购买了该商品。其中，0 表示此用户未购买该列名商品；1 表示此用户购买了该列名商品。

```
# 选出需要的列
buyer_product = data[['User_ID','Product_ID']]
# 添加一列表示用户购买了该商品
buyer_product['Count'] = pd.Series([1 for i in range(len(buyer_product))])
# groupby User_ID, 每个商品为一列
buyer_basket = buyer_product.pivot_table(values = 'Count',index=['User_ID'],
        columns=['Product_ID']).reset_index()
# 将 NaN 填充成 0
buyer_basket = buyer_basket.fillna(0)
buyer_basket.head()
# 统计商品频率与商品集合大小
# 计算每个客户买了多少种商品
buyer_basket.loc[:,'Total'] = buyer_basket.drop('User_ID',axis = 1).sum(axis=1)
buyer_basket.head()
print('黑五期间：共有 ',buyer_basket.iloc[:,2:].shape[1],' 不同的商品 ')
```

执行结果如下：

黑五期间：共有 3623 种不同的商品！

列名为商品名称，每行是指一个客户在黑五期间购买了哪些商品。

```
# 现在移除 User_ID 列，剩下的用于后续分析
basket_data = buyer_basket.iloc[:,1:]
# 计算每个商品的出现频率
basket_data.loc['Total',:] = basket_data.sum(axis = 0)
basket_data.tail()
```

结果如图 14-37 所示。

Product_ID	P00000142	P00000242	P00000342	P00000442	P00000542	P00000642	P00000742	P00000842	P00000942	P00001042	...
5887	0.0	0.0	0.0	0.0	0.0	0.0	0.0	0.0	0.0	0.0	...
5888	0.0	0.0	0.0	0.0	0.0	0.0	0.0	0.0	0.0	0.0	...
5889	0.0	0.0	0.0	0.0	0.0	0.0	0.0	0.0	0.0	0.0	...
5890	1.0	0.0	0.0	0.0	0.0	0.0	0.0	0.0	0.0	0.0	...
Total	1130.0	371.0	238.0	92.0	146.0	512.0	238.0	36.0	54.0	494.0	...

5 rows × 3624 columns

图 14-37　商品购买次数统计

```
# 统计分析商品频率
product_frequency = basket_data.iloc[-1,:].sort_values(ascending=False)
product_frequency.head(6)
trace = Bar(x = product_frequency.index[1:20],y = product_frequency.values[1:20],
```

```
marker=dict(color = colors), text = product_frequency.values[1:20],textposition=
    'inside')
layout = Layout(title=" 商品购买频率 ",width= 900,height = 400,
xaxis = dict(title=' 商品 ID'),yaxis = dict(title=" 频率 "))
iplot(Figure(data = [trace],layout = layout))
```

结果如图 14-38 所示。

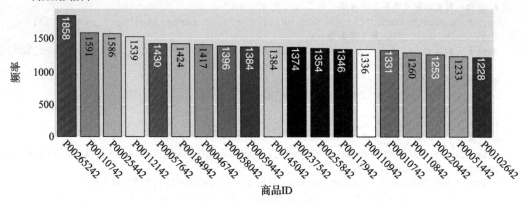

图 14-38 商品购买频率

出现频率排前几名的商品及出现次数分别为：P00265242，1858 次；P00110742，1591 次；P00025442，1586 次；P00112142，1539 次；P00057642，1430 次。

```
# 购物篮中，商品集合大小分布情况
products_length = basket_data.iloc[:-1,:].groupby(by = 'Total').size().reset_index
    (name='Count').rename(columns={'Total':'ItemsetSize'})
products_length.head(10)
basket_products = basket_data.iloc[:-1,-1] # 去除 total 行与 total 列的纯商品数据
basket_products.describe()
# 购买超过 1000 件商品的用户
products_length[products_length.ItemsetSize >= 1000]
```

结果如图 14-39 所示。

```
baskets = buyer_basket.iloc[:-1,:-1]
baskets = baskets.set_index('User_ID')
baskets.index.names = ['User_ID']
baskets.tail(10)
baskets.shape
```

"element (itemset/transaction) length distribution" 能给出每个客户购买或者每个交易（购物篮）的商品集合的大小分布。

```
count    5891.000000
mean       91.253947
std       105.929800
min         5.000000
25%        25.000000
50%        53.000000
75%       114.000000
max      1025.000000
Name: Total, dtype: float64
```

图 14-39 商品集合的描述性分析

在这些数据背后，我们可以看到更多信息。比如，均值为 91.25，说明每个客户平均会买 91 件商品；大约有 50% 的客户会买 53 件商品，少部分用户买了超过 1000 件商品，数据

中的异常值对平均值造成了很大的影响。

> **注意** 设置的最小支持度不同会导致满足条件的频繁项集不一样,所以这里统一将最小支持度设为 0.07。

在这种情况下,众数 median 的数值更为可靠,即 50% 的客户会买 53 件商品。

```
# 最小支持度的改变
# 最小支持度:规则中对象或对象组必须匹配的最低案例数。数值设置越小,计算时间越久:
frequent_itemsets = apriori(baskets,min_support=0.08, use_colnames=True)
# min_support 为 0.02

frequent_itemsets.tail()
# 最小置信水准:计算规则所必须匹配的最低置信水准门槛
rules = association_rules(frequent_itemsets,metric='confidence',min_threshold=0.4)
rules.head()
rules[(rules.lift >=1)] #  and (rules.lift >=1) (rules.confidence >=0.5)
```

结果如图 14-40 所示。

	antecedents	consequents	antecedent support	consequent support	support	confidence	lift	leverage	conviction
26	(P00270942)	(P00057642)	0.193718	0.242784	0.095586	0.493427	2.032366	0.048554	1.494780
49	(P00278642)	(P00265242)	0.205942	0.315280	0.100509	0.488046	1.547976	0.035580	1.337464
32	(P00111142)	(P00110742)	0.170289	0.269949	0.082513	0.484546	1.794955	0.036543	1.416327
36	(P00114942)	(P00110742)	0.197114	0.269949	0.091511	0.464255	1.719787	0.038300	1.362683
4	(P00112542)	(P00025442)	0.188964	0.269270	0.086078	0.455526	1.691706	0.035196	1.342083

图 14-40 商品推荐分析

这次实战的目的就是向读者展示电商行业如何通过已有的历史数据对客户进行建模分析,然后通过将客户分群进行管理,以此来创造更大的价值。

在当今的自媒体时代,电商行业如火如荼地发展着,但要想在此行业立足并占有领导地位,应有一定的管理和创新理念。熟悉客户的行为特征、了解客户的真正需求、制定符合客户要求的营销策略、发掘并发展目标群体、确定用户轨迹(即分析用户购买商品的习惯,以此为客户提供会员服务)、了解客户的购买清单,通过挖掘商品间的关联性,为客户智能推荐组合商品,可以提高线上店铺以及线下门店的销售量,为商家创造更多的价值。

14.5 习题

一、判断题

1. Apriori 算法建立的强关联规则只需要满足最小支持度即可。(　　)
2. 可信度是对关联规则的准确度的衡量。(　　)

3. 回归分析就是研究两个相关事件的独立性。（   ）
4. 支持向量机中有三个核函数，分别为径向基核函数、线性核函数和多项式核函数。（   ）
5. 具有较高的支持度的项集具有较高的置信度。（   ）

二、选择题

1. 某超市研究销售记录数据后发现，买啤酒的人很大概率也会购买尿布，这种属于数据挖掘的（   ）问题。

   A. 关联规则发现　　　　B. 聚类　　　　　　　C. 分类　　　　　　　D. 自然语言处理

2. 表 14-16 中的购物篮能够提取的 3 项集的最大数量是（   ）

表 14-16　购物记录单

TID	项集
1	牛奶、啤酒、尿布
2	面包、黄油、牛奶
3	牛奶、尿布、饼干
4	面包、黄油、饼干
5	啤酒、饼干、尿布
6	牛奶、尿布、面包、黄油
7	面包、黄油、尿布
8	啤酒、尿布
9	牛奶、尿布、面包、黄油
10	啤酒、饼干

   A. 1　　　　　　　　　B. 2　　　　　　　　　C. 3　　　　　　　　　D. 4

3. 可用作数据挖掘分析中的关联规则算法有（   ）。

   A. 决策树、对数回归、关联模式　　　　　　B. K 均值算法、SOM 神经网络
   C. Apriori 算法、FP-Growth 算法　　　　　　D. RBF 神经网络、K 均值算法、决策树

三、填空题

1. 关联规则 Apriori 算法的计算复杂度受_____、_____、_____和_____的影响。
2. FP-Growth 算法的主要流程为_____、_____以及_____。

四、简答题

1. 简述关联规则 Apriori 算法的步骤。
2. 阐述 FP-Growth 算法与 Apriori 算法的优缺点。

参考文献

[1] 宋天龙. Python 数据分析与数据化运营第二版［M］. 北京：机械工业出版社，2019.

[2] 王熙. Python 语言编程特点及应用［J］. 电脑编程技巧与维护，2021（03）：19-20+44.

[3] Wenqiang Feng. Data Mining With Python and R Tutorials［M］. Knoxville: University of Tennessee，2016.

[4] 李彦. 基于 Python 的网络爬虫技术的研究［J］. 电子世界，2021（03）:39-40.

[5] 阚淑华. 基于 Python 编程语言的技术应用［J］. 电子技术与软件工程，2021（01）：47-48.

[6] 段悦. Python 语言编程特点及应用分析［J］. 电脑编程技巧与维护，2020（11）：17-19.

[7] 范明，范宏建等. 数据挖掘导论［M］. 北京：人民邮电出版社，2011.

[8] 王燕. 应用时间序列分析［M］. 北京：中国人民大学出版社，2016.

[9] 赵守香，唐胡鑫，熊海涛. 大数据分析与应用［M］. 北京：航空工业出版社，2015：182.

[10] 蒋一，周予. 大数据环境下网络舆情的分析与研究［J］. 福建电脑，2020，36（10）：69-71.

[11] 张浩苒，李晓莎，李春莹. 大数据时代网络舆情的研究［J］. 网络安全技术与应用，2020（08）：118-119.

[12] 左薇，张熹，董红娟，等. 主题网络爬虫研究综述［J］. 软件导刊，2020，19（02）：278-281.

[13] 温佐承，贾雪. 基于 Python 的网络爬取［J］. 电脑编程技巧与维护，2020（12）：23-24+32.

[14] 岳宗朴，刘彩，李莹，等. 基于微博数据挖掘的"新冠疫情"评论文本分析［J］. 品位经典，2020（12）：48-50.

[15] 李鹏浩，朱立敬，石秀君. 基于 K-means 算法微博热点话题预测分析［J］. 数字通信世界，2019（03）：84+122.

[16] 王高飞，裴景昭，宋壮壮. 情感分析网络舆情研究综述［J］. 合作经济与科技，2021（02）：176-178.

[17] 李长荣，纪雪梅. 面向突发公共事件网络舆情分析的领域情感词典构建研究［J］. 数字图书馆论坛，2020（09）：32-40.

[18] 李旭冬，叶茂，李涛. 基于卷积神经网络的目标检测研究综述［J］. 计算机应用研究，2017，34（10）：2281-2291.

[19] 张益茗，朱振宇，刘恩彤，等. 基于长短期记忆神经网络进行评论文本分析［J］. 科学技术创新，2020（26）：183-184.

[20] 周艳聪，白家文. 电商评论的情感分析研究［J］. 中小企业管理与科技（中旬刊），2020（06）：130-131.

［21］李艳斌. 基于数据挖掘技术的股票选择分析研究［D］. 东北财经大学，2018.

［22］刘鹏，曹骝，吴彩云，等. 人工智能从小白到大神［M］. 北京：中国水利水电出版社，2020.

［23］Al-Ramahi M，Liu J，El-Gayar O，et al. Predicting Big Movers Based on Online Stock Forum Sentiment Analysis［C］. Twenty First Americas Conference on Information Systems（AMCIS），2015.

［24］梁万泉. 个人信用评分在消费信贷中的运用［J］. 未来与发展，2009，30（03）：87-90.

［25］张飞. 个人信用评分组合模型研究［D］. 西安：电子科技大学，2015.

［26］Durand D. Risk Elements in Consumer Instalment Financing，Technlcal Edition［M］. National Bureau of Economic Research，Inc，1941.

［27］黎玉华. 信用评分卡模型的建立［J］. 科技信息，2010（13）：464-465.

［28］李岸杨. 基于Logistic模型的汽车金融公司个人贷款信用评分研究［D］. 重庆：西南大学，2017.

［29］李航. 统计学习方法［M］. 北京：清华大学出版社，2012.

［30］刘荣弟. 基于logistic回归的信用评分模型研究［D］. 大连：大连理工大学，2018.

［31］刘凯. 基于数据挖掘的个人信用评分建模与分析［D］. 武汉：华中师范大学，2016.

［32］张婷婷. Logistic回归及其相关方法在个人信用评分中的应用［D］. 太原：太原理工大学，2017.

［33］李怡成. 谈个人信用等级评估［J］. 云南金融，2003，000（007）：23-24.

［34］郭松波，彭保京. 建立个人信用管理体制促进银行业务健康发展［J］. 河北金融，2001，000（010）：11-12.

［35］殷子博. 基于决策树算法的癌症合成致死基因组合的预测及预后分析［D］. 南京：南京邮电大学，2020.

［36］田桂英. 基于随机森林的P2P网贷借款人信用风险评估研究［D］. 长沙：湖南大学，2018.

［37］翟璐. 一种基于Boosting算法的新模型在银行信用评级中的应用［D］. 北京：北京交通大学，2016.

［38］沙靖岚. 基于Light GBM与XGBoost算法的P2P网络借贷违约预测模型的比较研究［D］. 大连：东北财经大学，2017.

［39］黄日康. 基于XGBoost算法的个人信用评分方案策划［D］. 上海：上海师范大学，2019.

［40］余凯玲. 基于XGBoost的网络贷款风险预测［D］. 湘潭：湘潭大学，2020.

［41］周新民. 非均衡缺失数据的神经网络建模及其应用［D］. 南京：南京航空航天大学，2018.

［42］赵海蕾，邓鸣茂，汪桂霞. 互联网金融中的大数据征信体系构建［J］. 经济视角，2015（4）：18-21.

［43］朱菁婕，吴怀岗. 企业信用评估指标体系及信用评估模型研究［J］. 南京师范大学学报（工程技术版），2020，20（03）：81-86.

［44］沈翠华. 基于支持向量机的消费信贷中个人信用评估方法研究［D］. 北京：中国农业大学，2005.

［45］赵倩，陈芳芳，甘露. 基于改进粒子群算法优化支持向量机的风电功率预测［J］. 电气技术，2020，21（12）：12-16.

[46] 郑建柏，朱永利. 基于朴素 bayes 和支持向量机的变压器故障诊断［C］. 中国高等学校电力系统及其自动化专业学术年会，2007.

[47] 杨真真，岳佳鑫，张振桐. 贝叶斯算法在企业信贷决策中的应用［J］. 中国科技信息，2020（24）：104-105.

[48] 夏长林. 异常行为监控中的朴素贝叶斯算法研究［J］. 舰船科学技术，2020，42（22）：148-150.

[49] 康耀龙，冯丽露，张景安. 基于朴素贝叶斯的分区域异常数据挖掘研究［J］. 计算机仿真，2020，37（10）：303-306.

[50] 董莉莉. 剖析大数据时代下用户画像及媒介策略［J］. 传媒，2016（2）：82-83.

[51] 梁宵. 大数据背景下电商企业精准营销模型及策略研究［J］. 中国市场，2018（02）.

[52] 吴明礼，杨双亮. 用户画像在内容推送中的研究与应用［J］. 电脑知识与技术，2016，12（32）：255-259.

[53] 周鲜子. 浅谈大数据下电子商务网站的用户画像［J］. 黑龙江科技信息，2017（04）.

[54] 关梓骜. 基于大数据技术的用户画像系统的设计与研究［D］. 北京：北京邮电大学，2018.

[55] 尤炳安. 基于客户行为分析的客户细分模型［J］. 通信企业管理，2010（07）：41-43.

[56] 刁若菲. 移动 S 分公司潜在流失客户预测及挽留策略研究［D］. 邯郸：河北工程大学，2019.

[57] 王海龙，柳林，林民，等. 基于 MIR 及 K-Means 标签聚类的音乐个性化推荐算法［J/OL］. 吉林大学学报（工学版）：1-7［2021-01-05］.https://doi.org/10.13229/j.cnki.jdxbgxb20200243.

[58] 田春子，杨万，杨德会，等. 基于 K-Means 与 DBSCAN 聚类算法据背景下基于高校综合性数据的学生行为分析与研究［J］. 科学技术创新，2020（32）：86-88.

[59] 辛志斌. 大数据在消费者与目标客户分析中的运用［J］. 电子世界，2019（14）：202-203.

[60] 曹令勋，王睿千，卢鹏飞，等. 六力赋能，打造客户满意度运营管理新模式［J］. 通信企业管理，2020（12）：40-43.

[61] Alison Knopf. Mallinckrodt files Chapter 11, will continue customer operations［J］. Alcoholism & Drug Abuse Weekly,2020,32（40）.

[62] 陶庆凤. 基于 Apriori 算法的电子商务个性化推荐系统研究［J］. 重庆科技学院学报（自然科学版），2020，22（06）：62-64.

[63] 钟情漪，钱谦，云发，等. 粒子群优化算法在关联规则挖掘中的研究综述［J/OL］. 计算机科学与探索：1-18［2021-01-07］.http://kns.cnki.net/kcms/detail/.11.5602.

[64] Yu Huafeng. Apriori algorithm optimization based on Spark platform under big data［J］. Microprocessors and Microsystems，2021.

[65] 高权，步新玉. 基于增量式 FP-Growth 算法的关联规则挖掘模型设计［J］. 信息技术与信息化，2020（03）：169-170.

[66] 熊才权，陈曦. 基于 FP-Growth 的社交好友推荐方法研究［J］. 湖北工业大学学报，2020，35（01）：33-37.

[67] 彭浩，佴松宜. 基于改进 FP-growth 的用户兴趣推荐算法的设计与实现［J］. 微电子学与计算机，2020，37（02）：8-13.